الإصلاح السياسي
في دول مجلس التعاون الخليجي
بين المحفزات ... والمعوقات

د.همسة قحطان خلف الجميلي

الاصلاح السياسي
في دول مجلس التعاون الخليجي
بين المحفزات والمعوقات

الدكتورة: همسة قحطان حلف الجميلي

رقم الإيداع لدى دائرة المكتبة الوطنية 2011/3/930

ISBN 978-995-755-103-2

الطبعة العربية الأولى 2011م

دارالجنان للنشر والتوزيع

المركز الرئيسي(التوزيع - المكتبة)

00962796295457 - 00962795747460

0096264659891

ص. ب 927486 الرمز البريدي 11190 عمان

مكتب السودان ـ الخرطوم

00249918064984

e-mail:dar_jenan@yahoo.com

بسم الله الرحمن الرحيم

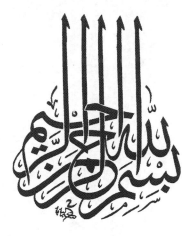

ملخص :

لاحقت رياح التغيير والإصلاح السياسي دول المنطقة العربية خلال السنوات الأخيرة، وقد تفاوت معدل التأثر فيها من دولة إلى أخرى، وقد تعاطت دول مجلس التعاون لدول الخليج العربي مع الإتجاه العالمي بشكل أو بأخر نحو الديمقراطية والحرية والسياسة بالمعنى الليبرالي- بشكل أكثر إيجابية وسرونة من دول عربية أخرى قديمة العهد بالتطور الديمقراطي والحراك السياسي بمعناه الشامل، إذ شهدت دول مجلس التعاون الخليجي خلال العقد الأخير موجتين للإصلاح السياسي: كانت الأولى: في مطلع التسعينات من القرن الماضي، وجاءت الأخرى: في نهاية ذلك العقد، ومطلع العقد الحالي، وكلتا الموجتين وضعتا النظم السياسية الخليجية على أعتاب مرحلة التحديث، بعد أن ظلت حالة الركود مسيطرة عليها لعقود طويلة، وتمثلت أبرز معالم الموجة الأولى في مظهرين جديدين في دول لم تعرف من قبل وجود مؤسسات وتشريعات تنظم الحياة السياسية، وعملية المشاركة فيها، المظهر الأول: هو تأسيس مجالس للشورى (بالتعيين) في المملكة العربية السعودية، وفي البحرين في العام 1992، والمظهر الأخر :إصدار تشريعات وأنظمة أساسية في السعودية العام 1992، وفي سلطنة عمان في العام 1996.

أما الموجة الأخرى فقد شهدت قيام النظم السياسية الخليجية بإصدار دساتير دائمة، ومثال على ذلك إصدار دستور قطر في نيسان في العام 2003 مع ظهور توجه لاعتماد آلية الإقتراع العام سبيلاً لتشكيل المجالس التشريعية بدلاً عن طريق التعيين، ومنح هذه المجالس صلاحيات اوسع، ومن الامثلة على ذلك ماجرى في البحرين في بدايات العام 2002، وتبنت دولة الإمارات العربية المتحدة في عام 2006 اسلوباً يتم فيه إنتخاب نصف عدد اعضاء المجلس الوطني الاتحادي ، والنصف الآخر يعين من قبل المجلس الاعلى الاتحادي، وهو اعلى هيئة اتحادية في الدولة ، وعمدت سلطنة عمان في العام 2000، إلى إلغاء الدور الحكومي في إختيار، وتعيين أعضاء تلك المجالس مع توسيع قاعدة

المشاركة في العملية السياسية. ومن أهم الأسباب التي حفزت دول مجلس التعاون الخليجي لتبني النهج الإصلاحي منذ مطلع تسعينات القرن الماضي ما يأتي:

- التطورات الإقتصادية والإجتماعية التي شهدتها تلك الدول خلال عقدي السبعينات والثمانينات، بفعل تزايد العوائد المالية النفطية، والتي أدت إلى ظهور شريحة من المثقفين طالبت بالإصلاح السياسي، والمشاركة السياسية، وكان لهذه الشريحة دور في إحداث تحول نوعي في الوعي السياسي للمواطنين.

- آثارت المتغيرات الناجمة عن عملية غزو الكويت في العام 1990 وحرب الخليج الثانية في العام 1991، وما بعدها تساؤلات عدة دارت حول طبيعة النظم السياسية، وعملية التطور السياسي المنشودة في دول الخليج، بعد إتضاح هشاشة تلك النظم، وإنكشافها الأمني، وضعف قدراتها العسكرية رغم المبالغ الهائلة التي أنفقت على التسلح، وشراء المعدات العسكرية، الأمر الذي شد المواطن إلى الإهتمام بالعملية السياسية والتطلع للمشاركة فيها بعد أن كانت حكراً على شريحة إجتماعية معينة أثبت الواقع العملي عدم كفايتها في إدارة العملية السياسية، وفي مواجهة الأزمات.

- توجه النظم السياسية الخليجية للحصول على الشرعية عبر توسع قاعدة المشاركة السياسية، وصناديق الإقتراع عوضاً عن شرعية الإنجاز التي تقوم على فكرة دولة (الرفاه)، ويضاف إلى الأسباب التي أشرنا إليها آنفاً ما يأتي:

أ. تصاعد الضغوط الدولية المطالبة بالتحول الديمقراطي، وتصاعدها بعد أحداث 11 أيلول 2001، في الولايات المتحدة الأمريكية.

ب. الإدراك الخليجي المتزايد لأهمية الإصلاح السياسي باعتباره حصانة ووسيلة من الوسائل التي تقلل أو تضعف الميل للعنف، وقد شهدت البحرين أعمال عنف واسعة النطاق في العام 2005.

المقدمة:

شهدت دول مجلس التعاون الخليجي خلال العقد الأخير موجتين للإصلاح السياسي، كانت الأولى في مطلع التسعينات من القرن الماضي، وجاءت الأخرى في نهاية ذلك العقد، ومطلع العقد الحالي، وكلتا الموجتين وضعت النظم السياسية الخليجية على أعتاب مرحلة جديدة، إتجهت فيها إلى تحديث نفسها بعد أن ظلت حالة الركود تسيطر عليها لعقود طويلة، وتمثلت أبرز معالم الموجة الأولى للإصلاح في مظهرين:

أولها: تأسيس مجالس للشورى (بالتعيين) في الدول التي لم يكن بها مؤسسات تقدم نفسها بعَدها برلمانات، وذلك على نحو ما حدث في المملكة العربية السعودية والبحرين في العام 1992.

ثانيها: صدور أنظمة أساسية في الدول التي لم يكن فيها هكذا أنظمة على غرار ما حدث في كل من السعودية في العام 1992، وسلطنة عُمان في العام 1996.

أما الموجة الأخرى للإصلاح فقد خطت بالنظم السياسية الخليجية خطوة أوسع بإستكمال عملية صدور الدساتير الدائمة، كما حدث في قطر في نيسان من العام 2003، والإتجاه إلى الإعتماد على الإقتراع العام كآلية لتشكيل المجالس التشريعية في بعض الدول التي كانت تتشكل فيها تلك المجالس عن طريق التعيين مع زيادة صلاحياتها كما حدث في البحرين إبتداءاً من العام 2002، أو أختيار طريقة إنتخاب نصف أعضاء المجلس الوطني الاتحادي كما حدث في الإمارات العربية في العام 2006، وإلغاء الدور الحكومي في إختيار أعضاء تلك المجالس كما حدث ذلك في سلطنة عمان إبتداءاً من العام 2000، مع توسيع قاعدة المشاركة السياسية فيها.

أهمية الدراسة:

لهذه الدراسة أهمية تكمن في الآتي:

1. تبرز أهمية الدراسة بالنظر إلى إن موضوع البحث يدرس موضوع الإصلاح السياسي في دول مجلس التعاون الخليجي عبر حدثين مهمين أسهما في دفع تلك الدول بالأساس نحو التغيير والإصلاح، والحدث الأول هو/ غزو العراق للكويت في العام 1990، وانعكاساته، والآخر/ إحداث الحادي عشر من سبتمبر/ أيلول 2001، وما بعدها وبينها من أحداث مهمة، على إعتبار أهمية هذه الأحداث ودلالاتهما ، وتداعياتها على دول مجلس التعاون الخليجي الست خصوصاً، وإن بعض تلك الأحداث الإقليمية والدولية كان لها الآثر الأكبر في الضغط على تلك الدول ودفعها نحو الإصلاح والتغيير السياسي.
2. تنبع أهمية الدراسة كذلك من أهمية هذه المنطقة، وما أخذت تشهده من إصلاحات سياسية ودستورية فاقت بعض الدول العربية الأخرى، سواء في مجال التشريعات الدستورية ، أو القوانين الإصلاحية ، والإنتخابات ومشاركة المرأة، ومؤسسات المجتمع المدني، وحقوق الإنسان، وخاصة إذا أخذنا في الإعتبار إن البعض من هذه الدول كانت إلى حد وقت ليس ببعيد لا تمتلك حتى أنظمة أساسية، أو دساتير دائمة، أو مؤسسات سياسية فاعلة ومنتخبة ، بل إن بعض دول الخليج العربي أصبحت كإنموذج يشار إليها في منطقة الشرق الأوسط كما هو الحال في كل من دولتي الكويت والبحرين.

إشكالية الدراسة:

أن ما قامت به دول مجلس التعاون الخليجي خلال السنوات السابقة من إصلاحات سياسية واقتصادية لم يكن سوى استجابة اضطرارية لضغوطات داخلية وخارجية، ينبع بعضها من التطلعات والآمال التي تسود الشعوب عندما تنظر إلى التطورات المحيطة بها في عالم تنتقل فيه المعلومات والأحداث آنياً والبعض الأخر أنعكاس للأوضاع المحيطة بهذه الدول، بما في ذلك تحديات خارجية رأت النظم الحاكمة معها ضرورة تماسك المجتمع وتعبئة الصفوف لمساندة النظام في مواجهة تلك التحديات، فضلاً عن الإستجابة لدعوات ومطالبات تصدر من حين إلى أخر من منظمات حقوقية دولية، وأحياناً دول أجنبية أيضاً.

أي أن الإتجاه نحو الديمقراطية أو بالأصح تبني بعض صورها وتطبيق درجات معينة منها، جاء كرد فعل وليس فعلاً، فلم يكن بمبادرة إرادية حقيقة كما تزعم النظم الخليجية الحاكمة، لكن في نفس الوقت لا ينبغي أن تفرض الديمقراطية أو أي من أساليب أدارة المجتمع بقرارات فوقية حتى وأن كانت إرادية وبمبادرة مستقلة من النظام الحاكم، فالطريقة المثلى لتطبيق أسلوب ما في حكم الشعب أو ادارة أحواله هو أن يأتي أنعكاساً لإرادة هذا المجتمع لأحكامه. وهنا تبرز لنا الإشكالية إذ لم تتجاوز العوامل الداخلية التي دفعت بالحكام إلى تبني قدر ما من أشكال الديمقراطية هو حدود التطلع بانبهار إلى ديمقراطيات حقيقية تطل على مواطني الخليج من الفضائيات وشبكة الأنترنيت أي ضعف الضغط الشعبي الدافع نحو الأخذ بالديمقراطية باستثناء بعض تنظيمات معارضة هدفها الرئيس ليس الاعتراض على نظام الحكم أو النظام الحاكم، بقدر ما تعبر غالباً عن حال فئة مذهبية معينة كالشيعة في البحرين، أو أفكار سياسية تحاول تطبيقها تحت مظلة النظام الحاكم، ونقدم الكويت مثالاً واضحا على هذه الحالة، وذلك لإغفال بعض حقوق أفرادها أو لغبن لحق بهم. فضلاً عن ذلك أن الإصلاحات التي حدثت في دول مجلس التعاون ما هي إلا

أمتصاص لتيار انتفاضي جارف أخذ يفرض نفسه على العالم إلا وهو تيار عولمة السلوكيات الغربية (الأمريكية تحديداً) بقيمه ومفاهيمه، وما يؤكد كل ذلك أنه رغم التشابه الكبير بل والتطابق أحيانا - بين ظروف ومسيرة المجتمعات الخليجية، فأن الأتجاه إلى الديمقراطية والإصلاح السياسي يتفاوت من دولة على أخرى، في حين لم تأخذ به بعضها، ولو كان أتجاهاً طبيعياً نتاج تطور تلقائي ونضج ذاتي للمجتمع والدولة مفهوماً وممارسة،لوجدناه في دول مجلس التعاون الخليجي الست ولا نحصر التفاوت بينها داخل نطاق ضيق بحكم عوامل معينة مثل تباين بسيط في التركيبة المجتمعة، وأختلاف تاريخ الاستقلال، وفروق جزئية في شكل نظام الحكم.

الدراسات السابقة:

بطبيعة الحال لا بد لهذه الدراسة من الإستفادة من المراجع والمصادر باللغة العربية والأجنبية، والتي تتناول أساساً دول مجلس التعاون الخليجي في الجانب السياسي، والأجتماعي، والإقتصادي، والأمني سواء كانت تتناول كل دولة بشكل مستقل أو كل تلك الدول ، إذ يتم عادةٍ دراسة هذه الدول كوحدة سياسية وإحتماعية، وإقتصادية واحدة نظراً لتشابه السمات والأوضاع السياسية والإجتماعية، والإقتصادية فيها، فضلاً عن وجود دراسات عدة تناولت بالشرح والتحليل أزمة الديمقراطية والمشاركة السياسية في دول المجلس، ودراسة أهم العوامل المعيقة لذلك وقد لاحظنا بعد الإطلاع على الدراسات السابقة، وقد أشرنا إليها في قائمة مصادر دراستنا واستكمالا للشوط الذي قطعته تلك الدراسات في هذا المجال ارتأينا دراسة وبشكل متتابع أهم الأحداث السياسية والإجتماعية والإقتصادية التي شهدتها دول المجلس منذ تسعينات القرن العشرين إلى حد الوقت الحاضر، والتي دفعت تلك الدول نحو التغيير والإصلاح مع التركيز على أحداث 11 سبتمبر/ آيلول ، وإحتلال العراق في العام 2003، وأثر ذلك على الإصلاح السياسي في دول المجلس ، ومقارنتها بالأوضاع التي تسبق ذلك التاريخ

بالشرح والتحليل، مع دراسة الإصلاحات الدستورية والسياسية التي شهدتها دول المجلس نتيجة لتلك الأحداث ، والمعوقات التي تعيق العملية الإصلاحية تلك لتحقيق القدرة على المقارنة، ومعرفة أكثر الدول نجاحا في هذه التجربة وشكل ذلك أحد الدوافع المهمة التي شجعتنا على إختيار موضوع الدراسة.

فرضية الدراسة:

منذ عقد التسعينات من القرن العشرين دفعت عوامل داخلية وخارجية دول مجلس التعاون الخليجي نحو الإصلاح والتغيير ، إلا إنه في نفس الوقت هنالك معوقات كبيرة عدة تقف في وجه هذا الإصلاح والتغيير ، بل تحرفه عن مساره في بعض الحالات، ومن خلال صفحات هذه الدراسة سنحاول ان نبين اثر العلاقة بين تمدد الطبقة الوسطى الجديدة في دول المجلس وبين الدفع بأتجاه عملية الاصلاح السياسي في هذه الدول ،اضافة الى العلاقة بين أزمة الدولة الريعية والاصلاح السياسي الذي حدث خلال السنوات القليله السابقة ، والعلاقة بين ضغوط البيئة الخارجية وعملية الاصلاح ، وفي المقابل هنالك علاقة بين ضعف الطلب المجتمعي على الديمقراطية وبطئ عملية الاصلاح او تواضع مخرجاتها في البعض من دول المجلس كما هو الحال في كل من قطر وسلطنة عمان ودولة الامارات العربية المتحدة . وسنحاول الإجابة عن التساؤل الآتي: هل نجحت الدول الخليجية في سعيها إلى تحقيق الإصلاح المنشود، وانضمت إلى مصاف الدول الديمقراطية بالمقاييس المتعارف عليها (المشاركة، والإنتخابات، ودور مؤسسات المجتمع المدني) أم لا تزال هذه الدول في العتبة الأولى في سلم الإصلاح والديمقراطية لوجود معوقات عدة لا تستطيع أن تتجاوزها هذه الدول في المستقبل القريب لتحقيق الإصلاح المنشود؟

منهجية البحث:

بسبب تشعب الموضوع وطبيعته إعتمدت الدراسة على عدة مناهج في وقت واحد، عملاً بمبدأ التكامل المنهجي الذي غالباً ما يوصف بالشمول من حيث قدرته على إحتضان كل متطلبات البحث العلمي المتكامل؛ لذا إعتمدنا المنهج التأريخي بما يتطلبه من متابعة الأحداث، والأوضاع السياسية لدراسة أهم الحركات والتنظيمات الإصلاحية الأولى التي عرفتها البعض من دول مجلس التعاون الخليجي إبتداءاً من الربع الأول من القرن الماضي، كما إستعنا بالمنهج الوصفي التحليلي، في دراسة أهم الأوضاع الإجتماعية، والثقافية، والإقتصادية التي قادت تلك الدول نحو التغيير والإصلاح بفضل عرض أهم المشكلات الداخلية التي واجهت دول المجلس خلال السنوات الأخيرة سواء على مستوى تغييرات إجتماعية وأوضاع إقتصادية، ومطالب شعبية، وكذلك دراسة أهم المتغيرات الإقليمية والدولية التي شهدتها دول المجلس منذ تسعينات القرن العشرين وآثرها على العملية الإصلاحية فيها، وذلك عن طريق منهج يدرس ويوصف أهم تلك الأحداث والمتغيرات، والخروج بمحصلات تحليلية. كما إرتأينا في مواضع أخرى من الدراسة إعتماد أسلوب الإستقصاء الإحصائي لإعتقادنا بفائدته في توضيح نمط الإصلاح ودرجته ، وذلك عن طريق معرفة أعداد الأفراد الذين شاركوا في الإنتخابات سواء كناخبين أو مرشحين، رجالاً أو نساء، وعدد الأصوات الحاصلين عليها في الانتخابات ، وعدد المقاعد التي يحصلون عليها سواء في الإنتخابات البلدية أو التشريعية، فضلاً عن الأرقام التي بينت في مواضع أخرى إعداد السكان والمتعلمين، وحجم الناتج القومي، وغيرها من الأرقام التي تطلبتها الدراسة ، كما إعتمدنا المنهج الوظيفي النظمي في دراسة كيفية أداء النظم السياسية لوظائفها في تلك الدول في ضوء الإصلاحات الدستورية السياسية التي حدثت، وذلك بفضل الآلية التي تحكم العلاقة بين السلطتين التشريعية والتنفيذية.

هيكلية الدراسة:

في ضوء إشكالية الدراسة وفرضيتها ، والهدف الذي ترمي الوصول إليه، تم تقسيم خطة الدراسة إلى خمسة فصول وخاتمة يسبقها مقدمة ومبحث تمهيدي.

المبحث التمهيدي، خصصناه لدراسة مفهوم الإصلاح السياسي بشكل عام عن طريق دراسة فكرة الإصلاح، وآلياته، ومعوقاته.

أما الفصل الأول، فقد سلط الضوء على التجارب الإصلاحية الأولى التي عرفتها البعض من دول المجلس إبتداءً من الربع الأول من القرن الماضي، وقد تضمن ثلاثة مباحث: عُني الأول بدراسة الحركة الإصلاحية الأولى لعامي (1921-1923) في كل من الكويت والبحرين، أما المبحث الثاني فقد تناول الحركة الإصلاحية الثانية لعام (1938) في كل من الكويت، والبحرين، ودبي والمبحث الثالث تناول أبرز التنظيمات الإصلاحية الأولى في دول المجلس، والتي تميزت بها كل من الكويت، والبحرين، والسعودية.

في حين خصص الفصل الثاني لدراسة أهم عوامل الإصلاح السياسي في دول المجلس إبتداءً من تسعينيات القرن العشرين عن طريق مبحثين، يتناول المبحث الأول العوامل الداخلية، في حين يتناول المبحث الثاني العوامل الخارجية وأهم المتغيرات الأقليمية والدولية التي شهدتها هذه الدول سواء في المدة التي سبقت آحداث 11 أيلول أو بعدها والمدة التي تلت إحتلال العراق.

اما الفصل الثالث فقد كرس لمتابعة أهم الإصلاحات الدستورية التي عرفتها دول المجلس عن طريق ثلاثة مباحث، عُني الأول بدراسة التعديلات الدستورية في كل من الكويت والبحرين، والثاني تناول الأنظمة الأساسية الصادرة في كل من السعودية في العام 1992، وسلطنة عمان في العام 1996، والمبحث الثالث تناول الدساتير الدائمة الصادرة في قطر والإمارات العربية المتحدة.

والفصل الرابع خُصص لدراسة الإصلاح السياسي الذي شهدته دول المجلس سواء على صعيد الانتخابات البلدية في كل من قطر، والسعودية والبحرين، وهو ما تناولناه خلال المبحث الأول أو على صعيد الانتخابات

التشريعية، في كل من الكويت والبحرين، وهو ما قمنا بدراسته خلال المبحث الثاني. إما المبحث الثالث، فقد خصص لدراسة طبيعة المشاركة السياسية والانتخابات في كل من عمان، وقطر، والإمارات، والسعودية، والمبحث الرابع خصص لدراسة أهم الإصلاحات التي شهدتها دول المجلس على صعيد حقوق الإنسان، والمجتمع المدني، وحرية التعبير.

أما الفصل الخامس فقد خصصناه لدراسة أهم المعوقات التي شهدتها العملية الإصلاحية في دول المجلس مع دراسة مستقبل تلك الإصلاحات عن طريق ثلاثة مباحث يتناول المبحث الأول، مؤشر ضعف الإطار القانوني والدستوري، أما المبحث الثاني فيتناول عدة عوامل معيقة للعمل الإصلاحي سواء إجتماعية وثقافية، وإقتصادية، أما المبحث الثالث فيتناول مستقبل الإصلاح السياسي في دول المجلس من خلال دراسة عدة متغيرات تؤثر مستقبلاً في العملية الإصلاحية ذاتها في تلك الدول.

المطلب الأول

فكرة الإصلاح

ليس هناك إجماع على تعريف شامل لكل أبعاد الإصلاح. فالنظر إلى الإصلاح، ومحاولة تعريفه من قبل الباحثين تتأثر بالحقل العلمي للباحث وبالمنظور الذي ينطلق منه الراغب في تعريف الإصلاح، وبالعودة إلى مرجعيتنا التراثية التي نقصد بها مجموع ما يندرج تحت مفهوم (الفكر العربي الإسلامي) أي منذ ظهور الإسلام إلى القرن الثامن عشر, نرى بإنه ليس هناك في المعاجم العربية القديمة أي تعريف للإصلاح غير القول(الإصلاح ضد الإفساد)، وإذا رجعنا إلى معنى ((الإفساد)) ردتنا إلى الإصلاح بقولها: (الإفساد ضد الإصلاح).[1] في حين نرى في المرجعية الأوربية التراثية منها، والمعاصرة، وبالعودة إلى المعاجم اللغوية الأوربية أن كلمة(Reform)، وهي الكلمة المقابلة لكلمة الإصلاح تعني: إعطاء صورة أخرى, أو إعادة تكوين شي ما ليبدو بمظهر جديد.[2]

وفي المفاهيم المتخصصة, نرى أن الإصلاح مفهوم يطلق على التغيرات الاجتماعية أوالسياسية التي تسعى لإزالة الفساد، وإصلاح السلبيات

(Reform means social or political change that seeks to remove courrption).[3]

---

[1] محمد عابد الجابري, في نقد الحاجة إلى الإصلاح, مركز دراسات الوحدة العربية, بيروت, 2005,ص 17.

[2] (Reform) كلمة تتكون من لاحقة (re) التي تعني الإعادة, ولفظ(Form), ومعناه (الشكل أو الصيغة), وهكذا فمعنى(Reform) التي تقابل (الإصلاح) في لغتنا العربية هي أعادة تكوين أو (إعطاء صورة أخرى للشئ). منير بعلبكي، قاموس المورد,ط11, دار العلم للملايين, بيروت,1977,ص,770.

(3) AS hornby.oxford advanced learners dictionary of current English, oxford university press, London, Eighth Impression, 1978,p.720

وقد عرفت الموسوعة السياسية الإصلاح بأنه (تعديل غير جذري في شكل الحكم, أو العلاقات الاجتماعية دون المساس بأساسها, وهو خلافا لمفهوم الثورة ليس سوى تحسين في النظام السياسي الاجتماعي القائم, دون مساس بأسس هذا النظام, إذ أن الإصلاح يشبه الدعائم الخشبية المقامة لمحاولة منع إنهيار المباني المتداعية، ويستعمل للحيلولة دون الثورة أو لتأخير وقوعها). [1]

وربطت (الأنسكلوبيدية) البريطانية مصطلح الإصلاح ((Reformation)) بالحركة الدينية الإصلاحية التي بدأت في القرن السادس عشر، لتطهير الكنيسة المسيحية أخلاقياً وعقائدياً على أسس قواعد العهد القديم, والتي سريعاً ما امتدت إلى الجوانب السياسية والاقتصادية والاجتماعية في جميع الكرة الأرضية. [2] آذ عندما يذكر الإصلاح في أوربا (كأسم علم)، فإن الذهن ينصرف مباشرة إلى الإصلاح الديني الذي شهده القرن السادس عشر، والذي ارتبط بأسم رائده الأول الراهب الألماني (مارتن لوثر) الذي أدت حركته إلى قيام المذهب البروتستانتي منشقا عن الكنيسة الرسمية الكاثوليكية. [3]

أما في المجتمع العربي، فإن فكرة الإصلاح السياسي، والدعوة له لم تكن وليدة الوضع الراهن في واقعنا العربي , فقد بدأت هذه الدعوة منذ قرون عدة دعى فيها المفكرين والمثقفين إلى إصلاح أحوال الرعية، وإصلاح شؤون الحكم. [4] وهناك شواهد دالة على عمق فكرة الإصلاح في المجتمع العربي سواء على المستوى الفكري أو السياسي أو الاجتماعي : فعلى المستوى الفكري بدأتها الإصلاحية الإسلامية والليبرالية العربية منذ العقود الأولى من القرن التاسع عشر

([1]) عبد الوهاب الكيالي، الموسوعة السياسية،الدار العربية للدراسات والنشر,بيروت,1974,ص 55
([2]) The New Encyclopaedia Britannica, volume 15,the university of Chicago
1979,pp.547-563.
([3]) محمد عابد الجابري, مصدر سبق ذكره, ص 65.
([4]) ستار الدليمي," تجربة الإصلاح السياسي في الوطن العربي ", الملف السياسي , العدد (9), مركز الدراسات الدولية – جامعة بغداد, بغداد 2005 ,ص3.

في إطار كتابات سياسية جديدة صاغت أيديولوجية أصلاحية بلورتها نظريا في حدود الممكن, والمتاح من الأدوات المعرفية في ذلك الوقت, ككتابات (الطهطاوي) في دفاعه عن إنموذج الدولة العصرية, فضلا عن نقد الاستبداد السياسي والديني مع كل من (جمال الدين الأفغاني) و(عبد الرحمن الكواكبي), والدعوة إلى الإصلاح الديني مع (محمد عبده) ثم الدعوة إلى الإصلاح الإجتماعي وتحرير المرأة, وكل الأفكار التي تدعو إلى الحياة الدستورية, والنظام التمثيلي, وتقيد السلطة, وتطوير القضاء, وتكريس سلطة القانون, وإصلاح التعليم نرى هذه الأفكار مقدمتها في فكرنا الإصلاحي بين ثلاثينات القرن التاسع عشر والعشرين. [1] وفيما يخص المستوى السياسي, فأن بداياته تعود إلى حقبة مابين الحربين العالميتين أو ما يعرف باسم (الحقبة الليبرالية العربية) رغم أنها لم تعمر طويلا ومكتسباتها كانت متواضعة إلا إنها من جهة أخرى يمكن النظر إليها من جانب تأسيس مجال سياسي جديد وحديث يمثل فيه الدستور والتعددية الحزبية, والنظام التمثيلي النيابي, وحرية الصحافة والنشر موقع الأركان منه. [2] حينما اتخذت عدد من الأقطار العربية التي حصلت على استقلالها في ذلك الوقت منهجاً على غرار النمط الغربي الأوربي مثل: مصر, والعراق, ولبنان, وسوريا, والأردن والمغرب, وتونس, ومارست نوعاً من أنواع الديمقراطية الليبرالية, كما تأسست جمعيات وأحزاب ومنظمات ليبرالية دعت إلى الإصلاح الاجتماعي عن طريق نشر التعليم الحديث, وتحسين وضع المرأة, ومناهضة النظم التقليدية, والدعوة إلى الديمقراطية والحياة الدستورية, والمشاركة السياسية والحياة البرلمانية. [3]

([1]) عبد الإله بلقزيز," الإصلاح السياسي في الوطن العربي", المستقبل العربي، العدد(304), بيروت, حزيران, 2004, ص ص 92-93. أنظر كذالك: جهاد تقي صادق, الفكر السياسي العربي الإسلامي : دراسة في ابرز الاتجاهات الفكرية, دار الكتب للطباعة والنشر, بغداد, 1993, الصفحات 210-250-281- 297 .

([2]) عبد الإله بلقزيز, مصدر سبق ذكره, ص ص 94-95.

([3]) مفيد الزيدي, التيارات الفكرية في الخليج العربي 1938-1971, مركز دراسات الوحدة العربية, بيروت,2000,ص ص 96-97.

وفي المستوى الاجتماعي الشعبي يمكن أن نشير إلى تراكم نضالي كبير في العمل السياسي والمهني من اجل تحقيق الإصلاح الديمقراطي في الوطن العربي والكفاحات التي خاضتها شعوب الأمة العربية ضد الاستبداد من اجل الحرية والديمقراطية طيلة عقود طويلة من القرن العشرين, البعض منها للدفاع عن حقوق اجتماعية في وجه سلطة تتخذ قرارات منفردة، ولا تأخذ مصالح الشعب والنقابات في الاعتبار, كمواجهة قرارات تتعلق بالتعليم أو الزيادة في أسعار الخبز والمواد الأساسية,[1] والبعض الأخر من تلك الانتفاضات كان سياسيا صرفا.[2] أن تأثير هذه الانتفاضات رغم أنها كانت تنتهي بانتكاسة كبيرة يعقبها حملة إعتقالات واسعة كان عميقاً في تنامي الوعي السياسي بالحقوق، وامتداد تنامي الإدراك في فشل النخب الحاكمة في حل معضلات المشاركة السياسية والحقوق الاجتماعية للموطن.[3]

إلا إن مفهوم الإصلاح والتغير التدريجي بدأ يتقاطع مع تيارات أخرى ابتداءً من ثلاثينات القرن العشرين, وهي تيارات سياسية غير إصلاحية في خطابها الأيديولوجي، وذات طبيعة شعبوية أو ثورية, ترى في الثورة الاجتماعية، وفي الانقلاب العسكري الطريق الأمثل إلى التغيير, كالتيارات الإسلامية والقومية والماركسية رغم إن هذه التيارات لم تقاطع تماماً الخيار الإصلاحي التدريجي، كخيار تكتيكي إضطراري, كما فعل (الأخوان المسلمون) في عهد مؤسس حركتهم (حسن البنا), وحتى التيار القومي

([1]) مثل انتفاضة (23) آذار 1965 في المغرب, وانتفاضة 18-19 كانون الثاني 1977 في مصر، وانتفاضة الخبز في تونس في العام 1978, وانتفاضة 20 حزيران 1981 في المغرب.

([2]) كما في حالة انتفاضة نيسان 1985 ، ضد نظام (جعفر النميري) في السودان, وإنتفاضة 1988 في الجزائر, وإنتفاضة معان 1989 في الأردن, والإنتفاضة الشعبية في البحرين 1994.

([3]) عبد الإله بلقزيز, مصدر سبق ذكره,ص96.

قبل دخوله في حقبة الإنقلابات العسكرية, وكذلك التيار اليساري باسم النضال من اجل مرحلة انتقالية (ديمقراطية) نحو الإشتراكية. [1]

وعاد مفهوم الإصلاح والتغيير التدريجي ابتداءً من النصف الأول من سبعينات القرن العشرين لأسباب عدة منها:

أولا: نكسة حرب 1967،والتطورات التي حدثت بعد حرب أكتوبر 1973، إذ أصبح واضحا إنهيار المشروع القومي, ومع نهاية الثمانينات من القرن الماضي إنهار المشروع الوطني الذي كانت تحمله العديد من الحكومات العربية ومن المعروف أن الحركة القومية العربية لم تصل إلى الحكم في أي دولة عربية عن طريق انتخابات حرة نزيهة, بل كان دائماً عن طريق الانقلاب العسكري أو عن طريق الثورات الشعبية ضد الاستعمار لكنها ضحت بالديمقراطية، وحقوق الإنسان في مقابل الوحدة العربية، ومواجهة الاستعمار، والصهيونية , إن مأزق الأيديولوجية القومية العربية، إنها كانت صيغة (أما/ أو) فأما الحقوق المدنية والسياسية، أو الوحدة والاستقلال والتنمية الاقتصادية وكان يغلف هذا الممارسات القمعية، والفساد، وتهميش المعارضين، وإقصاؤهم عن الحياة العامة. [2]

وقد أصبحت النظم العربية الحاكمة إزاء منعطف جديد من التطور السياسي الذي تمثل بتخلي هذه الحكومات عن تنفيذ خطط التنمية الاقتصادية والاجتماعية وبذلك سحبت بنفسها شرعية وجودها على المستوى الداخلي, إذ مبرر استلامها للسلطة منذ مطلع خمسينات القرن الماضي هو تنفيذ تلك البرامج التي لم تنفذها السلطات السابقة لها والتي غرسها الاستعمار منذ مطلع القرن العشرين. ومما

---

[1] نفس المصدر, ص 90.
[2] معتز بالله عبد الفتاح," الديمقراطية العربية بين محددات الداخل وضغوط الخارج", المستقبل العربي, العدد (326),بيروت, نيسان 2006,ص23

19

مكن هذه النظم من الصمود خلال حقبة الحرب الباردة وجود قطبين عالميين يسمحان بتمحور هذه الدول حولهما. [1]

وبانهيار مشروع هذه الأنظمة العربية الحاكمة فشل المشروع القومي التحديثي الذي كانت تحمله السلطات العربية التي وصلت إلى الحكم بعد الحرب العالمية الثانية, وفشلت مشاريع المعارضة الوطنية (القومية والاشتراكية) السياسية والاقتصادية والاجتماعية, وأدى فشل المثل الوطنية والقومية والاشتراكية إلى إنهيار الطموح والآمال التي كانت تتطلع إليها الجماهير العربية، والمتمثلة في الحرية المساواة والتطور الاقتصادي والاجتماعي وأخذت الجماهير العربية تسعى للخروج من هذه الوضعية وتعول على أهمية العودة إلى الإرث الثقافي والديني, آمله أن تعثر على ما يعينها لمواجهة المآزق السياسية والاجتماعية التي تواجهها. [2]

وأدت هذه المراجعة إلى تبلور تيارين فكريين يتنازعان للسيطرة على الشارع السياسي، الجماهيري, الأول يمثل الاتجاه الليبرالي, وهو يرى ضرورة تبني القيم الليبرالية التي ثبت نجاحها في العالم المتمدن،والاتجاه الآخر وهو يمثل النخب السياسية المحافظة التي تثمن القيم الإقليمية القديمة ,وتجمل صفحة الخطاب القومي, وتحاول بواسطتهما مقاومة الشعور بالعجز الذي لحق بها. وإن نجاح المشروع الليبرالي والفكر الليبرالي يعتمد على مدى سيطرته على الشارع السياسي الجماهيري بنزاعه مع التيار الثاني الإسلامي السياسي. [3]

ثانيا: إن التيار الإسلامي الذي تأذى من تجربة ممارسة الثورة ضد السلطة القائمة أخذ ينتقل من فكرة الثورة إلى فكرة النضال الديمقراطي، والإصلاح

[1] مهيوب غالب احمد ," الإصلاح الديمقراطي العربي بين برامج الداخل ومشاريع الخارج",المستقبل العربي, العدد(314),بيروت, نيسان 2005,ص154.
[2] نفس المصدر , ص 155.
[3] نفس المصدر ,ص ص 155- 156.

السياسي.[1] وبدأت الجماعات الإسلامية المعتدلة وعلى رأسها جماعة (الأخوان المسلمين) تتعاطى أو تتعامل مع النظم السياسية ,مما جعل هذه الجماعات طرفاً قابلا بمؤسسات الديمقراطية، وإجراءاتها؛ وان كانوا يتحفظون على واحدة من أهم ملامحها في الغرب وهو العلمانية ,كما قبل (الأخوان المسلمين) بالعديد من المقولات التي تدعو إلى: إن السلطة للشعب بشرط أن لايقرر الشعب ما يتعارض صراحة مع نص قطعي الثبوت وقطعي الدلالة من القرآن والسنة . كما أخذ (الأخوان المسلمون) يجتهدون فى أن يتمايزوا من الجماعات المتشددة التي تتبنى العنف ضد حكوماتهم ومجتمعاتهم.[2]

ثالثا: الواقع العربي المتردي ,إذ تشترك الدول ذات الأنظمة المختلفة,ملكية (دستورية - تقليدية) , جمهوريات(ثورية ذات حكم عسكري , ودستورية) في الوطن العربي فيما بينها بسمات محددة بقدر تعلق الأمر بالديمقراطية، والإصلاح فهي أنظمة ترتكز فيها السلطة بيد النخبة الحاكمة، وهي الماسكة لإدوات السلطة وان الفساد الإداري والمالي قد استشرى في هذه الأنظمة في جميع المؤسسات وعدم وجود فصل بين ألسلطات.[3]

رابعا: مع بداية العقد الأخير من القرن العشرين تغيرت الأسس التي يقوم عليها النظام الإقليمي العربي، وانهارت منظومة العلاقات الدولية التي كانت قائمة على القطبية الثنائية نتيجة إنهيار الإتحاد السوفيتي وحلفائه الذين كانوا يمثلون أحد القطبين الرئيسين الممسكين بأسس تلك المنظومة, وانكشفت عند ذلك الأسس التي كان يرتكز فيها النظام الإقليمي العربي الذي بدا عاجزاً عن الصمود إزاء مخططات إعادة رسم الخريطة السياسية للمنطقة, وعاجزا من الدفاع عن وجوده

([1]) عبد الإله بلقزيز , مصدر سبق ذكره ,ص95.

([2]) معتز بالله عبد الفتاح , مصدر سبق ذكره , ص 22.

([3]) عبد الوهاب القصاب , "مبررات الإصلاح السياسي في الوطن العربي : السعودية مثلاً" الملف السياسي ,العدد(9), مركز الدراسات الدولية - جامعة بغداد ,2005 ,ص16.

أمام القوى التي تنتظر الوقت المناسب لتدخل، وتملأ الفراغ الذي خلفه النظام الإقليمي العربي القائم على تلك الأسس. ورأت النخب العربية الحاكمة نفسها في حالة إرتباك، وعاجزة عن الصمد إزاء تحديات المستقبل، وتحديات المرحلة الحالية، ولم تتفق فيما بينها على خطوات لمواجهة المشكلات الملحة التي أصبحت قبالتها، وهذا ما تمثله بوضوح فشل مؤتمرات القمم العربية التي انعقدت، وعلى الأخص في السنوات التي أعقبت العام 2001. [1]

ومع انهيار الأسس التي قامت عليها العلاقات الدولية بعد الحرب العالمية الثانية بدأ واضحاً أن الكيفية التي قامت عليها أنظمة النخب العربية هي مصدر ضعفها بعد أن تصور الحكام العرب إنهم أقاموا أنظمة (شمولية وشبه شمولية) سوف تكون مصدر قوتهم وبقائهم في السلطة من دون أي معارضة، وأخذت أنظمة الحكم العربية التي قام عليها النظام الإقليمي العربي تعيش أزمة، فالدولة التحديثية لهذه الأنظمة التي نادت بالتقدم والحرية والوطنية قادت إلى عكس أهدافها بسبب الإنحرافات التي اتسم بها مفهومها، والمصالح الاجتماعية التي كانت توجه سياساتها وعملها. [2]

خامسا: أن المجتمعات العربية بدأت تشهد اتساعا لمساحة من الفضاء العام بسبب تكنولوجيا الإتصالات التي وفرت للمواطن العربي القنوات الفضائية والمواقع التفاعلية على الإنترنيت، حيث وفر الأخير فرصة ممتازة لإيجاد فضاء عام أرحب للتفاعل بين المواطنين العرب، ولاسيما الشباب منهم. أن مثل هذه المساحة من الفضاء العام تكشف عن نزعة نحو نقد الأوضاع الحالية، والرغبة في مجتمعات أكثر ديمقراطية. [3]

---

[1] مهيوب غالب احمد، مصدر سبق ذكره، ص ص 147-148.

[2] مهيوب غالب احمد، مصدر سبق ذكره، ص ص 148-149.

[3] معتز بالله عبد الفتاح ، مصدر سابق ، ص 22.

سادسا: إن فكرة الإصلاح السياسي، والديمقراطية، وحقوق الإنسان، رأت مدى أرحب للانتشار بعد أن بدأ الكثير من الفاعلين في تيارات العمل السياسي يرى إن التغيير لا يختزل في السياسة والعمل السياسي,بل يمكن أن يتم بالوسائط الأخرى: الاجتماعية والثقافية والتربوية، وغيرها. وعلى أساس ذلك أعيد الإعتبار إلى النقابات، والى المنظمات الشعبية والمهنية، ولم تعد كملحقات حزبية. كما نشأت مؤسسات جديدة على المشهد المجتمعي العربي، مثل جمعيات حقوق الإنسان ومراصد حقوق الإنسان, ولجان مراقبة نزاهة الانتخابات، لتضاف إلى اتحادات المرأة والطلبة والشباب، وجمعيات المحامين والحقوقيين، وأصبح لفكرة الديمقراطية وحقوق الإنسان جمهور نشط، وأطر مؤسسية عدة، سواء على الصعيد الوطني أو على الصعيد القومي.[1]

فمع أوائل القرن الحادي والعشرين أخذت حركة المجتمع المدني الناشئ في الوطن العربي تسارع، وتكثف نشاطها، وبدأت تستعمل أدوات جديدة في مزاولة نشاطها , وأخذت لقاءات منظمات المجتمع المدني تتعدد سواء على الصعيدين القطري والقومي, وخصوصاً في بلاد مثل سوريا، والسعودية، والبحرين، ومصر. فعلى المستوى القطري عقدت لقاءات في بيروت والإسكندرية وعمان أكدت كلها ضرورة رفع القيود على نشاط مؤسسات المجتمع المدني , والإعتراف بها والسعي إلى تنظيم لقاءات على هامش لقاءات القمة العربية. كما بدأت بعض منظمات المجتمع المدني الناشئ تستعمل أساليب جديدة في نشاطها كتعبئة المواطنين في أعمال احتجاجية واسعة مثل تلك التي شهدتها مدن عربية عدة في إثناء الحرب الأمريكية على العراق عام 2003, إن هذه الأساليب لم تكن معهودة لدى منظمات المجتمع المدني لدول عدة مثل مصر، التي أخذت تكسب منظمات المجتمع المدني فيها حقوق للمواطنين لم تكن معهودة من قبل.[2]

---

[1] عبد الاله بلقزيز,مصدر سبق ذكره ,ص ص 95-96 .
[2] مصطفى كمال السيد,"المجتمع المدني:الفاعل الجديد على المسرح السياسي " ,السياسة الدولية,العدد(161),القاهرة,يوليو 2005,ص75, لمزيد من الإطلاع حول مفهوم المجتمع المدني ودوره في عملية الإصلاح السياسي، أنظر: ستيفن ديلو,التفكير السياسي والنظرية

ويرى بعض المراقبين إن سبب هذه التطورات تعود لأسباب عدة بعضها داخلي، والبعض الأخر خارجي, وإن اختلف أثرها في حركة المجتمع المدني العربي. فالشعوب العربية في الخليج كانت مؤهلة بالفعل للإنتقال إلى علاقة جديدة بين المواطنين والدولة بعد أن ارتفعت مستويات التعليم,ومستويات الرفاهية,التي هيأت لهم التنقل بأعداد كبيرة إلى دول أخرى تسودها أوضاع أكثر ديمقراطية , كما إن حكومات دول مجلس التعاون الخليجي أخذت تقدر إن السخاء في العطاء للمواطنين لشراء ولائهم قد ضعف مع تقلب أسعار النفط، وإنفاقها العسكري الكبير، ووارداتها المتزايدة، فقد كان من الصعب تحويل ثروتها المالية إلى مشروعات منتجة , ووظائف ملائمة لمواطنيها من الشباب,فضلاً عن خشية حكام هذه الدول من خروج دعوات بالثورة عليها, وهذه الأوضاع تفسر ماحدث في هذه الدول في مجال المجتمع المدني والانفتاح السياسي منذ تسعينات القرن العشرين.[1] ومن الأسباب الأخرى التي دفعت إلى حدوث التطور في مؤسسات المجتمع المدني في الدول العربية, هو إتباع ذلك كوسيلة من قبل بعض الحكومات ذات الشرعية المهتزة لكسب قدر من الشرعية من المواطنين, ولذلك جاء توسيع الحقوق السياسية للمواطنين أحيانا عقب تظاهرات عارمة تحتج على السياسة الاقتصادية للحكومات القائمة, أو مع بداية حكم جديد يريد رئيس الدولة فيه إن يكسب الشرعية بالتمايز عن سياسات خلفه التي سببت قدرا من السخط بين المواطنين.[2]

أما التطورات الخارجية ذات الأثر الإيجابي في حركة المجتمع المدني العربي الناشئ هو مجاهرة الولايات المتحدة بتبنيها الدعوة إلى نشر الديمقراطية

السياسة والمجتمع المدني,ترجمة ربيع وهبة,المجلس الأعلى للثقافة, القاهرة,2003,ص ص 65-66.

([1]) سنتناول بالتفصيل خلال الفصل الثاني احد دوافع الإصلاح السياسي في دول مجلس التعاون، وهي الأزمة الاقتصادية. أما الفصل الرابع فسنتناول التطورات السياسية والإصلاحات على مستوى الحريات العامة والمجتمع المدني.

([2]) مصطفى كمال السيد , مصدر سبق ذكره, ص ص 76-77.

في الشرق الأوسط, وخصوصا عقب أحداث الحادي عشر من أيلول 2001، التي نسبها كتاب أمريكيون إلى غياب الديمقراطية في البلاد العربية, لذلك أخذت الولايات المتحدة تسعى إلى تفعيل حركة المجتمع المدني العربي بفضل العديد من المبادرات التي أطلقتها وكان أخرها مبادرة (الشرق الأوسط الكبير),والتي تناولت العديد من النقاط التي تدعو إلى إسهام المجتمع المدني في حركة الإصلاح السياسي بفضل تقديم الكثير من المساعدات المادية والمعنوية له, وعقدت على هامش هذه المبادرة بعض الإجتماعات والمنتديات لتفعيل المجتمع المدني العربي [1] ومع إن هناك من يرى إن الدعوة الأمريكية للديمقراطية في الشرق الأوسط كانت نتائجها سلبية على حركة المجتمع المدني, فأن الحقيقة تبقى أن هذه الدعوة بغض النظر عن النيات الحقيقية ورائها مثلت ضغطا خارجيا للإصلاح نحو الداخل العربي, فالخيارات العربية في ظل النظام العالمي الجديد أصبحت مقيدة بما ينبغي إن ينجز من استحقاقات كبرى وصغرى, وأن ما يتعيين على العرب إن ينجزوه من تلك الاستحقاقات أما أن ينجزوه الآن وأما إنه لن تكون هنالك إمكانات لإنجازه بعد مدة. [2]

وهنا لا يمكن إغفال الدور الذي قامت به منظمات المجتمع المدني العربي هذه في مجال الإصلاح السياسي والاقتصادي والاجتماعي والثقافي أو المطالبة والدعوة له بفضل وسائل عدة, كعرضها مطالب المواطنين في مواجهة سلطات الدولة, وتقديم خدمات عدة في مجالات التعليم والصحة والاتصالات وغيرها, أو إسهاماتها في مجال التنمية الاقتصادية من خلال السعي إلى تنمية المجتمعات المحلية والوطنية , أما مباشرة كقيامها بأنشطة اقتصادية في مجال الصناعات الصغيرة مثلا, أو طرحها أفكار في هذا المجال, أو إسهام هذه المنظمات بنشر الثقافة, وذلك بتشجيع الفنون الجميلة ونشر ثقافة التسامح, والأهم من ذلك كله

---

(1) سنتناول بالتفصيل هذه المبادرة الأمريكية وبنودها في الفصل الثاني المبحث الأول (الضغوط الخارجية)

(2) طيب تيزيني," أسئلة الإصلاح الوطني الديمقراطي العربي سوريا نموذجاً " , المستقبل العربي , العدد(318) , بيروت , أب 2005, ص 84.

قيام بعض منظمات المجتمع المدني بعملية التعبئة السياسية عندما ترتبط تلك المنظمات بحركات سياسية معينة فتقوم بعملية تعبئة الأعضاء لمصلحة هذه الحركات السياسية, أو اهتمام بعض المنظمات بمراقبة الحكومات , لغرض مكافحة الفساد أو حماية حقوق المواطنين، والوقاية من الإعتداء عليها . كما تسهم بعض منظمات المجتمع المدني العربي في عملية التطور السياسي في الإتجاهات التي يرغب بها أعضاء هذه المنظمات, سواء نحو مزيد من الليبرالية السياسية والاقتصادية أو تعميق الديمقراطية , أو تحقيق الوحدة العربية ... الخ وقد نجحت منظمات المجتمع المدني العربي في إنتزاع تنازلات مهمة من جانب النظم العربية , أو على الأقل بعض هذه النظم التي اضطرت إلى الإعتراف بها ومنحها قدرا من حرية الحركة.[1]

([1]) مصطفى كمال السيد , مصدر سابق , ص ص 77-78.

المطلب الثاني
آليات ومعوقات الإصلاح

يقصد بالإصلاح السياسي جميع الخطوات المباشرة , وغير المباشرة التي يقع عبء القيام بها على عاتق كل من الحكومات، والمجتمع المدني ومؤسسات القطاع الخاص , وذلك للسير بالمجتمعات والدول قدماً ومن غير تردد في طريق بناء نظم ديمقراطية حقيقية . وهذه الديمقراطية قد تختلف في إشكالها ومظاهرها وفقاً للتغيرات الثقافية والحضارية من بلد إلى أخر ولكن جوهرها واحد فهي تعني ذلك النظام الذي تكون الحرية فيه هي القيمة العظمى والأساسية بما يحقق السيادة الفعلية للشعب الذي يحكم نفسه بنفسه بفضل التعددية السياسية التي تؤدي إلى تداول السلطات، وتقوم على إحترام جميع الحقوق في الفكر والتنظيم، والتعبير عن الرأي للجميع، مع وجود مؤسسات سياسية فعالة على رأسها المؤسسات التشريعية المنتخبة، والقضاء المستقل، والحكومة الخاضعة للمسائلة الدستورية والشعبية، والأحزاب السياسية بمختلف تنوعاتها الفكرية والأيديولوجية. كما تقتضي هذه الديمقراطية كفالة حرية التعبير بجميع صورها وإشكالها , وفي مقدمتها حرية الصحافة، ووسائل الإعلام السمعية والبصرية والالكترونية، والاعتماد على الانتخابات الحرة، مركزيا ولا مركزيا، وبشكل دوري لضمان السلطة وحكم الشعب , وتحقيق أقصى قدر ممكن من اللامركزية التي تتيح للمجتمعات المحلية التعبير عن نفسها وإطلاق طاقاتها الإبداعية في إطار خصوصياتها الثقافية التي تسهم عن طريقها في تحقيق التقدم الإنساني في جميع مجالاته , ويقترن ذلك بتحقيق أقصى قدر من الشفافية في الحياة العامة، بما يعني القضاء على الفساد , في أطار يؤكد الحكم الرشيد، ودعم حقوق الإنسان

وفق المواثيق الدولية وفي مقدمتها حقوق المرآة والطفل والأقليات , وحقوق الضمانات الأساسية في تعامل سلطات الدولة مع مواطنيها.[1]

ومن الواضح إن الديمقراطية بنية وآليات، وممارسة سياسية تقوم على المشاركة السياسية الواسعة عبر قنوات المؤسسات السياسية، وعلى أساس التنافس. ويتسم النظام الديمقراطي بالتمايز والانتظام الواضحين في الأدوار السياسية التي يؤديها الإفراد في نطاقه , إذ تنتظم العلاقة بين أولئك الذين يضعون ويتخذون القرارات السياسية والمواطنين العاديين بفضل عدد من الأدوار البنائية التي تسهل مشاركة المواطنين في العمل السياسي.[2]

ويثير مضمون نظام الديمقراطية هذا سؤال أساسي , هل يملك هذا النظام من شروط الشمول والكونية ما يوفر له إمكانية الانطباق على المجتمع العربي ؟ والحياة السياسية فيه ؟ وتحديدا على إرادة الإصلاح السياسي فيه؟.[3]

الحقيقة إن الإصلاح السياسي في البلاد العربية لا يتم ألا بمجموعة من الخطوات،وحسب ما جاء في وثيقة الاصلاح التي اصدرتها مكتبة الاسكندرية في عام 2004 منها :-

1- الإصلاح الدستوري والتشريعي : بوضع دساتير عصرية لتلك الدول التي لم تشهد هذه المرحلة بعد وتصحيح الأوضاع الدستورية في البلاد العربية بتعديل المواد التي تتعارض مع المتطلبات الديمقراطية والحقيقة , مع إزالة الفجوة بين نصوص الدساتير وأهداف المجتمع في التطور الديمقراطي وذلك بما يضمن الفصل بين السلطات التشريعية والتنفيذية فصلاً واضحاً صريحاً، وتجديد أشكال

[1] "قضايا الإصلاح في الوطن العربي , مؤتمر الإسكندرية (12- 14 مايس , 2004) , السياسة الدولية , العدد (156) , القاهرة , ابريل 2004, ص ص 291-292.

[2] حسين علوان البيج، " الديمقراطية وإشكالية التعاقب على السلطة"، المستقبل العربي، العدد (236)، بيروت، تشرين الأول 1998،ص96.

[3] عبد الاله بلقزيز," نحن والنظام الديمقراطي "،المستقبل العربي،العدد(236)،بيروت، تشرين الأول 1998،ص78.

الحكم بما يضمن تداول السلطة بالطرق السلمية دورياً, وإجراء انتخابات دورية حرة تصون الممارسة الديمقراطية, وإلغاء الأضطهاد السياسي بسبب الرأي في كل الأقطار العربية.

2- إصلاح المؤسسات والهياكل السياسية :- أي مراجعة المؤسسات التنفيذية والتشريعية والقضائية , فضلا عن الصحافة والأعلام ثم مؤسسات المجتمع المدني لضمان إدائها الديمقراطي السليم , الأمر الذي يفرض الشفافية التامة واختيار القيادات الفاعلة, والتحديد الزمني لمدة قيامها بمسؤوليتها, والتطبيق الفعلي لمبدأ سيادة القانون .

3- إلغاء القوانين الاستثنائية، وقوانين الطوارئ المعمول بها في البلدان العربية وإلغاء المحاكم الاستثنائية أيا كانت إشكالها ومسمياتها , لأنها تنتقص من ديمقراطية النظام السياسي.

4- أطلاق حريات تكوين الأحزاب السياسية في أطار الدستور والقانون , بما يضمن لجميع التيارات الفكرية والقوى السياسية المدنية إن تعرض برامجها وتدخل تنافسا حراً شريفا على الحكم بشكل متكافئ .

5- إنضمام جميع الدول التي لم تنظم من قبل إلى المواثيق الدولية والعربية التي توفر مظلة للحريات والحقوق مثل العهد الدولي للحقوق المدنية والسياسية والمواثيق الدولية لحقوق المرأة والطفل وغيرها من المواثيق.

6- تحرير الصحافة ووسائل الأعلام من التأثيرات والهيمنة الحكومية , ذلك لأن هذا التحرير دعامة قوية من دعائم النظام الديمقراطي .

7- أطلاق حرية تكوين مؤسسات المجتمع المدني , وذلك بتعديل القوانين المقيدة لحرية تكوين الجمعيات والنقابات والاتحادات الطوعية مهما كان طابعها السياسي أو الاجتماعي أو الثقافي أو الاقتصادي.

8- تشجيع قياسات الرأي العام، وتحريرها من العوائق بوصفها أحدى وسائل الديمقراطية الأساسية, والعمل على تأسيس الهيئات والمراكز البحثية لإستطلاع

الرأي العام العربي , وذلك لتوفير معلومات دقيقة يستفيد منها صانعو القرار والمخططون الاجتماعيون.(1)

أن هذه الخطوات تعبر عن حقيقة مهمة , وهي إن الإصلاح السياسي لايتم الا بإصلاح جوهر الحكم , الذي يبدأ من أصلاح نسق الحكم بفضل تمثيل نيابي حر ونزيه وفعال, لكي يصبح صوت الناس مسموعاً، وتصان مصالحهم وينتهي بإصلاح الخدمة المدنية بإصلاح نسق الكسب في الخدمة الحكومية بفضل كفاية الأجور, وإزالة التفاوتات بين قطاعات الخدمة المدنية, واعتماد الإدارة العامة الصحيحة , بما في ذلك اعتماد الجدارة كأساس للتعيين والترقية ولإنهاء الخدمة في الحكومة.(2) فالتغيير الذي يستلزمه الإصلاح يتم عن طريق القنوات السياسية التي تنظمه, وتضبط حركته وترعاه، وتنسق بين مساراته وبهذا فأن الإصلاح السياسي يرتبط ارتباطا وثيقا بالنمو الاقتصادي، ومختلف التغييرات النفسية والاجتماعية الأخرى، ولذلك فإن قدرات الأجهزة الحكومية بمختلف تخصصاتها, لابد لها من إن تتطور حتى تتمكن من التعامل مع المهام والواجبات المتضمنة في عمليات التغيير الاقتصادي والاجتماعي والثقافي.(3)

كذلك هناك ضرورة تكوين وعي عام لدى مختلف الجماعات بأهمية التغيير، وضرورته وفوائده, فضلاً عن المشاركة السياسية والتعبئة النفسية وتطبيق المفاهيم العقلانية في الجوانب الاجتماعية والاقتصادية والسياسية لتحل محل المفاهيم التقليدية, وبخاصة المتسمة بالجمود.(4)

---

(1)" قضايا الإصلاح في الوطن العربي " ,مصدر سبق ذكره, ص ص292-293.

(2) نادر فرجاني ," الحكم الصالح : رفعه العرب في صلاح الحكم في البلدان العربية",المستقبل العربي,العدد(256),حزيران 2000,ص 20.

(3) ثناء فؤاد عبد الله,آليات التحول الديمقراطي في الوطن العربي,مركز دراسات الوحدة العربية,بيروت,1997,ص210.

(4) ثناء فؤاد عبد الله, مصدر سبق ذكره, ص208.

وهنا لا بد أن نذكر أن التحدي الذي يواجه الإصلاح السياسي يتمثل في الآثار التي تنجم عن عملية التغيير الاجتماعي، إذ إنه مع زيادة المشاركة الشعبية في الأنشطة العامة يمكن إن يؤدي ذلك إلى زيادة حدة الصراعات الاجتماعية بسبب ضعف قيم المجتمع التقليدي، وتأكلها تحت وطأة زيادة معدلات التعليم والتحضر، ويؤدي ذلك إل وجود قيم جديدة تحل محلها,وفي إثناء عملية التغير فان تغيير الولاء السياسي إلى الولاء الوطني لن يكون مهمة سهلة، إذ أن البنى السياسية التقليدية تظل مؤثرة في أنماط السلوك لمدة طويلة بسبب كونها عميقة الجذور في المجتمع.[1]

وهذه الإشكالية تبرز بشكل واضح عند الحديث عن الإصلاح السياسي في الوطن العربي ,وذلك نظرا لوجود فجوة كبيرة بين أنصار الإتجاهين(القديم) و(الحديث)، وتتسع الفجوة أكثر عندما يرتبط التغيير بضغط خارجي , وهو ما قد ينجم عنه ضياع هدف التغيير والانزلاق نحو الصراع الداخلي.[2]

ولذلك تفترض عملية الإصلاح السياسي في المجتمع العربي التخلص من بقايا السلطات التقليدية, وهذه الحالة تفترض وجود عملية مواجهة مستمرة مع البقايا الراسخة التي ما تزال تؤثر سلبيا في اتجاهات الأفراد والمجتمع. فمثلاً لابد من إن تبدأ عملية نفسية وإجرائية لجعل الأفراد يؤمنون بأن الحكومة هي آلية من آليات تحقيق أهدافهم ومصالحهم وطموحاتهم. وهنا يفترض إن يتسع المجال للتغيير المؤسسي، واستمرارية تغيير النظام السياسي , بحيث يكون لدى الإفراد القابلية للموافقة على الإشكال الجديدة للسلطة والتنظيمات السياسية، والطرق الجديدة لتداول السلطة, وتقدير السياسيين وفقاً لمعايير موضوعية، وليست تقليدية.[3]

([1]) نفس المصدر , ص 212.

([2]) خليل العناني ," إشكالية التغيير في الوطن العربي ", المستقبل العربي, العدد(296),بيروت, تشرين الاول2003, ص167.

([3]) ثناء فؤاد عبد الله, مصدر سبق ذكره , ص 217.

إلا إن الأنظمة العربية التي أفرزت نخبا سياسية إرتبطت مصالحها بالشكل السياسي المتمثل بمصالح ضيقة، وارتباطات خارجية, عملت في سبيل تعطيل أي خطوة لمصلحة الشعوب العربية . وعندما توفرت أهم فرصة للإصلاح السياسي بعد انتهاء الحرب الباردة حاولت النخب العربية الحاكمة إن ترفع شعارات التعددية السياسية , وحقوق الإنسان, وأنشأت عشرات الأحزاب, وعشرات المنظمات السياسية و المهنية وغيرها, وكل ذلك كان موجها إلى الخارج, وبشكل مظهري دون أية إجراءات عملية للإصلاح.[1]

والمثال على هذه الإصلاحات الشكلية , المبادرة المصرية للتحول بالية اختيار رئيس الجمهورية من الاستفتاء إلى الانتخابات على أساس تعددي وذلك بتعديل المادة (76) من دستور العام 1971، والتي تنظم اختيار الرئيس المصري هذه المبادرة أحاطت التعديل بمجموعة من الضوابط التي تجعل التنافس نظريا أي لايؤدي إلى تداول حقيقي للسلطة , لأنها لم تحدد مدة ولاية رئيس الجمهورية فضلاً عن وضع شروط تعجيزية لترشيح المستقلين التي تتمثل في تزكية (250) عضواً من أعضاء مجلسي الشعب والشورى والمجالس المحلية . وكذلك بالنسبة لترشيح الحزبيين بإشتراط انقضاء خمس سنوات على تأسيس الحزب، واختيار المرشح من أعضاء هيأته العليا، وتمثيل حزبه بنسبة 5% من مقاعد مجلسي الشعب والشورى . كما إن الحكومة المصرية تعمل إلى إعادة صياغة القوانين الاستثنائية تحت مسميات جديدة, ففي الوقت الذي يجري فيه الحديث عن وقف العمل بقانون الطوارئ الساري المفعول منذ العام 1981 يجري الحديث عن الإعداد لقانون مكافحة الإرهاب , إذ يتم استبدال مسمى بأخر من دون مضمون.[2]

([1]) مهيوب غالب احمد , مصدر سابق ,ص 159.

([2]) هذه الماده جرى تعديلها مرة اخرى ضمن تعديل شمل عدد من المواد الاخرى . احمد يوسف احمد ونيفين مسعد, حالة الأمة العربية لعام 2005 ، النظام العربي : تحدي البقاء والتغيير , مركز دراسات الوحدة العربية , بيروت , 2006, ص 42.

ولذلك؛ فإن حديث الأنظمة العربية عن الإصلاح السياسي والدستوري مثلما سبقت الإشارة اليه , يبدو حديثا دعائيا غير واقعي بسبب مخالفته للواقع ويخشى إنه إذا استمر الحال على ماهو عليه إن يعتاد الناس على هذا الواقع , أو تؤدي دعوات الإصلاح إلى عكس أهدافها . وهذا الأمر يحتاج إلى سعي عملي ملموس لتحقيق أوسع مجال للتآزر الشعبي في البلاد العربيه , ويقع عبء ذلك بصورة كبيرة على الأحزاب السياسية.[1]

إلا إن الأحزاب العربية تعاني اختلال مفهوم العمل الحزبي، وعجزها عن تطوير هياكلها التنظيمية وأطرها الفكرية , مما جعل تلك الأحزاب تعيد إنتاج سلبيات النخب الحاكمة ذاتها من رفض تداول السلطة وإنكار الحق في الاختلاف والانقطاع عن الجماهير . فضلاً عن وجود الآليات المقيدة للعمل الحزبي , والتي تعبر ضمن ظواهر أخرى , عن البنية التسلطية للنظم العربية, وما أخذت تشهده أحزاب المعارضة العربية من صراعات داخلية على رئاسة الحزب وأسلوب إدارته , الذي كان أعنفها داخل حزب الغد الذي يعد واجهة الليبرالية في مصر. ودفعت هذه الأوضاع الحزبية العربية السيئة إلى ظهور حركات اجتماعية متحررة من القيود الحزبية وكانت الحركة الاجتماعية الأشهر هي الحركة المصرية من اجل التغيير (كفاية) ومن مصر انتقلت هذه الظاهرة إلى ليبيا فأسس بعض نشطائها السياسيين من المنتمين أيديولوجيا إلى تيارات شتى حركة اختاروا لها اسم (خلاص) ركزت الحركة في أهمية مبدأ تداول السلطة ,والعمل على تحقيق ذلك بمختلف الوسائل السلمية بما فيها التظاهر، والإضراب، والاعتصام , وحثت المعارضة في الخارج على التواصل معها وتسليط الضوء عليها إعلاميا. كما تكونت حركة (14اذار في لبنان)على اثر واقعة اغتيال رئيس الوزراء السابق (رفيق الحريري),وقد جرى

([1]) طارق البشري ," حول الأوضاع الدستورية والسياسية في الوطن العربي " , المستقبل العربي , العدد (311) , بيروت , كانون الثاني 2005, ص ص 89-90.

التأسيس للحركة من واقع تظاهرة 14 آذار , إذ إن واقعة الاغتيال أطلقت غضباً شعبياً عارماً وتجسد ذلك في تظاهرة حاشدة,وقد حددت الحركة هدفها في التحقيق حول واقعة الاغتيال,وإنهاء الوجود السوري في لبنان, وليس اللجوء إلى التظاهر كآلية من آليات الحركة بعد تأسيسها. [1]

وهكذا شهدت الساحة العربية الصعود السريع لتلك الحركات، وقدرتها على تجاوز إمكانيات الأحزاب في الحشد الجماهيري، والتعبئة الشعبية , رغم بعض الهواجس التي تحيط احتمالات تطورها مستقبلا لتصبح البديل المقبول شعبيا للأحزاب رغم السلبيات التي توجد في إدارة عمل هذه الحركات الشعبية وفي قدرتها على أن تكون أداة ضغط لدى القوى الحاكمة . [2]

وبدأت الدول العربية تواجه مطالب إصلاحية داخلية عدة تعبر عن نفسها بفضل تظاهرات أو إعتصامات أو مطالب شعبية, كما حدث في البحرين إذ دعت (جمعية الوفاق الوطني الإسلامية) بالتنسيق مع الجمعيات الأخرى إلى تظاهرة في اذار2005 ،شارك فيها آلاف من المتظاهرين دعو خلالها إلى وضع دستور جديد يقره ممثلون منتخبين , ويعيد توزيع السلطة بين مجلسي البرلمان لمصلحة المجلس المنتخب . كما كان الإقرار على قانون الجمعيات السياسية سببا في إطلاق تظاهرة مع بعض الأعتصامات التي شهدتها البحرين صيف 2005. [3]

بالرغم من الدور الذي أدته هذه الحركات الاجتماعية باتجاه الضغط نحو الإصلاحات السياسية، إلا إن هناك مخاوف من أن تكون هذه الحركات عبارة عن تجمعات على أهداف سياسية معينة ,في إطار تكتيكات العمل السياسي القصير المدى، ذلك إن هذه الحركات تضم عدة تيارات تختلف في نظرتها لقضايا المستقبل الأبعد.كما إن موضوع القيادة السياسية قد يثير تنافس بين الحلفاء

---

[1] احمد يوسف احمد ونيفين مسعد, مصدر سبق ذكره,ص ص46- 48.

[2] نفس المصدر , ص49.

[3] احمد يوسف احمد ونيفين مسعد, مصدر سبق ذكره, ص50.

في المستقبل، ومـن ثم تحل آليات التفكير الفردي محل آليات التفكير الجماعي.[1] فمع إن هناك اتفاق بين مختلف التيارات على الإصلاح السياسي إلا إنها تفتقد للرؤية الإستراتيجية , أي مجموع السياسات الاقتصادية والاجتماعية والثقافية التي تطالب بتبنيها من قبل النظام السياسي مستقبلا , وبلورة الرؤية الإستراتيجية ينبغي أن يسبقها التنبؤ بتطورات الواقع الحالي , لتقدير الصورة التي سيكون عليها المستقبل.[2] وفضلا عن ذلك فإن امتلاك القوى الاجتماعية للرؤية الإستراتيجية للإصلاح السياسي يعد أحد متطلبات نجاح هذا الإصلاح ,ذلك إن الإصلاح يصبح أكثر فاعلية وصدقيه إذا اسهمت القاعدة الجماهيرية العريضة في عرضه وبلورته بما يحقق أهدافها ورغباتها، وإقناع النخب الحاكمة به.

في حين ينطوي أسلوب فرض الإصلاح من القمة ,أي كمبادرة من قمة النظام السياسي، وهو السائد في المنطقة العربية, على فرض منطق الوصاية السياسية على الشعوب.[3]

وهكذا، فإن الإصلاح السياسي شئ ممكن، بل ويمكن في بعض الأوضاع إن يصبح مؤسسياً ويصعب إعادته إلى الوراء. ويمكن للبنية السياسية إن تسهل الإصلاح أو تعرقله، فبعض الأنظمة يتم تأسيسها بحيث يقل فيها احتمال القيام بإصلاح مستمر. ومع ذلك فضمن أوضاع أخرى يستطيع الإصلاح إن يكون أنصاراً جدداً يقاومون محاولات تفكيك الإصلاحات السابقة، ويتوقف ذلك على أهمية وجود أنصار أقوياء خارج الحكومة أو داخلها.[4]

([1]) طارق البشري , مصدر سبق ذكره , ص ص91-92.

([2]) السيد يسين , الإصلاح العربي بين الواقع السلطوي والسراب الديمقراطي , , دار ميريت , القاهرة , 2005, ص ص 164-165.

([3]) خليل العناني , مصدر سبق ذكره, ص 166.

([4]) سوزان . روز أكرمان , الفساد والحكم : الأسباب ، العواقب، والإصلاح، ترجمة فؤاد سروجي , الأهلية للنشر والتوزيع , عمان , 2003,ص 389.

ولا شك إن هناك عوامل إقليمية ودولية تؤدي هي الأخرى دورها في نجاح أو فشل الإصلاح, ويتوقف كل ذلك على الأوضاع التي تحيط بعملية الإصلاح السياسي ذاته.

الفصل الأول
التجارب الإصلاحية الأولى
في دول مجلس التعاون الخليجي

كان الإصلاح دائماً مطلباً لأهل منطقة الخليج العربي في العصر الحديث فمطالب الإصلاح لم تنقطع على مدى قرن من الزمان منذ أن انفردت النظم الراهنة في هذه المنطقة بالحكم في إطار معاهدات الحماية والتحالف، إلا أن محاولات الإصلاح تلك أجهضت أو تم احتوائها امنياً، ولم تتبلور في الغالب وتصبح حركة شعبية مستدامة على المستويات الوطنية أو المستوى الإقليمي.

وسنحاول خلال هذا الفصل معرفة أهم الحركات الأصلاحية التي شهدتها منطقة الخليج العربي خلال المرحلة التاريخية الممتدة من عشرينات القرن العشرين وهو تاريخ ظهور تلك الحركات، فضلاً عن معرفة أهم التنظيمات الإصلاحية التي عرفتها هذه المنطقة منذ خمسينيات القرن العشرين. فمن خلال المبحث الأول سنبحث الحركة الإصلاحية الأولى لعام (1921-1923) في كل من الكويت والبحرين وأهم العوامل التي دفعت على قيامها، أما المبحث الثاني فسنخصصه لبحث أسباب ودوافع الحركة الإصلاحية الثانية في كل من الكويت والبحرين ودبي، إذ شهدت هذه الدول حركات إصلاحية عام 1938 التي تعد أمتداداً للحركات الإصلاحية الأولى، أما المبحث الثالث فسنخصصه لدراسة أهم التنظيمات الإصلاحية التي ظهرت في منطقة الخليج العربي مع التركيز على دول (الكويت ، البحرين، السعودية) التي تميزت بها تلك التنظيمات لأسباب وعوامل سيرد ذكرها خلال هذا الفصل.

المبحث الأول

الحركة الإصلاحية الأولى (1921-1923)

كان نظام الحكم السائد في إمارات الخليج العربي منذ بداية ظهورها السياسي يقوم على أساس قبلي وعشائري تتولى السلطة فيه أسرة حاكمة وصلت إلى سدة الحكم عبر تطور تاريخي ،إذا كان لبعض هذه الأسرة دور في التخلص من السيطرة البرتغالية والفارسية ، كما إن لهذه الأسر امتدادات قبلية ،ترسخ حكمها بعد توقيع شيوخها اتفاقيات الحماية مع بريطانيا في القرن التاسع عشر ،وقد وفرت هذه الأخيرة الدعم السياسي و العسكري لها. وتمتعت تلك الآسر بموقع ممتاز على الخريطة الاجتماعية ـ الطبقية سواء بالنسبة للتجارة أو مصائد اللؤلؤ أو الأراضي الزراعية.[1] وظل نظام الحكم في هذه الإمارات قائم على أساس الحكم الفردي للحاكم إذ لم تكن طبيعة الحكم من هذا النوع تسمح في ذلك الوقت بوجود دستور مكتوب يبين نظام الحكم في كل إمارة وسلطاتها العامة، وحقوق وحريات الأفراد، فالحاكم كان يدير شؤون إمارته على نحو شبه مطلق ،إذا لاتحد سلطاته سوى الأعراف والتقاليد المتعارف عليها في المجتمع المحلي, ويجمع بين يديه كلا السلطتين التشريعية والتنفيذية ويشرف على القضاء، ويعيين القضاة في المجالين المدني والشرعي ،ولم تعرف هذه الإمارات مجالس شعبيه تمثيلية بالمعنى الديمقراطي المعروف ، ومع ذلك كان الحاكم يعقد مجالس مؤقتة مع التجار ووجهاء البلاد ليستشيرهم في بعض الأمور المتعلقة بشؤون الإدارة كلما دعت الحاجة إلى ذلك ،فضلاً عن وجود المستشارين البريطانيين المدنيين الذين كانوا خاضعين لسلطته بعدهم موظفين يتقاضون أجورهم من حكومته.[2] وكانت منطقة الخليج حتى نهاية القرن التاسع عشر شبه خالية من

([1]) أنظر: صلاح العقاد،معالم التغيير في دول الخليج العربي ، معهد البحوث والدراسات العربية ،القاهرة ،1972،ص104، و سيد نوفل ،الأوضاع السياسية لإمارات الخليج وجنوب الجزيرة ، ط2، المنظمة العربية للتربية والثقافة والعلوم ،القاهرة ،1972،ص ص42-57.

([2]) حسين محمد البحارنه , دول الخليج العربي :علاقاتها الدولية وتطور الأوضاع القانونية والدستورية فيها , شركة التنمية والتطوير, بيروت,1973,ص ص 40-53.

أوجه النشاط الثقافي سواء التعليم أو المكتبات أو الصحافة المحلية ، فضلاً عن انخفاض الوعي السياسي والثقافي، وتقدم الانتماء القبلي على الانتماء الوطني، وهذا بدوره أدى إلى انخفاض الوعي الثقافي لدى السكان مقارنة بأقطار المشرق العربي الأخرى. [1]

فمن المعروف إن الو لاءات التقليدية للزعامات القبلية والدينية هي أقوى وأعمق بكثير من الولاء لمفهوم الدولة أو الوحدة أو القومية العربية في هذه المنطقة؛ ولذلك فإن تيارات التغيير لم تؤثر في بنى المجتمع التقليدية والإقطاعية في الجزيرة العربية بالشكل نفسه الذي أسهمت فيه بتغيير باقي أنحاء الوطن العربي، وعاشت هذه المنطقة في ظل الحماية البريطانية التي فرضت عليها قرابة قرنين من السلام والهدوء النسبي، وحياتها المعتادة على الفقر والنزاعات المحلية التي كانت تشتد أو تضعف بقدر نسبة التحريض البريطاني أو حجم الأحقاد القبلية. [2] ويمكن القول: إن الأحوال المادية والفكرية في زمن ما قبل النفط، إذ مجتمع الكفاف الاقتصادي المستند إلى صيد اللؤلؤ وإقامة الزراعة والممارسات التجارية المحدودة, مجتمع الحد الأدنى من الفائض الاقتصادي ساعد على تركز السلطة، والحكم المطلق، والقبلية، والطائفية، والتجزئة وغيرها من الأزمات الذي شهدها ذلك المجتمع. [3] خاصة إن منطقة الخليج كانت حتى ثلاثينات القرن العشرين تعيش تحت خط الفقر وتعاني بشكل واضح شحة

[1] مفيد الزيدي ,مصدر سبق ذكره, ص ص 55-56.

[2] رياض نجيب الريس, "الخليج العربي ورياح التغيير :مستقبل القومية العربية والوحدة والديمقراطية" المستقبل العربي,العدد(98),بيروت,نيسان1987,ص ص4 - 5. انظر كذلك تركي الحمد, " توحيد الجزيرة العربية : دور الإيديولوجية والتنظيم في تحطيم البنى الاجتماعية - الاقتصادية المعيقة للوحدة"، المستقبل العربي ,العدد(93),بيروت,تشرين الثاني 1986,ص ص28-40.و سيف الوادي الرميحي," النظام القبلي والتحديث في شرق الجزيرة العربية "،ترجمة: وديع ميخائيل حنا,الخليج العربي,العدد(1),جامعة البصرة,1981,ص ص242-246.

[3] محمد جواد رضا,"الخليج العربي المخاض الطويل من القبيلة إلى الدولة",المستقبل العربي. العدد(154),بيروت , كانون الأول 1991,ص ص34-35.

الموارد، ومن المجاعات، وتستعمل أكثر الأدوات بدائية وتخلفا في عملياتها الإنتاجية المحدودة سواء في الزراعة أو الري أو النشاط البحري. [1]

إلا انه على الرغم من هذه العزلة التي ضربت حول المنطقة العربية الخليجية، والتي فرضها المستعمر خصوصاً في بدايات القرن العشرين, كالتفرقة والحكم المطلق والتجزئة والقبلية والطائفية تمكنت الشخصية العربية الخليجية من أن تتجاوز هذا العزل، وبلورة ذاتها العربية والإسلامية والتعرف إلى ذاتها كمشروع لا يتقدم من خلال أشكال الحكم المطلق، وقد تمثلت البدايات الأولى لذلك بالحركات الإصلاحية التي عرفتها بعض إمارات الخليج العربي في الربع الأول من القرن العشرين. [2] إذا سعت هذه الحركات الإصلاحية إلى تحقيق إصلاحات اجتماعية واقتصادية وسياسية في ظل الأوضاع القائمة، ولم تسع إلى تغيير النظام السياسي ،بحكم اعتبارات سياسية واقتصادية واجتماعية كانت تفرض نفسها على مواقف هذه الحركات ،خاصة إذا علمنا إن اغلب قيادات تلك القوى الوطنية هم من التجار، والطبقة البرجوازية، لذلك كان من الطبيعي إن تطالب بالإصلاح ولا تسعى إلى التغيير في ظل وجود مصالح مشتركة لهذه الفئة مع نظام الحكم ،فضلا عن عدم وجود تيار شعبي واسع يؤمن بها ويحتضنها،كما إن تلك القوى لم تكن من القوة بحيث تستطيع إن تجابه وجود استعماري وتفرض التغيير ولهذا يجد البعض إن هناك ازدواجية في مواقف هذه القوى، فهي من جانب ترفض هذا الوجود الاستعماري، ولكن لا ترفض الانظمه التي تتعاون معه أي يمكن القول: إن مواقف هذه القوى الوطنية من عدم تغيير النظام لم يكن موقف سياسي تكتيكي وإنما يعود إلى فكر تلك القوى الذي كان فكرا إصلاحيا .

([1]) احمد الربعي ," مشكلات حول الثقافة النفطية ",المستقبل العربي, العدد(144),بيروت,شباط,1991,ص138.
([2]) محمد الرميحي,"واقع الثقافة ومستقبلها في أقطار الخليج العربي" ,المستقبل العربي ,العدد (49),بيروت ,آذار 1983 ,ص49.

[1] إذ كان لنشوء التيار الليبرالي في المشرق العربي في الثلث الأخير من القرن التاسع عشر تأثيره الواضح في المناطق المجاورة عن طريق قنوات ووسائل عدة أسهمت في نمو الوعي الليبرالي خاصة في الكويت والبحرين التي عرفتا بداية الحركات الإصلاحية الليبرالية في منطقة الخليج العربي. [2] إذ إن كل من الكويت والبحرين تميزت بمجموعه من الخصائص والمقومات الجغرافية والاجتماعية والثقافية التي ساعدت على نمو الوعي الليبرالي في المجتمع فعرفت البحرين بموقع جغرافي متميز سهل فيه الاحتكاك والتواصل مع الشعوب الأخرى بفضل التجارة، وحركة الموانئ، والتنقل بين العراق ومصر والشام وإيران والهند وشرق أفريقيا إلى جانب النهضة التعليمية والأدبية التي عرفتها منذ القرن التاسع عشر, وبروز أدباء ومثقفون لهم إتصال مع رواد النهضة العربية الحديثة أسهموا في إقامة الأندية والجمعيات الثقافية والصحافة والمكتبات والمدارس والمناهج الدراسية, وتعزيز الوعي الليبرالي في المجتمع البحريني. وقد تصدرت الكويت أيضا اتجاه الإصلاح والتغيير الاجتماعي، وظهر الأدباء والمثقفون اللذين اتصلوا وتحاوروا مع المصلحين والمفكرين العرب وتأثروا بأفكارهم وطروحاتهم في ضرورة إصلاح المجتمع التقليدي، ونشر التعليم والثقافة، وتزامن ذلك مع مجئ الوافدين العرب من المدرسين والموظفين والعمال اللذين عملوا على إثارة الوعي السياسي والثقافي في المجتمع. [3] وبذلك شهدت كل من البحرين والكويت أولى الحركات الإصلاحية في تاريخ الخليج العربي في العام 1921, وقد ساعدت الأوضاع الخاصة في كل إمارة على القيام بها .وهذا يعني إن الحركة لم تكن واحدة فيها أو لها قدر من التنسيق أو العمل المشترك

---

(1) عبد المالك خلف التميمي ,"بعض قضايا الحركة الوطنية في الخليج العربي",المستقبل العربي العدد(61),بيروت ,آذار 1984,ص ص 27-29.

(2) مفيد الزيدي,مصدر سبق ذكره,ص ص97 -98.

(3) نفس المصدر ,ص ص98-99. وانظر كذالك: محمد الرميحي " واقع الثقافة ومستقبلها في أقطار الخليج العربي "، مصدر سبق ذكره ,ص ص47-49.

رغم إن مواقف الحكام ضدها كانت واحدة هي السعي إلى القضاء على تلك الحركات، وتصفية أثارها.

أولا ـ الكويت:

عرفت الكويت أول حركة إصلاحية فيها في العام 1921 عندما سعت مجموعة من أعيان البلاد المتمثلة (بالنخبة التجارية الكويتية) آنذاك إلى إجراء بعض الإصلاحات الأساسية في طريقة إدارة الحكم بعد أن رفض هؤلاء تدخل الأسرة الحاكمة في التجارة، واحتكار السلع الاستهلاكية ،وساندهم في هذا المطلب الأعيان والوجهاء الذين طمحوا إلى المشاركة في إبداء الرأي في شؤون الحكم والإدارة.[1] وقد كانت وراء هذه الحركة مجموعة من العوامل الداخلية والخارجية التي شجعت وجهاء الكويت إلى الإجتماع بآل صباح في 22 شباط1921، وبلغوهم بضرورة إن يكون لهم دور في إدارة شؤون الحكم، وإدارة أمورها خاصة بعد أن بدأ المجتمع الكويتي يتحسس مجموعة التغيرات الإقليمية التي اخذ يشهدها من حوله،كالثورة الإيرانية الدستورية الأولى، وما تلاها من حوادث انتهت بوصول مؤسس آخر سلالات الملوك في إيران (رضا شاه) إلى الحكم في إيران في العام 1923, إلى جانب النجاحات التي اخذ يحققها (عبد العزيز آل سعود) في سعيه إلى تأسيس الدولة السعودية الثالثة آنذاك ,ومن جانب آخر اخذ المجتمع الكويتي يتأثر بمجموعة الحركات السياسية الداعية إلى الاستقلال والتحرر من الأجنبي التي أخذ يشهدها العالم العربي في عشرينات القرن العشرين وهو يعاني نفس الوقت التدخل السافر والمباشر للدولة البريطانية في الخليج الذين أصبحوا حكام محتلين من بغداد شمالا إلى كل ماجاورها من أقاليم الخليج جنوبا.[2]

---

[1] محمد جاسم محمد,النظم السياسية والدستورية في منطقة الخليج العربي والجزيرة العربية ,مركز دراسات الخليج والجزيرة العربية,جامعة البصرة ,1984,ص 115، و صلاح العقاد ,مصدر سبق ذكره,ص 24.

[2] محمد الرميحي ,تجربة المشاركة السياسية في الكويت: 1962-1981,في: أزمة الديمقراطية في الوطن العربي(ندوة) ,ط2 ,مركز دراسات الوحدة العربية,بيروت,1987,ص644.وكذلك عادل الطبطبائي ، السلطة التشريعية في دول الخليج العربي: نشأتها وتطورها والعوامل المؤثرة فيها، منشورات مجلة دراسات الخليج والجزيرة العربية، الكويت، 1980، ص41.

إما عن أهـم التغـيرات الداخـلية التي شجعـت عـلى إجراء هذه الحركة الاصلاحيه هو النشاط التجاري الذي عرفته هذه المنطقة خلال تلك المدة وكان له آثار عميقة على منطقة الخليج بصوره عامه والكويت بشكل خاص. [1] إذ أسهم هذا النشاط في نشر الوعي الثقافي بين السكان بعد ما أخذ التجار يتعاملون مع دول أخرى من خلال البيع والشراء ,كالهند وإيران وشرق أفريقيا واليمن والشام، إذ تمكن التجار من الاختلاط والتحاور مع كثير من المفكرين والسياسيين العرب حول مشكلات العرب والمسلمين وبالمقابل كان التجار ينقلون هذه الأفكار والحوارات إلى الشباب المثقف خلال المجالس الخاصة والديوانيات خاصة القضايا التي تتعلق بالإصلاح، وتغيير الواقع المتخلف، والتشجيع على طلب العلم، وتغيير الحياة التقليدية. [2] كما أسهمت الصحف والمجلات والكتب والدراسات التي اخذ التجار يجلبوها معهم خلال زياراتهم وتنقلاتهم العديدة إلى القاهرة وبغداد وبيروت ودمشق في زيادة وعي الشباب، ومعرفتهم، والمقارنة مع واقع مجتمعهم المتخلف، يضاف إلى ذلك الزيارات التي قام بها بعض المفكرين الرواد العرب إلى المنطقة الذين حملوا أفكارهم وتجاربهم في النهضة الحديثة إلى الشباب والمثقفين وساعدوا على إخراج المنطقة من عزلتها، وجرى الحوار والاتصال الفكري والسياسي بفضل المحاضرات والأمسيات التي عقدها هؤلاء المفكرين العرب. [3] وقد ساعدت هذه العوامل مجتمعة مع وجود الفائض المحدود على نمو فئات اجتماعية أصبحت تشعر بالحاجة إلى الإصلاح وتطوير النظام القائم على السلطة العليا للحاكم طيلة مدة حكم (الشيخ مبارك الصباح (1896-1915))، الذي بوفاته ظهر عامل جديد يضاف إلى العوامل الداخلية الأخرى التي شجعت على ظهور مطالب الإصلاح وهو تنازع السلطة في بيت آل

[1] محمد الرميحي ,تجربة المشاركة السياسية في الكويت، مصدر سبق ذكره ، ص 644.
[2] مفيد الزيدي , مصدر سبق ذكره, ص 58.
[3] نفس المصدر, ص ص59-60، انظر كذلك: محمد الرميحي , "واقع الثقافة ومستقبلها في أقطار الخليج العربي" مصدر سبق ذكره , ص ص 47-49.

صباح أنفسهم عندما انتقلت السلطة بعد مبارك إلى أخويه جابر ثم سالم.[1] وهذا دفع إلى القيام بالحركة الإصلاحية في العام 1921 وساعد في ذلك أيضا وفاة (الشيخ سالم المبارك) في العام 1921, فأتفق التجار والأعيان على أن لا يقبلوا إلا بالحاكم الذي يخضع لقبول تكوين مجلس استشاري يتكون من بعض أعيان البلاد وتنحصر مهمته في إصلاح شؤون الحكم، وقدموا عريضة تضمنت النقاط الآتية:[2]

أ . إصلاح نظام وراثة الحكم بحيث لا يجري خلاف بين العائلة الحاكمة حول تعيين الحاكم الجديد

ب . إنشاء مجلس للشورى برئاسة احد الأشخاص من العائلة الحاكمة

ج . إنتخاب عدد معلوم من آل صباح والأهالي لإدارة شؤون البلاد على أساس العدل والأنصاف.[3] وقد استجاب (الشيخ احمد الجابر) لهذه المطالب التي عدت كنوع من الإتفاق بينه وبين أعيان البلاد آنذاك عند مبايعته في العام 1921 والتي على أثرها تم تعيين أول مجلس شورى عرفته الكويت.[4] والذي يتكون من اثنتي عشر عضوا منقسمين إلى منطقتي الكويت المعروفتين آنذاك ستة أعضاء من منطقة القبلة (غرب) وستة أعضاء من منطقة (شرق).[5] وبعد اجتماع المجلس وافق (الشيخ احمد الجابر) على وضع ميثاق خطي لتنظيم أمور الكويت تضمن عدة مسائل مهمة، إذ يلزم هذا الميثاق الحاكم بمشاورة المجلس في أمور البلاد الداخلية والخارجية , فضلاً

([1]) محمد الرميحي, تجربة المشاركة السياسية في الكويت , مصدر سبق ذكره , ص ص644- 645. ومحمد جاسم محمد ,مصدر سبق ذكره, ص 115.

([2]) عادل الطبطبائي , مصدر سبق ذكره, ص ص 40 -41 .

([3]) خلدون حسن النقيب ,المجتمع والدولة في الخليج والجزيرة العربية (من منظور مختلف),ط 2 ,مركز دراسات الوحدة العربية , بيروت ,1989, ص116, انظر كذلك جمال زكريا قاسم , الخليج العربي : دراسة لتاريخ الأمارات العربية 1914- 1945 , مكتبة الأنجلو مصرية , القاهرة ,1971 , ص 164.

([4]) إسماعيل الشطي , الكويت وتجربة الانتقال إلى الديمقراطية , في: مداخل الانتقال إلى الديمقراطية في البلدان العربية ,مركز دراسات الوحدة العربية ,بيروت ,2003, ص ص42-43.

([5]) د . حسين محمد البحارنة , مصدر سبق ذكره , ص ص86-87.

عن وضع الأساس الذي يحكم بموجبه علاقات الأفراد, وهو أن تجري المعاملات وفقا لأحكام الشريعة الإسلامية , وبموجب هذا الميثاق أيضا سمح لكل فرد إن يبدي رأيه لدى الحاكم إذا كانت فيه مصلحة عامة , ويعرض الحاكم هذا الرأي على المجلس ليتخذ قراره فيـه.[1]

إلا إن هذا المجلس وما ترتب عليه من خطوات إصلاحية لم يستمر طويلا لأسباب عدة يذكرها المؤرخون، ككثرة الخلافات الشخصية بين الأعضاء، وعدم مواظبتهم على الحضور، فضلا عن غياب اللوائح المنظمة للعمل داخل المجلس فقلت اجتماعاتهم شيئا فشيئا إلى أن تعطل انعقاده ، ومن ثم أدى إلى الحل التلقائي له, كما إن هذا المجلس تم تكوينه وفقا لمبدأ التعيين وليس الانتخاب. ويعزى السبب المهم لحل المجلس هو عدم تعاون (الأمير الشيخ احمد الجابر) آنذاك مع المجلس، إذ ساد اعتقاد لديه انه هذا المجلس فرض عليه بعد ما خشي معاندة التجار له فيما لو رفض الاقتراح المقدم إليه من قبل الفئات الاجتماعية التي قادت هذه الحركة وبالتالي مبايعتهم ابن عمه (الشيخ عبد الله السالم).[2] فضلا عن ما أسهمت به بريطانيا من إذكاء حالة الخلاف بين أعضاء المجلس, يدفعها في ذلك مصالحها، وخشيتها ظهور آراء تنتقد الشيخ والسلطات البريطانية.[3]

ورغم إن المصادر المتوفرة عن هذا الموضوع لا توضح مدة هذا المجلس بالضبط إذ فقط تشير إلى إنها مدة قصيرة, إلا انه يمكن عدّ هذه التجربة السياسية كمؤشر مهم يدل على رغبة الكويتيين ممثلين بفئة التجار، وأصحاب الرأي، في المشاركة السياسية والحد من استفراد الحاكم في إدارة البلاد، رغم إن هذا المجلس لم يملك أي سلطات تشريعية إلا انه كون نوعا من المشاركة الشعبية في شؤون

[1] انظر عادل الطبطبائي , مصدر سبق ذكره , ص ص41- 42 .
[2] انظر: محمد الرميحي ,تجربة المشاركة السياسية في الكويت ,مصدر سبق ذكره ,ص645، و خلدون حسن النقيب , مصدر سبق ذكره , ص116، وكذلك احمد البغدادي وفلاح المديرس , "دراسة تحليلية لاتجاهات الرأي العام الكويتي حول مختلف القضايا السياسية المحلية" , السياسة الدولية ,العدد(169),القاهرة , آذار 1993، ص ص87- 88.
[3] د . مفيد الزيدي ,مصدر سبق ذكره , ص100.

الحكم. كما إنها المرة الأولى في تاريخ الكويت التي تشارك فيها نخبة من الكويتيين في وضع أحكام وثيقة دستورية, وكان لهذه الخطوة الإصلاحية أثرها فيما بعد في مجمل الإحداث السياسية والدستورية في الكويت .

ثانيا - البحرين :

تبلور الإتجاه الإصلاحي في البحرين منذ عشرينات القرن العشرين في صفوف المتعلمين والتجار بشكل خاص، ساعد في ذلك مجموعه من العوامل التي أدت إلى زيادة هذا الوعي الثقافي والسياسي, خاصة بعد ما بدأ التعليم ينتقل تدريجياً من شكله التقليدي (الكتاب أو المطوع) إلى التعليم الحديث مع العام 1919، وازدياد أعداد المتعلمين الشباب ,فضلاً عن دور الصحف العربية المقروءة في البحرين التي أصبح لها صدى واسع في هذه المنطقة فيما تطالب به من الاستقلال، والتخلص من التبعية الأجنبية كالصحف العراقية والسورية والمصرية.[1] كما ساعدت البداية المبكرة في البحرين وجود المجلس البلدي الذي تطورت طريقة اختيار أعضائه من التعيين إلى الأنتخاب مع زيادة التمثيل السياسي لأبناء هذه المنطقة. إذ عرفت البحرين أول مجلس بلدي معين في العام1919، ثم اجري تعديل على هذا القانون في العام 1924، تم على أثره زيادة عدد أعضاء المجلس إلى عشرين عضواً يجري تعيين عشرة منهم من قبل الحكومة والعشرة الآخرون ينتخبون بالاقتراع السري من قبل أفراد الشعب. ورغم أن الشروط التي وضعت في مرشح عضوية هذا المجلس تضمن وصول فقط طبقة الأغنياء، وكبار التجار، والأعيان, إلا انه يمكن القول إن هذه البداية المبكرة في الإسهام في إدارة شؤون البلاد ساعدت على نمو الوعي الشعبي خاصة بعد تعميم تجربة المجلس هذه إلى المدن البحرينية الأخرى.[2] يضاف إلى هذه العوامل أستياء الفئة الاجتماعية آنذاك المتمثلة بطبقة التجار والأعيان من تصرفات الأسرة الحاكمة في فرض أعمال سخرة على الناس

---

[1] أنظر: محمد الرميحي ,"واقع الثقافة ومستقبلها في أقطار الخليج العربي" ,مصدر سبق ذكره , ص ص47-49. و مفيد الزيدي , مصدر سبق ذكره, ص ص 108-110

[2] عادل الطبطبائي ,مصدر سبق ذكره ,ص ص 32- 33 .

وتدخلها في التجارة واستحواذها على المحاصيل الزراعية والأسماك ,وضم الأراضي الزراعية، وعدم السماح للناس بحق التملك. [1] إلا إن الدافع الأكثر الذي قاد إلى تفجر المطالبة بإصلاح طريقة الحكم، ووضع حد للتدخل البريطاني هو اتجاه بريطانيا نحو توسيع نفوذها داخل البحرين مع بداية عشرينات القرن العشرين، وتدخلها في الشؤون الداخلية خلافا لواقع الاتفاقات المعقودة التي تعطيها الحق فقط في مباشرة الشؤون الخارجية. [2] مجمل هذه العوامل والظروف دفعت رؤساء القبائل والتجار والمثقفين إلى تقديم مطالبهم إلى (الشيخ عيسى بن على آل خليفة) في العام 1921 ، تضمنت :

أ. تأسيس مجلس تشريعي .

ب. عزل رؤساء الدوائر غير الوطنيين

ج. الحد من سلطات الحاكم بفضل تخويل هذا المجلس التشريعي صلاحية انتخاب القضاة الشرعيين ورؤساء الدوائر الحكومية.

د. وضع حد للتدخل البريطاني في شؤون البحرين الداخلية.

هـ تطبيق العدالة الاجتماعية، ووقف التلاعب والاستغلال التجاري، ووضع قوانين عادلة تنصف عمال الغوص. [3] وقد استجاب (الشيخ عيسى) لهذه المطالب تجنبا لحدوث مواجهة مع الشعب ,واستكمال مسيرة الإصلاح التي حاول المضي فيها منذ مطلع عشرينات القرن العشرين، ولكن السلطات البريطانية عارضت هذه الخطوة ومنعت الشيخ من تنفيذ مطالب الاصلاحين ,خاصة بعد ما رأت إن مطالب هذه الحركة الإصلاحية تؤدي إلى الأضرار بمصالحها. فسعت إلى إحالة الشيخ إلى التقاعد وعينت بدلا عنه ابنه (حمد بن عيسى) كما أقدمت على إجراء بعض التغييرات في

---

(1) مفيد الزيدي ,مصدر سبق ذكره ,ص 108 .

(2) صلاح العقاد , مصدر سبق ذكره , ص 57.

(3) تذكر بعض المصادر، إن الحركة الإصلاحية هذه حاولت أن تطور مكسب انتخاب المجلس البلدي المذكور، وتحويله إلى مجلس تشريعي أو إقناع الأمير (الشيخ عيسى الخليفة) الاعتراف به كمجلس تشريعي وإعطائه الصلاحيات المذكورة . انظر محمد الرميحي ,قضايا التغير السياسي والاجتماعي في البحرين 1920-1970, مؤسسة الوحدة للنشر والتوزيع , الكويت ,1979, ص ص 265-268.

الإدارات الداخلية التي أسمتها بـ(بالحركة الإصلاحية) هدفت من ورائها تقوية وتثبيت مركزها في البحرين ,لاسيما إن القيام بهذه الإصلاحات يتطلب زيادة عدد الموظفين البريطانيين الذين يعهد إليهم مهمة تنفيذ هذه الإصلاحات. [1] وقد دفعت هذه الأمور قادة الحركة الوطنية إلى عقد مؤتمر وطني عام في مدينة المحرق في 26ايار 1923، وأصدروا وثيقة وطنية أطلق عليها (لائحة الإصلاح) تضمنت مطالب جديدة قدمت إلى المقيم البريطاني في الخليج، وهي :

أ- استمرار (الشيخ عيسى) في إدارة الشؤون الداخلية دون تدخل من قبل الوكيل السياسي البريطاني ,وإذا وافق الشيخ بمحض إرادته على تعين ابنه وكيلا عنه فلا مانع من ذلك .

ب- ضرورة إن تسن القوانين وفقا لأحكام الشريعة الإسلامية وحدها وإلغاء القوانين المدنية والجنائية التي فرضتها السلطات البريطانية منذ عام 1913.

ج- تأسيس مجلس شورى منتخب من قبل الشعب للإسهام في إدارة شؤون البلاد بدلا من الوكيل السياسي,ووقف تدخله من شؤون البلاد الداخلية، وحصر الأمر في مجال الشؤون الخارجية فقط حسب ماتقتضيه المعاهدات التي عقدتها بريطانيا مع البحرين .

د- وضع قوانين عادلة تنصف عمال الغوص. [2]

إلا إن بريطانيا استطاعت وبتشجيع من (الشيخ حمد بن عيسى) من احتواء هذه الحركة بعد إن رأى الشيخ في هذه المطالب ما يؤدي إلى الإضرار بوجوده ومصالحه ,خاصة بعد أن بدأت هذه الحركة تتجه إلى جمع الأموال تمهيداً لإعلان مقاومة الوجود البريطاني. [3]

ورغم أن تلك الحركة الاصلاحيه لم يكتب لها النجاح إلا انه يمكن القول إن حركة (1921-1923) أظهرت مدى ما وصل إليه الوعي السياسي في البحرين في

([1]) انظر عادل الطبطبائي ,مصدر سبق ذكره , ص ص 36-39.

([2]) إبراهيم خلف العبيدي , الحركة الوطنية في البحرين 1914-1971, مطبعة الأندلس, بغداد, 1976 , ص 234.

([3]) نفس المصدر , ص 134.

ذلك الوقت المبكر بفضل ظهور النخب الاجتماعية التي رفعت لواء المطالبة بتحسين الأوضاع العامة, ورفع معانات الناس، وإيقاف التدخل الأجنبي في الشؤون الداخلية, وظلت على الرغم من فشلها محاولة على طريق ترسيخ الحركة الإصلاحية في البحرين التي تبلورت للمرة الثانية في العام 1938.

المبحث الثاني

الحركة الإصلاحية الثانية العام 1938

أولا ـ الكويت :

شهدت الكويت في العام 1938 ميلاد الحركة الإصلاحية الثانية فيها ,التي كانت أكثر تنظيماً واتساعا من حركة عام 1921 ,إذ عبرت هذه المرة عن رغبة الفئات الاجتماعية، وليس التجار، والأعيان، فحسب،[1] بعد أن اتسعت قاعدة النخبة لتشمل ثقافة عصرية متأثرة بمدن الاحتكاك في القارة الهندية والإفريقية والبصرة وبغداد , فضلاً عن ما أخذت تعرفه الكويت من مدارس وفقا للأنموذج العصري منذ العام 1912، والتي كونت هذه الحركة الفكرية الجديدة بيئة صالحة نسبياً لدفع أفكارها التنويرية في ظهور هذه المدارس التي أخذت جزئيا بالنظام (الحديث) في التعليم.[2]

كما إن ازدياد الوعي السياسي والثقافي بفضل المشاركة الشعبية الأولى التي عرفتها الكويت نتيجة اختيار أعضاء المجالس الإدارية مع بداية ثلاثينات القرن العشرين كمجلس البلدية , ومجلس المعارف,ودائرة الأوقاف , ودائرة الصحة.....الخ , رغم إن تلك المجالس فشلت في أن تكون نواة للتجربة الديمقراطية نتيجة اختيار أكثر أعضائها من دون إنتخابات حقيقية، بل يصل إلى عضوية هذه المجالس أكثر المتنفذين والوجهاء والأعيان ورءوساء العائلات، وجماعة التجار على أساس إن الثقل الاقتصادي والاجتماعي والسياسي كان ينحصر في هذه المجموعة التي عانت مشكلات الكويت وأسهمت مع الحكومة في معالجتها بفضل التبرعات التي كانت يتبرعون بها في أوقات الأزمات السياسية والاقتصادية ,كما إن وضعها

---

(1) محمد جاسم محمد , مصدر سبق ذكره , ص 115.

(2) إسماعيل الشطي , مصدر سبق ذكره , ص 143.

الاجتماعي مكنها من تعليم أبنائها وممارسة الخبرة الحياتية الواسعة داخل الكويت وخارجها. [1]

إن هذه الأوضاع مع سوء التنظيم الإداري خلال تلك المدة ,إذ كانت الإدارة تعاني عدم اهتمام المسئولين بها، وإهمال شؤونها سواء في مجال نشاط الإدارة الاقتصادي أو ألامني والثقافي، والصحي, ساعدت في إظهار الاستياء في صفوف فئتي التجار والوسطى، ورغبتها في

تحقيق قدر من الإصلاح في الحكم والإدارة.[2] خاصة بعدما بدأ تأثير المطالبة بالحياة الدستورية والبرلمانية في أنحاء مختلفة من المشرق العربي على منطقة الخليج العربي, ونمو الشعور القومي في صفوف شباب الكويت ضد الوجود البريطاني تزامن ذلك مع اشتداد مقاومة الاحتلال البريطاني في العراق, وأثر الصحافة العراقية في الرأي العام الكويتي آنذاك ضد الوجود البريطاني بفضل نداءاتها ومقالاتها التي نشرتها بأقلام المعارضين من الشباب الكويتي الذين طالبوا بالإصلاح والتحرير والاستقلال.[3] كما أثرت السياسة القومية العربية التي كانت ينتهجها (الملك غازي) في العراق على رجال الحركة الإصلاحية في الكويت, وتشجيعه الشباب الكويتي على المطالبة بالإصلاحات والاقتداء بالتجربة العراقية التي تركت تأثير كبير في نفوس المثقفين والتجار والشباب.[4] فأنتشرت مفاهيم جديدة تدعو للديمقراطية والليبرالية والمشاركة بالحكم, وتوثيق علاقات الكويت مع الدول العربية, وإجراء الإصلاح السياسي والاستفادة من العمال العرب بدلا من الأجانب.

كما أخذت هذه المنطقة تشهد التغيرات التي بدأت مع نهاية الحرب العالمية الأولى وظهور النفط والتدفقات المالية الأولى الناجمة من إعطاء الامتيازات مما أدى

([1]) انظر مفيد الزيدي ,مصدر سبق ذكره , ص 101, وعادل الطبطبائي, مصدر سبق ذكره, ص 56.

([2]) محمد غانم الرميحي، " حركة 1938 الإصلاحية في الكويت والبحرين ودبي " ,مجلة دراسات الخليج والجزيرة العربية ,العدد (4) , الكويت ,تشرين الأول 1975, ص 34.

([3]) مفيد الزيدي ,مصدر سبق ذكره , ص 101.

([4]) عادل الطبطبائي , مصدر سبق ذكره , ص ص 60-61.

إلى قلق الفئات الاجتماعية ورغبتها في تحقيق الاستقلال الاقتصادي والسياسي , وإنهاء الوجود البريطاني في البلاد. [1]

دفعت هذه الأوضاع إلى ولادة حركة الإصلاح من خلال ما يسمى بـ(الكتلة الوطنية) وهي جمعية سرية تتألف من اثني عشر عضوا سعت إلى إصلاح الأوضاع الداخلية من خلال نشر الوعي السياسي ,والمطالبة بالحياة الدستورية والبرلمانية ونشر التعليم والثقافة ,وكانت وسيلتها الأساسية في ذلك أول الأمر هو نشر المقالات التي تبين وجهات نضرها في الصحف العراقية,وتوزيع المنشورات السرية التي كانت تطبع في العراق. [2] ثم طورت الحركة أهدافها بشكل برنامج نشرته الصحف العراقية والتي تضمنت بعض المطالب التي تنادي بإدخال إصلاحات إدارية داخلية كتنظيم حالة البلاد الاقتصادية, وتوفير فرص التعليم لأفراد الشعب,والاستعانة بأنظمة الحكومة العراقية المتعلقة بالمجانية والتعليم, والسماح للعرب بزيارة الكويت، وعدم منع أي عربي من ذلك, وإغلاق أبواب الكويت في وجه اللاجئين الأجانب ,وحصر المهن والأعمال بالكويتيين,وإذا لم تتوفر هذه الإمكانيات يتم الاستعانة بالعرب قبل غيرهم. [3] كما أقدمت هذه الحركة بعد أن لاقت مطالبها تأييداً من قبل بعض أفراد الأسرة الحاكمة، وخاصة من قبل (الشيخ عبد الله السالم) الذي كان يؤمن بضرورة وجود مشاركة أكبر في الحكم إلى تقديم عريضة إلى (الشيخ أحمد الجابر الصباح) عام 1938 تطالب بها بضرورة وجود مجلس تشريعي مؤلف من أحرار البلاد للأشراف على تنظيم أمور البلاد. [4] وقد استجاب الشيخ لهذه المطالب,وأعلن استعداده لتشكيل مجلس تشريعي لتهدئة الأوضاع وإرضاء دعاة الإصلاح تجنبا لإثارة الفوضى

([1]) مفيد الزيدي ,مصدر سبق ذكره , ص 101.

([2]) محمد الرميحي ,تجربة المشاركة السياسية في الكويت, مصدر سبق ذكره , ص 646.

([3]) أنظر مفيد الزيدي ,مصدر سبق ذكره , ص ص 102-103.

([4]) جمال زكريا قاسم ,مصدر سبق ذكره , ص 173.

والاضطرابات في الداخل فضلا عن نصيحة بريطانيا بضرورة الاستجابة لهذه المطالب خشية تحول هذه الحركة إلى حركة انقلابية تطيح بالنظام. [1]

وبذلك نجحت هذه الحركة الاصلاحية في تشكيل أول مجلس تشريعي عرفته الكويت بعد أن أجريت الانتخابات فيها،وقد ضم هذا المجلس أربعة عشر عضواً عشرة منهم منتخبين من قبل الشعب بمشاركة (150) عائلة من العائلات المعروفة أما الأربعة الآخرون فهم من أفراد الأسرة الحاكمة.ولقد تمكن هذا المجلس المنتخب من تطوير البلاد سياسيا واقتصاديا واجتماعيا وتعليميا، إذ استطاع في زمن قصير انجاز الكثير من الإصلاحات سواء في مجال القوانين أو الأنظمة التي تخص تنظيم شؤون البلاد المختلفة كوضع مشروع القانون الأساسي. [2] إذ تمكن المجلس من إصدار وثيقة في تموز 1938 تضمنت خمس مواد وافق عليها (الشيخ أحمد الجابر) آنذاك وهي:-

المادة الأولى: الأمة مصدر السلطات ممثلة في هيأة نوابها منتخبين.

المادة الثانية: على المجلس التشريعي أن يشرع القوانين بشأن الميزانية،والقضاء والإنفاق العام،والمصارف،والصحة وكل قانون تقتضي مصلحة البلاد تشريعه.

المادة الثالثة: مجلس الأمة مرجع لجميع المعاهدات والامتيازات الداخلية والاتفاقيات، وكل ما يستجد من هذا القبيل لايعتبر شرعيا إلا بموافقة المجلس وإشرافه.

المادة الرابعة: بما إن البلاد ليس فيها محكمة استئنافية ,فأن مهام المحكمة المذكورة تناط بمجلس الأمة التشريعي , حتى تشكل جهة مستقلة لهذا الغرض .

المادة الخامسة: رئيس المجلس التشريعي هو الذي يمثل السلطة التنفيذية في البلاد. [3]

---

[1] مفيد الزيدي, مصدر سبق ذكره , ص 104. و عادل الطبطبائي , مصدر سبق ذكره , ص 63. وكذلك إسماعيل الشطي, مصدر سبق ذكره ,ص ص 157-159.

[2] محمد الرميحي , تجربة المشاركة السياسية في الكويت,مصدر سبق ذكره , ص 646, ومحمد جاسم محمد, مصدر سبق ذكره , ص ص 115-116.

[3] عادل الطبطبائي , مصدر سبق ذكره , ص ص67- 72.

ونرى في صيغة هذا القانون عمق التوجه الإصلاحي الليبرالي بين أعضاء هذا المجلس في تلك المرحلة, ومحاولة المجلس الحد من السلطات الواسعة للشيخ والأيمان بالحياة الدستورية والشورى كطريق وحيد للإصلاح, ولاسيما إن البعض يرى في هذا القانون الأساسي الذي وضعه أعضاء المجلس التشريعي في العام 1938 أكثر تطورا في مفاهيمه التمثيلية من الدستور المعمول به حاليا في الكويت رغم إن الوثيقة تبنت هموم المجتمع الكويتي آنذاك، إذ ليس هناك خلاف على النظام فابن عم الأمير (الشيخ سالم الصباح) هو رئيس المجلس، ولكن المطلوب وبفضل هذه الوثيقة هو تنظيم توزيع الخدمات المستجدة على المجتمع كالتعليم والصحة والميزانية....الخ, فضلاً عن توزيع دخل النفط الجديد وعلاقة المجتمع بالشركات النفطية الجديدة.[1]

كما قام المجلس ورغم مدة عمره القصيرة، ورغم ما كان يحيط بالكويت من ظروف صعبة بانجازات إصلاحية أخرى في مجال القضاء والإدارة, إذ قام المجلس بفصل من أسماهم بـ(القضاة الفاسدين), وفي الشؤون المالية أنشأت أول دائرة مالية للأشراف على ما يرد للحكومة من مال, وطريقة صرفه وتوزيعه, وألغيت جميع الاحتكارات التي رأها المجلس ضارة بالاقتصاد. كما قرر المجلس مرتبات كافية لأفراد الأسرة الحاكمة, وفتح مدارس جديدة في الكويت, وتم فتح صفوف ابتدائية لتعليم البنات لأول مرة, وإرسال البعثات إلى خارج البلاد للدراسة, كما عرفت الكويت لأول مرة في تاريخها نادي (كتلة الشباب الوطني) الذي زاد عدد أعضائه على المائتين من الشباب تولوا مهمة شرح أهداف ومبادئ النظام الديمقراطي, ومحاربة الأمية, كما سمح للمعارضة بالإدلاء برأيها بكل حرية، والسماح لها بنشر أرائها في بعض الصحف العراقية دون منعها من دخول الكويت.[2]

([1]) محمد الرميحي , تجربة المشاركة السياسية في الكويت, مصدر سبق ذكره , ص ص 644-647. و احمد البغدادي وفلاح المديرس , مصدر سبق ذكره , ص 88.

([2]) أنظر عادل الطبطبائي , مصدر سبق ذكره, ص ص 70-73.

إلا أن هناك الكثير من المعوقات الداخلية والخارجية التي أعاقت استمرار هذا النهج الإصلاحي الذي أخذت تعيشه الكويت في تلك المرحلة, بحيث لم يتمكن أعضاء المجلس من الاستمرار بواجباتهم النيابية مما أدى في النهاية إلى حله, خاصة بعد أن بدأ المجلس ينافس الشيخ في سلطته وإدارته للبلاد, وشعور الحاكم بأنه قد أصبح حاكم بدون صلاحيات, وهو أمر لايمكن التسليم به في بلد تعود الحاكم فيه على جمع كل السلطات بين يديه, فالوثيقة الدستورية التي أصدرها المجلس التشريعي جمعت السلطات كافة بيد أعضاء المجلس, وتركت للحاكم صلاحيات ثانوية مما دفع به إلى محاولة استعادة صلاحياته. كما عارضت العناصر المحافظة إصلاحات المجلس على أساس كونها منافية للعادات والتقاليد, كما واجه المجلس معارضة الفئات المتضررة من إصلاحاته, والتي سحبت منها الامتيازات والاحتكارات التي كانت تحصل عليها, فضلاً عن ضعف الوعي السياسي الشعبي تجاه المفاهيم الليبرالية والإصلاحية وعدم وجود قاعدة شعبية عريضة مساندة لهذا المجلس, وفشله أيضا في إقناع الشيخ بأهمية إجراء الإصلاحات الاقتصادية والسياسية في البلاد. [1]

كما أن بريطانيا لم تكن تنظر بعين الارتياح إلى قيام هذا المجلس خاصة فيما يتعلق باختصاصه في النظر في المعاهدات والاتفاقيات الدولية, والتصديق عليها مما دفعها إلى تقديم احتجاج إلى الحاكم حول هذا الأمر مؤكدة أن التغييرات الداخلية في الكويت لايمكن أن تؤثر في حق بريطانيا في أدارة الشؤون الخارجية. [2] فضلا عن نظرة عدم الارتياح من قبل بعض الدول المجاورة لوجود مجلس تشريعي منتخب في الكويت, إذ لم يؤيد (الملك عبد العزيز آل سعود) قيام المجلس خوفاً من تسرب الأفكار الليبرالية ومبادئ الإصلاح إلى بلاده. [3] كل هذه الأسباب أدت في آخر الأمر إلى إصدار قرار بحل المجلس من قبل الحاكم, وبذلك لم يستمر طويلا سوى سنة واحدة

(¹) عادل الطبطبائي , مصدر سبق ذكره, ص ص73-75. و محمد حسين البحارنة , مصدر سبق ذكره , ص 88.

(²) جمال زكريا قاسم, مصدر سبق ذكره ص ص 178-179. و صلاح العقاد, مصدر سبق ذكره, ص ص 26-27.

(³) عادل الطبطبائي , مصدر سبق ذكره , ص 70.

من آذار 1938 إلى آذار 1939. وقد أعلن الشيخ إلغاء الدستور المقترح من قبل المجلس، ووضع دستور جديد يؤكد فيه الروابط الوطيدة بين الكويت وبريطانيا, كما أقدم على تكوين مجلس تشريعي جديد أطلق عليه اسم (مجلس الشورى)، وعين أعضاؤه الأربعة عشر من أفراد الأسرة الحاكمة والأعيان, ولكن هذا المجلس اتصف بضعف تكوينه وصلاحياته وسرعان ما توقف مع اندلاع الحرب العالمية الثانية، وانشغال البلاد بإحداثها وتطوراتها.[1]

وبذلك يُعد العام 1938 هو المدخل الذي دخل منه الكويتيين إلى ساحة المشاركة السياسية، وقد بلغ من أهميته لدى الكويتيين كحدث تاريخي، إذ اخذ يطلق على العام الذي انتهى فيه المجلس بـ (سنة المجلس) على ماهو معروف لدى أهل الكويت حتى الآن.

ثانيا ـ البحرين :

شهدت البحرين في العام 1938 ميلاد حركة إصلاحية ثانية بعد أن انتعشت الحركة الوطنية قبل الحرب العالمية الثانية وبعدها، واكتسبت طابعاً جديداً ونالت تجاوباً أكثر من قبل الشعب البحريني, إذ كان للتطور الاجتماعي الذي شهدت البحرين خلال عشرينات القرن العشرين، والمتمثل في إنتشار المدارس على النمط الحديث في العام 1926 أثره في ظهور طبقة من الشباب المتعلم الذي أصبح له دور في الأحداث السياسية التي عرفتها البحرين فيما بعد.[2] إلى جانب وجود الأندية والجمعيات، وظهور مجلة هي (صوت البحرين)، وزيادة إقبال الشباب على مطالعة الصحف والمجلات العربية.[3]

---

(1) مفيد الزيدي , مصدر سبق ذكره, ص 107، و أحمد البغدادي وفلاح المديرس, مصدر سبق ذكره, ص ص 88-89.

(2) عادل الطبطبائي , مصدر سبق ذكره , ص 46.

(3) محمد الرميحي ," واقع الثقافة ومستقبلها في أقطار الخليج العربي ", مصدر سبق ذكره , ص 48.

أما إكتشاف النفط في البلاد في بداية ثلاثينات القرن العشرين, فقد ساعد على تدفق العناصر الأجنبية للبلاد للاستفادة من فرص العمل التي هيأتها الثروة النفطية، واحتكاك أهل البحرين بهذه العناصر الأجنبية, واكتسابهم بعض العادات وطرق التفكير التي لم تكن مألوفة من قبل. وكانت الطبقة المتوسطة التي تتكون من صغار التجار وموظفي الحكومة هم أكثر الطبقات الاجتماعية تأثرا بهذه الأفكار الجديدة.[1] كما ساعد المد الوطني في العراق خلال هذه المدة في تصاعد الحركة الوطنية والقومية في الخليج العربي عموما ومنه البحرين, لاسيما بعد أن وجهت الصحافة العراقية وإذاعة الزهور نقداً حاداً للسلطات البريطانية في الخليج العربي الذي كان أثره في تصاعد الشعور الوطني ضد الوجود البريطاني في هذه المنطقة.[2] فضلاً عن أثر الأحداث الأخرى التي اخذ يشهدها الوطن العربي في تلك المدة, كانتفاضة فلسطين في العام 1936، ضد الصهاينة ومن ورائهم بريطانيا, ونجاح الحركة الإصلاحية في الكويت أولا ثم دبي فيما بعد كونت دافعا قويا لعناصر هذه الحركة الإصلاحية للسعي من اجل تحقيق أهداف مماثلة في البحرين.[3] وساعدت هذه العوامل مع ما كانت تعانيه فئات المثقفين والتجار والعمال بالإحباط والحرمان نتيجة الأوضاع السيئة، وسوء التنظيم الإداري, وفقدان فرص العمل، وتشغيل السلطات البريطانية لرعاياها في مجال الإدارة والنفط. كما كان للمستشار البريطاني والخبراء الأجانب تأثيرهم من حيث فرض النفوذ والأشراف التام على مقاليد الحكم، وسلطاتهم المطلقة التي ولدت السخط الشعبي، وتنامي الوعي بضرورة الإصلاح.[4] ولاسيما بعد أن لاقت هذه الحركة التأييد من اكبر أبناء الحاكم هو (الشيخ سلمان بن حمد) (1946-1961) قبل تسلمه الحكم الذي كان يشجع عقد اجتماعات هذه الحركة، ومارس الضغط على

([1]) عادل الطبطبائي, مصدر سبق ذكره , ص ص 46-47.

([2]) عبد الرزاق الفهد, تاريخ الخليج العربي الحديث والمعاصر, دار النشر بلا, بغداد, 2004, ص 153.

([3]) عادل الطبطبائي, مصدر سبق ذكره, ص 49.

([4]) أنظر: نفس المصدر, ص ص 46-48. و مفيد الزيدي, مصدر سبق ذكره, ص 110.

والده من اجل تنفيذ الإصلاحات لأنها ستسمح له بتولي منصب ولي العهد ومن ثم يصبح حاكما على البلاد وذلك لخشيته من أن يتولى عمه (الشيخ عبد اللـه بن عيسى) الحكم بعد وفاة الشيخ حمد.[1] فسعى بعض القادة الذين تولوا زمام هذه الحركة الإصلاحية الجديدة إلى عقد اجتماع حضره عدد كبير من الوطنين البارزين لتوحيد الجهود ضد الاستبداد وتقديم مطالب للحاكم تضمنت:

1- إنشاء مجلس تشريعي مؤلف من عشرين عضواً بالانتخاب العام من دون تدخل السلطات الأجنبية, ويعين الحاكم رئيسا للمجلس.

2- تعديل مالية البلاد بصورة تكفل إطلاع أفراد الشعب على مصروفاتها و وارداتها.

3- طرد الموظفين الهنود، واستبدالهم بموظفين وطنيين, وعند اللزوم عراقيين.

4- بذل الجهود لتعليم أهل البلاد، وإرسال بعثات تعليمية خارج البحرين.

5- السعي إلى إيجاد حكومة منظمة ذات قوانين وأنظمة مسؤولة تجاه الحاكم والأمة.

6- الإتصال بالهيئات والجمعيات السياسية العربية في الخارج للإستعانة بهم وبمعلوماتهم أدبياً وسياسيا.[2]

ألا إن مطالب الاصلاحين هذه رفضت, وخاصة فيما يتعلق بإنشاء المجلس التشريعي, إذ رأت بريطانيا إن هذا المجلس سيضعف دور آل خليفة كحكام للبحرين أيا كانت طريقة تكوينه أو نوعه.[3] فسعت جاهدة إلى ضرب هذه الحركة وإضعافها وإلقاء القبض على أبرز قادتها, وكان رد الشارع البحريني على ذلك بإضراب قام به العمال مؤكدين مطالب هذه الحركة التي سعت إلى تحسين أوضاعهم وإسماع صوتهم لدى الحكومة بفضل إنشاء لجنة عمالية تتولى مهمة متابعة قضياهم لدى مختلف الجهات, وتعترف الحكومة بها رسميا, فضلا عن إعطاء الأولوية لأبناء البحرين في

---

(1) محمد غانم الرميحي , "حركة 1938 الإصلاحية في الكويت والبحرين ودبي", مصدر سبق ذكره, ص ص 24 -25.

(2) إبراهيم خلف ألعبيدي, مصدر سبق ذكره ,ص ص 153,152. و عادل الطبطبائي , مصدر سبق ذكره, ص ص 51-52.

(3) محمد غانم الرميحي ,"حركة 1938 الإصلاحية في الكويت والبحرين ودبي", مصدر سبق ذكره, ص 58.

التعيين في شركة نفط البحرين على غيرهم من طالبي العمل من الأجانب.[1] وقد عمت شوارع البحرين تظاهرات واضطرابات مع الشرطة شارك فيها فئات التجار والوطنين والعمال وأصحاب المهن والطلاب تدعو إلى إطلاق سراح المعتقلين والمطالبة بإقامة مجلس تشريعي يضم جميع الفئات الاجتماعية، وطرد العمال والفنيين الأجانب, إلا أن السلطة ردت على ذلك بالعنف وتصدت لهم, وألقت القبض على عدد كبير منهم.[2]

وبذلك لم تنجح هذه الحركة بتحقيق أهدافها التي قامت من اجلها, ولم تتمكن من إصلاح أوضاع السلطة, خاصة بعد أن استعملت هذه الأخيرة القسوة والعنف ضدها، وبدعم من السلطات البريطانية, التي رأت في مطالب هذه الحركة تهديد لمصالحها. ألا إنها من جهة أخرى استطاعت هذه الحركة أن تترك آثار عميقة في نفوس البحرينيين, ولاسيما إن الحركتين المماثلتين في الكويت ودبي استطاعتا تحقيق نوع من أهدافها خاصة فيما يتعلق بإنشاء مجلس منتخب من قبل الشعب.

ثالثا ـ دبي

عرفت دبي العام 1938 حركة إصلاحية مماثلة إلى تلك التي وقعت في الكويت والبحرين, إلا أن العوامل التي قادت إلى هذه الحركة تختلف بعض الشيء عن مثيلاتها في كل من الكويت والبحرين, خاصة إذا علمنا أن اغلب قادة هذه الحركة هم من أفراد الأسرة الحاكمة المعارضين لسياسة الحاكم (سعيد بن مكتوم) التي خضعت دبي لحكمه مدة طويلة (1912-1958), وكان قد مر عليه أكثر من(25) سنة عندما بدأت بوادر الحركة الإصلاحية تلوح في الأفق. وهي مدة حكم طويلة لم يكن بالإمكان تحملها من قبل منافسيه, وقد عرف عن (الشيخ سعيد) جمعه السلطات بين يديه كافة, ورغم انه كان في بعض الأحوال يستشير بعض أفراد أسرته في القضايا السياسية المهمة, إلا أن القرار النهائي كان بيده، كما إن المشكلات كانت السمة

([1]) إبراهيم خلف العبيدي, مصدر سبق ذكره, ص ص 153-154.

([2]) مفيد الزيدي, مصدر سبق ذكره, ص 112

البارزة في علاقاته مع أفراد الأسرة الحاكمة التي كانت من بين الأسباب التي دفعتهم إلى القيام بالحركة الإصلاحية هذه.[1] يعاونهم في ذلك فئة التجار الذين سعوا إلى إصلاح بعض الأوضاع خاصة بعد أن تضرروا من تردي الأوضاع الاقتصادية نتيجة الركود التجاري في المنطقة بعد ما أصاب النشاط التجاري والمعروفة به (دبي) آنذاك نكسة قوية اثر تصنيع اللؤلؤ في دبي وبقية الإمارات. وبما إن أفراد الأسرة الحاكمة كانوا يتزعمون الجانب الرئيس من هذا النشاط التجاري اخذوا يبدون استيائهم من تصرفات الحاكم (الشيخ سعيد بن مكتوم) الذي بدأ يحصل على فوائد امتيازات النفط خلال تلك المدة في حين ظل بقية أفراد الأسرة الحاكمة والمجموعات التجارية على وضعهم المادي المتردي, مما دفع بهم إلى تكوين جبهة معارضة قوية ضد الحاكم تطالب ببعض الإصلاحات على صعيد إدارة الحكم، وتنظيم الموارد المالية الجديدة التي أخذت تدخل إلى هذه الأمارة.[2] ولاسيما إن الوعي السياسي والثقافي بدأ يتبلور لدى هذه الفئة نتيجة الاحتكاك والاتصال بالدول المجاورة بفعل حركة التجارة والموانئ بحكم موقع (دبي) الجغرافي المميز, فضلاً عن الاستفادة من تجارب كل من الكويت والبحرين في مجال الإصلاح والتغيير.

كما إن عامل الخلافات بدأ يشتد بين إفراد الأسرة الحاكمة، وهم الفئة الأخرى التي قادت هذه الحركة, أي بين الحاكم (الشيخ سعيد بن مكتوم) الذي كانت تدعمه بريطانيا، وأبناء (راشد بن مكتوم) (1886- 1894) الحاكم الأسبق الذين وجدوا أنفسهم هم الأجدر في حكم (دبي) من (الشيخ سعيد وأبنائه), إذ يعدون أنفسهم الورثة الشرعيين للحكم، وأيدهم في ذلك التجار والأعيان عسى إن يعثروا على حل لإصلاح أوضاعهم الاقتصادية المتردية.[3] أيضا فأن التدخل البريطاني السافر في الشؤون الداخلية واتخاذها بعض الإجراءات الاقتصادية التي ألحقت ضرراً بمصالح

([1]) عادل الطبطبائي, مصدر سبق ذكره, ص ص 77 - 78.

([2]) مفيد الزيدي, مصدر سبق ذكره, ص 113.

([3]) نفس المصدر, ص 113.

التجار مقابل تعزيز مصالح الحاكم الشخصية دفعت المعارضين من أفراد الأسرة الحاكمة، وكبار العيان والتجار إلى تقديم مطالبهم إلى الشيخ، وهي:

1- استحداث ميزانية محددة للإمارة.

2- إعادة تنظيم الجمارك.

3- تحديد مخصصات للحاكم وأسرته.

4- رعاية الصحة العامة.

5- إلغاء الاحتكارات الخاصة للحاكم وزوجته وولده. [1]

وقد اضطر الحاكم فيما بعد إلى الموافقة على هذه المطالب، ووقع مع المعارضين بعد أعمال الشغب والعنف التي قاموا بها على اتفاق في العشرين من تشرين الأول 1938 تضمن:

1- تكوين مجلس للإمارة من (خمسة عشر) عضواً يختارون من وجهاء واعيان دبي، وتكون رئاسة المجلس للحاكم , وبالفعل تم اختيار أعضاء هذا المجلس بعد يوم من الاتفاق.

2- يعرض الحاكم على المجلس جميع المسائل المتعلقة بالإمارة ولا يتخذ أي قرار إلا بعد موافقة أغلبية أعضاء هذا المجلس.

3- دخل الأمارة يجب أن ينفق بعد موافقة المجلس, ويخصص جزء من هذا الدخل للحاكم، والباقي ينفق على شؤون الإمارة.

4- يحق للمجلس أن يتخذ قرارا يعد نافذاً إذا رأى فيه ضرورة للمصلحة العامة على أن تبقى قنوات الإتصال ببريطانيا عن طريق الشيخ من دون تدخل المجلس. [2]

وبذلك نرى أن المجلس يمتلك سلطات تشريعية وتنفيذية تامة, وكان له من الأهمية حتى اخذ يعرف في بعض الخطابات الرسمية باسم (المجلس الأعلى لدبي). وقد قام المجلس بعد تكوينه بمجموعة من الإصلاحات الاجتماعية والاقتصادية

---

[1] محمد غانم الرميحي ," حركة 1938 الإصلاحية في الكويت والبحرين ودبي ", مصدر سبق ذكره, ص ص 58 - 60.

[2] عادل الطبطبائي, مصدر سبق ذكره , ص 85.

والسياسية في دبي, ففي المجال الإداري سعى المجلس إلى إنشاء إدارة منظمة للإمارة وتعيين موظفين ذو كفاية وتنظيم الخدمات الكمركية, وتطوير التجارة الداخلية والخارجية, إما في المجال الاقتصادي فقد سعى المجلس إلى إنشاء صندوق للأمارة بمثابة الخزانة العامة توضع فيه موارد الإمارة كافة, فضلاً عن فرض ضريبة على البضائع المستوردة, وفي المجال الثقافي اهتم المجلس بالجانب التعليمي وافتتح المدارس, وفي المجال الإجتماعي قرر المجلس تقديم المساعدات لكبار السن والعاجزين, وتخصيص جزء من امتيازات النفط لتغطية تكاليف المشاريع التي يجري تنفيذها في الإمارة. [1]

ورغم ما أخذت تشهده (دبي) من إصلاحات سياسية وإجتماعية واقتصادية وثقافية في ظل وجود هذا المجلس, ألا إن هذه الأجواء الإصلاحية لم تستمر طويلا لأسباب, أهمها عدم رضا الحاكم على وجود هذا المجلس الذي يمتلك صلاحيات واختصاصات كثيرة تحد من صلاحياته ومباشرته شؤون الحكم, كما رأى في الإصلاحات التي قام بها المجلس إمكانية إضعاف مركزه إزاء رعاياه, خاصة الإصلاحات التي قام بها المجلس في مجال الإنفاق العام ومحاولة تقليص مصروفات الحاكم, ووضع ميزانية خاصة للإمارة حول واردات اتفاقيات النفط, ورفض المجلس الموافقة على تحمل المبالغ التي أنفقها الحاكم على أملاكه وشؤونه الخاصة, والاستفادة من هذه الموارد في القيام بالعديد من المشاريع العمرانية, فضلا عن اتخاذ المجلس قرار بتحديد راتب سنوي للحاكم, وان تعود الموارد الباقية إلى صندوق الإمارة. [2] كما أن بريطانيا سعت إلى تعميق حدة الخلافات بين أعضاء المجلس من جهة والحاكم من جهة أخرى من اجل إفشال هذه التجربة, وإنهاء دور المعارضة واستمرار السلطة بيد الشيخ سعيد الذي عد حليفاً قوياً لها, فضلاً عن خشيتها من مناقشة المجلس بعض القضايا الحساسة والتي تمس مصالحها في هذه المنطقة كإتفاقية امتياز النفط, وتسهيلات الطيران, ولاسيما إن البعض من أعضاء هذه

[1] مفيد الزيدي, مصدر سبق ذكره, ص 114.
[2] عادل الطبطبائي, مصدر سق ذكره, ص ص 89 - 91.

الحركة قد هددوا في مواقف سابقة بعدم الموافقة على تجديد تسهيلات الطيران الممنوحة لبريطانيا في هذه الإمارة, وبذلك التقت أهداف السياسة البريطانية مع محاولات الحاكم للإحاطة والتخلص من هذا المجلس

وما ترتب عليه من المشاركة في شؤون الحكم.[1] أما البيئة الاجتماعية في (دبي) في ذلك الوقت فلم يكن من السهل عليها أن تتقبل وجود هذه الحركة في مجتمع محافظ بطبعه, خاصة إن اغلب الذين قاموا بهذه الحركة هم من أفراد العائلة الحاكمة ومن كبار التجار والأعيان الذين لم يتمكنوا من التمييز بين وضعهم كأعضاء في المجلس يتولى شؤون إدارة الأمارة, وبين كونهم أفراد من الأسرة الحاكمة سعوا في حركتهم هذه إلى إصلاح أوضاعهم الاقتصادية المتردية, واحتكار المناصب الحكومية التي استحدثت. مما اضعف هذه الحركة , وجعل الناس ينظرون إليهم بمرور الوقت كمجموعة تستغل وضعها المتميز لمصلحتها الخاصة.[2] وبذلك انتهت تجربة هذه الحركة الإصلاحية في آذار 1939، بعد أن فشل أعضاء المجلس في الحفاظ على الانجازات التي حققوها, والآمال التي عقدوها لتحقيق الإصلاحات في الإمارة, بعد مقتل بعض زعماء المجلس من أفراد الأسرة الحاكمة اثر اشتباكات مع (راشد بن سعيد) ابن الحاكم.[3] وتشير بعض المصادر إلى تكوين مجلس آخر يتكون من خمسة عشر عضوا منهم خمسة من أعضاء المجلس السابق بعد أن قدمت بريطانيا نصيحتها إلى الحاكم بتكوين مجلس من الموالين له ألا أن الحاكم سرعان ما تخلص من المجلس الجديد لينفرد بالحكم كما كان الحال في السابق.[4]

وبذلك أشرت هذه الحركات الإصلاحية الثلاثة في العام 1938، في كل من الكويت والبحرين ودبي للمرة الأولى إلى تنامي المطالب الشعبية, ودور النخب الاجتماعية في دعوتها إلى إصلاح الأوضاع السائدة، والحد من نفوذ الشيوخ

---

(1) نفس المصدر, ص 92.

(2) عادل الطبطبائي, مصدر سق ذكره, ص91.

(3) مفيد الزيدي , مصدر سبق ذكره , ص114.

(4) محمد غانم الرميحي," حركة 1938 الإصلاحية في الكويت والبحرين ودبي ", مصدر سبق ذكره , ص63.

والأمراء، وسلطة الأسرة الحاكمة, ومحاولة تقليص دور بريطانيا في التدخل بشؤون الداخلية.

كما كونت هذه النخب المتمثلة بفئة التجار والطبقة المتوسطة نواة الحركة الوطنية التي تسعى إلى التحرير والإصلاح والديمقراطية، والمشاركة الشعبية في الحكم. وقد تشابهت مطالب الحركات الثلاث إلى حد كبير, وتشابهت كذلك النتائج رغم اختلاف الدوافع التي قادت إليها، وكانت اغلب المطالب تدعو إلى تنظيم البلاد، وشؤون الحكم، وتوفير الخدمات الأساسية, إلا أن الكويت اختلفت مطالب الاصلاحين فيها بعض الشئ عن مثيلاتها في الإمارات الأخرى. إذ تميزت تجربة الكويت بتقديم مطالب تدعو إلى ضرورة فتح البلاد للعرب، والتعاون مع العراق الذي كان ينحو منحى قومياً تحت حكم الملك غازي. وكانت نتائج هذه الحركات الثلاث: هي الفشل, بل انتهت بقمعها بالقوة.

المبحث الثالث

التنظيمات الإصلاحية الأولى

في دول الخليج العربي

بعد تصاعد نشاط التيار الليبرالي في الوطن العربي عموماً بعد الحرب العالمية الثانية في ظل التغيرات الإقتصادية والسياسية التي شهدتها مرحلة الإستقلال، ظهرت تنظيمات ذات إتجاه ليبرالي إصلاحي في أمارات الخليج العربي مع غياب العمل السياسي العلني في هذه المنطقة، وحظر إنشاء الإحزاب سياسية وإنعدام قنوات التعبير عن الرأي كالصحافة، ووسائل الاعلام، وحرية النشر وبدأت هذه التنظيمات والتجمعات تمارس نشاطها بصورة سرية أو في بعض الأحيان علنية، وقد تضمنت مطالب اغلب هذه القوى الإجتماعية الجديدة في المرحلة التي تمتد من العام 1948-1958 تأكيد الحكم الدستوري، والحريات العامه، والقضايا الإصلاحية الإدارية (إدخال الإدارة الحديثة)، وتحسين الأوضاع المادية والإلحاح على تأييد قضية فلسطين. إما في المرحلة التي تمتد من العام 1958 إلى العام 1967، فقد تطورت المطالب إلى عرض قضية الإستقلال التام في الدول التي لم تكن قد حصلت على إستقلالها ، وإلى عرض قضية تأميم النفط بأكملها، وأن تنحو دول المنطقة منحى قومياً وحدوياً معادياً للإستعمار، وتطورت هذه المطالب في النصف الأول من ستينات القرن العشرين إلى مطالب أكثر جراءة، إذ طالبت بعض هذه المنظمات بإعادة النظر في أنظمة الحكم ذاتها.[1] وقد تركزت مطالب هذه التنظيمات الإصلاحية في مناطق، مثل : الكويت، البحرين، والسعودية، والتي سنأتي على تناول أبرزها.

([1]) خلدون حسن النقيب، مصدر سبق ذكره، ص ص 136- 137.

أولاً : الكويت

شهدت الكويت عدد من المنظمات الإصلاحية التي إتخذ البعض منها من العمل السري طريقاً لوضع برنامجه الإصلاحي لإدارة الحكم، والمؤسسات العامة، والبعض الأخر أعلن برنامجه الإصلاحي بشكل علني، وضمن مؤسسة الحكم كما هو الحال في التجمعات الإصلاحية التي بدأت في الظهور داخل مجلس الأمة الكويتي ذاته، وأخذت تدعو إلى الإصلاح، والتغيير سواء عن طريق برامجها الإنتخابية أو خلال العمل داخل المجلس نفسه، ومن أبرز هذه المنظمات:-

1.الحزب الوطني الديمقراطي الكويتي

ظهرت منشورات بإسم هذا الحزب للمرة الأولى في تموز في العام 1954 ووزعت داخل الكويت وخارجها، ونددت بالسياسية البريطانية في الخليج العربي واحتكار شركات النفط الأجنبية. ويتلخص برنامج هذا الحزب بضرورة التخلص من الحماية البريطانية على الكويت، وإقامة إدارة وطنية تنفيذية مستقلة وتأسيس مجلس تشريعي، ووضع دستور للبلاد وسن القوانين والأنظمة الإدارية، وإنشاء مجلس وطني يشرف على إدارة الدولة، وقد اتخذ هذا الحزب من العمل السري طريقاً له لذا لا يعرف عن أعضائه البارزين ونشاطاته وبرامجه كثيراً. [1]

2.العصبة الديمقراطية الكويتية

تأسست في آب /1954، وأبرز مؤسسيها (يوسف إبراهيم الغانم)، و(بدر السالم)،و(حمود النواف)، إذ تجمعوا في ما أسموه (بالعصبة) لوضع مشروع حوار بين الشعب والسلطة، وفتحت في سبيل ذلك أبواب العضوية تجاه جميع الكويتيين، كما ائتلف مع العصبة عدد من الأندية، مثل: الأهلي، والقومي، والخريجين، والخليج. وقد عرضت هذه العصبة برنامجها الليبرالي الذي دعا إلى

([1]) مفيد الزيدي، مصدر سبق ذكره، ص ص 115-116.

إعلان الدستور، وإقامة الحكم البرلماني، ومواجهة النفوذ البريطاني، وإعلان الإستقلال، والقضاء على الفساد والفوضى في الإدارة الحكومية، وإنتقاد تحكم الخبراء البريطانين في شؤون البلاد مع ضرورة تسليم الإدارة إلى الحكومة الكويتية، والمطالبة بالتفاعل مع القضايا العربية.[1]

3. التجمع الديمقراطي

أثرت أحداث نكسة حزيران لعام 1967، في مسيرة التنظيمات الفكرية والسياسية في الوطن العربي وبشكل خاص ذلك الإنشقاق الذي أصاب حركة القوميين العرب، وإنفصال الحركة في الكويت عن التنظيم الأُم في بيروت، وظهرت تنظيمات أخرى من الأعضاء السابقين في الحركة أبرزها: التجمع الديمقراطي الذي ضم أهم عناصره الدكتور(أحمد الخطيب)، و(سامي المنيس)، و(عبد الله النيباري)، و(أحمد النفيسي) و (أحمد الربعي)، وقد رفع هذا التنظيم شعار الحفاظ على الضمانات الدستورية الأساسية التي أشتمل عليها دستور العام 1962،وعدم الإنتقاص من المطالب الدستورية، ووضعها موضع التنفيذ الفعلي، وإطلاق ألحريات العامة، وترسيخ مبدأ العدالة، والمساواة، وتكافؤ الفرص لكل المواطنين، وتعزيز الحياة البرلمانية على أُسس ديمقراطية.[2] وقد خاض التجمع الديمقراطي الإنتخابات في مجلس الأمة. وعرض برنامجة السياسي الذي تضمن عدة نقاط من أهمها:

أ- الحفاظ على الضمانات الدستورية الأساسية، والوقوف ضد أي محاولات لإدخال تعديلات على الدستور قد تضعف هذه الضمانات، وإطلاق الحريات العامة للشعب، وضمان حرية الرأي، والنشر والاجتماع.

([1]) أنظر: محمد الرميحي، تجربة المشاركة السياسية في الكويت 1962-1981، مصدر سبق ذكره، ص ص 648 -649.

([2]) محمد جاسم محمد ، مصدر سبق ذكره، ص 124.

ب- العمل على إنتهاج سياسية إقتصادية وطنية بديلة للسياسية المعمول بها، وذلك للحاجة إلى بناء أُسس الإقتصاد الوطني المستقل، والحفاظ على الثروة النفطية من الإستنزاف.

ج- تحقيق العدالة الاجتماعية،ورفع المستوى المعاشي لأفراد المجتمع الكويتي، ومحاربة جميع أشكال الفساد، والتلاعب بأموال الشعب، ومقدراته، وعدم التساهل مع المسؤولية عنه.

د- ربط السياسية التعليمية بمتطلبات تحقيق التقدم الإجتماعي،وتطوير نظم ومناهج التعليم العالي والجامعي، وتعزيز الديمقراطية في التعليم وإستقلال الجامعة، ودورها في المجتمع، وحماية الأستاذ ورعايته في المراحل التعليمية كافة.

هـ- تعديل قانون الجنسية الكويتية بما يضمن حقوق المواطنين، وعدم تعريضها للمصادرة، وإلغاء التمييز بين المواطنين.

و- تمكين المرأة من ممارسة حقوقها السياسية، والاقتصادية والإجتماعية، وتحقيق دورها في المجتمع.

ي- تعزيز إستقلال الكويت، والإبتعاد عن الأحلاف، والتكتلات السياسية والعسكرية التي تخل بسيادتها، والحفاظ على إستقلالية السياسة الخارجية وعدم إنحيازها.

ويُعدّ التجمع الديمقراطي من أنشط التنظيمات التي عرفتها الساحة الكويتية منذ أواخر ستينات القرن العشرين، إذ تمتع برصيد محلي وعربي مما جعله واجهة للقوى المطالبة بالديمقراطية والحياة البرلمانية.[1]

([1]) مفيد الزيدي، مصدر سبق ذكره ، ص ص 123 -124.

4. حركة التقدميين الديمقراطيين (جماعة الطليعة)

وهو تنظيم لا يختلف كثيراً في توجهاته عن التجمع الديمقراطي السابق، لكنه إستمر على نشاطاته في سبعينات وثمانينات القرن العشرين، ولاسيما بعد إصداره مجلة (الطليعة) الناطقة بإسم الحركة، وضم هذا التنظيم مثقفين كويتيين أغلبهم أعضاء سابقين في حركة القوميين العرب، وانضم إليهم كذلك الطلاب والعمال، ومن أبرز أعضائه (أحمد الخطيب)، و(سامي المنيس)، و(عبد اللـه النيباري)، إذ يلاحظ إن أغلب أعضاء حركة التقدميين كانوا قد إنضموا إلى تنظيمات وحركات أُخرى في إطار الإتجاه الفكري والسياسي نفسه، فهي ظاهرة تكاد تكون مألوفة في أوساط المثقفين الكويتيين آنذاك.(1)

وقد شاركت حركة التقدميين الديمقراطيين في إنتخابات مجلس الأمُة في العام 1971، وعرضت برنامجها السياسي الذي أشار إلى ضرورة معالجة غياب العمل السياسي المنظم بسبب إنتشار القبلية والطائفية، وضمان حرية تأسيس الأحزاب والتجمعات، وإشاعة الديمقراطية في المجتمع، وعدم السماح للسلطة بالتدخل في الانتخابات، وإعطاء المرأة حقوقها التامة في الترشيح والإنتخاب.(2)

5. المنبر الديمقراطي:

إستمر هذا التنظيم على خطى جماعة الطليعة في إصدار مجلة (الطليعة) التي عُدّت لسان حال المنبر، بعد أنَ إئتلفت حركة التقدميين الديمقراطي (جماعة الطليعية) المذكورة أنفا في كنفه، ومن أهم برنامج هذا التنظيم هو إعادة بناء المجتمع على أسُس ديمقراطية، وتوسيع قاعدة المشاركة

---

(1) محمد جاسم محمد، مصدر سبق ذكره، ص ص 124-125.

(2) محمد غانم الرميحي، الجذور الاجتماعية للديمقراطية في مجتمعات الخليج العربي المعاصرة ، شركة كاظمة للنشر والتوزيع ، الكويت ، 1984 ، ص 38.

الشعبية، وإنهاء حالة الأنفراد في السلطة، والعمل وفقاً للدستور، وتطبيق مبدأ الإمارة (لآل صباح) والحكم للأُمة.[1]

وفي العام 1991، بدأ المنبر نشاطه ثانية مع بقية التجمعات السياسية الكويتية التي بدأت نشاطها بعد التحرير، إذ إستجدت عوامل عدة على الساحة السياسية الكويتية دفعت بالقوى اليسارية والقومية في الكويت، أن تتوحد في تنظيم سياسي واحد، وهو (المنبر الديمقراطي الكويتي) الذي ضم الشخصيات المنتمية إلى التجمعات والتنظيمات اليسارية والقومية، فضلاً عن بعض الشخصيات الوطنية النشطة سياسياً سواء على صعيد العمل الحزبي السري أو الحركة الدستورية.[2] وفي أيلول من العام 1992، أعُيد إصدار (مجلة الطليعة) التي تُعدّ حالياً لسان حال المنبر، والمعبرة عن آرائه وتوجهاته، وإخذ المنبر يؤكد عن طريق برنامجه السياسي على تحقيق الديمقراطية، واحترام حقوق الإنسان، وحريات المواطنين، وبناء دولة القانون في ظل تعددية سياسية وحزبية وتداول للسلطة بشكل ديمقراطي، فبرنامجه السياسي يركز في قيام الإصلاح السياسي داخل بنية النظام السياسي، ويدعو إلى تطبيق مبدأ المسائلة السياسية وفقاً لنصوص دستور العام 1962، مع ضرورة فصل رئاسة الوزراء عن ولاية العهد.[3]

كما تميزت الكويت في المرحلة منذ أواخر ستينات ومطلع سبعينات القرن العشرين بإزدياد نشط للتجمعات والتكتلات داخل أروقة مجلس الأُمة الكويتي، إذ تنافست فيما بينها لفوز بالمقاعد الإنتخابية في المجلس منذ إنتخابات العام 1967، وبدأت هذه التجمعات بعرض حلول لأزمة غياب العمل السياسي في الكويت، ومعالجة الظواهر الإجتماعية التقليدية، مثل القبلية، والطائفية والمطالبة بإجراء إصلاحات إقتصادية واجتماعية وسياسية، وإتباع سياسة خارجية على

([1]) مفيد الزيدي، مصدر سبق ذكره ، ص ص 125.

([2]) سنتناول تفاصيل هذه الأحداث خلال الفصل الرابع – المبحث الاول.

([3])عبد الرحمن حسين محمد ،المشاركة السياسية في دول مجلس التعاون لدول الخليج العربية ،رسالة ماجستير غير منشورة ،كلية العلوم السياسية جامعة بغداد،2006،ص 136

أساس الإستقلال الوطني، وتوثيق الصلات بين الكويت، وأقطار الخليج الأخرى وبقية الأقطار العربية، ومن أهم هذه التجمعات:

1. تجمع الأحرار الديمقراطي: يمثل هذا التجمع عدداً من الشخصيات التي تطلعت إلى توسيع القاعدة الليبرالية والديمقراطية في المجتمع الكويتي وبرنامجه أكد ضرورة ضمان الحقوق السياسية للمواطن الكويتي، وحقه في الجنسية، والمساواة العامة تجاه القانون مع ضمان الحريات الشخصية ضمن القانون العام، مثل: حرية الرأي، والفكر، ومخاطبة السلطات العامة، وحق التعليم، والعمل للمجتمع.

2. تجمع الشباب الوطني الدستوري: ويضم هذا التجمع مجموعة من المحامين الذين شاركوا في إنتخابات المجلس التشريعي الرابع، وعرضوا برنامجهم الإنتخابي في العام 1975، والذي تضمن إعلان الولاء التام (لآل صباح) وضرورة توفر الضمانات للحفاظ على الديمقراطية، وعلى دستور العام 1962، والتأكيد على إصلاح الجهاز الإداري، والدفاع عن حرية العقيدة، وتعزيز الوحدة الوطنية.

3. تجمع نواب الشعب: ظهر هذا التجمع في بداية السبعينات، ويمثله عدد من رجال الإعمال والتجار الذين رفعوا شعار (الكويت للكويتيين)، وتضمن برنامجهم في إنتخابات العام 1976، على ضمان تعليم أوسع، وعناية صحية جيدة لإفراد الشعب الكويتي مع إنتزاع السيطرة التامة على الثروة النفطية وتحديد الإنتاج، وتقوية الكويت لحماية نفسها، والدفاع عن حدودها.[1]

4. التجمع الشعبي: وهو تحالف يتكون من الأقليات القبلية، والفئات الصغيرة في منطقة البدو، ويدخل ضمنهم الامتدادات البدوية وسط المنطقة الحضرية فضلاً عن بعض العوائل الكويتية التقليدية، وقد دعا هذا التجمع إلى معالجة غياب العمل السياسي المنظم بسبب العائلية والطبقية والقبلية، وإيجاد موارد

---

(1) أنظر: يوسف حسن داود التميمي، الكويت: دراسة في تجربة المشاركة السياسية (1961-1988) ، رسالة ماجستير غير منشورة، كلية العلوم السياسية – جامعة بغداد ، 1989، ص 157.

جديدة غير النفط، وتوزيع الثروات بشكل عادل بين المواطنين، ودعم تجربة القطاع المشترك (الخاص والعام).[1]

5. كتلة النواب الوطنيين: وهو تكتل من الشخصيات الكويتية البارزة التي كان لها دوراً بارزاً في الحياة السياسية في الكويت، إذ تقدمت بمجموعة من المطالب فقي العام 1965، إستطاعت هذه الكتلة منع الوزارة من تأدية قسمها معترضة بأن أغلب أعضاءها من التجار، ما اضطر الحكومة إلى إعادة تشكيل الوزارة مجدداً تجنباً لحدوث أزمة دستورية، كما نجحت في دفع مجلس الأمة إلى رفض إتفاقية توزيع العائدات مع شركات النفط، وفي إحراج الحكومة بتقديم إستقالتها بسبب إقرار المجلس (الذي تملك الحكومة فيه الأغلبية) قوانين مخلة بالحريات العامة التي كفلها الدستور، وأهم ما طالبت به هذه المجموعة هو القيام بإصلاحات إدارية جذرية، وإنشاء محكمة إدارية، وأُخرى دستورية، وتأميم الشركات النفطية.[2]

6. التجمع الوطني: تبنى هذا التجمع الإتجاه الوطني الليبرالي، وحمل شعار (الديمقراطية هي أصلح نظام حكم يكفل حرية الشعب)، ويتزعمه (جاسم القطامي، وراشد عبد الله الفرحان،وفيصل المشعان)، ويدعو هذا التجمع إلى احترام الدستور، والقوانين المنفذة له، والسعي لتعديل كل ما يتعارض مع مصلحة المواطنين وحرياتهم، والتأكيد على حرية العمل السياسي والنقابي، وتعديل قانون الإنتخابات بتعديل سن الناخب، وإقرار حق المرأة في الإنتخابات والترشيح.[3]

وقد أسهمت هذه التنظيمات والتجمعات السياسية التي ظهرت في الكويت في تنشيط العملية الديمقراطية، والدفاع عن المكتسبات الدستورية عبر أكثر من جانب كإشراك أقسام واسعة من المواطنين في العمل العام، وتعويدهم

---

(1) نفس المصدر ، ص 158.

(2) خلدون حسن النقيب، مصدر سبق ذكره، ص 141.

(3) مفيد الزيدي، مصدر سبق ذكره، ص 128.

الممارسة الإنتخابية، وأساليب العمل المؤسسي، فضلاً عن تنظيم المطالب الإجتماعية والتعبير عن مصالح الفئات التي تمثلها هذه المؤسسات، والدفاع عن الحقوق الخاصة بها، وبلورة مطالبها، وتناول المشكلات العامة، والمشاركة في الضغط على صانعي القرار لمراعاة الرأي العام عند صياغة السياسات أو سن القوانين والتشريعات. [1] كما إستطاعت هذه التنظيمات والتكتلات من الدفاع عن الحقوق والحريات الديمقراطية، والمكاسب الدستورية، وهذا ما إتضح عن طريق عدة تجارب كالإحتجاج الذي قامت به هذه التنظيمات حول تزوير إنتخابات مجلس الأمة في 25/كانون الثاني/1967، وإتخاذ موقف مشترك ضد قرار حل مجلس الأمُة الرابع في 29/آب/1976، فضلاً عن الدور البارز الذي مثلته هذه التنظيمات في مواجهة إتجاه الحكومة لتنقيح دستور العام 1962،وإدخال تعديلات غير ديمقراطية عليه، مما أسهم في عرقلة هذه المحاولة التي تكررت عبر لجنة تنقيح الدستور في العام 1980، أو في مجلس الأمة الخامس 1981-1983. والإعتراض على الهجمة المعادية للديمقراطية في 3/تموز/1986، عندما تم حل مجلس الأمة، وتعليق عدد من مواد الدستور وفرض الرقابة الحكومية المسبقة على الصحافة، إذ إتخذت موقفا مناهضاً تجاه هذه الأفعال عن طريق بيانات هذه الجمعيات وخطبها، كما شاركت هذه التنظيمات والتكتلات بنشاط في الحركة الدستورية التي برزت في آواخر العام 1989 والنصف الأول من العام 1990، إذ بادرت بإرسال وفود، وتوجيه عرائض ومذكرات، وإصدار بيانات أعلنت فيها موقفها الداعي إلى عودة العمل بدستور العام 1962، وإلغاء الأوامر الأميرية غير الدستورية، واطلات الحريات العامة. [2]

---

(1) أنظر: تعقيب جاسم القطامي على: باقر النجار، المجتمع المدني في الخليج والجزيرة العربية، في : المجتمع المدني في الوطن العربي ودوره في تحقيق الديمقراطية(ندوة)، مركز دراسات الوحدة العربية ، بيروت، 1992، ص601.

(2) نفس المصدر ، ص 602، وكذلك أنظر: عبد المالك خلف التميمي، مصدر سبق ذكره، ص26.

ثانياً: البحرين

ترتب على النهضة التي شهدتها البحرين نتيجة اكتشاف النفط، وإستغلاله نمو الطبقة العمالية التي دفعت الحركة الوطنية إلى الأمام، خاصة إنّ البحرين تنشط فيها هذه الطبقة، قبل إكتشاف النفط فيها، إذ أوجد الغوص على اللؤلؤ مجالاً لظهور مثل هكذا طبقة، وقد ساعد إزدياد الفساد الإداري نتيجة تعسف المستشار البريطاني في البحرين، وإزدياد صلاحياته، حتى بلغت ممارسته السلطتين التنفيذية والقضائية في وقت واحد، فضلاً عن هيمنته على شؤون الإمارة المالية بحكم كونه مستشاراً مالياً للحكومة البحرينية. كما إنّ المثقفين بدأوا يتطلعون بعد الحرب العالمية الثانية إلى أدوات التعبير عن الرأي عن طريق تأسيس مجلات (كصوت البحرين)، والصحف التي أخذت تتناول الكثير من المشكلات الإجتماعية، وتطالب بالإصلاح الإجتماعي، وتوجيه عدائها لشيوخ البحرين، وسلطتهم المطلقة، فضلاً عن تأسيس بعض النوادي الأدبية والثقافية التي أفسحت المجال قبالة المواطن للتعبير عن آرائه، ومعالجة المشكلات الإجتماعية التي كانت تعانيها البحرين. هذا العوامل مجتمعة دفعت الحركة الوطنية الإصلاحية في البحرين خلال المدة من العام (1954-1956) إلى مواجهة النفوذ البريطاني، وفساد الحكومة، وشن حملات عنيفة ضد شركات النفط التي إستبدت بالمواطنين خاصة إنّ البحرين لم يكن فيها حتى قيام هذه التنظيمات الإصلاحية، أي نظام للعمل يحفظ حقوق العمال، وينظم علاقتهم بالشركات التي يعملون بها، وعدم وجود نقابات عمالية تطالب بتحسين مستواهم أو رفع أجورهم أو ضمان حقوقهم. [1] هذا يدفعنا إلى الإستنتاج إنّ أغلب عناصر التنظيمات الإصلاحية التي شهدتها البحرين خلال مدة خمسينات القرن العشرين هي تنظيمات اشترك فيها العمال مع المثقفون في تنظيمها وتقديم مطالبهم عن طريقها، ومن أهم هذه التنظيمات:

([1]) أنظر: جمال زكريا قاسم، مصدر سبق ذكره، ص ص 127- 134.

1. اللجنة الوطنية للدفاع عن حرية البحرين: إتخذت هذه اللجنة التي تشكلت في النصف الثاني من العام 1954، منهجاً ليبرالياً، إذ طالبت بحرية تأسيس النقابات، وتأسيس مجلس تشريعي، ووضع حد لسلطة الحاكم المطلقة، مع إدخال بعض الإصلاحيات في مجالات الصحة والتعليم وغيرها، وكذلك القضاء الذي كان يشرف عليه أفراد من الأسرة الحاكمة يديرونه وفقاً لرغباتهم الشخصية، وقد شاركت هذه اللجنة في الإضراب العام الذي حدث قي العام 1954، إحتجاجاً على الوجود البريطاني، والذي استمر لمدة تسعة أيام، وقد عبرت اللجنة عن حالة الإضطهاد والتعسف التي تمارسها السلطات البريطانية، مما دفع إلى التجمع في تنظيمات يتم السعي عن طريقها إلى تحقيق مطالبها المشروعة في إنهاء الإستغلال من جانب الشركات النفطية الأجنبية، وإطلاق الحريات العامة والإستقلال، وإنهاء النفوذ الأجنبي، وضمان المشاركة السياسية، وتوزيع الثروات بشكل عادل بين أبناء الشعب.[1]

2. الهيئة التنفيذية العليا

نشأ هذا التنظيم في 13/تشرين الأول/1954، بعد الإضطرابات الطائفية التي شهدتها البحرين في العامي1953-1954.[2] ولما كانت التنظيمات السياسية ممنوعة في البحرين، فقد اعتمدت الهيئة في توظيف عناصرها على النوادي الإجتماعية والرياضية: البحرين، والعروبة، والأهلي، وقد ارتكزت في عملها منذ البداية على أساس العمل الوطني المشترك في إطار جبهة وطنية تضم الشيعة والسُنة، والتجار والعمال، وأبناء الطبقة الوسطى، وقد إستعملت خلال العامي 1954-1956، سلاح التنظيم السياسي السري، وسلاح

(1) مفيد الزيدي، مصدر سبق ذكره، ص 117.
(2) ففي العام 1953، خرج الشيعة في البحرين في مواكبهم إحتفالاً بمناسبة (عاشوراء)، وبدأت المصادمات على أثر حصول مشادة بين عدد من المشاركين في موكب العزاء للشيعة مع عدد من الأفراد من السنة، وتطورت هذه المشادة إلى مواجهة طائفية بين السنة والشيعة.

الأضراب، وسلاح الصحافة (صوت البحري) في صراعها بإنتظام ونجاح، ويمكن عدّ جر الشيعة في البحرين إلى العمل السياسي المشترك مع السُنة، أحد أهم إنجازات الهيئة التنفيذية العليا في كفاحها ضد الطائفية، والتي تألفت هذه الهيأة من ثمانية أشخاص، أربعة من الشيعة، وأربعة من السُنة التي دعت إلى الوحدة الوطنية تحت شعار (لا سُنة ولا شيعة في البحرين بعد اليوم). [1] وقدمت هذه الهيئة مطالبها الأساسية إلى الشيخ (سلمان بن حمد آل خليفة)، والتي تضمنت أربعة نقاط أساسية:

أ- تأسيس مجلس تشريعي يمثل أهالي البلاد تمثيلاً صحيحاً عن طريق الإنتخابات الحرة.

ب- وضع قانون عام للبلاد جنائي ومدني على يد لجنة من رجال القانون يتماشى مع حاجاتها وتقاليدها، ويعرض هذا القانون على المجلس التشريعي لإقراره، وكذلك إصلاح المحاكم وتنظيمها، وتعيين قضاة يكونون قد مارسوا القضاء في ظل القوانين المعترف بها.

ج-السماح بتأليف نقابة للعمال، ونقابات لأصحاب المهن الحرة.

د- تأسيس محكمة عليا للفصل في الخلافات التي تحدث بين السلطة التشريعية والتنفيذية، وأي خلاف يحدث بين الحكومة وأحَدَ أفراد الشعب. [2]

وقد تحولت هذه الهيئة في العام 1956، إلى تسمية جديدة، وهي: (هيئة الإتحاد الوطني) بعد أن تغير إسمها، وقد نجحت هذه الهيئة في إقناع السلطة بالاعتراف بها ، وإعطائها حق التفاوض مع السلطات البريطانية نيابة عن العمال البحرينيين، والمشاركة في اللجنة الثلاثية التي ضمت الحكومة والعمال لوضع مسودة لائحة قانون العمل، كما إستطاعت تشكيل نقابة للعمال بإسم (إتحاد العمال البحرينيين) وبذلك تعتبر (هيئة الاتحاد الوطني) أول تجمع

([1]) خلدون حسن النقيب، مصدر سبق ذكره، 138، وكذلك: رياض نجيب الريس، مصدر سبق ذكره، ص ص 8-9.

([2]) عبد الرزاق الفهد، مصدر سبق ذكره، ص ص 154- 155.

سياسي علني له مكانته وممثلوه في منطقة الجزيرة والخليج العربي، كما تُعدّ أول تنظيم سياسي وطني لا طائفي في تاريخ البحرين الحديث. إلاّ إنهّ بعد النجاح الذي حققته هذه الهيئة إستغلت السلطة ومعها بريطانيا أحداث الإنتفاضة الجماهيرية التي تعرضت فيها المصالح البريطانية للتخريب من قبل التظاهرات الصاخبة التي شهدتها البحرين رداً على العدوان الثلاثي في العام 1956، على مصر، لتضييق الخناق على الهيئة عن طريق أعتقال زعمائها، وإبعادهم خارج البلاد.[1]

ثالثاً: السعودية

1. الأمراء الأحرار: تُعدّ الحركة الأكثر نشاطاً في الإتجاه الليبرالي التي عرفتها السعودية هي حركة التي مثلها (الأمراء الاحرار) أو ما يعرف بـ (الأمراء الليبراليين) أو (الأمراء الدستوريين) الذي يتزعمهم الأمير (طلال بن عبد العزيز). فقد شجعت الأوضاع المتوترة التي كانت تعيشها الأسرة المالكة في نهاية خمسينات القرن العشرين، وذلك بسبب التنافس الشديد بين الملك (سعود بن عبد العزيز)، وشقيقة فيصل حول إدارة البلاد، وكذلك الخلاف بين الملك سعود، وعدد من أشقائه الأمراء بشأن توزيع الأمتيازات والمناصب العليا في المملكة، ووجود النخب الإجتماعية من بعض العلماء، وأساتذة الجامعات، وضباط الجيش في السعودية التي أخذت تبحث عن السبل الكفيلة بالتعبير عن تطلعاتها وأفكارها في ظل غياب الحياة الدستورية والبرلمانية، وإنعدام المشاركة السياسية في صنع القرار، هذه الأمور مجتمعة دفعت الأمير (طلال بن عبد العزيز) إلى تشكيل تنظيم (الأمراء الأحرار) الذين ساندوا فيصلاً في سياسته الرامية لإجراء الإصلاحات الضرورية في إدارة المملكة ونظام الحكم، وإنظم إلى طلال أشقاؤة (بدر، وفواز وعبد المحسن، ومشعل، ومتعب، ونواف، وعبد اللـه)، وأعلنوا برنامجهم لتأسيس

([1]) فلاح عبد اللـه المديرس، " الشيعة في المجتمع البحريني والاحتجاج السياسي"، السياسة الدولية، العدد (130) ، القاهرة ، اكتوبر 1997، ص ص 12- 13.

ديمقراطية دستورية ضمن الإطار الملكي في السعودية، وذلك بالدعوة إلى الإصلاح الدستوري، والإسراع في التغيير الإجتماعي، ووضع دستور دائم للبلاد، وإسناد الصلاحيات إلى مجلس الشورى، وتحويله إلى مجلس إستشاري فعال، وإعادة تنظيم الحكم الملكي في الأقاليم، ووضع نظام للمشورة ضمن العائلة الحاكمة.[1] وقدم (الأمراء الأحرار) مذكرة إلى الملك سعود في تموز/1958 تضمنت مطالب عدة، وهي:

أ تحديد دستور للبلاد.

ب- إحياء مجلس الشورى ليكون بمثابة مجلس تشريعي حقيقي.

ج- تطوير الشورى داخل الأُسرة المالكة.

د- وضع خطط تنموية، وشق الطرق والمواصلات، والاهتمام بالميزانية والصحة.[2]

وحاول فيصل كسب موقف (الأمراء الأحرار) إلى جانبه في صراعه مع الملك سعود، خاصة بعد أن طالبوا هؤلاء الأمراء من سعود تحويل إدارة شؤون البلاد الداخلية، والخارجية، والمالية إلى فيصل، وأصبح فيصل رئيساً للوزراء، وحددت صلاحيات سعود كملك للبلاد، فوفقاً لنظام مجلس الوزراء الذي صدر في العام 1958، أصبح مجلس الوزراء يرسم السياسة الداخلية والخارجية والمالية، والدفاعية، والتعليمية، إلاّ إنّ ما اتفق علية الأمراء سابقاً بشأن الإصلاحات السياسة، والإدارية، والمالية لم تنل أي إهتمام من قبل (فيصل) الأمر الذي أثار طلال وأخوته، فدعوا (سعود) لإستعادة صلاحياته من جديد، وبالفعل إستطاع (سعود) العودة إلى منصبة، وأقال (فيصل) من الوزارة في العام 1960، وشكل (سعود) وزارة جديدة سميت بـ(وزارة الشباب) برئاسته، وعين (طلال بن عبد العزيز) وزيراً للمالية والاقتصاد الوطني. وفي جانب الإصلاح السياسي شكلت

([1]) قيس محمد نوري، ، مفيد الزيدي، المجتمع والدولة في السعودية: مسيرة نصف قرن، بيت الحكمة، بغداد، 2001، ص ص 17- 18.

([2]) مفيد الزيدي، مصدر سبق ذكره، ص 120.

لجنة حكومية لوضع دستور للبلاد، وقدمت الدستور المكون من (220) مادة كما حاولت هذه الحكومة أن تقوم بنهج إصلاحي في الشؤون المالية. إلاّ إنه في نفس الوقت لم يكن (سعود) جاداً في التغيير والإصلاح، فقدم (طلال) إستقالته من وزارة المالية، وغادر البلاد مع إخوته الأمراء والوزراء، وإستقبلهم الرئيس (جمال عبد الناصر)، وابدى تأييده ودعمه لهم، ثم إنتقل (طلال) إلى بيروت بعد ذلك وأصدر من هناك نشرات وبيانات، وعقد مؤتمراً صحفياً ندد فيه بنظام الحكم السعودي، وسياسة الملك التقليدية، وطالب بالإصلاح الدستوري والديمقراطي، وتوثيق العلاقات بين العربية السعودية، وبقيةِ الإقطار العربية وكتب (طلال) كراساً بإسم (رسالة إلى الوطن) نشر في بيروت العام 1962 تضمن إنتقاده، ومطالبه، ودعوته للشعب للوقوف في وجه الحكومة، وبعد سنوات من العمل السياسي في الخارج تمت المصالحة بين الأسرة المالكة والأمراء الأحرار خاصة بعد أن إستعاد (فيصل) سلطاته، وإصبح (سعود) للمرة الثانية ملك بدون صلاحيات، وعاد (طلال)، وأشقاؤه في العام 1964، إلى البلاد لينظموا إلى الأمراء الأخرين، وتولوا بعض المناصب الحكومية ثم تفرغوا بعد سنوات إلى التجارة، والإعمال الحرة، والمصارف، والأعمال الخيرية بعد أن هجروا العمل السياسي.[1]

2. تجمع (نجد الفتاة)

ظهر هذا التجمع في مطلع ستينات القرن العشرين، وتكون من المثقفين السعوديين، وكان كثير من أفراد هذا التجمع من المسؤولين في إدارة الدولة، وقد طالبوا بإصلاحات دستورية، وبدور أكبر للشعب في إدارة الدولة، والرقابة على الأموال العامة والحد من الفساد، وقد تزامن نشاط هذا التجمع مع نشاط الأمراء الأحرار، إذ تعاونوا فيما بينهم من أجل الدعوة إلى

([1]) أنظر: فهد القحطاني، صراع الاجنحة في العائلة السعودية: دراسة في النظام السياسي وتأسيس الدولة، الصفا للنشر والتوزيع، لندن، 1988، ص ص 73-80.

الإصلاح، ومن أبرز أعضاء هذا التجمع (عبد اللـه الطريقي، وفيصل الحجيلان، وناصر المنقور)، وعدّت السلطة هذا التجمع محظور بعد أن إستمالت بعض أعضائه ووظفتهم، في حين ألقت القبض على البعض، وهرب البعض الأخر خارج البلاد.[1]

وبذلك نرى أنّ أول اقتراح بشأن ملكية دستورية في السعودية ظهر من بين أفراد الأسرة المالكة، إلاّ إنّ هذا الإقتراح لم يؤخذ على محمل الجد، خاصة إنّ معارضة النظام من داخل الدوائر الحاكمة قد إتسم بالتقلب، وارتبط بعملية الصراع على السلطة داخل الأُسرة المالكة نفسها، إلاّ إنّ أفراد هذه الأسرة أدركوا جيداً فيما بعد إنّ الإنقسامات فيما بينهم سوف يفتح الطريق للإطاحه بهم، وهذا الإدراك يُعدّ من العوامل التي ساعدت على المصالحة بين الاجنحة القائمة، خاصة، وإنّ في السعودية، وعلى خلاف البلدان الأُخرى، نرى إنّ لكل جناح من أجنحة السلطة قواته العسكرية، فالجيش في جانب، وقوات الحرس الوطني في جانب آخر، ومن ثمّ، فإنّ الصراع بين أفراد الأسرة هو صراع خطر قد يؤدي إلى إنهاء الدولة ذاتها، لذا سعت الأجنحة المتصارعة داخل الأُسرة المالكة على الحفاظ على التوازن الموجود بدرجة أو بأخرى، وهو ما يفسر لنا ترك الأمراء المعارضين العمل السياسي، واكتفائهم بالنشاطات المالية والإجتماعية، واقتناعهم بعدم جدوى المعارضة.[2]

إلاّ إنّ هذا لا يمنع من ظهور تنظيمات إصلاحية أُخرى خارج إطار الأُسرة المالكة في السعودية سعت على طريق وسيلة الإنقلاب العسكري والاطاحة بالنظام القائم، وإعتماد مبدأ الديمقراطية والتعددية كوسيلة لإدارة البلاد، ومن أهم هذه (جهة التحرير العربية السعودية) وهي تجمع من المثقفين، والأكاديميين، وضباط الجيش في سلاح القوة الجوية في المنطقة

([1]) أنظر: نفس المصدر ، ص 79.

([2]) قيس محمد نوري، مفيد الزيدي، مصدر سبق ذكره، ص ص 20-21.

الشرقية والحجاز، ظهر في نهاية ستينات القرن العشرين جمعتهم الرغبة في إقامة الحكم على أساس الشورى، وإلغاء الملكية، وإعلان النظام جمهوري وتحرير البلاد من الوجود الأمريكي، وإلغاء القاعدة الجوية الأمريكية في (الظهران)، وإنهاء بذخ الأمراء وأسرافهم، وإجراء الإصلاحات في الإدارة والحكم، وبذلك أمنوا بالليبرالية والديمقراطية كطريق وحيد لتخليص البلاد من الحكم التقليدي، والهيمنة الأجنبية.[1] إذ شهدت السعودية في العام 1969 محاولتان للقيام بإنقلاب عسكري كانت الأولى، في شهر حزيران، إلاّ إنّ هذه المحاولة فشلت عن طريق احد المتسللين الذي حذر الحكومة قبل ساعات قليلة من توقيت قيام الإنقلاب. أما المحاولة الأخرى التي لم يكتب لها النجاح هي الأُخرى فقد نظمها بعض الإصلاحيين البرجوازيين من الحجاز، والذين كانت عائلاتهم معارضة دوماً لحكم (آل سعود)، وقد كانوا هؤلاء حلفاء للأمير (طلال) ووعدهم (فيصل) بإحداث إصلاحيات عندما وصل إلى السلطة، إلاّ إنّهم ظلوا سنوات ينتظرون حدوث أي تقدم لكن بدون جدوى، وكان من بين قادتهم اللواء المتقاعد (علي زين الدين)، واللواء المتقاعد (عبد الله العيسى) وضباط آخرون من الجيش.[2]

وبذلك مثلت التنظيمات الإصلاحية في دول الخليج العربي، والتي بدأت بالنضج مع خمسينات القرن العشرين، طموحات وتطلعات النُخب الإجتماعية من المثقفين، وكبار التجار والعمال والطلاب، وكان أكثر هذه التنظيمات هي إمتداداً لتنظيمات فكرية وسياسية أخذت تشهدها الساحة العربية بشكل عام خلال تلك الفترة، فتأثرت بها في نجاحاتها وإخفاقاتها، وسعت هذه التنظيمات وبوسائل عدة، وبشكل سري وعلني إلى تحقيق برامجها الإصلاحية سواء عن طريق الحفاظ على شكل النظام السياسي القائم في هذه الدول أو تغييره بشكل جذري، وكما لاحظنا كانت تجربة التنظيمات الإصلاحية التي شهدتها الكويت أكثر إتساعاً

([1]) مفيد الزيدي، مصدر سبق ذكره، ص129.

([2]) قيس محمد نوري، و مفيد الزيدي، مصدر سبق ذكره، ص ص 32-33.

ونضجاً من بقية الدول الخليجية التي شهدت أيضا هكذا تنظيمات (السعودية، والبحرين)، وذلك بحكم الوعي السياسي والثقافي في المجتمع من جهة، مع وجود نوع من الديمقراطية وفرته السلطة للنُخب الإجتماعية من جهة ثانية والذي تمثل بإصدار دستور العام 1962، وإجراء إنتخابات لإختيار أُعضاء مجلس الأمة في العام 1963، في مدة تسبق الدول الخليجية الباقية مما وفر للمواطنين الكويتيين هامش من الحرية للعمل السياسي، والتعبير عن رغباتهم وخاصة الإصلاحية منها، في حين إستطاعت دول مجلس التعاون الأُخرى، وكما يذكر الدكتور خلدون النقيب، إنّ تغوي قوى المعارضة بمختلف أشكالها خاصة بعد الطفرة النفطية التي شهدتها هذه المنطقة في العام 1973، وبذلك لم يعدّ هنالك وجود لقوى معارضة فاعلة ومنظمة على الساحة الخليجية أياً كان شكلها ومنهجها.[1] إلاّ إنّ هذا لا يعني إنّ القوى الإصلاحية في الكويت إستطاعت أن تحقق مطالبها خلال تلك المدة (منذ ستينات القرن العشرين - إلى تسعينات القرن العشرين)، وإنّما كانت في خلاف دائم مع السلطة، خاصاً داخل أروقة مجلس الأُمة مما أدى إلى حدوث أزمات دستورية عدة كانت تنتهي دوماً بحله من قبل تلك السلطة، وكما سنوضح ذلك خلال الفصول القادمة.

([1]) خلدون حسن النقيب، مصدر سبق ذكره، ص 125.

الفصل الثاني

عوامل الإصلاح السياسي

في دول مجلس التعاون الخليجي

ليس هناك من شك في أن الضغوط الخارجية تؤدي دوراً مهماً في تحريك الأوضاع نحو مزيد من الإنفتاح السياسي، إلاّ أنه من الخطأ تصويرها، وكأنها هي المحرك الأساسي، إذ تؤدي الضغوط الداخلية للمجتمع دوراً لا يقل أهمية، إن لم يكن أكثر منها، مما يعني ان تلك الضغوط الخارجية لاتدخل بالضرورة في تفاصيل شكل النظام ولا في تفاصيل الدستور، وفصل السلطات، وسيادة القانون، ذلك أن إدارة هذه التركيبة السياسية، واخراجها الى حيز الوجود تحتاج الى فعاليات محلية تضمن مسيرتها واستمرارها؛ ولذلك فهناك مجموعتان من الأسباب طرحتا لتفسير عملية التحول الى الإصلاح في دول مجلس التعاون الخليجي الأولى تتضمن الضغوط الداخلية، وهو ما سوف نبحثه في المبحث الأول، والأخرى تتضمن الضغوط الخارجية، والتي نتناولها في المبحث الثاني. مع الأخذ بنظر الإعتبار ان هناك نوعاً من التداخل والتأثير المتبادل بين بعض المتغيرات الداخلية، وبعض المتغيرات الخارجية ذات الصلة بالإصلاح مع التسليم بصعوبة الفصل بين ما هو داخلي وخارجي.

المبحث الأول

العوامل الداخلية

تُعد الضغوط الداخلية الاساس لعملية الإصلاح في دول مجلس التعاون الخليجي، ذلك أن الضغوط الخارجية مع أهميتها، إلاّ أنها لا تستطيع ان تؤثر بدون وجود استجابة داخلية. ولذلك فإننا سنحاول تناول الضغوط الداخلية بفضل بيان أثر البيئة الداخلية عليها في المطلب الأول، وبحث المطالب الشعبية في المطلب الثاني، أما المطلب الثالث فيستعرض أثر الأزمة الاقتصادية في عملية الإصلاح السياسي.

المطلب الاول

البيئة الداخلية

مثلت مجموعة التحولات الداخلية المحلية التي شهدتها دول مجلس التعاون الخليجي سبباً رئيسياً وراء بروز المطالبة بالمشاركة السياسية, اذ ان السياسات التي اتبعتها هذه الدول خلال عقدي السبعينات والثمانينات كانت وراء المطالب المتزايدة بالمشاركة السياسية والرقابة على الحكومة، كالتوسع الهائل في الانفاق التعليمي الذي انتج كوادر ذات اعداد متزايدة من المتعلمين تفرض عليها خبراتها العلمية بان يكون لها رأي فيما يحدث في بلدانها تماشياً مع دورها كنخبة مثقفة ذات دور طليعي⁽¹⁾ فألتزام كل دول الخليج بنشر التعليم، وتعميمه بين شباب المنطقة جلب معه زيادة في الوعي الاجتماعي والسياسي. ⁽²⁾ فقد أدت مؤسسة التعليم، من المدرسة الى الجامعة دوراً جوهرياً في زيادة الوعي بالحرية، رغم القيود الشديدة التي فرضتها دول الخليج حول تشريعات الحركة

⁽¹⁾ ابتسام سهيل الكتبي، "التحولات الديمقراطية في منطقة دول مجلس التعاون الخليجي" المستقبل العربي، العدد (257)، بيروت، تموز 2000، ص234.

⁽²⁾ محمد جواد رضا، صراع الدولة والقبيلة في الخليج العربي: ازمات التنمية وتنمية الازمات، ط2، مركز دراسات الوحدة العربية، بيروت، 1997، ص30.

التعليمية، وأصبح التعليم من اكثر القوى الممارسة للفعل الثقافي تاثيراً في عمليات التغيير الاجتماعي، وتكوين ملامح الوعي الجديد، وخاصة في اوساط الطبقة المتوسطة.[1] وما عزز دور التعليم في عمليات التغيير الاجتماعي هو شبابية المجتمعات الخليجية، اي زيادة نسبة اعداد الشباب الى بقية الفئات العمرية، ذلك ان ظاهرة تعاظم هذه الشريحة الشابة كانت مقدمة لتغيرات اجتماعية وأول هذ التغيرات هو الاغراء الذي رأته هذه العناصر الفتية في العمل السياسي حلاً لازماتها الاقتصادية والاجتماعية.[2]

هذه المؤشرات الاجتماعية المهمة، كفتوة السكان، وتطور التعليم باشكاله المختلفة ومراحله المتعددة، والتي واكبت النمو الاقتصادي، والوفرة الاقتصادية الناتجة عن تدفق عائدات النفط، فضلاً عن الوقت الاكبر المتاح للترفيه، والفراغ وتقدم تقنيات وسائل الاتصال المرئية والمسموعة والمكتوبة، كل هذه المؤشرات جعلت المجتمع في حالة مهيأة للتلقي الثقافي[3] فنشأت طبقة جديدة وجيل بأكمله يزداد نمواً من المثقفين والتكنوقراط، وخاصة من الذين تلقوا دراساتهم في الخارج، وبدأت هذه الطبقة تتطلع الى مزيد من السلطة والمشاركة في الحكم، بل ان المطالبة بالاصلاح السياسي بدات من هذه الطبقة الاجتماعية الجديدة بصرف النظر عما إذا أُسميت طبقة وسطى او طبقة وسطى جديدة او نخبة تكنوقراطية فهي طبقة جديدة متعلمة غير تقليدية، ولها سمات برجوازية اخذت تسير باتجاه تأدية دور رئيس في تعزيز مستقبل الحكم في هذه الدول. ورغم صغر عددها، إلا انها نجحت في التغلغل الى الدرجات العليا لبنية الحكم عبر المراكز الوزارية

---

(1) ابراهيم عبد الله غلوم، "الثقافة بوصفها خطاباً ديمقراطياً: نموذج الثقافة في مجتمعات الخليج العربي"، المستقبل العربي، العدد (156)، بيروت، شباط 1992، ص54.

(2) تؤكد الاحصاءات ان شعب الخليج يضم 8ر42% من السكان فيما بين 6 سنوات الى 23 سنة اي ان ذلك المجتمع هو مجتمع شاب يفرض مسؤولية ثقافية محددة، فضلاً عن تركيز هذا المجتمع في مراكز مدنية ضخمة تؤدي فيها انواع معينة من وسائل الثقافة دوراً بارزاً او مميزاً. أنظر محمد الرميحي، "واقع الثقافة ومستقبلها في اقطار الخليج العربي"، مصدر سبق ذكره، ص51. ولتفاصيل أكثر حول هذه الاحصاءات أنظر، التقرير الاقتصادي العربي الموحد، ايلول 2004، ص252.

(3) محمد الرميحي، "واقع الثقافة ومستقبلها في أقطار الخليج العربي"، مصدر سبق ذكره، ص 51.

وغيرها من المناصب البيروقراطية الرفيعة.[1] وترى هذه الطبقة ضرورة اللجوء الى الصيغ التعددية في إدارة شؤون المجتمع بدلاً من الاساليب التقليدية لتحقيق التطور الاجتماعي والاستقرار السياسي، بعد ان حرمت هذه القوى من المشاركة في ادارة شؤون الخدمات، الاقتصادية والسياسية، عبر احتكار الاسر الحاكمة للمناصب السياسية والعسكرية والاقتصادية.[2]

كما ان العوامل التي ساعدت على تحقيق ديمومة واستمرار أنظمة الخليج والمتمثلة بانغلاق مجتمعات هذه الدول، وعدم السماح بدخول تيارات وافكار اخرى، قد تغيرت بفعل تأثير قوى وممارسات العولمة، اذ ان الأوضاع الاجتماعية في دول الخليج، إسوة ببقية مناطق العالم إرتبطت إرتباطاً وثيقاً بالعولمة وآلياتها المختلفة، [3] فتقنيات الاتصال المتسارعة في التطور التي تقرب المسافات وتعولم الحياة الخاصة تحدث نوع من التغير والمرونة بين الثقافات البشرية. كما انها تساعد على تكوين فضاءات ثقافية متجاوزة في مكوناتها الرئيسة الفضاء الثقافي المحلي.[4] مما اسهم في تحريك الانفتاح السياسي، اذ لم يعد بمقدور النظم الحاكمة منع التدفق الاعلامي والمعلوماتي القادم إليها من الخارج عبر الانترنيت والفضائيات. [5] فعند التأثر بأفكار وأراء تعبر عن مصالح سياسية أو أديديولوجية مستمدة من ثقافات اخرى مثل: الدستورية والديمقراطية وحقوق الانسان؛ فان ذلك يعني عولمة السلوك السياسي، [6] خاصة ان الدول في عصر

([1]) أميل نخلة، اميركا والسعودية: الابعاد الاقتصادية والسياسية والاستراتيجية، دار الكلمة للنشر، بيروت، 1980، ص، ص 64 -69.

([2]) ثناء فؤاد عبد الـلـه، مصدر سبق ذكره، ص248

([3]) أميل نخلة، مصدر سبق ذكره، ص 67، وكذلك: خلدون حسن النقيب، " واقع ومستقبل الأوضاع الاجتماعية في دول الخليج العربي مع 'اشارة خاصة إلى العولمة"، المستقبل العربي ، العدد (268)، بيروت، حزيران 2001، ص113.

([4]) malcom waters, Clobalization: Key Ideas , (London, Newyork: Routledge, 1995), P.18.

([5]) حسنين توفيق ابراهيم، النظم السياسية العربية: الاتجاهات الحديثة في دراستها، مركز دراسات الوحدة العربية، بيروت، 2005، ص34.

([6])خلدون حسن النقيب، الخليج الى اين؟، في: العرب وجوارهم الى اين؟، على محافظة [واخرون]، مركز دراسات الوحدة العربية، بيروت، 2000، ص ص35-37.

العولمة لم تعد محصنة ضد التأثير الخارجي، وابعاد الافكار المتعلقة بنظام الحكم ودستوريته والحرية الشخصية، وان التوجه العالمي نحو الديمقراطية، بشكل عام، اصبح فرصة يستفيد منها كل شعب من الشعوب الساعية للانتقال الى الديمقراطية في مواجهة حكوماتها. وذلك عندما يصل صوت المطالب الديمقراطية الى جمعيات حقوق الانسان والمنظمات الاهلية والرأي العام حيث عندما يتم الاطلاع على ذلك النضال لابد وأن يتعاطف معه بفضل تأثير وسائل الاتصال لمختلفة: كأجهزة الاعلام والانترنت كما أن سهولة المعرفة والاحتكاك بالعالم بفضل السفر والتجارة وبفضل وسائل الاعلام المختلفة (صحافة، إذاعة، تلفزيون،...الخ) جعل المواطنون يقارنون اوضاعهم القائمة بأوضاع المواطنين في الدول الديمقراطية من حيث المساواة القانونية، والحق في التعبير، والتنظيم مما ادى الى تزايد الوعي بمفهوم المواطنة والمطالبة بأداء ما عليها من حقوق وواجبات.[1]

وفضلاً عن هذه الفرص والامكانيات المتاحة لتعزيز التحول والاصلاح السياسي داخل دول مجلس التعاون الخليجي نرى إنعكاس اجواء ذلك الاصلاح على أفراد الأُسر الحاكمة نفسها في تلك الدول، اذ بدأ العديد من افرادها يدلون بآرائهم السياسية التي قد لا تكون أحياناً متفقة مع الاتجاه العام للاسرة، بقدر ما تكون متمحورة، كثيراً، حول درجة الاصلاح السياسي المطلوب،[2] كما هو الحال عندما قام سبعة عشر فرداً من افراد اسرة (آل صباح) في الكويت بتاريخ 13/تموز/1992 بتوقيع عريضة يناشدون بها امير البلاد للقيام باصلاحات سياسية والالتزام بالدستور.[3] كما أن هنالك أعداداً متزايدة من الامراء الشباب

([1]) علي خليفة الكواري، الخليج العربي والديمقراطية: نحو رؤية مستقبلية لتعزيز المساعي الديمقراطية، مركز دراسات الوحدة العربية، بيروت، 2002، ص ص91 -92.

([2]) See: Farid Mohamady, "Oil, Gaz and the future of Arab Gulf countries", Middle East Report, July, Sep.2000.

([3]) من أبرز الاسماء التي وقعت على هذه العريضة (الشيخ مبارك جابر الأحمد)، الابن الاكبر لأمير الكويت في ذلك الوقت، (الشيخ جابر مبارك الصباح)، والابن الاكبر لرئيس الوزراء (الشيخ صباح الأحمد) الامير الحالي، و(الشيخ أحمد الفهد)،غانم النجار، "واقع ومستقبل

الذين ينتمون الى العائلة الحاكمة في السعودية والذين حصلو على تعليمهم في الخارج (غالباً من الغرب) جعل تعليمهم المتقدم وموقفهم من التحديث، وإدراكهم لأهمية بناء دولة المؤسسات أكثر انسجاماً مع آمال وتطلعات الطبقة الوسطى الجديدة، [1] فقد طالب الأمير (طلال بن عبد العزيز) حكومة الرياض في حزيران 1999، بـ"ضرورة إيجاد طريقة سلسة لتسليم الحكم الى الجيل الجديد أو مواجهة صراع على السلطة بعد إنتهاء عهد الملوك القدماء". [2]

وساعد وصول جيل جديد من الحكام الشباب الى السلطة في البعض من دول المجلس في دعم مشروعات المطالب الديمقراطية، كما هو الحال في كل من دولتي قطر والبحرين الذين سعوا هؤلاء الحكام، منذ وصولهم الى السلطة الى اجراء بعض التغييرات السياسية والتأكيد على عدد من الاسس والقيم، كقيمة المشاركة الفعالة بين المواطنين، والحكومة، واهمية قبول الرأي الاخر واعطاء دور اكبر للمؤسسات السياسية. [3] فـ(الشيخ حمد بن خليفة آل ثاني) امير دولة قطر، تولى السلطة بعد قيامه بانقلاب ضد والده الشيخ خليفة في 27 حزيران 1995، وكانت من المبررات التي أعلنها (الأمير حمد) التي دفعته للقيام بهذا الانقلاب هي:((العادات السيئة للشيخ خليفة التي أدت الى إلحاق الشلل بشؤون البلاد، فمن المعروف عنه قضاؤه اجازات طويلة خارج البلاد، وعزوفه عن مباشرة شؤون الحكم باستثناء بعض القضايا السياسية المهمة، في الوقت الذي كان يطالب فيه بإسترداد بعض صلاحياته، ولاسيما في مجال السياسة الخارجية

الاوضاع السياسية في دول الخليج"، المستقبل العربي، العدد (268)، بيروت، حزيران 2001، ص103، وكذلك صحيفة الشرق الأوسط، 2006/1/6.

(1) فهد القحطاني، مصدر سبق ذكره، ص ص138-137

(2)جوزيف أ. كيشيشيان، الخلافة في العربية السعودية، دار الساقي للطباعة والنشر، بيروت، 2002، ص76.

(3) محمد السعيد إدريس، مجلس التعاون الخليجي 1999-2000، في: التقرير الاستراتيجي الخليجي 1999-2000، وحدة الدراسات - جريدة الخليج، ابو ظبي، 2000، ص ص 130 -131.

الأمر الذي يهدد بحدوث المزيد من الشلل في ادارة شؤون الحكم)). [1] وقد كان كذلك للتغيير السياسي الداخلي في البحرين أثر ملحوظ في الاتجاهات الاصلاحية المتسارعة بصورة غير متوقعة بعد تولي الحكم الامير الشاب (حمد بن عيسى) وولي عهده (سلمان بن حمد) عام 1999. [2]

هذه التحديات رافقها التحدي الذي بدأ يواجه مقومات الشرعية التي يقوم عليها نظام الحكم في هذه الدول وهي (الحكم القبلي والاسلام). [3] والتي بدأت تواجه تحديات حقيقية تهدد مستقبل هذه الانظمة. [4] فالقيم القبلية والاتجاهات التقليدية التي كان يمكن الاعتماد عليها لتثبيت استقرار هذه الأنظمة أخذت تتلاشى مع تزايد التحضر، وتسارع التعليم، وزحف الثقافة الغربية. [5] فالقبيلة لم تعد محور الوجود السياسي والاجتماعي بعدما أخذ التوسع في النشاط الاقتصادي يشتت الوحدة والترابط الداخلي لها، واصبح أغلب أفرادها يحصلون على دخلهم من القطاع الاقتصادي الحديث بفضل التوظف في الخدمات الحكومية فتحولوا إلى موظفين وعمالاً وعسكر يعيشون حالة استقلال اقتصادي وقانوني عن مؤسستهم التقليدية (القبيلة). [6]

كما أن شرعية هذه الأنظمة أساسه هو تأكيدها على تطبيق الشريعة الإسلامية، لكن المعارضة (الإسلامية) المتزايدة في هذه الدول الست، منذ حرب الخليج الثانية 1991، تظهر أن الأسس الدينية لتبرير شرعية هذه الانظمة قد

([1]) انقلاب القصر في قطر: الخلفية والابعاد وحدود التغيير المحتمل، تقديرات استراتيجية، الدار العربية للدراسات والنشر والترجمة، العدد (7)، القاهرة، تموز 1997، ص6.

([2]) غانم النجار، مصدر سبق ذكره، ص109.

([3]) سعد الدين ابراهيم، النظام الاجتماعي العربي الجديد: دراسة عن الاثار الاجتماعية للثروة النفطية، مركز دراسات الوحدة العربية، بيروت، 1982، ص242.

([4]) محمد السعيد ادريس، النظام الاقليمي للخليج العربي، مركز دراسات الوحدة العربية، بيروت، 2000، ص234.

([5]) Adeed Dawisha, Arab Regimes: Legitimacyand Foreign Policy in: Beyond Coercion: the Darability of the Arab state, edited by Adeed Dawisha and I. Wiliam zartman (London, NewYork: Croom Helm,1988),P.266.

([6]) ثناء فؤاد عبد الله، مصدر سبق ذكره، ص248.

تعرضت لتحديات جريئة ومباشرة، وذلك لوجود القوات غير المسلمة على أراضيها للدفاع عنها.[1] اذ كانت تلك الحرب نقطة تحول بارزة في الوجود العسكري الامريكي في هذه المنطقة وتحول شكل هذا الوجود من تسهيلات عسكرية روتينية الى قواعد عسكرية ثابتة، بلغت خمس قواعد عسكرية رئيسة تتمتع باستقلالية نسبية وقدرة عامة على دعم عمليات قتال جوية او برية او بحرية كقاعدة الجفير في البحرين، وقاعدة خور العديد في قطر، وقاعدة علي سالم ومعسكر أريفجان في الكويت، وقاعدة مصيرة في عُمان.[2] فدعوة هذه الانظمة لتلك القوات قد ادت الى ظهور بوادر ازمة في شرعية الاسر الحاكمة وقوضت من الاسس الايديولوجية التي طالما استندت اليها، كما سمحت للتناقضات الكامنة التي طالما سعت تلك الاسر الى اخفائها إلى البروز على السطح بشكل واضح.[3] وأوضح مثال على ذلك السعودية، فالارتكاز على اساس ديني مكن العائلة الحاكمة فيها من اخضاع شتات القبائل المنتشرة في البلاد الى سلطة مركزية موحدة، ووضع طابع الشرعية على المنهاج الذي اختارته في الحكم وهو السلطة المطلقة، ورفض الاسلوب الديمقراطي في ممارسة الحكم السياسي، كما تمكنت بفضل ارتكازها على الاساس الديني والاسلامي، من مقاومة القوى

([1]) جودت بهجت وحسن جوهر، "عوامل السلام والاستقرار في منطقة الخليج في السبعينات: إرهاصات الداخل وضغوط الخارج"، المستقبل العربي، العدد (211)، بيروت، أيلول 1996، ص45.

([2])أعلنت الولايات المتحدة بتاريخ 2003/4/29 إنها قررت سحب كل قواتها من المملكة العربية السعوية ونقل مقر القيادة الجوية لمنطقة الخليج من قاعدة (الأمير سلطان) في السعودية الى قاعدة (العديد) بقطر ولن يبق في المملكة سوى مائتي عسكري معظمهم من رجال الأمن والمهندسين لإعدادها و تسليمها الى القوات المسلحة السعودية بعد أكثر من 10 سنوات أمضتها القوات الأمريكية هناك: انظر ياسين سويد، الوجود العسكري الأجنبي في الخليج واقع وخيارات: دعوة إلى أمن عربي إسلامي في الخليج، مركز دراسات الوحدة العربية، بيروت، 2004، ص،ص 117- 128، وكذلك: خالد عبد العظيم، "التداعيات الإقليمية للوجود الأمريكي في العراق، السياسة الدولية"، العدد (154)، القاهرة، أكتوبر 2003، ص ص 104- 105.

([3])عاصم محمد عمران، التحديث والاستقرار السياسي في دول مجلس التعاون الخليجي في ظل الحقبة النفطية، أطروحة دكتوراه غير منشورة، كلية العلوم السياسية، جامعة بغداد، 2000، ص188.

السياسية والحركات المعارضة لها في الداخل والخارج. [1] إلا أن المؤسسة الدينية التي يستعين بها النظام في بعض الحالات لتبرير البعض من افعاله وإعطائها الطابع الشرعي قد دفعتها احداث حرب الخليج الثانية الى عدم التوصل الى إجماع حول قبول وجود القوات الاجنبية عندما طلب منها النظام السياسي تبرير دعوة وجود تلك القوات الغربية على الأراضي السعودية، [2] ولذلك فالبعض يرى ان المعارضة الأكثر جرأة التي دعت الى مزيد من التقيد بتعاليم الاسلام ومزيد من محاسبة الاسرة الحاكمة في السعودية قد جاءت من الاوساط الدينية المحافظة، [3] التي امتد تأثيرها الى قطاعات واسعة من المجتمع شمل محامين واساتذة جامعات، وبدأوا بتوقيع عرائض كثيرة يطالبون فيها بضرورة إيجاد المؤسسات السياسة الممثلة للشعب، واستتباب حكم القانون ومعارضة السياسة الخارجية للدولة وخصوصاً التحالف مع الولايات المتحدة. [4]

أما الركيزة الثانية لشرعية هذه الانظمة، وهي الاسر الحاكمة فقد أخذ تماسكها يضعف في البعض من دول المجلس، بسبب نشوب الخلافات داخل هذه الاسر، والتحدي المهم الذي يواجه تماسك هذه الأسر الحاكمة هو ظهور ازمة حول (توارث الحكم فيها) هذه الخلافات قد اضعفت البعض من مكانتها السياسية التي تتمتع بها بين افراد المجتمع، والتي تعطيهم الأولوية في تولي الوظائف والمناصب العامة، والذي أخذ يظهر بصورة واضحة وعلنية، في كل من السعودية وقطر والكويت، [5] خاصة أن البعض من دول المجلس تفتقر الى الاجراءات الدستورية الخاصة بانتقال السلطة او توارث الإمارة بصورة رسمية الامر الذي

---

[1] الصادق بلعيد، دور المؤسسات الدينية في دعم الأنظمة السياسية في البلاد العربية، في: الأمة والدولة والاندماج في الوطن العربي (ندوة)، تحرير غسان سلامة (واخرون)، ج2، مركز دراسات الوحدة العربية، بيروت، 1989، ص668.

[2] عاصم محمد عمران، مصدر سبق ذكره، ص188.

[3] تقرير خاص لـ" معهد واشنطن لسياسات الشرق الأدنى"،(3) "السعودية وعملية الاستخلاف، قضايا دولية، العدد (317)، إسلام اباد، يناير/ 1996، ص31.

[4] محمد السعيد ادريس، النظام الإقليمي للخليج العربي، مصدر سبق ذكره، ص235.

[5] محمد السعيد ادريس، النظام الإقليمي للخليج العربي، مصدر سبق ذكره، ص236.

يؤدي الى صراعات سياسية داخل الاسرة الحاكمة الواحدة نفسها.[1] فالخلاف بين (الامير الشيخ خليفة بن حمد آل ثاني) (الاب) ، وولي العهد (الشيخ حمد بن خليفة) (الابن) والذي بدأ يظهر بصورة علنية خلال عقد التسعينات من القرن العشرين اخذ يستقطب الحيز الرئيس من حركة التفاعلات السياسية في قطر وأدى الى الحاق الشلل بعملية ادارة الحكم،[2] والذي حسم فيما بعد باجراء قسري من قبل ولي العهد (الشيخ حمد)، حينما قام بانقلاب ضد والده تحت ضغط ما أسماه بـ(الأوضاع الصعبة) التي تمر بها البلاد.[3] وكذلك أزمة الخلافة في السعودية بين ابناء (عبد العزيز آل سعود) مؤسس المملكة، فابناؤه هم الورثة، وهم اقرب من الاحفاد حتى لو كان هؤلاء أكبر سناً من الابناء، وأكبر الأبناء هو الأحق بوراثة الملك.[4] وقد اقدم الملك (فهد) في العام 1992 لأول مرة على اصدار مرسوم ملكي حدد فيه مبادئ الخلافة بعد ما كانت صيرورة الخلافة، وطرائق ضمان الاجماع حولها تتم بشكل آلي وغير مكتوب، اذ نص المرسوم على تعيين (الاكثر اهلية) من ابناء واحفاد (عبد العزيز آل سعود) ملكاً من دون توضيح آلية هذا التعيين بدقة مما يفتح المجال أزاء صراع محتمل على السلطة في المملكة.[5] الأمر الذي دفع الى تكوين مجلس لإدارة شؤون العائلة الحاكمة في العام 2000، يرأسه الأمير عبد اللـه (الملك الحالي) لتسوية الخلافات بين أفراد الأسرة الحاكمة.[6]

([1])جودت بهجت وحسن جوهر، مصدر سبق ذكره، ص36.

([2])التحولات الداخلية والخارجية القطرية في عهد (الشيخ حمد بن خليفة آل ثاني)، تقديرات ستراتيجية، العدد (9)، القاهرة، آب/1995، ص ص 3-5.

([3]) حول أسباب الخلاف وابعاده أنظر: همسة قحطان خلف الجميلي، التطور السياسي لدولة قطر منذ الاستقلال، رسالة ماجستير غير منشورة، كلية العلوم السياسية، جامعة بغداد، 2001،ص ص150-152.

([4])انظر أميل نخلة، مصدر سبق ذكره، ص ص29-40.

([5]) تقرير خاص لـ"معهد واشنطن لسياسات الشرق الأدنى (2)،" السعودية وعملية الاستخلاف"، قضايا دولية، العدد (316)، إسلام اباد، يناير 1996،ص ص 26- 27 .

([6])آلية انتقال الحكم في السعودية "ضبابية تثير قلق الكثيرين، WWW..Watan.com

أما في الكويت فقد حظي شعار (إعادة ترتيب مؤسسة الحكم) بإهتمام كبير من جانب القوى السياسية جميعها، وكان مثار تفاعلات داخل كل من الحكومة ومجلس الأمة، ويقصد بهذا الشعار إعادة وضع التراتبية داخل الأسرة الحاكمة نفسها، وضرورة الفصل بين ولاية العهد ورئاسة الحكومة مما يؤدي بالتالي الى محاسبة الحكومة بأكملها بعيداً عن حساسية أرتباطها بمنصب ولاية العهد[1] ووصل الأمر الى حد دعوة أحد افراد أسرة (آل صباح) وهو (سالم الحمود الصباح) الى وضع أفكار جديدة لإختيار ولي العهد ليس من بينها شرط الأكبر سناً، بل يجعل الترشيح للمنصب المذكور لكل من له الحق في عائلة الصباح ويرى في نفسه الكفاية متجاوزاً في ذلك المقولة التقليدية في هذا الخصوص وهي (أكبركم أعقلكم) على أن يشترك مجلس الأمة في الاختيار، وأن يتم الفصل بين ولاية العهد ورئاسة الحكومة.[2]

ونتيجة لهذه الاوضاع كثرت الانتقادات التي بدأت توجه الى هذه الأسر وما تتمتع به من وضع اجتماعي، وقانوني، وإمتيازات اقتصادية وسياسية لايشاركهم في التمتع بها سائر السكان. خاصة أن امتيازات هذه الفئة تجارياً وسياسياً أخذت في التزايد نسبياً في حقب العسر على حساب تراجع المنح التي استفاد منها المواطنون في حقب اليسر، اذ نجد تزايد تلك الامتيازات في الوظائف العليا في الحكومات، واولوية افراد الاسر الحاكمة في تولي الوظائف العامة فضلاً عن مواقع ووزارات السيادة، والنفوذ في القطاع الخاص، وفي استمرار المخصصات والامتيازات على الرغم من التقشف في الانفاق العام واضطرار تلك

([1])أنظر محمد السعيد ادريس، مجلس التعاون الخليجي 1999-2000، مصدر سبق ذكره، ص ص 207-209.

([2])نفس المصدر ، ص ص 209- 210.

الدول الى تحصيل الرسوم، والتفكير في فرض الضرائب على المواطنين لمواجهة الإخفاقات المزمنة في الميزانيات العامة لها.[1]

وهكذا فإذا ما استمر الاستياء الداخلي في النمو مع تدني الموارد المالية فإن أنظمة دول الخليج قد تواجه اضطرابات عصيبة، وستواجه ضغوطاً تهدف إلى إعادة توزيع السلطة السياسية. لذا فإن على هذه الاسر الحاكمة اذا ما أرادت ان تستمر، واذا كان من الضروري الحفاظ على الاستقرار الداخلي، واذا كانت هنالك حاجة الى المشاركة فعلياً في صنع المستقبل فعليها البحث عن التوازن السليم بين كل هذه القوى الجديدة مجتمعة، والا فأن قوى التغيير ستهدد وجود هذه الانظمة التقليدية.

([1])علي خليفة الكواري، مجتمعات على مفترق الطرق: تأثير التغيرات المصاحبة للنفط في مجتمعات شرق الجزيرة العربية، في هموم اقتصادية عربية (التنمية- النفط- العولمة)،طاهر حمدي كنعان (محرر) ، مركز دراسات الوحدة العربية، بيروت، 2001، ص172.

المطلب الثاني
المطالب الشعبية

شهدت دول مجلس التعاون الخليجي منذ النصف الثاني من العام1990 مرحلة جديدة على صعيد المطالب الشعبية بإجراء إصلاحات سياسية تتيح توسيع قاعدة المشاركة السياسية، وكانت أزمة الخليج الثانية1990-1991، من أهم الأحداث التي فرضت هذه المعطيات الجديدة على الساحة السياسية في دول مجلس التعاون الخليجي، إذ عجلت هذه الأزمة بظهور متغيرات وأحداث جديدة أسهمت في بروز فعاليات داخلية ناشطة على الساحة السياسية، وظهور مطالبات شعبية تطالب بتخفيف القيود على الحياة السياسية.[1] كما أسهمت هذه الازمة في كشف الكثير من نقاط الضعف الداخلي، وخاصة فيما يتعلق بأزمة المشاركة السياسية وحالة الانكشاف الامني لهذه الدول وضعف قدرتها العسكرية، مما أثار العديد من التساؤلات حول مدى كفاية قدراتها الدفاعية في حماية شعوبها على الرغم من المبالغ الهائلة التي أنفقت على التسليح، وعلى تعزيز أنظمتها الدفاعية.[2]وكانت الكويت هي الدولة الاولى بين دول المجلس التي طالب فيها المواطنون بالمزيد من المشاركة السياسية، خاصة من قبل المعارضة المنظمة التي صمدت في أثناء الازمة في مواجهة الغزو العراقي للكويت في 2 آب1990 والتي انتزعت تعهداً من قبل الحكومة قبل إنتهاء الازمة بعودة الحياة البرلمانية والاستناد إلى دستور 1962 في وعد قدمه أمير الكويت وولي عهده لفصائل المعارضة في المؤتمر الذي عقده في جدة في تشرين الثاني 1990 والذي حضره (1200) شخصيةً كويتية بارزة، خاصة أن الحكومة الكويتية كانت ترغب في

(1) ابتسام سهيل الكتبي، مصدر سبق ذكره، ص ص223-224.

(2)نفس المصدر ، ص223 وينظر: كذلك هدى ميتكس، مجلس التعاون الخليجي وما بعد الأزمة: الواقع والتحديات والأفاق، المستقبل العربي، العدد (168)، بيروت، شباط، 1993، ص101، ومحمد سليم العَوا، العرب والشورى بعد أزمة الخليج، في: أزمة الخليج وتداعياتها على الوطن العربي (ندوة)، ط2، مركز دراسات الوحدة العربية، بيروت، 1997، ص ص 66-74.

الحصول على دعم الكويتين في داخل الكويت وخارجها لتأكيد شرعيتها، وهي في المنفى، فالغزو العراقي للكويت كان قد جردها من قوتها في تعاملها مع المواطنين.[1] إذ كانت من العلامات المميزة لمدة ماقبل الغزو هو تطور المواجهة بين القوى السياسية والسلطة، عندما أقدمت السلطات الكويتية على حل مجلس الامة في العام 1986 تحت ذريعة توتر العلاقة مع السلطة التنفيذية وتشويه عمل الحكومة، ودعوتها لتكوين ما يسمى بـ(المجلس الوطني) الذي يتألف من أعضاء منتخبين ومعينين من قبل السلطة في سابقه ليس لها مثيل في الحياة السياسية الكويتية، الأمر الذي دفع مختلف القوى السياسية الى مقاطعة هذه الانتخابات يوم العاشر من حزيران 1990، والمطالبة بعودة الحياة الدستورية، والعمل بموجب دستور 1962، مقابل اصرار السلطة على مقاومة هذا المطلب بالأساليب الإكراهية والوسائل العنيفة.[2] إلا أن تلك القوى لم تتردد بعقد تجمعاتها الشعبية العلنية في المساجد والدواوين في ما عرف في ذلك الوقت بـ(ديوانيات يوم الاثنين) تقوم خلالها بشرح وجهات نظرها للشعب والمطالبة بعودة الحياة الدستورية بفضل توزيع البيانات والمنشورات وإرسال برقيات الإحتجاج الى امير البلاد، والى رئيس الوزراء، فضلاً عن الاتصال بالصحافة الدولية، والقاء المحاضرات العامة بهدف الضغط على السلطة من جهة، وتوعية الشعب بحقوقه الدستورية من جهة أخرى، أي أن تلك القوى السياسية المعارضة دخلت مع الحكومة في (حرب منشورات) سميت على أثرها بـ(حركة الديوانية).[3] وبما أن الحكومة الكويتية كانت بأمَس الحاجة للمساندة الشعبية وهي في المنفى الامر الذي قلل من قدرتها التساومية في التعامل مع القوى الاجتماعية المطالبة بالاصلاح الدستوري. فضلاً عن أن الغزو العراقي كان قد لفت الانظار حول ضعف

([1])ابتسام سهيل الكتبي، مصدر سبق ذكره، ص234.

([2])أنظر: غانم محمد صالح، الخليج العربي: التطورات السياسية والنظم والسياسات، دار الحكمة، بغداد، 1991، ص74، وكذلك: احمد البغدادي وفلاح المديرس، مصدر سبق ذكره، ص ص89 -90.

([3])احمد البغدادي وفلاح المديرس، مصدر سبق ذكره، ص ص90-92.

أداء هذه الحكومة مع أحداثه، كل هذه الأمور كانت قد دفعتها الى الموافقة على إدخال الإصلاحات الدستورية، وعودة مجلس الامة.[1]

إلا إن الحكومة الكويتية قررت تأجيل تنفيذ وعودها بعد إنتهاء الأزمة بحجة ضمان المخاطر التي يمكن أن يتعرض لها النظام في هذه المرحلة، وبادرت بإعلان الاحكام العرفية. فما كان من المعارضة إلا ان عرضت نفسها كأتلاف يضم تيارات متباينة واجتمعت في الرابع من أيار 1991، سبعة تجمعات سياسية كويتية تضم اسلاميين وليبراليين ومستقلين دعت الى المطالبة بالاصلاحات السياسية وإلغاء هذه الأوضاع والعودة إلى دستور 1962، وتفاوتت اتجاهات هذه الجماعات بين متشدد ومتهادن فالمنبر الديمقراطي الذي تولى قيادة الجناح المتشدد بقيادة عبد الله النيباري تحت شعار (الشرعية الدستورية الآن لإنقاذ البلاد) طالب بتوسيع مجال المشاركة وإلغاء الاحكام العرفية للبلاد, أما الجناح المهادن الذي قادته الحركة الدستورية الإسلامية (بقيادة أسماعيل الشطي) إقترحت إنشاء دائرة للعمل المشترك تضم أعضاء ممثلي أتجاهات المعارضة كافة، وتوسيع دائرة التعاون بين هذه التجمعات.[2]

أما النظام السعودي فقد أثارت أزمة الخليج الثانية 1990-1991 عدداً من التساؤلات حول النية الحقيقية في دعم مسيرة المشاركة السياسية ونشطت قوى مختلفة كل منها لها برنامجها الخاص وأن كان يجمعها الاتفاق على نقد الطريقة التي تدار بها شؤون البلاد. إذ بادرت عدد من القوى الشعبية بتقديم وثيقة تطالب الملك السعودي بأمور عدة, حينما تقدمت (43) شخصية من التجار ورجال الاعمال البارزين ومسؤولين سابقين في تشرين الثاني 1990، بعريضة (رجال الاعمال) الى الملك فهد تطالب بالاصلاح السياسي والتأكيد على ضرورة تكوين مجلس شورى يمثل جميع مناطق المملكة ويعمل على مراقبة السلطة التنفيذية، وإصدار دستور يحدد واجبات وحقوق المواطنين السعوديين, وتحديث

([1])ابتسام سهيل الكبتي، مصدر سبق ذكره، ص102.

([2])هدى ميتكس، مصدر سبق ذكره، ص102.

النظام القضائي, وضمان استقلاليته وفاعليته، وإعطاء اختصاصات أكبر لأجهزة الحكم المحلي, فضلا عن المطالبة بتحقبق المساواة بين جميع المواطنين من دون تمييز سلالي أو قبلي أو مذهبي أو إجتماعي, وإعطاء حرية لوسائل الإعلام وإصلاح جمعية الأمر بالمعروف والنهي عن المنكر, وإنهاء احتكار الفتاوى الدينية من قبل العلماء المعينين من قبل الدولة, وتحسين مكانة المرأة في المجتمع، ومنحها حقوقاً مساوية مع الرجل, وأجراء إصلاح جذري وشامل لوسائل التعليم.[1] وطالب ممثلو الجماعات الشيعية في المنطقة الشرقية في تشرين الثاني 1990،برسالة موجهة الى الملك فهد بمجلس شورى يضم ممثلين عن الطائفة الشيعية يكون معبرا عن وحدة البلاد وشعبها بدون استثناء. كذلك حدث تطور في الشهر ذاته، في طبيعة ونوعية الاحتجاجات والانتقادات حول ممارسات النظام السياسي السعودي في تلك المدة. إذ قامت نحو (خمسون) أمرأة سعودية بقيادة سياراتهن في مدينة الرياض في شكل مظاهرة عامة احتجاجاً على تقليد سائد بعدم السماح للمرأة السعودية من قيادة السيارة بعدما دعم الامير (طلال بن عبد العزيز) حق المرأة السعودية من قيادة السيارات، لكن وجهة نظر اغلب كبار الامراء كان قد عكسها الامير (نايف بن عبد العزيز) الذي انتقد المظاهرة واصدر امر منع بموجبه المرأة السعودية رسمياً من قيادة السيارة بعدما كان مجرد عرف سائد.[2]

كما وقع نحو (453) شخصاً في 18 آيار 1991 من العلماء الدينيين والقضاة واساتذة الجامعات على عريضة قدمت الى الملك فهد تضمنت مطالب قوية ومباشرة باصلاح القيم الاسلامية، وادخال تعديلات واصلاحات على الحياة السياسية إذ طالبوا بإقامة مجلس شورى مستقل، والمساواة التامة بين جميع أفراد المجتمع من دون امتيازات خاصة، والتوزيع العادل للثروة العامة بين جميع

([1])غانم النجار، مصدر سبق ذكره، ص105 وكذلك ينظر: ثناء فؤاد عبد الله، مصدر سبق ذكره، ص168، وهدى ميتكس، مصدر سبق ذكره، ص103.

([2])ابتسام سهيل الكتبي، مصدر سبق ذكره، ص230.

الفئات، وضرورة اقامة جيش قوي موحد، وان تعمل السياسة الخارجية وفقاً لمصالح الأمة، وتجنب التحالفات غير الشرعية، وإصلاح المؤسسات الدينية والتعليمية، وحرية وسائل الاعلام، والاستقلال التام والفعال للقضاء وتطبيق احكامه على الجميع.[1] وقد حظيت هذه العريضة بدعم كبار اعضاء المجلس الاعلى للعلماء ومنهم، (الشيخ عبد العزيز بن باز) في حينها، مما دفع الملك الى استدعاء اعضاء هذا المجلس لمناقشة هذا الامر، لما مثلته هذه العريضة من مفاجأة للحكومة السعودية كونها أتت من الجماعة التي كان يعتقد بانها تمثل القاعدة الاساسية لمساندتها، والتي اصدر المجلس على اثرها بياناً يدين فيه طرح العرائض وتوزيعها علناً.[2]

واستمرت محاولات القوى والفئات المثقفة والدينية في المطالبة بالاصلاح رغم المحاولات التي بذلت من قبل النظام السعودي لإدخال إصلاحات على النظام والحكم في شباط 1992.[3] إذ حصل رفض واضح في المجتمع السعودي تجاه هذه الإصلاحات، لاسيما ان العديد من السعوديين لم يحصلوا على اي قدر من المشاركة السياسية الاوسع، وتحفظت العديد من الجماعات الليبرالية والراديكالية على هذه الاصلاحات خاصة في ظل غياب حقوق المرأة وبعض الاقليات   الدينية.[4] فالتيار الديني أخذ يصف النظام السعودي بأنه نظام "غير إسلامي في أسسهُ ومؤسساته وأنظمته وسياساته"، ورفض اصحاب هذا التيار مشروع مجلس الشورى المقترح، وطالبوا بالتحول الى "الحكم الاسلامي الحقيقي المستند الى القرآن والسنة"، وذلك في خطب الجمعة.[5] وفي (مذكر النصيحة) التي قام بتوقيعها نحو (107) من علماء الدين في تموز 1992، موجهة إلى الملك،

[1] المعارضة الداخلية لنظام الحكم السعودي: الحلقة (1)، مجلة قضايا دولية، العدد (274)، إسلام آباد، 3 نيسان 1995، ص ص 12- 13.

[2] عاصم محمد عمران، مصدر سبق ذكره. ص189.

[3] سنتناول تفاصيل هذه المحاولات الإصلاحية لاحقاً في الفصل الثالث والرابع.

[4] قيس محمد نوري و مفيد الزيدي، مصدر سبق ذكره، ص69

[5] ثناء فؤاد عبد الـله، مصدر سبق ذكره، ص186.

ومكونة من (46) صفحة طالبوا فيها: "تأصيلاً شرعياً لحكم الشرع في الأنظمة واللوائح، ونظام القضاء، والمحاكم، وحقوق الانسان، والسياسات الإدارية، والمالية والاقتصادية، والجيش، والاعلام، والسياسة والعلاقات الخارجية". وانتقدت المذكرة الأوضاع القائمة في البلاد سواء في كيفية تأسيس المؤسسات او محاسبتها او أهدافها مقارنة بحكم الشريعة، وضرورة إعطاء العلماء حرية أوسع لنشر دعوتهم، وممارسة دورهم في النصح والنقد من دون تعرض للفصل او للعزل او للمنع، وشددت على ضرورة استقلال القضاء والمحاكم وترشيد الادارات والثروات، وتدعيم الضمان الاجتماعي، وتوجيه السياسات الخارجية بما يخدم العلاقات بالعالم الاسلامي. [1] إلا أن الملك رفض تسلم هذه العريضة وفي تشرين الاول 1992، اصدر عشرة علماء من (المجلس الاعلى للعلماء) الذي يعد أعلى هيأة دينية في الدولة، بياناً يصف هذه العريضة بانها محرضة على الفتنة والعصيان، ومثيرة للشقاق والخلاف. [2]

وفي تطور تجاوز نطاق الانتقادات والعرائض والاحتجاجات في السعودية قام عدد من الشخصيات الدينية واساتذة الجامعات بتأليف لجنة في العام 1993 بإسم "لجنة الدفاع عن الحقوق المدنية والشرعية"، والتي حددت مطالبها في بيان موجه الى الأمة، تدعو فيه الى تطبيق الشريعة الاسلامية تطبيقاً شاملاً في جميع الشؤون، والاستقلال التام والفعلي للقضاء، وضمان حقوق الفرد وإزالة كل اثر من اثار التضييق على إرادة الناس وحقوقهم، والمحافظة على المال العام، وترشيد الاستهلاك والانفاق، ووضع خطة للتخلص من الديون قبل ان يستحكم وقوع البلد في الارتهان من الدول الدائنة، وتأسيس جيش قوي مزود بانواع اسلحة من مصادر شتى، والعمل على تصنيع الاسلحة ذاتياً، وإصلاح الإعلام بكل وسائله ليخدم الإسلام، وتنقية الإعلام من كل ما يعارض الاهداف الاسلامية النبيلة، وايقاف اضطهاد العلماء وحملة الدعوة، ورفع جميع القيود عن حرية

([1]) المعارضة الداخلية لنظام الحكم السعودي: الحلقة (1)، مصدر سبق ذكره، ص13.
([2]) ابتسام سهيل الكتبي، مصدر سبق ذكره، ص ص231- 232.

التعبير، وعدم منع الناس من السفر، واحترام حقوقهم، والاهتمام بالمؤسسات الدينية والدعوية.[1] وكانت ردة فعل السلطات السعودية على ذلك قيامها باعتقال عدد من مؤسسي هذه اللجنة، وطرد عدد آخر من أعمالهم في الجامعات وغيرها ومنعتهم من السفر، الا ان المتحدث الرسمي بأسم اللجنة (الدكتور محمد المسعري) تمكن في نيسان 1994 من الهروب الى بريطانيا. وتجمع هناك رموز وشخصيات من الاتجاه نفسه، وبدأوا ممارسة النشاط السياسي المعارض للنظام باسم "مكتب لندن".[2] إلا أن هذا الفعل لم يمنع من تأسيس منظمة أهلية ثانية لحقوق الانسان بالسعودية على شبكة الانترنيت تحت اسم "الهيأة الاهلية للدفاع عن حقوق الانسان في المملكة" الا انها لم تقدم على نشر اسماء مؤسيسها احتياطاً من اي محاولة للتصدي لهم، وقد سعت هذه الهيأة إلى نشر قضايا خلافية مثارة داخل المملكة، سياسية واقتصادية بينت فيه وصول الصراع بين النظام والطبقة الوسطى الى حدود الخطر.[3]

وظلت مطالب مختلف القوى السياسية السعودية في الداخل والخارج تدعو إلى ضرورة الإصلاح ووضع دستور عصري للبلاد وإجراء انتخابات عامة لبرلمان حقيقي ذي صلاحيات واسعة والبدأ بمرحلة جديدة من الإصلاح السياسي والاقتصادي واستمرت الحكومة السعودية تواجه ضغوط المطالب الشعبية، بل تحولت تلك المطالب ومع مرور الوقت من مجرد مطالب تدعو إلى الإصلاح والتغيير إلى مطالب تدعو إلى وضع جدول زمني لذلك الإصلاح السياسي والاقتصادي، وضرورة السعي إلى تنفيذ الوعود التي طالما قطعتها الحكومة السعودية على نفسها حول الإصلاح، ففي الرسالة التي وجهها نحو (900)

(1) المعارضة الداخلية لنظام الحكم السعودي: الحلقة (2)، مجلة قضايا دولية، العدد (327) إسلام آباد، 4-8 نيسان 1996، ص7.

(2) جودت بهجت وحسن جوهر، مصدر سبق ذكره، ص42. وينظر: محمد السعيد إدريس، النظام الأقليمي للخليج العربي، مصدر سبق ذكره، ص234.

(3) محمد السعيد إدريس، مجلس التعاون الخليجي 2000-2001، في: التقرير الاستراتيجي الخليجي والسنة الاستثنائية، 2000-2001، وحدة الدراسات- دار الخليج للصحافة والطباعة والنشر، أبو ظبي، 2001، ص ص223- 224.

شخصية من دعاة الإصلاح في 23/ شباط /2004 إلى ولي العهد (آنذاك) (الأمير عبد اللـه بن عبد العزيز) طالبوا فيها بالتزام الإصلاح السياسي والاقتصادي كطريق للتغيير وفق جدول زمني، وتنفيذ الوعود وتحويلها إلى واقع ملموس بواسطة تأسيس نقابات ومؤسسات المجتمع المدني، ومحاربة التطرف، وضمان حرية التعبير، وتعزيز دور المرأة في المجتمع.[1]

كما أن الدعوة إلى الإصلاح في السعودية لم تقتصر على مطالبات وضغوط شعبية داخلية بل، تعدت إلى مطالبات تيارات اتخذت من العمل في الخارج كوسيلة للضغط على الحكومة السعودية في اتجاه الإصلاح كما هو حال (التحالف الوطني من اجل الديمقراطية في السعودية)، إذ دعا من مقره في لندن إلى ضرورة إجراء الإصلاح الحقيقي الفعلي والحاجة إلى تغيير جذري في السياسة والمجالات الاقتصادية والاجتماعية لابعاد البلاد عن العنف الطائفي والقبلي والديني.[2]

أما فيما يخص البحرين فقد شهدت بعد انتهاء حرب الخليج الثانية 1991، تحركات سياسية شاركت فيها جميع فصائل المعارضة ذات الاتجاهات السياسية والاوضاع الاجتماعية المختلفة وضمت ممثلين عن الطائفتين (السنية والشيعية). وكان الهدف من هذه التحركات هو المطالبة بالعودة الى دستور 1973 واعادة المجلس النيابي المعروف بالمجلس الوطني الذي تم حله بشكل غير دستوري في آب 1975 بعد انتخابه بعشرين شهر فقط.[3]

وقد بدأ تحرك المعارضة في العام 1992، عندما قدمت عريضة موقعة من قبل اكثر من (مائتي) شخص الى حاكم البحرين السابق (عيسى بن سلمان آل

---

(1) مفيد الزيدي، "المعارضة السياسية وعلاقتها بالنظم في دول مجلس التعاون"، المستقبل العربي، العدد (320)، بيروت، تشرين أول 2005، ص61.

(2) نفس المصدر ، ص ص، 60-62. وحول نص هذه العريضة بأسم (معاً على طريق الأصلاح) والموقعين عليها أنظر الموقع الالكتروني (التجديد العربي)
www.arabrenewal.com :2006-10-4.

(3) حول هذه الأزمة الدستورية انظر عادل الطبطبائي، مصدر سبق ذكره، ص ص356-357.

خليفة) تطالب بإجراء انتخابات عامة لإنتخاب اعضاء المجلس الوطني، والعودة الى دستور 1973، والتأكيد على أهميته كدلالة على الطبيعة الديمقراطية في البحرين وكضمان لحقوق المواطنين. وكانت العريضة قد قدمت في الوقت الذي اعلن فيه الامير عن عزمه انشاء مجلس للشورى غير منتخب، ومن دون صلاحيات تشريعية فجاء في العريضة "ان المجلس المعين الذي تنوي الحكومة إنشاءه لتوسيع مجال الشورى لا يتعارض مع مسؤوليات المجلس الوطني، ولكنه في الوقت نفسه لا يمكنه ان يحل محله كسلطة تشريعية دستورية" [1]

والى جانب هذا التحرك الشعبي كان هناك تحرك سياسي للقوى الوطنية والاسلامية، فعلى أثر تعيين مجلس الشورى، ورفض العودة الى الديمقراطية توترت الاجواء السياسية بين السلطة والمعارضة، وكونت القوى السياسية "الحركة الدستورية" والتي ضمت نحو ثلاثين شخصية من بينها ممثلون عن القوى القومية والديمقراطية والدينية، واستطاعت هذه الحركة من جمع ما يقارب من (125) ألف توقيعاً على عريضة قدمت الى امير البحرين في تشرين الاول 1994، طالبت بـ :

1- إعادة العمل بدستور البحرين، وعودة المجلس الوطني، واتاحة المجال للحريات العامة وحرية التعبير.

2- مشاركة المرأة البحرينية في صنع القرار السياسي، والاستفادة من طاقاتها.

3- توفير فرص العمل لكل المواطنين، وايجاد حل سلمي لتزايد العمالة الاجنبية.

4- إطلاق سراح المعتقلين السياسيين والسماح للمعارضين بالعودة الى وطنهم. [2]

([1])ابتسام سهيل الكتبي، مصدر سبق ذكره، ص226.
([2]) فلاح عبد الله المديرس، مصدر سبق ذكره ، ص20. وثناء فؤاد عبد الله، مصدر سبق ذكره، ص187، وينظر: محمد السعيد ادريس، مجلس التعاون الخليجي، 2000-2001، مصدر سبق ذكره، ص220.

كما أدى تشدد السلطة في موقفها الرافض لعودة الديمقراطية والعمل بدستور 1973 الى توحيد مواقف القوى السياسية الرئيسة في مواجهتها السلطة، والمتمثلة في (الجبهة الشعبية في البحرين) و(جبهة التحرير الوطني للبحرين) وهما تنظيمان يمثلان الاتجاه الماركسي و(حركة احرار البحرين الاسلامية) و(الجبهة الإسلامية لتحرير البحرين). [1] إذ أصدرت هذه القوى بيانات مشتركة، وألفت لجان تنسيق فيما بينها، ودعت السلطة للاستجابة لمطالب "الحركة الدستورية"، كما طالبت بالغاء الاوامر الاميرية بتعليق الدستور وحل المجلس الوطني المنتخب، وإلغاء قانون امن الدولة، واطلاق سراح جميع السجناء السياسيين، وعودة المنفيين. [2] وتزامنت هذه الاحداث مع خروج بعض الشباب البحريني من العاطلين عن العمل على شكل تجمعات حاولت الهجوم على مكاتب وزارة العمل والشؤون الاجتماعية وتحولت هذه التجمعات، فيما بعد الى مسيرات جماهيرية مؤيدة لقادة الحركة الدستورية مما ادى الى اتساع دائرة العنف والمعارضة في اوساط الشعب مع بداية كانون الثاني عام 1994. [3]

كما قامت (ثلاثمائة) امرأة بحرينية في تشرين الاول من العام 1995 برفع عريضة الى امير البحرين تتضمن المطالبة بايجاد حلول للاضطرابات السياسية في البلاد واطلاق سراح الموقوفين، واشراك المرأة في الحياة البرلمانية، وتحقيق المساواة بين الجنسين وغيرها من المطالب العامة، لكن السلطة تجاهلت هذه العريضة. [4] وأرغمت 90 امرأة فيما بعد على سحب توقيعاتهن من هذه العريضة او ان يتم فصلهن من وظائفهن. [5]

([1]) محمد السعيد إدريس، مجلس التعاون الخليجي، 2000-2001، مصدر سبق ذكره، ص221.

([2]) ثناء فؤاد عبد الله، مصدر سابق، ص187.

([3]) أنظر: فلاح عبد الله المديرس، مصدر سبق ذكره، ص ص21 -22. وكذلك تعقيب منيرة أحمد فخرو، في الخليج العربي والديمقراطية: نحو رؤية مستقبلية لتعزيز المساعي الديمقراطية، مصدر سبق ذكره، ص207.

([4])منيرة أحمد فخرو، مصدر سبق ذكره، ص207. وابتسام سهيل الكتبي، مصدر سبق ذكره، ص ص226-227.

([5]) فلاح عبد الله المديرس، مصدر سبق ذكره، ص21.

أما قطر فقد شهدت في كانون الاول من العام 1991، ولاول مرة منذ سنوات مبادرة خمسين شخصية بارزة يمثلون مختلف قطاعات المجتمع والعائلات الاساسية بتقديم مذكرة الى (الشيخ خليفة بن حمد آل ثاني). [1] جاء في مقدمتها ((ان العقبات التي تعترضنا قد وصلت الى نقطة أصبحت تهدد الانجازات التي تحققت في العشرين سنة الماضية، ولا يمكن مواجهتها الا بتآلف الحكام والمواطنين معاً من خلال التعاون والتشاور وحكم القانون)). [2] وقد انتقد الموقعون على العريضة غياب حرية التعبير في وسائل الاعلام، والغموض الذي يحيط بحقوق المواطنة وعملية التوطين في بلد يصل فيه عدد الوافدين الى عدد المواطنين ثلاثة الى واحد. كما طالبوا بإنتخاب مجلس نيابي له سلطة تشريعية ووضع دستور دائم للبلاد يضمن الحريات العامة، والديمقراطية وحقوق الانسان. [3] لكن الحكومة ردت بتجاهل تجاه هذا المطلب، وبردة فعل سلبية تجاه العريضة والموقعين عليها. [4] وأشارت بعض التقارير بأن اغلب الموقعين، وضعت قيود على سفرهم، والبعض الاخر تعرض للحبس فترة قصيرة. [5]

أما عُمان والإمارات فلم تقدم فيهما عرائض مماثلة لتلك السابق ذكرها، خاصة اذا علمنا ان التغيير قد جاء في كلا البلدين باختيار من قمة النظام السياسي ولم تسبقه ضغوط شعبية مطالبة بذلك، وربما أرادت تلك الانظمة تحصين نفسها من ظهور مثل تلك المطالبات، وما تؤدي اليه من حالة عدم استقرار سياسي. [6] ومع ذلك فقد كان هناك بعض النشاطات السياسية في كلا الدولتين، ففي (عُمان) هناك خبرة لبعض الفئات العمانية في العمل السياسي المعارض منذ (ثورة ظفار)، ونشاط الحركة السرية المسماة (جبهة تحرير عمان

([1]) ثناء فؤاد عبد الله، مصدر سبق ذكره، ص187.

([2]) نقلا عن ابتسام سهيل الكتبي، مصدر سبق ذكره، ص225.

([3]) ثناء فؤاد عبد الله، مصدر سبق ذكره، ص187.

([4]) جودت بهجت وحسن جوهر، مصدر سبق ذكره، ص44.

(3)The American Foreigh office, yearly Report About the situations of Human Rights 1996, ,P.3.

([6]) هدى ميتيكيس، مصدر سبق ذكره، ص ص103- 104.

والخليج العربي)، التي كانت ناشطة في الستينات واوائل السبعينات،[1] والتي تغير اسمها الى (الجبهة الشعبية الديمقراطية العمانية) في مؤتمرها الرابع الذي عقد في العام 1992، والتي تبنت خلاله النضال السياسي من اجل إحداث تغييرات ديمقراطية نحو دولة دستورية تستند الى النظام والقانون، واحترام حقوق الانسان.[2]

أما في دولة الامارات العربية فقد شهدت في اعقاب حرب الخليج الثانية 1991، قيام بعض الفعاليات الثقافية وبعض اعضاء المجلس الوطني بعقد اجتماعات ولقاءات عرضت بواسطتها فكرة ايجاد دستور دائم للبلاد، وتوسيع الصلاحيات التشريعية والرقابية للمجلس الوطني، واتباع اسلوب الانتخابات المباشرة في اختيار اعضائه، فضلاً عن مناقشة المجلس الوطني في جلساته المطالب السابقة، ولكن لم تتعدّ حدود المناقشة.[3] كما عكست الصحافة اراء بعض النخب السياسية المطالبة باحداث تحول جذري في مسيرة الاتحاد من خلال وضع دستور حديث ودائم للبلاد، واستكمال بناء المؤسسات الاتحادية، ووضع حد لحالة التفكك القائمة والسياسات المتناقضة للامارات الاعضاء في الاتحاد ولسياسة اغراق البلاد بالعمالة الاجنبية.[4]

ومن خلال استعراضنا للمطالب السابقة نرى ان المطلب المشترك في جميع هذه العرائض هي: الحاجة الى آلية مؤسسية للمشاركة السياسية، ففي الكويت والبحرين، ذواتي الخبرة البرلمانية المتقدمة تركزت المطالب على إعادة الهيئات التمثيلية السابقة (مجلس الامة في الكويت والمجلس الوطني في البحرين)، أما في الإمارات العربية فقد تمحورت المطالب حول تعزيز استقلالية المؤسسة التشريعية القائمة وتوسيع صلاحياتها وتغيير أسس المشاركة السياسية فيها، وفي قطر كانت المطالب تنصب حول ضرورة وجود هيأة استشارية جديدة

([1])ابتسام سهيل الكتبي، مصدر سبق ذكره، ص227.

([2]) ثناء فؤاد عبد الله، مصدر سبق ذكره، ص187.

([3])ابتسام سهيل الكتبي، مصدر سبق ذكره، ص227.

([4]) ثناء فؤاد عبد الله، مصدر سبق ذكره، ص187.

ذات استقلالية أكبر وسلطات اوسع من المجلس الموجود. أما في السعودية فقد عبرت العرائض المقدمة عن دعمها لفكرة إنشاء (مجلس الشورى) الذي أعلن عنها في مناسبات عديدة سابقة وظلت دون تنفيذ، مع ضرورة وجود وثيقة دستورية للبلاد، وتطبيق الشريعة الإسلامية.

المطلب الثالث
الازمة الاقتصادية

واجهت دول مجلس التعاون الخليجي ازمتين اقتصاديتين أثرت في العملية السياسية في هذه الدول، الأولى، هي انخفاض عوائد النفط خلال مدة منتصف الثمانينات وطيلة تسعينات القرن العشرين، والثانية، كلفة حرب الخليج الاولى 1980-1988، وأزمة الخليج الثانية 1990-1991، إذ كان للريع النفطي تأثير بالغ الشدة في العلاقة بين الدولة ومجتمعها وفي اطار العملية السياسية باكملها في منطقة الخليج العربي، [1] إذ استطاعت الأنظمة الخليجية أن تحرف معظم المطالبات بالمشاركة السياسية منذ اوائل سبعينات القرن الماضي بفضل فرض شروط عقد اجتماعي وهمي بينها وبين رعاياها يقضي بأن يحصل المواطنون على منافع اقتصادية وظيفية جيدة مقابل ولائهم السياسي للاسرة الحاكمة. [2]

فمن المعروف ان دول مجلس التعاون الخليجي هي دولاً ريعية تستمد قسم كبير من مداخيلها من العائدات النفطية، وان ما يقارب 90-95% من مداخيل هذه الدول يأتي من بيع النفط والغاز، [3] ولذلك ليس هناك حاجة الى جبي الضرائب، لان البلد الريعي يقوم على تدبر امر العائدات والمقدرات لا على جبي الضرائب، مما يضطر المجتمع المدني الى الانسحاب الإجباري، والى الإذعان والطاعة في الوقت الذي يتمتع به بسخاء السلطة الحاكمة، إذ ما ينتج عن النظام الريعي يؤدي الى تعاظم استقلالية الدولة تجاه الفاعلين في المجتمع، ومن ثم

---

[1] ابتسام سهيل الكتبي، مصدر سبق ذكره، ص234.
[2] جودت بهجت وحسن جوهر، مصدر سبق ذكره،ص ص36-37.
[3] محمد السعيد إدريس، النظام الإقليمي للخليج العربي، مصدر سبق ذكره، ص145.

غياب الهيئات المعبرة عن المصالح، وضعف الطبقات المتوسطة، وعدم وجود النقابات.[1]

أما الطبقة التجارية فهي تنخرط طوعاً واختياراً في الشبكات التي تهيمن عليها العائلات الملكية والاميرية خصوصاً ان العائلات المذكورة تضمن لها عن طريق القانون احتكار النشاطات المالية والاقتصادية،[2] ولذلك نرى في بعض دول مجلس التعاون دفعت عوائد النفط مبدئياً الكثير من التجار الذين يعدّون في الماضي من أهم الفئات الاجتماعية ذات الثقل السياسي الى اعتزال الحياة السياسية الرسمية، حيث كان الاذعان السياسي ثمناً للتوسع الاقتصادي.[3]

فقبل ظهور النفط كان التجار هم الممولون الاوائل لميزانية الامارة بفضل إعطاء نسبة إلى الحكام من العائدات التي يحصلون عليها من غواصي اللؤلؤ، وبذلك تنامت قوتهم السياسية اعتماداً على قوتهم الاقتصادية، إلاّ أنه بظهور النفط لم تُعَد لهم سلطة اقتصادية مهمة مستقلة تعتمد عليها الفئات الاجتماعية في المجتمع، وانعكس ذلك على نشاطها وعلاقتها بالحكومة فلم تعد تطالب كما كانت في برامجها الاصلاحية في الثلاثينات من القرن الماضي بالمشاركة في السلطة والتغيير الاجتماعي، وتخلت عن ذلك في ظل سياسات الانفاق الحكومي التي كان لها النصيب الاكبر فيها.[4]

أن الإنفاق الحكومي الذي ترتب على ارتفاع الدخل من النفط في دول مجلس التعاون الخليجي ادى الى تعاظم دور الدولة ومركزيته في حياة الناس السياسية، فضلاً عن اختراق الدولة بأكملها للإقتصاد، وتحكمها في ملكية موارد

([1]) بشاره خضر، أوربا وبلدان الخليج العربية: الشركاء الأباعد، ط2، مركز دراسات الوحدة العربية، بيروت، 1989، ص30.

([2])حازم الببلاوي، "الدولة الريعية في الوطن العربي"، في: الأمة والدولة والاندماج في الوطن العربي (ندوة) ، مصدر سبق ذكره، ص ص287 -288

([3])جيل كريستال، التحول الاجتماعي والطموحات المتغيرة وأمن الخليج، في أمن الخليج في القرن الحادي والعشرين، تحرير ديفيد لونج، مركز الإمارات للدراسات والبحوث الاستراتيجية، أبو ظبي، 1988، ص295.

([4]) انظر ابتسام سهيل الكتبي، مصدر سبق ذكره، ص220-221.

البلاد الاقتصادية مما دفع الى التوسع في دائرة تسلط الدولة.[1] وأن المبالغ الهائلة من رأس المال الناتجة عن الثروة النفطية أدت إلى تكريس دور الاسر والنخب الحاكمة التقليدية التي جمدتها معاهدات الحماية الاستعمارية في مراكز الحكم، ولذلك ظهرت الأسر الحاكمة كأنها مؤسسات سياسية تمتلك الدولة.[2] فتركيز هذه القوة الاقتصادية في يد عدد محدود لا يلبث ان يؤدي الى تركيز القوة السياسية في يدها في الوقت نفسه بعدما اصبحت (العشيرة) الحاكمة هي مصدر رئيس لتوزيع هذا الدخل فانعكس ذلك على صعيد العلاقات الاجتماعية والمؤسسات السياسية.[3] ((فقد أبدت الأسر الحاكمة في الخليج مقاومة متزايدة لفكرة إشراك فئات أخرى أو قوى اجتماعية من السكان في السلطة بإستثناء البعض من دول مجلس التعاون ففي جميع بلدان الخليج والجزيرة العربية لا ينافس الحكومات أي تنظيم آخر ولا ينازعها في السلطة أي منازع آخر)).[4]

كما استعملت تلك العوائد لإحتواء القوى المعارضة، وتوظيف اغلبها لخدمة النظام، وتثبيت شرعيته،[5] وامتدت جهود الاسر الحاكمة للاستئثار بالحكم والثروة الى منع قيام قوى اجتماعية وسياسية مستقلة عن الدولة، فمنعت قيام الاحزاب السياسية وحرمت قيام الحركات الاجتماعية والسياسية غير الموالية لها وقمعت التنظيمات النقابية العمالية وغيرها، فضلاً عن اختراق جميع مؤسات

([1]) خلدون حسن النقيب، المجتمع والدولة في الخليج والجزيرة العربية (من منظور مختلف)، مصدر سبق ذكره، ص13.

([2]) خلدون حسن النقيب، المجتمع والدولة في الخليج والجزيرة العربية (من منظور مختلف)، مصدر سبق ذكره، ص125.

([3])عبد الله جناحي، "العقلية الريعية وتعارضها مع مقومات الدولة الديمقراطية"، المستقبل العربي، العدد (288)، بيروت، شباط 2003، ص55.

([4]) خلدون حسن النقيب، المجتمع والدولة في الخليج والجزيرة العربي (من منظور مختلف)، مصدر سبق ذكره ص148.

([5]) محمد السعيد إدريس، النظام الإقليمي للخليج العربي، مصدر سبق ذكره، ص145.

المجتمع المدني بواسطة فرض الرقابة على وسائل الاعلام والصحافة، واختراق المؤسسة الدينية، وأخضاعها لرقابة السلطة. [1]

وكان عقد السبعينات قد شهد تدفق العائدات النفطية التي اتاحت لهذه الدول فرصة تاريخية لزيادة الاستهلاك والادخار معاً، مما جعلها قادرة على تمويل مختلف مشروعات التنمية الاقتصادية والاجتماعية، إذ كانت معدلات النمو الاقتصادي استثنائية، وشملت مختلف القطاعات، وفتحت ابواب الرخاء والرفاهية الاجتماعية، والتي تجسدت في النمو المتواصل في مستوى الانفاق الاستهلاكي الخاص والاستهلاك الحكومي. [2]

كما أن هذه الدول لم تكتف بتوفير الصحة المجانية، والتعليم المجاني وتقديم الخدمات والضمانات الاجتماعية والانسانية المتنوعة، بل تقدم كل ذلك بدون ضرائب وبدون مقابل سواء للمواطنين او الوافدين، وفي ذلك إشارة واضحة وصريحة الى ان الانظمة التي لا تقوم بجمع الضرائب من مواطنيها لا حاجة الى مسائلتها او فرض أية رقابة شعبية على سياستها، [3] واصبح القطاع العام المصدر الاساسي لتوفير فرص التوظيف للمواطن بما يوفره من مزايا مهمة تجعله مرغوباً فيه لدى قطاع واسع من الناس. وفي منتصف الثمانينات أصبح القطاع العام يمثل شبكة أمان كبيرة، وأدرك المواطنون بأن الحكومة هي الضامن الوحيد للنمو، والتوظيف وتوفير الخدمات الاجتماعية. [4]

ولذلك نجد بعض المحللين يرى تعارض العقلية الريعية مع مقومات الدولة الديمقراطية، كما هو الحال عند الباحث حسين مهداوي إذ يرى ان النظام

[1] خلدون حسن النقيب، المجتمع والدولة في الخليج والجزيرة العربي (من منظور مختلف)، مصدر سبق ذكره ص149.

(6)see: Frik. Peterson, the Gulf cooperation council: search for unity in Dynamic Region, west view special studies on the middle East (Boulder, colo: west view press, 1988), p. 43-45.

[3] عبد الخالق عبد الله، "النظام الاقليمي الخليجي"، السياسة الدولية، العدد (114)، القاهرة اكتوبر 1993، ص41.

[4] عبد الرزاق فارس الفارس، "العولمة ودولة الرعايا في اقطار مجلس التعاون"، المستقبل العربي، العدد (302)، نيسان 2004، ص65.

الاقتصادي في الخليج وَلدّ دولة ريعية لا تفرض الضرائب على مواطنيها بل تقوم على عكس كل دول العالم بالدفع لهم في دولة رفاه غير ضريبية، وهو شيء يُشبه بعملية (رشوة سياسية)، وبذلك تبرز هذه الدول ميلاً ضئيلاً تجاه الديمقراطية، لان الدولة الديمقراطية المعتمدة على عائداتها من الضرائب عليها ان توضح أوجه صرف تلك العائدات.(1)

كما يرى حازم الببلاوي ان دور الدولة الريعية باعتبارها موزعة للمزايا والخدمات هو الدور الرئيس في إدارة الحكم مما ينعكس على نظرة الافراد الى حقوقهم السياسية، إذ يصبحون أقل تشدداً في المطالبة بهذه المشاركة بسبب إنعدام أو ضآلة حجم الاعباء المفروضة عليهم، وخاصة الضرائب، وان كانت هناك مشاركة سياسية فهي محدودة ومنحة من الحاكم، وتمنح وفقاً لرغباته ودون مقاومة شديدة من الافراد.(2)

وبذلك نرى الثروة الطائلة التي جمعتها دول الخليج في السبعينات والثمانينات قد مكنتها من تحقيق اهدافها، وإنجاح صفقتها السياسية مع مواطنيها، وذلك بواسطة جعلهم سعداء او على الاقل التقليل من عدم رضاهم والعامل الذي ارتكزت عليه هذه الدول في تحقيق ذلك هو العائدات النفطية، الامر الذي ادى الى تأثر هذه السياسة وبشكل كبير بتقلبات اسعار النفط في المراحل اللاحقة. إذ ان التراجع الحاد في تلك العوائد النفطية منذ منتصف الثمانينات وطيلة فترة تسعينيات القرن الماضي، واضطرار الدولة الى انتهاج سياسة اقتصادية لمواجهة تراكم الديون، والعجز المتصاعد في الموازنة نتيجة ضخامة الانفاق العسكري الذي رافق حرب الخليج الثانية 1991، وبرامج التسلح الباهضة، اديا الى الاخلال بشروط ذلك التعاقد الافتراضي، ومن ثم لم يعد الطرف

---

in: studies "patterns and problems of Economic Development in Rentier states: the case of Iran"(3)Hossein Mahdauy, in the Economic history of the middle East: from the Rise of Islam to the present Day, edited by M.A.cook (London,NewYork: Oxford university press, 1970), P.428.

(2) حازم الببلاوي، مصدر سبق ذكره، ص285.

الاخر مضطراً للإلتزام بشروطه، فكان تفجر المطالبة بالمشاركة والديمقراطية أمراً طبيعياً.[1]

فبعد أن تميزت مرحلة (1973-1985) على وجه الاجمال بازدياد لا سابق له في الناتج المحلي الاجمالي في معظم دول مجلس التعاون الخليجي نتيجة تضاعف اسعار النفط عما كانت عليه خلال الاعوام السابقة، وحصلت تلك الدول على مبالغ مالية خيالية، ولدت ظاهرة لا مثيل لها من العوائد النفطية التي كان يعاد تشغيل القسم الاكبر منها في الاوساط المالية الغربية وانشاء البنية التحتية اللازمة.[2] لكن هذه المعدلات العالية للنمو والانفاق العام والخاص اخذت تتراجع بشكل ملحوظ خلال مدة منتصف الثمانينات او كما يسميها البعض بـ(مرحلة الصدمة النفطية) التي تبدأ منذ العام 1985، إذ شهدت هذه المدة هبوطاً حاداً في الطلب العالمي على النفط وخاصة نفط الخليج، وحدث تدهور غير متوقع في اسعار النفط، مما ادى الى انخفاض الايرادات العامة لمعظم دول المجلس. فبعدما كانت هذه الدول تنعم بفوائض مالية ضخمة، وتمتلك واحدة من اكبر الاحتياطات النقدية والتي تجاوزت الـ (35) مليار دولاراً في هذه الدول مجتمعة، اصبحت تعاني عجز في ميزانياتها وعجز في مدفوعاتها، وهبوط في مستوى الخدمات الاجتماعية وخاصة بعد تزايد الاعباء الامنية والنفقات الدفاعية بعد اندلاع الحرب بين العراق وإيران واستمرارها لمدة ثمان سنوات.[3]

كما فرضت حرب الخليج الثانية 1991، المزيد من الأعباء والإلتزامات المالية على دول المجلس، حيث بلغت التكلفة المالية الاجمالية لهذه الحرب على هذه الدول نحو (125) مليار دولاراً كما اسفرت هذه الحرب عن اضرار اقتصادية لاحدى دول مجلس التعاون الخليجي هي: (الكويت) قدرت بنحو (38) مليار

([1]) محمد السعيد إدريس، النظام الإقليمي للخليج العربي، مصدر سبق ذكره، ص231.

([2]) انظر: بشارة خضير، مصدر سبق ذكره، ص ص 71-75.

([3])عبد الخالق عبد الـلـه، النظام الاقليمي للخليج العربي، مصدر سبق ذكره، ص40، أنظر: كذلك: عمر ابراهيم الخطيب، "التنمية والمشاركة في أقطار الخليج العربي"، المستقبل العربي، العدد (4)، بيروت، حزيران 1982، ص ص7- 8.

دولاراً.[1] وأصبحت هذه الدول تعاني منذ ذلك الوقت من مشكلة متفاقمة الا وهي عجز الموازنات العامة لها، وتزايد الإنفاق على الامن والدفاع على حساب مستلزمات التنمية المجتمعية الشاملة.[2] إذ بلغت الموازنات العسكرية لدول مجلس التعاون (24ر4) مليار دولاراً في العام 1994 فقط، في حين وصل مجموع ما انفقته هذه الدول على الشؤون العسكرية خلال السنوات 1991-1998، بـ(225ر6) مليار دولاراً وهذا بالطبع رقم خيالي من شانه ان يستنزف القدرات المالية لهذه الدول الغنية، والضئيلة من ناحية الكثافة السكانية. وقد بدأت انعكاسات هذا الانفاق الضخم على العسكرة تبدو بشكل واضح بفضل العجز في موازين مدفوعات تلك الدول.[3] وتعد الكويت والمملكة العربية السعودية من أكثر الدول الخليجية معاناة في هذا المجال ففي الكويت سجل العجز في موازنة الدولة رقماً قياسياً في عامي 95/94، بلغ (2ر6) مليار دولاراً، اما عجز الموازنة في المملكة العربية السعودية فقد بلغ في العام 1994 اكثر من (10) مليارات دولار.[4] كما ان العجز الكبير في ميزانيات تلك الدول نتيجة انخفاض اسعار النفط في العامي 1997-1998، أدى بتلك الدول الى الإستدانة من المؤسسات الدولية، والبنوك الخاصة، وبلغ حجم الدين العام في دول المجلس الست في العام 2003 نحو (300) بليون دولاراً بواقع (252) بليون دولاراً للسعودية، و(17) بليون للكويت و(15ر4) بليون دولاراً لسلطنة عمان و(7ر5) بليون دولاراً لقطر و(6ر4) بليون دولاراً للبحرين.[5]

([1]) شمة محمد خالد آل نهيان، "تداعيات حرب الخليج الثانية على قضايا الامن السياسي والاجتماعي داخل دول مجلس التعاون الخليجي"، المستقبل العربي، العدد (246)، بيروت، آب 1998، ص55.

([2])نفس المصدر ، ص57.

([3]) حسن عبد اللـه أحمد جوهر، و عبد اللـه يوسف محمد، "الخليج ومحاولات الهيمنة العالمية على منابع النفط"، السياسة الدولية، العدد (133)، القاهرة، يوليو 1998، ص27.

([4])نفس المصدر ، ص28.

([5]) أنظر: أشرف محمد كشك، ارتفاع اسعار النفط واقتصاديات دول الخليج، السياسة الدولية، العدد (162)، القاهرة، اكتوبر 2005، ص ص 188- 191.

وفضلاً عن تلك الضغوط الداخلية التي دفعت في اتجاه تقليص الانفاق العام فان هناك ضغوط خارجية، إذ ان تسارع موجات العولمة وما ادى ذلك من ضغوط لزيادة الانفاق على التعليم والتدريب والبحث والتنمية، والبنية الاساسية والبنية المؤسساتية والتنظيمية لزيادة الكفاءة في الإداء والقدرة على المنافسة من جهة وللتوافق مع المتغيرات او الالتزامات الدولية من جهة اخرى، فكان زيادة حجم هذا الانفاق من ناحية، وانخفاض الايرادات من ناحية اخرى، فلا بد من تخفيض الانفاق العام عموماً وخاصة الانفاق الرعوي. [1] "كما أن التحولات المستحدثة في النظم والعلاقات الاقتصادية في ظل العولمة تفرض الكثير من الضغوط والتحديات التي تستهدف النيل من سياسات دولة الرفاه الاجتماعي والامتناع من تدخل الدولة في الاقتصاد وبيع القطاع العام ومؤسساته الانتاجية والخدمية والتوسع في سياسات الخصخصة واعادة هيكلة النظام الاقتصادي كله". [2] وبسبب هذه التطورات مجتمعة اضطرت دول مجلس التعاون الخليجي الى خوض عملية تكيف هيكلي، وتطبيق برامج للإصلاحات الاقتصادية، تقوم على أساس اتباع مجموعة من السياسات تتماشى مع الأوضاع الاقتصادية العالمية وبدأت في اتجاه تقليص الانفاق العام بفضل عدة سياسات، كتجميد التوظيف في القطاعات الحكومية وتقليص الدعم الحكومي، بعدما كانت بعض الحكومات تقوم بدفع نحو90% من تكاليف الكهرباء للافراد و 75% من تكاليف مياه الشرب فضلاً عن تحملها تكاليف الرعاية الصحية، والتعليم، والمكالمات التلفونية المحلية وتقديم مساكن للمتزوجين حديثاً من المواطنين، [3] ولم تقتصر تلك الاجراءات التصحيحية على تخفيض الانفاق الحكومي بل شملت أيضاً إصدار سندات حكومية كوسيلة أمنة لتمويل عجز الموازنة العامة، وقد تجلت هذه السياسة بالتحديد في

([1]) عبد الرزاق فارس الفارس، مصدر سبق ذكره، ص73.

([2]) محمد السعيد إدريس، مجلس التعاون الخليجي 2000- 2001 ، مصدر سبق ذكره، ص205.

([3]) محمد السعيد إدريس، النظام الاقليمي للخليج العربي ، مصدر سبق ذكره، ص ص 146- 147.

السعودية إذ بلغت المبالغ المتعامل بها بهذه الطريقة من (صفر) في العام 1987 الى (84) مليار دولاراً امريكي عند نهاية العام 1994.[1]

وفي مجال الاصلاح الضريبي اتجهت بعض الدول الى فرض رسوم خدمات على الانتفاع مثل: رسوم الطرق، والمواصلات، وفرض الضرائب على ارباح الشركات التجارية، الا إنها لم تلجأ الى حد الان افرض الضرائب المباشرة على الدخول،[2] كما اتجهت هذه الدول الى تبني سياسة الخصخصة (privatization) لمعالجة العجوزات المالية لها بفضل تشجيع المشاركة بين القطاعين الحكومي والخاص وتوفير الحوافز المالية لانجاز هذه المشاريع، وذلك من خلال تقديم المنح المالية والقروض بفوائد مخفضة، فقد اعلنت الحكومة السعودية في العام 1994، عن خططها لبيع الممتلكات العامة للخطوط الجوية السعودية ومؤسسة الهاتف، كما عملت الكويت على وضع معظم القطاعات الاقتصادية تحت تصرف القطاع الخاص.[3]

الا ان هذه السياسات الاصلاحية التي اتجهت هذه الدول التي تطبيقها قد حملت في ثناياها الكثير من المخاطر السياسية في مجتمعات اعتادت على الرفاه المطلق و التلقي الشامل من الدولة " فالعلاقة بين النفط والرفاهية الاجتماعية في هذه الدول هي علاقة شرطية وعضوية، كما انها ظاهرة متقلبة بتقلب الطلب العام على النفط، كما انها خلافاً للرفاهية الاجتماعية في الدول الصناعية المتقدمة ليست ظاهرة مؤسساتية وبنيوية ثابتة، كما انها ليست مدعومة من قبل الإتحادات والنقابات المهنية والعمالية التي لن ترضى عن أية تراجعات حادة وجذرية لتطبيقات وتشريعات الرفاهية الاجتماعية".[4]

ولهذا كان لذلك المنخفض الاقتصادي الذي تعرضت له المنطقة سلبياته في اوساط الناس وخاصة ابناء الطبقة المتوسطة المحدودي الموارد، حيث دفعت سياسات التقشف وقطع الدعم

[1] جودت بهجت، وحسن جوهر، مصدر سبق ذكره، ص38.
[2] عبد الرزاق فارس الفارس، مصدر سبق ذكره، ص71.
[3] جودت بهجت وحسن جوهر، مصدر سبق ذكره، ص38.
[4] عبد الخالق عبد الله، النظام الإقليمي الخليجي، مصدر سبق ذكره، ص41.

من السلع والخدمات هذه الاوساط الى الغضب والاحتجاج، وبدأ التذمر بين اوساط الاكاديميين لانهم فقدوا عملياً (30%) من دخلهم، بعد ان اصبحوا يدفعون اجور خدمات لم يكونوا يدفعون شيئاً منها في الماضي. وامتد هذا التذمر بين البيروقراطيين، والتكنوقراط، ورجال الاعمال، والمصرفيين واخرين غيرهم بسبب الضعف الذي بدأ يحل بهم، ويقلقون من النتائج الكلية لهذا الركود.[1]

كما أن تحول دول المجلس من الرفاه الشكلي الى الرفاه الانتاجي سوف يتضمن تغييراً في الوعي الاجتماعي كمطالبة المجتمع بمراقبة ومتابعة الإداء الحكومي للدولة الذي اصبح يسهم في ميزانيتها، كما ان الإتجاه نحو التخصيص سوف يعني ان الدولة لن تكون في المستقبل رب العمل الاول، بعد ما جعلت سياسة الانفاق الحكومي السابقة من الدولة رب العمل الاول والاخير، وستترتب على هذه السياسة مطالبات وحقوق من قبل القطاع الخاص على الدولة، لانه سيصبح في هذه الحالة شريكاً لها في امتصاص ضغوط مواطنيها على العمل،[2] إذ ان قدرة القطاع العام على استيعاب المزيد من العمالة قد انخفض على نحو ملحوظ في الوقت الذي أخذت هذه الدول تشهد في الوقت نفسه تحولات ديمغرافية كبيرة مثل: النمو المتسارع لفئة السكان الصغيرة السن، وفئة الشباب، وحاجة هذه الفئة الى انفاق تعليمي مستمر، وتوفير وظائف في سوق العمل، مما ادى الى ايجاد تحديات إزاء هذه الحكومات لتشجيع القطاع الخاص للقيام بهذه المهام بعدما كانت تتبع في السابق سياسات التوظيف الحكومي مع المرتبات العالية والمزايا الاخرى.[3]

وطالما أخذت الحكومات تتراجع عن سياسات الرفاه الاجتماعي، وبدأت تلجأ الى فرض سياسة ضرائبية، فعليها ان تلتزم بشروط عقد اجتماعي جديد يفرض على الحكومات ان تخضع لسياسة رقابة شعبية، وان تؤسس نظام حكم

---

(1) محمد جواد رضا، صراع الدولة والقبيلة في الخليج العربي: أزمات التنمية وتنمية الأزمات، مصدر سبق ذكره، ص63.

(2) ابتسام سهيل الكتبي، مصدر سبق ذكره، ص235.

(3) عبد الرزاق فارس الفارس، مصدر سبق ذكره،ص ص69-7.

قائم على المشاركة والديمقراطية.[1] إذ أن عملية فرض الضرائب تتطلب في اغلب الاحيان درجة عالية من القبول، إذ هنالك علاقة بين القدرة على جباية الضرائب وشرعية الدولة القائمة وهذه العلاقة نابعة من المقولة الشهيرة انه: (لا ضرائب بلا تمثيل)، فالامر الثابت انه كلما اعتمدت الدولة على الضرائب بشكل اساسي اصبحت قضية الديمقراطية وما يرتبط بها من مشاركة ومسائلة مسألة لابد منها. فالدولة متى ماتكون في وضع يمكّنها من شراء الولاء عن طريق توزيع السلع والخدمات لقاء مقابل قليل او من دون مقابل لا تكون بالضرورة بحاجة الى شرعية ديمقراطية.[2] خاصة إذا علمنا أن هذه الأنظمة الخليجية الست تستند في تبرير شرعيتها الى المصدر التقليدي، وتحاول تكريس هذه الشرعية بفضل زيادة الفاعلية التي هي في أحد صورها زيادة برامج الخدمات، وتوسيع برامج التنمية عبر توظيف العائدات النفطية في تحقيق انجازات مهمة على صعيد البنية الاساسية، والصعيد الاجتماعي، بحيث اصبح الوجود الامني والحكومي للدولة مرتبط بوجود خدمات وبرامج للرفاهية الاجتماعية.[3]

ومع عجز تلك الدول في مواصلة تحقيق الرفاه الاجتماعي السابق واتجاهها نحو التقشف الاقتصادي، تحولت الازمات المالية الى ضغوط من اجل المشاركة السياسية، إذ تُعد نتيجة طبيعية ومؤشر واضح على التراجع في مستويات الرفاه، والعيش الرغيد، لذلك لجأت تلك الدول الى الاستجابة المرنة للطلبات المتزايدة لتلك المشاركة، والحاجة الى عقد اجتماعي جديد يستبدل غياب دولة الرفاه بالدولة الديمقراطية.[4] فبسبب تقلص الدعم الحكومي، وانحيازه ضد مصلحة ذوي الدخل المحدود وتزايد الدور الانتاجي للمواطنين، وتحررهم النسبي من هيمنة السلطة، وعدم رضاهم عن تراجع دعم الدولة تبرز الحاجة لقيام

---

(1) جودت بهجت وحسن جوهر، مصدر سبق ذكره، ص42.

(2) ابتسام سهيل الكتبي، مصدر سبق ذكره، ص223.

(3) سعد الدين إبراهيم، مصادر الشرعية في أنظمة الحكم العربية، في: أزمة الديمقراطية في الوطن العربي، مصدر سبق ذكره، ص ص417- 428.

(4) محمد السعيد إدريس، مجلس التعاون الخليجي 1999- 2000، مصدر سبق ذكره، ص130.

تنظيمات اهلية تعرض اهتماماتهم، وتدافع عن مصالحهم، الامر الذي يؤدي الى قيام نقابات وتنظيمات سياسية وجمعيات حقوق الانسان، وبروز نواة حركات ديمقراطية تحقق الانتقال السلمي الى الديمقراطية.[1]

وبذلك نرى ان للنفط كعامل اجتماعي وسياسي (اكثر من فعله الاقتصادي) اثر ونتيجة، كونه عامل اساسي في التأثير في اتخاذ القرار الإصلاحي السياسي، فنشوء دولة الرفاه كوظيفة وكأداة لكسب الولاء السياسي لم يكن ليتحقق من دون وجود النفط، ومداخيله التي حولت الصحارى الى مدن حديثة عامرة، ومن ثم لم يكن مستغرباً تزامن العديد من مشاريع الاصلاح السياسي مع تراجع مداخيل النفط وتراجع تلك المشاريع مع زيادة دخل النفط، بل البعض يرى ان هيمنة الدولة الخليجية مرتبطة الى حدٍ بعيد بزيادة مداخيل النفط.

([1]) علي خليفة الكواري، الخليج العربي والديمقراطية: نحو رؤية مستقبلية لتعزيز المساعي الديمقراطية ، مصدر سبق ذكره، ص93.

المبحث الثاني
العوامل الخارجية

للضغوط الخارجية اهميتها التي تدفع إلى القول بعدّها المؤثر الحقيقي لعملية الإصلاح في دول مجلس التعاون الخليجي، وبغض النظر عن مدى دقة هذا الرأي تبقى الحقيقة شاخصة وهي ان الضغوط الخارجية تُعدّ محفزاً أساسياً للضغوط الداخلية وعاملاً مؤثراً في عملية الإصلاح، وهذا ما سنوضحه من خلال تناول الضغوط الخارجيةِ بعد حرب الخليج الثانية 1991 في المطلب الاول، ثم هذه الضغوط بعد أحداث 11 سبتمبر/ ايلول 2001 في المطلب الثاني، وفي المطلب الثالث سوف نبين الضغوط الخارجية بعد تغييرات نيسان في العام 2003، في العراق.

المطلب الأول
الضغوط الخارجية بعد حرب الخليج الثانية 1991

لقد عانى الخليجيون أزمتين متداخلتين زمانياً، أولهما: هي أزمة دخول العراق الى الكويت في 2 آب 1990، والثانية، أزمة الضغوط الخارجية الاجنبية، ورغبة القوى الدولية في الحفاظ على مصالحها النفطية في المنطقة، وتأثير ذلك من نزاعات وتحالفات دولية وحروب إقليمية.[1] ولا يخفى على أحد وجود ضغوط دولية من أجل دعم ديمقراطية الحكم في دول الخليج، وعد الديمقراطية، وشفافية الممارسات السياسية، فضلاً عن الأخذ بالنظام الرأسمالي شروطا للالحاق بالنظام العالمي، بل أن الحكم الديمقراطي أحد متطلبات التكيف الهيكلي للنظم

([1]) سيار الجميل، الخليج العربي، في: المجتمع والدولة في الوطن العربي في ظل السياسات الرأسمالية الجديدة، مكتبة مدبولي، القاهرة، 1997، ص ص88-89.

الحاكمة في دول الجنوب للإلحاق بركب العولمة القادمة من دول الشمال.[1] خاصة أن الولايات المتحدة الامريكية أخذت وبصيغة الضغط على دول تلك المنطقة تربط بين الترتيبات الامنية والأتفاقيات الدفاعية التي عقدتها مع دول تلك المنطقة في بداية عقد التسعينات من القرن الماضي، وبين ضرورة الأخذ بالوسائل الديمقراطية والأقتصادية التي تؤدي إلى توسيع دائرة العلاقات الأقتصادية مع تلك الدول، والأخذ بسياسة الخصخصة ومن ثم الحصول على أكبر المشاريع الاقتصادية والاستثمارية.[2]

فبعدما رأت دول مجلس التعاون الخليجي نفسها في وضع أمني محرج رغم تحييد القوة العسكرية العراقية بعد حرب الخليج الثانية 1991، ورغم الإجهاد الذي أصاب إيران في حربها مع العراق لمدة ثمان سنوات.[3] إلا أنها وجدت أن إخراج العراق من الكويت لن يكون الفصل الأخير، في تهديده للمنطقة، كما أن إيران مازالت قادرة على تهديد الأمن الإقليمي، لذلك سارعت هذه الدول إلى البحث عن صيغة جديدة لتحقيق الأمن من بين ثلاثة بدائل عُرضت عليها في ذلك الوقت.[4] إذ فوض قادة دول مجلس التعاون الخليجي في قمة المجلس في كانون الأول 1990 إلى (السلطان قابوس) تطوير خطة من أجل تكوين جيش خليجي متكامل مكون من مئة ألف جندياً يتركز في منطقة (حفر الباطن) شمال غرب السعودية، ولكن هذه الخطة لم تتحقق بسبب الإفتقار إلى العنصر السكاني فضلاً عن الخلافات العميقة بين الحكومات الست بسبب المشاكل الحدودية العالقة في ذلك الوقت، والأخذ بنظر الإعتبار الحجم الصغير لدول المجلس الخمسة مقارنة

---

(1) محمد السعيد إدريس، مجلس التعاون الخليجي 1999- 2000، مصدر سبق ذكره، ص129.

(2) عبد الله عمران، معالم المرحلة الراهنة للعلاقات الخليجية- الأمريكية، مداخلات الحلقة النقاشية: العلاقات الخليجية- الامريكية، في: الوطن العربي في السياسة الأمريكية، مركز دراسات الوحدة العربية، بيروت، 2000، ص120.

(3) علي الغفلي، معالم المرحلة الراهنة للعلاقات الخليجية- الأمريكية، مصدر سبق ذكره، ص110.

(4) نصرة عبد الله البستكي، امن الخليج من غزو الكويت الى غزو العراق: دراسة للأداء الأمني لمجلس التعاون الخليجي (1981-2002)، المؤسسة العربية للدراسات والنشر، بيروت، 2003، ص116.

بالسعودية التي كانت تخشى، أي تلك الدول، من وقوعها تحت الهيمنة فهي غير مستعدة للتخلي عن أي جانب من سيادتها في هذا الخصوص. [1]

كما تم تهميش دور مصر وسوريا في المنطقة، وذلك بواسطة تجميد (إعلان دمشق) الذي جرى التوقيع عليه في مارس /آذار 1991، بين دول مجلس التعاون الخليجي من ناحية، وسوريا ومصر من ناحية أخرى وفق صيغة (6+2؟) هدفه تفعيل وتعزيز العمل العربي المشترك إلى جانب تعزيز التعاون الاقتصادي مابين تلك الدول، ويحق لأية دولة من دول المجلس الاستعانة بقوات مصرية أو سورية على أراضيها، إذا رغبت في ذلك. [2] إلاّ إنّ هذا الإعلان ظل مجمداً، وخاصة فيما يتعلق بجانبه الأمني، إذ فشل اجتماع وزراء خارجية مجلس التعاون بالقاهرة في 10 تشرين الأول 1991، في بلورة تصور مشترك يتم الموافقة عليه من قبل الدول الأعضاء بسبب اختلاف وجهات النظر بشأن قبول قوات مصرية وسورية تكون نواة لقوة أمنية عربية، إذ تبنت كل من الكويت وعمان وجهة النظر المعارضة، ففضلت الكويت المظلة الأمنية الغربية، ومارست عمان ضغوطاً على دول المجلس على اساس عدّ الوجود العسكري المصري والسوري هو إنتهاك لتكامل المجموعة الخليجية، وترك لدول المجلس حرية اختيار الترتيبات الأمنية المناسبة. [3]

هذا فضلاً عن التحفظات الأمريكية ضد الدور المصري أو السوري في المنطقة، وتخوفهما من تصاعد دور هذا المحور العربي الثلاثي، رغم أن المصلحة الأمريكية كانت في البداية متسقة مع رغبة دول المجلس في إيجاد تحالف إقليمي عربي لمواجهة أية تهديدات مستقبلية ضد تلك الدول خاصة بعد الإئتلاف الذي كان سائداً في أثناء حرب الخليج الثانية 1991، بين مصر وسوريا ودول المجلس من خلال إسهام كل من الجيش المصري والسوري خلال

[1] جودت بهجت وحسن جوهر، مصدر سبق ذكره،ص ص39-40.
[2] عبد الله صالح، "اجتماعات الدوحة ومستقبل إعلان دمشق"، السياسة الدولية العدد (135)، القاهرة، يناير 1999 ص ص 187-190.
[3] هدى ميتكس، مصدر سبق ذكره، ص ص 97- 101.

تلك الحرب. [1] كذلك كان لابد من الأخذ بنظر الإعتبار المعارضة الإيرانية القوية لتركز قوات غير خليجية (مصرية وسوريا) في المنطقة خاصة بعد أن شهدت العلاقات بين إيران وبعض دول المجلس تحسناً ملحوظاً في ذلك الوقت. [2]

وبقي أمام الدول الخليجية البديل الأخير، والمتمثل في استمرار الاعتماد على الحماية الغربية الأمريكية بشكل خاص بعد أن فضلت الولايات المتحدة صيغة التحالفات الثنائية على غرار ما كانت بريطانيا تقوم به في السابق مع أمراء المجلس والذي كان مقررا له أن يأخذ أسم (oil gulf). [3] خاصة أن الولايات المتحدة أخذت تستثمر تصورات التهديد الخارجي لدى دول المجلس وذلك عن طريق أيجاد قناعة لدى هذه الدول بأن القوة العسكرية وحدها القادرة على مجابهة التهديدات الخارجية، وردع الاعتداء المحتمل لكل من الجارتين الكبيرتين (العراق وإيران) خاصة أن هذه الدول تعاني قلة السكان مقارنة مع كل من العراق وإيران الأمر الذي يقيد من إمكانية زيادة قوتها القومية لمواجهة هذه التهديدات خلال مدة زمنية قصيرة. [4]

وكانت الكويت هي أول الدول الخليجية التي أستندت في توجهاتها إلى آليات الحماية الغربية, إذ أقر مجلس الوزراء الكويتي في أيلول 1991، اتفاقية التعاون الدفاعي بين الكويت والولايات المتحدة لمدة عشر سنوات ولم تلقِ هذه الأتفاقية أي تحفظ من قبل باقي دول المجلس بعدّها صيغة ثنائية تبررها مخاوف الكويت من تكرار الغزو العراقي حتى تتأهل القوة العسكرية الخليجية للنهوض بمسؤولية حماية أمن دول المجلس. [5] وارتكزت السعودية على أتفاقية قديمة

[1] نصرة عبد اللـه البستكي، مصدر سبق ذكره، ص ص 118- 120.

[2] جودت بهجت وحسن جوهر، مصدر سبق ذكره، ص41.

[3] نصرة عبد اللـه البستكي، مصدر سبق ذكره، ص ص116- 117.

[4] علي أحمد الغفلي، العلاقات الخليجية الأمريكية: 1999-2000، في التقرير الاستراتيجي الخليجي 1999-2000، مصدر سبق ذكره، ص ص196، 197، أنظر كذلك: صلاح سالم زرنوقة، "مجلس التعاون الخليجي والمسألة العراقية"، السياسة الدولية، القاهرة، العدد (136)، نيسان 1999، ص129.

[5] ياسين سويد، مصدر سبق ذكره، ص ص 75- 78.

كانت قد أبرمتها مع الولايات المتحدة في العام 1951، كإطار قانوني تقوم على تعاون إستراتيجي واسع، وإجراءات دفاعية وترتيبات تدريبية، إذ تجنبت توقيع إتفاقية شاملة مع الولايات المتحدة بسبب ضغط رجال الدين لتقليص نفوذ الغرب في السعودية على أساس أن شرعية الملك السعودي وعائلته تقوم على أساس حمايتهم للقيم الإسلامية وحرمة الأماكن المقدسة.[1]

كما وقعت البحرين على أتفاقية للتعاون الدفاعي مع الولايات المتحدة في تشرين الأول 1991، تضمنت بنود مشابهة لبنود (اتفاق الكويت).[2] كذلك كان لقطر علاقات عسكرية مع الولايات المتحدة بموجب إتفاقية موقعة بين الجانبين في حزيران 1992 تشمل تخزين أسلحة أمريكية، والتعاون في حالة التهديد على اعتبار أنها دولة صغيرة، وإن المنطقة قد تشهد أجواءاً لا تستطيع في أثنائها الدفاع عن نفسها.وارتبطت الإمارات مع الولايات المتحدة بإتفاق تعاون دفاعي تم التوقيع عليه في 23 تموز 1994، تضمن توسيع ميناء أبو ظبي لأغراض عسكرية، وإجراء مناورات مشتركة، وتدريبات مختلفة، وتزويد الأمارات بأسلحة دفاعية.[3]

أما عمان فلها علاقة خاصة مع الولايات المتحدة تعود الى العام 1980، إذ تمنح عمان تسهيلات عسكرية للجيش الأمريكي تجيز أستعمال الموانئ والقواعد الجوية العمانية في حالة نشوب أزمة وقد تباحثت مع الولايات المتحدة في العام 2000، بشأن تجديد الاتفاقية، وأن لم يتم الإعلان عنها.[4]

([1]) نايف علي عبيد، مجلس التعاون لدول الخليج العربية من التعاون الى التكامل، مركز دراسات الوحدة العربية، بيروت، 1969، ص305، أنظر كذلك: ريتشارد بريس، أمريكا والسعودية: تكامل الحاضر وتنافر المستقبل، ترجمة: سعد هجرس، سينا للنشر، القاهرة، 1992، ص ص 89- 96.

([2]) نايف علي عبيد، مصدر سبق ذكره، ص305.

([3]) أنظر: ياسين سويد، مصدر سبق ذكره، ص ص 83- 85.

([4])معتز سلامة، التفاعلات الخليجية الدولية2000-2001، في: التقرير الاستراتيجي الخليجي والسنة الاستثنائية 2000-20001، مصدر سبق ذكره، ص80.

وبموجب هذه الأتفاقيات تمكنت الولايات المتحدة من أن تفرض هيمنتها التامة على منطقة الخليج كونها القوه العظمى الأوحد في العالم، وأنها المعنية بالحفاظ على الأستقرار العالمي مستفيدة من الغياب السوفيتي في هذه المنطقة منذ بداية تسعينيات القرن العشرين. [1] كما أن لديها مجموعة متكاملة من المصالح التي أكدت عزمها على الدفاع عنها, وهي استمرار الحصول على النفط بأسعار مستقرة ومعقولة، وحرية الوصول إلى الأسواق الخليجية وحماية (إسرائيل)، وتشجيع الإصلاح السياسي والاقتصادي كضرورة لاحتواء عوامل عدم الأستقرار الداخلي داخل دول المجلس لما يشكله من خطر حقيقي على حرية الوصول إلى النفط وأستقرار أسعاره.[2]

وكان لدخول دول الخليج العربية في علاقات تحالف مع الولايات المتحدة وهي قوى متواضعة مقارنة مع القدرات العسكرية الفائقة لدى الطرف الأخر فمن المتوقع أن تنحاز عملية المساومة بين الطرفين ونتائجها لمصلحة الطرف الأقوى، إذ أخذت الولايات المتحدة تمارس نفوذها السياسي والأقتصادي بشكل واضح تجاه تلك الدول. [3] وتربط بين تلك الترتيبات الأمنية الخاصة وترتيبات عملية تسوية الصراع العربي- الإسرائيلي ومحاربة المد الإسلامي لما يشكله ذلك من عوامل عدم الأستقرار وتهديد لمصالحها في هذه المنطقة، وربط هذين الموضوعين في ملف محاربة الأرهاب وتوسيع دائرة علاقاتها الأقتصادية والتجارية مع دول المجلس، [4] ولذلك استجابت دول مجلس التعاون الخليجي للضغوط الأمريكية وألغت جميع المقاطعات التجارية غير المباشرة مع (إسرائيل) كما فتحت كل من قطر وعمان مكاتب للتمثيل التجاري (الإسرائيلي)، ووصل الأمر

([1]) محمد السعيد إدريس، النظام الإقليمي للخليج العربي، مصدر سبق ذكره، ص369.

([2]) انظر: وليم سي. رامسي، النفط في التسعينات: سيطرة الخليج، في امتطاء النمر: تحديات الشرق الأوسط بعد الحرب الباردة، ترجمة: عبد اللـه جمعة الحاج، مركز الإمارات للدراسات والبحوث الاستراتيجية، أبو ظبي، 1996، ص ص 288-271

([3]) علي احمد الغفلي، العلاقات الخليجية الأمريكية 1999-2000، مصدر سبق ذكره، ص212.

([4]) انظر حسن عبد اللـه أحمد جوهر و عبد اللـه يوسف سهر محمد، مصدر سبق ذكره، ص24.

الى حد أستضافة قطر للمؤتمر الأقتصادي الشرق أوسطي الرابع في العام 1997، رغم المقاطعة العربية الواسعة لهذا المؤتمر بسبب تراجع الحكومة (الإسرائيلية) عن الوفاء بالتزاماتها في عملية التسوية.(1)

أما فيما يتعلق بمقاومة المد الإسلامي، فقد شهدت دول الخليج تضيقاً رسمياً ضد النشطاء الإسلاميين شمل اعتقالات واسعة، ومحاكمات، ونفي، في كل من عمان والسعودية والبحرين، وحتى الكويت ذات التجربة الديمقراطية الأقدم من بين دول المجلس أقدمت على تضييق الخناق على الجماعات الإسلامية خاصة تلك التي تعارض سياسات الولايات المتحدة في المنطقة العربية بواسطة عزل ممثلي هذه التيارات عن التكوينات الحكومية أو منع نواب هذه الجماعات في مجلس الأمة من الانضمام إلى لجان المجلس المهمة. كما أقدمت حكومات دول المجلس وبإيعاز مباشر من الرئيس الأمريكي السابق (بيل كلنتون) على منع وتحجيم التبرعات والأنشطة الثقافية والأجتماعية الممولة من قبل اللجان الخيرية العربية وأخضعت جميع هذه الأنشطة للرقابة المباشرة.(2)

وبذلك نرى أن الولايات المتحدة الأمريكية كانت تتردد خاصة في مرحلة ما قبل الحادي عشر من سبتمبر 2001، من الضغط على الدول الخليجية للقيام بالإصلاح السياسي المطلوب وتعطي الأولية لمطلب الأستقرار، وتجد نفسها تجاه مشكلة تتمثل في كيفية التوفيق بين مسألة الديمقراطية ومسألة البحث عن الاستقرار وايجاد البديل الأفضل على الوضع الراهن.(3) كما ان الولايات المتحدة سعت بعد حرب الخليج الثانية 1991 إلى التركيز بشدة في تسوية الصراع العربي- (الإسرائيلي) على أساس أن استمراره يقدم ذريعة من قبل القادة العرب لتأخير الإصلاحات السياسية والاقتصادية في بلدانهم، فالولايات المتحدة لن

(1) محمد السعيد إدريس، النظام الإقليمي للخليج العربي، مصدر سبق ذكره، ص547. وحول العلاقات القطرية-(الإسرائيلية) انظر: همسة قحطان خلف الجميلي، مصدر سبق ذكره، ص ص189- 192.

(2) حسن عبد الله أحمد جوهر و عبد الله يوسف سهر محمد، مصدر سبق ذكره، ص24.

(3) محمد السعيد إدريس، النظام الإقليمي للخليج العربي، مصدر سبق ذكره، ص ص378، 379.

تستطيع تحمل حالة عدم الاستقرار التي قد تنجم عن ضغط الإصلاحات السياسية والإقتصادية في مجتمعات تقليدية جداً. فالدفع بشدة باتجاه تغييرات سياسية في المنطقة قد يهز عملية السلام، وقد يكون له تأثيره في المصالح الأمريكية الحيوية كاستقرار الخليج العربي، [1] لذلك كانت حريصة على استمرار الوضع القائم، واستمرار النظم الحاكمة في هذه الدول تجنباً لما يمكن أن يترتب على التحولات الديمقراطية من مظاهر عدم الاستقرار، وخاصة خلال المراحل الأولى. [2]

كما أن الولايات المتحدة تأخذ في حسابها خطورة الديمقراطية الحقيقية على مصالحها غير المشروعة، واحتمال تعارض التوجهات الوطنية مع استراتيجيات الهيمنة التي تسعى لفرضها على الدول التابعة [3] إذ أن الديمقراطية في دول ومجتمعات الخليج تعني مزيداً من التنظيم والنجاح للقوى الإسلامية والتنظيمات الأخرى المعارضة للتوجهات الرسمية في هذه الدول. [4] في حين تضمن النظم الحاكمة الراهنة في دول مجلس التعاون استمرار تدفق النفط وبأسعار معقولة إلى الولايات المتحدة، وتأخذ في اعتبارها صفقات الأسلحة الضخمة التي تسوقها للعديد من دول المجلس بواسطة إجراءات سهلة يتخذها الحكام بعيداً عن تعقيدات الديمقراطية كإجراءات الرقابة والمحاسبة فضلاً عن حرصها على ضمان امن (اسرائيل). [5] "إذ أن التفاوض مع الحكام مقابل تأمين استمرار حكمهم اثبت على مستوى العالم انه ايسر وأسهل للقوى الأجنبية ذات الاستراتيجيات المعادية لتطلعات الشعوب، وذات المصالح في احتكار الموارد

---

(3)Martin Indyk, "Back to the Bazar", Foreigh affairs, January/ Februauy. 2002.P.5.

([2]) حسنين توفيق إبراهيم، مصدر سبق ذكره، ص321.

([3]) علي خليفة الكواري، الخليج العربي والديمقراطية: نحو رؤية مستقبلية لتعزيز المساعي الديمقراطية، مصدر سبق ذكره، ص98، وأنظر كذلك: هالة سعودي، الوطن العربي والولايات المتحدة الفرص والقيود، في: الوطن العربي والولايات المتحدة الأمريكية، تحرير: هالة سعودي، معهد البحوث والدراسات العربية. جامعة الدول العربية، 1996، ص272.

([4]) حسن عبد الله أحمد جوهر و عبد الله يوسف سهر محمد، مصدر سبق ذكره، ص20.

([5]) حسنين توفيق إبراهيم، مصدر سبق ذكره، ص321.

الطبيعية والتجارية، والراغبة في احتكار مشتريات السلاح وتشجيعها"، لذلك فان الحكومات الغربية في الماضي والحاضر ليست متحمسة بشكل عام للديمقراطية في الدول العربية. [1] وتغض النظر عن أي ممارسات غير ديمقراطية تتخذها هذه الأنظمة وخاصة تلك التي وقعت اتفاقيات سلام مع (إسرائيل) وتشجع تلك الأنظمة على تحجيم القوى والتيارات الرافضة لهذه الاتفاقيات. [2] ولذلك نرى الرئيس الأمريكي السابق (كلينتون) يؤكد في مؤتمر صحفي عقده في 11 ديسمبر/ كانون الأول 1995، على " أن الولايات المتحدة ستدعم النظام الإقليمي القائم في العالم العربي، وتفضل أن تترك الشأن الداخلي لهذه الدول بعيداً عن سياستها الموجهة لهذه المنطقة من العالم طالما بقيت هذه الدول على دورها الايجابي في علاقاتها الدولية، وتدعم التوجه نحو التسوية السلمية للصراع العربي- (الإسرائيلي)". [3]

وعلى أساس ذلك تمت الصفقة ما بين الولايات المتحدة وأصدقائها من الدول العربية كما يقول مارتن اندك، والتي استمرت حتى أحداث الحادي عشر من أيلول 2001، وقامت على أساس السماح لتلك الدول ان تتعامل مع مشكلاتها الداخلية بالشكل الذي تراه مناسباً مقابل تقديم تلك الدول دعمها لجهود الولايات المتحدة لحل النزاع (العربي- الإسرائيلي)، وحصول الولايات المتحدة على تسهيلات عسكرية واسعار مستقرة للنفط، وتمويل صفقات السلاح، والمساعدة في احتواء الدول التي تمثل خطراً على المنطقة، [4] ويجب علينا ان نأخذ في حسابنا الأهمية التي تمثلها هذه الدول في الاقتصاد الأمريكي، حيث تحظى الشركات الغربية المتعددة الجنسية بمصالح نفطية وتجارية ومالية في المنطقة، وأولوية وسهولة في التعامل مع الحكومات على وجه الخصوص تعكسها حجم الشراكة

[1] علي خليفة الكواري، الخليج العربي والديمقراطية: نحو رؤية مستقبلية لتعزيز المساعي الديمقراطية، مصدر سبق ذكره، ص98.

[2] حسنين توفيق إبراهيم، مصدر سبق ذكره، ص321.

[3] نقلا عن: صالح عبد الرحمن المانع، القضايا الاستراتيجية والأمنية في العلاقات الدولية الأمريكية، في: الوطن العربي والولايات المتحدة الأمريكية، مصدر سبق ذكره، ص195.

Martin Indyk, OP.Cit. p17.[4]

التجارية فيما بينهم، كما تتمتع الولايات المتحدة بوجود عسكري، ودور امني ونفوذ ضاغط على عملية اتخاذ القرارات الوطنية وهذه الأوضاع كلها تشكل عقبة أمام الانتقال إلى الديمقراطية. [1]

وتبرر الولايات المتحدة هذه الإزدواجية في تعاملها مع هذه الدول بان لهذه المجتمعات خصوصيات ثقافية تتطلب عدم الإضرار باستمرار الأنظمة السياسية القائمة، بحيث لا تكون هنالك حالة تصل إلى مستوى الضغط لتحسين شروط الحياة السياسية فيها، بل تشجيع الإصلاحات السياسية الصورية التي أجريت في البعض منها كإنشاء مجالس شورى فارغة من اي آليات للإختصاص الرقابي عندما قدم الرئيس الأمريكي بيل كلنتون تهنئة إلى الملك فهد بمناسبة تعيين (مجلس شورى) في السعودية رغم القناعة بأنها لا تزال غير ديمقراطية   ونظامها السياسي غير مقبول وهذه القناعة لا تسود في الولايات المتحدة والغرب فحسب بل بين الشرائح الاكثر تعاطفاً مع الغرب مثل تكنوقراط الطبقة الوسطى ورجال الأعمال السعوديين. [2]

ولاعتباراتها المصلحية أيضا نرى ان الولايات المتحدة تهتم بالجانب الاقتصادي وفق معايير الوضع الدولي الجديد والمتمثل بسياسة اقتصادية مفتوحة في حين إنها اقل صرامة بالجانب الأخر للوضع الدولي وهو الاهتمام بالديمقراطية وحقوق الإنسان، وذلك من خلال ما نلاحظه من الضغوط التي مارستها على هذه الدول للدفع باتجاه سياسة (الخصخصة) رغم عدم كونها البديل الامثل للنهوض باقتصاديات هذه الدول المعتمدة على مورد واحد، والغرض من ذلك هو لزيادة فرص الشركات الغربية للاستحواذ على هذه المشاريع التي يتم تحويلها إلى القطاع الخاص. [3]   ونتيجة لتلك الضغوط اضطرت بعض دول

[1] علي خليفة الكواري، الخليج العربي والديمقراطية: نحو رؤية مستقبلية لتعزيز المساعي الديمقراطية، مصدر سبق ذكره، ص98.

[2] تقرير خاص لـ"معهد واشنطن لسياسات الشرق الأدنى"، "السعودية وعملية الاستخلاف (3)، مصدر سبق ذكره، 31.

[3] حسنين توفيق إبراهيم، مصدر سبق ذكره، ص135.

المجلس (قطر) مثلاً، إلى إصدار قانون يسمح للمستثمرين الأجانب بتجاوز نسبة إسهاماتهم من 49% إلى 100%، من راس مال المشاريع في مجالات الزراعة والصحة والصناعة في العام 2000.[1] كما استطاعت الولايات المتحدة نتيجة ضغوطها أن تنفرد بأكبر المشاريع الاقتصادية والاستثمارية في هذه المنطقة، ووصلت حصة الولايات المتحدة إلى (43%) من إجمالي الاستثمارات الأجنبية في السعودية في العام 1995، وهذا ما يوفر (250) ألف وظيفة في الاقتصاد الأمريكي المحلي، كما حصلت الشركات الأمريكية على معظم عقود إعادة البنية الأساسية في الكويت بعد انتهاء حرب الخليج الثانية 1991، والتي قدرت تكاليفها بنحو (100) مليار دولاراً.[2]

وبذلك يمكننا القول ان الضغوط الخارجية التي واجهتها دول مجلس التعاون في الفترة التي سبق أحداث الحادي عشر من سبتمبر/ أيلول 2001، من قبل الولايات المتحدة الأمريكية تحديداً، كانت تنصب بالدرجة الأساس حول مطلب الاستقرار الداخلي لهذه الدول، وحل النزاع العربي- (الإسرائيلي)، والحصول على اكبر المشاريع الاقتصادية في هذه المنطقة، على حساب مطلب الإصلاح السياسي والديمقراطية وحقوق الإنسان.

([1]) صحيفة الشرق القطرية، قطر، 2000/10/17.

([2]) انظر حسن عبد الله أحمد جوهر و عبد الله يوسف سهر محمد، مصدر سبق ذكره، 36.

المطلب الثاني

الضغوط الخارجية بعد أحداث 11 سبتمبر/أيلول 2001

جاءت أحداث الحادي عشر من سبتمبر/أيلول 2001، كذريعة قوية للولايات المتحدة لتزيد من ضغوطها على دول هذه المنطقة في إتجاه التغيير والإصلاح خاصة أن انتماء المتهمين بتنفيذ تلك العمليات إلى دول عربية يفترض إنها صديقة للولايات المتحدة، ومن وجهة نظر تلك الإدارة أصبح الوطن العربي معمل لتفريخ الإرهابيين سواء بسبب نظمه الاستبدادية أو مناهجه التعليمية المختلفة التي تحرض على الكراهية، ومن هنا وجب إصلاحه والتأكيد على مبادئ الديمقراطية والتطور الاقتصادي، والأسواق، والتجارة الحرة، والعمل بنشاط لإدخال هذه المبادئ إلى كل ركن من أركان العالم، وخاصة في البلدان العربية والإسلامية. [1]

وبسبب هذه الأوضاع المستجدة والأفكار المتولدة عنها أصبحت الصلة وطيدة بين مسألة الإرهاب وموضوع الإصلاح السياسي في تقديرات السياسة الأمريكية. [2] وبما أن إقليم الخليج هو جزء من العالمين العربي والإسلامي، والذي أصبح محل اتهام من جانب الغرب، فقد كان الأكثر تضرراً من أحداث الحادي عشر من سبتمبر/ أيلول 2001، [3] فالتطورات الدولية التي أعقبت هذه الإحداث هيأت مناخاً جديداً فرض على هذه الدول ضغوطاً لم تكن تضعها في حساباتها السياسية على حد قول الدكتور (عبد الخالق عبد الله). [4]

---

[1] أحمد يوسف أحمد، النتائج والتداعيات على الوطن العربي، في: احتلال العراق وتداعياته عربياً واقليمياً ودولياً (ندوة) ، مركز دراسات الوحدة العربية، بيروت، 2004. ص341.

[2] عبد الاله بلقزير، "الإصلاح السياسي في الوطن العربي"، مصدر سبق ذكره، ص86.

[3] صلاح سالم زرقونة، "الخليج العربي ضغوط من كل اتجاه"، السياسة الدولية، العدد (148)، القاهرة، ابريل 2002، ص65.

[4] عبد الخالق عبد الله، "الولايات المتحدة و معضلة الامن في الخليج"، المستقبل العربي، العدد (299)، بيروت، كانون الثاني،ص ص13-21.

وقد اختلف موقف الولايات المتحدة من طريقة الإجراءات المطلوب اتخاذها من اجل إرغام تلك الدول على مقاومة الإرهاب أو تشجيع الأخرى على ذلك، وكانت قضايا الإصلاح السياسي والتعليمي والمالي هي التي سيطرت على علاقة الولايات المتحدة ببلدان مجلس التعاون الخليجي. (1) وتعد السعودية هي الأكثر استهدافاً بين الدول العربية والإسلامية من جانب الحملة الأمريكية والغربية، استناداً إلى مقولة: ان مشاركة خمسة عشر سعودياً في هجمات 11 سبتمبر/ أيلول دلالة على تطرف الحكم والمجتمع وهنالك حاجة إلى مزيد من الضغط حتى تعاد هيكيلة المملكة على نحو متوافق مع الأهداف والمصالح الأمريكية. (2) فالرواية الأمريكية لما جرت في 11 سبتمبر تقول أن الإرهاب ولد في رحم أوضاع سياسية وثقافية ودينية تحتاج إلى استئصال وإعادة تأهيل، كانعدام الحياة الديمقراطية والانغلاق الديني، والبرامج التعليمية التي تنتج ثقافة الكراهية ضد أمريكا والغرب، والوهابية والمؤسسة الدينية الرسمية والمؤسسات الخيرية التي تمول (المنظمات الإرهابية)، فرأت ضرورة تجفيف الينابيع المادية للإرهاب بوضع اليد على أموال المؤسسات الخيرية، وتجفيف ينابيعه الثقافية بتغيير برامج التعليم وفق معايير توافق عليها أمريكا، والحد من سلطة المؤسسات الدينية، ثم تجفيف ينابيعه السياسية بواسطة إجراء إصلاحات سياسية تضخ في الدولة والنظام نخبة جديدة تخاطب أمريكا والغرب بلغة مشتركة. (3)

أن العودة إلى توضيح الازداوجية والبراغماتية في التعامل الأمريكي مع مسألة الديمقراطية في هذه المنطقة سوف تظهر أن الإدارة الامريكية تتهم هذه

(1)نيفين عبد المنعم مسعد، السياسة الخارجية الأمريكية تجاه الدول العربية بعد احداث الحادي عشر من أيلول/ سبتمبر 2001، في: صناعة الكراهية في العلاقات العربية الأمريكية، مركز دراسات الوحدة العربية، بيروت، 2003، ص235.

(2) حسن ابو طالب، "الاصلاح والسياسة الخارجية السعودية"، السياسة الدولية، العدد (156)، القاهرة ابريل نيسان 2004، ص102.

(3)عبد الاله بلقزير،" الإصلاح السياسي في الوطن العربي"، مصدر سبق ذكره، ص86.

الدول بغياب الديمقراطية من جهة، وفي نفس الوقت تتهمها بالتساهل مع منظمات المجتمع المدني الراعية للإرهاب ومثل هذا الاتهام يحمل في داخله الكثير من التناقض، إذ أن جزء من آليات الديمقراطية تتمثل في تفعيل نشاط المجتمع المدني، ولكن نرى من وجهة نظر الغرب إن المجتمع المدني نفسه متهم بتمويل الإرهاب ولذلك يجب تدخل الدولة من اجل تقييد عمله وهذا مبدأ مناقض للديمقراطية.[1]

ولذلك بدأت الولايات المتحدة تمارس ضغوطها على هذه الدول لإتخاذ إجراءات غير ديمقراطية تحت لافتة مكافحة الإرهاب.[2] ومن تلك الإجراءات التضييق على أنشطة الجمعيات الخيرية، إذ تقدمت الولايات المتحدة إلى السعودية بلوائح ضمت جمعيات خيرية متهمة بتمويل الإرهاب، وطالبتها بتجميد أموالها عملاً بقرار الأمم المتحدة المرقم (1373) الذي يفرض على دول العالم اتخاذ العديد من الإجراءات بشأن مكافحة الإرهاب. إذ بلغ عدد الجمعيات التي خضعت لإجراءات سعودية من هذا القبيل نحو (150) جمعية خيرية من مجموع (231) جمعية خيرية.[3] وعلى اثر ذلك أصدرت السعودية قراراً بمنع جمع التبرعات بأسلوب الصناديق الخيرية ثم المصادقة على قانون ينص على عقوبات صارمة لمكافحة تبييض الأموال كما أنشأت في حزيران 2003 هيأة مكلفة بمراقبة المنظمات الخيرية الإسلامية للتأكد من أن أموالها لا تستعمل لتمويل أنشطة إرهابية. وتكرر ما حدث في السعودية مع دول مجلس التعاون الأخرى سواء الإمارات أو الكويت أو قطر لمكافحة غسل الأموال ومعاقبة جمعيات خيرية، ففي الكويت شكلت الحكومة لجنة للتفتييش الميداني على نشاط العمل الخيري بها، وانشأت إدارة متخصصة للإشراف على الجمعيات الخيرية، واصدرت قرارات بمنع

---

(1) نيفين عبد المنعم مسعد، مصدر سبق ذكره،ص ص244-247.

(2) حسنين توفيق ابراهيم، مصدر سبق ذكره، ص334.

(3) نيفين عبد المنعم مسعد، مصدر سبق ذكره، ص248. وحول القرار المرقم (1373) انظر عصام سليمان، القرار (1373) في منطلقاته وابعاده: .www.aljazeera.net.2002

جمع الأموال مباشرة من الأسواق والمساجد، وفرض إجراءات على التحويلات المالية الخارجية، وإغلاق حسابات بعض الجمعيات في البنوك المحلية.[1]

أما في دولة الإمارات العربية المتحدة فقد أقدمت الحكومة على تجميد حسابات عدد من الأشخاص والمنظمات بعد إعلان الولايات المتحدة علاقتهم بالإرهاب، الذي وصل عددهم إلى (62) ولحقها إصدار القانون الاتحادي المرقم (4) لسنة 2002، بشأن تحريم غسل الأموال على أساس أن الانفتاح المصرفي في الإمارات قد حول إمارة دبي إلى ساحة لعمليات غسل الأموال، كما تم في منتصف 2002 عقد مؤتمر (الحوالة) الذي صدر فيه إعلان أبو ظبي المتعلق بنظام وسطاء الحوالة الذي أكد إلتزام الوسطاء بتزويد المصرف المركزي بتفاصيل عن الحوالات الواردة، والإبلاغ عن أية حوالات مشبوهة وفق النماذج المُعّدة من البنك المركزي.[2]

وأقدمت المصارف المركزية الخليجية على إصدار تعليماتها التي أرفقت بها القوائم الأمريكية للأفراد والتنظيمات التي تطلق عليها الولايات المتحدة اسم (الإرهابية) إلى كل المصارف العامة، والخاصة، وشركات الاستثمار على الأراضي الخليجية بمراقبة تمويل الأرصدة المالية،[3] وهنا يظهر لنا ايضاً التناقض الأمريكي والازدواجية والمصلحية في التعامل مع مسألة الانفتاح الاقتصادية وبين ضرورة الأخذ باقتصاد السوق في هذه المنطقة وبين المطالبة بإعادة النظر في مظاهر الانفتاح الاقتصادي، وخاصة المجال المصرفي الذي أخذت تتميز به بعض دول مجلس التعاون على أساس أن الانفتاح الكبير في هذا المجال هو أحد العوامل التي تشجع على تحرك العناصر الإرهابية بصورة سهلة بفضل وجود السيولة التي تمول بها العمليات الإرهابية.[4]

([1])علاء جمعة محمد، "مكافحة تمويل الارهاب: آليات المواجهة"، السياسة الدولية، العدد (154)، القاهرة، اكتوبر 2003، ص315.

([2])نفس المصدر ، ص315.

([3]) نصرة عبد اللـه البستكي، مصدر سبق ذكره، ص166.

([4]) نفس المصدر ، ص162.

وعلى الرغم من كل المواقف التي اتخذتها دول المجلس للاستجابة للضغوط الأمريكية بشان التغيير ومواجهة الإرهاب، إلا إنّ ذلك لم يوقف التداعيات المسببة للازمة عليها، إذ ظهرت اتجاهات داخل الإدارة الأمريكية تنتقد استمرار التحالف مع نظم تسلطية كتلك الموجودة بالخليج العربي، وشملت الحملة جوانب عدة، كجمود الأنظمة السياسية في هذه الدول، وملف انتهاكاتها حقوق الإنسان، وعلاقات بعضها كالسعودية مع الجهات الإسلامية، بل طالت تلك الحملة حتى منهاج التعليم على أساس ان تلك المناهج تشجع على الإرهاب.[1] وبدأ التركيز الواضح في فرع معين من فروع التعليم الا وهو (التعليم الديني)، وبالأخص التعليم الديني الوهابي من منطلق أن هذا المذهب يربي العنف، وينشئ الإرهابيين،[2] وهو ما عكسته بعض الإجراءات التصحيحية التي اتخذت في هذا الشأن في بعض دول مجلس التعاون، إذ قامت الحكومة السعودية بمراجعة المناهج التعليمية كافة بما يحقق التوازن بين الخصوصية الدينية من جهة ومتغيرات العصر الحديث من جهة اخرى، كقرار تطوير تدريس اللغة الإنكليزية في المدارس وعدّها مادة أساسية ابتداءً من الصف السادس الابتدائي من العام 2004، فضلاً عن قيام قطر من جهتها بمنح امتيازات مغرية لجامعات أمريكية لتشجيعها على تشغيل كليات مهمة في البلاد (كالطب، وإدارة الأعمال).[3]

ومع ذلك فإن تقرير وزارة الخارجية الأمريكية السنوي لعام 2002 حول حقوق الإنسان في العالم كان التقرير الأكثر انتقادا بواقع حقوق الإنسان في دول مجلس التعاون، إذ يصف التقرير تلك الدول بأنها دول غير ديمقراطية، ولا تحترم حقوق الإنسان، ولا تسمح بالحريات السياسية وتقع ضمن قائمة الدول

([1]) نصرة عبد الله البستكي، مصدر سبق ذكره، ص167.

([2]) نيفين عبد المنعم مسعد، مصدر سبق ذكره، ص250.

([3])اشرف محمد كشك، "تداعيات الوجود الأمريكي في العراق على دول مجلس التعاون الخليجي"، السياسة الدولية، العدد (145)، القاهرة، أكتوبر 2003، ص116، وانظر كذلك: متروك الفالح، "العنف والإصلاح الدستوري في السعودية"، المستقبل العربي، العدد (308)،بيروت، تشرين الأول 2004، ص19.

المصنفة بالضعيفة، إذ تبلغ الرقابة الرسمية أعلى المستويات في كل من السعودية وعمان، والحريات السياسية غير مطبقة على ارض الواقع في هذه الدول، رغم ان الكويت هي الأحسن حالاً بين تلك الدول. فتكوين الجمعيات ممنوع في كل من السعودية وعمان وقطر، كما أن الكويت هي الدولة الوحيد التي تسمح بالنقابات العمالية، أما الأحزاب فهي خارج سياسة ما هي مقبول سياسياً ومجتمعياً.[1] وان التمييز ضد الاقليات والفئات الاجتماعية يمارس في جميع دول مجلس التعاون، والحكومات تفرض قيوداً متشددة على العمال الذين هم في معظمهم من الأجانب، أما المشاركة السياسية فهي قائمة فقط في الكويت رغم أن هذه الإنتخابات يشارك فيها (8ر14%) فقط من المواطنين الذكور، كما إنه ليس هناك أي انتخابات تشريعية في أي من الدول الخليجية الأخرى رغم أن قطر والبحرين أجرت انتخابات بلدية في الوقت الذي تأخذ عمان بنظام الانتخابات الموجهة.[2]

وفي إطار هذه الضغوط جاءت مبادرة (كولن باول)، وزير الخارجية الأميركي السابق في كانون الثاني 2002، لتعزيز الديمقراطية و الإصلاح الاقتصادي والتعليمي في الدول العربية والإسلامية بعنوان "الشراكة الأمريكية- الشرق أوسطية: بناء الأمل للسنوات القادمة". وجدت هذه المبادرة سبيلها نحو التطبيق بفضل الملف الذي أعدته وزارة الخارجية الأمريكية لتضعه أمام المسؤولين في الدول العربية، ومنها دول مجلس التعاون الخليجي، والذي يحتوي مضمون الرؤية الأمريكية للإصلاح السياسي في العالم العربي، فضلاً عن الإصلاح الاقتصادي، وإصلاح التعليم بفضل الإسهام في تحقيق التنمية الاقتصادية والاجتماعية، وتحديث التعليم، وتقوية المجتمع المدني، وتدعيم القطاع الخاص وتمكين المرأة، وتعزيز المشاركة السياسية والمدنية، وقد تم اعتماد مبلغ (29)

([1])عبد الخالق عبد الله، البعد السياسي للتنمية البشرية حالة دول مجلس التعاون الخليجي المستقبل العربي، العدد (290)، بيروت، نيسان 2003، ص117.

([2]) نيفين عبد المنعم سعد، مصدر سبق ذكره، ص ص 117- 119.

مليون دولاراً لتمويل برامج تلك المبادرة وزيد المبلغ إلى (100) مليون دولاراً بعد ذلك.[1]

وقد تباينت ردود أفعال دول مجلس التعاون الرسمية والشعبية من هذه المبادرة: فهناك من رفضها معتبراً إياها تدخلاً في الشؤون الداخلية للدول العربية، وهناك من قبلها على اعتبار إنها مدخل لتعزيز الإصلاح السياسي والديمقراطي في تلك الدول في ظل عجز القوى السياسية الداخلية عن أحداث التغيير السياسي، وهناك من قبلها مع بعض التحفظات.[2] فقد أبدت قطر ترحيبها بالمبادرة، أما البحرين فقد تم ضمن هذه المبادرة افتتاح أحد المكاتب فيها، فضلاً عن إرسال الولايات المتحدة وفداً لمتابعة الإنتخابات البرلمانية الكويتية التي جرت في تموز 2003.[3]

ومن خلال العرض السابق نرى بإن دول مجلس التعاون وبعد أحداث 11 سبتمبر/ أيلول 2001، بدأت تواجه تغيير في طبيعة الضغوط الخارجية الموجهة إليها من قبل الولايات المتحدة، إذ أخذت الأخيرة تسعى إلى إحداث تغيير في شكل وطبيعة النظم السياسية القائمة في هذه المنطقة، مع ضرورة إستحداث بعض المؤسسات التمثيلية، وتغيير آلية وعمل المؤسسات الأخرى الموجودة، وإصلاح التعليم وتحديثه وتقوية عمل مؤسسات المجتمع المدني وغيرها من الإصلاحات الأخرى، كما أخذت الولايات المتحدة تعطي أهمية لمطلب الإصلاح والديمقراطية ولكن في نفس الوقت ترى صعوبة في كيفية التوفيق بين هذا المطلب ومطالب تحقيق الأمن في تلك الدول.

([1]) نقلاً عن: اشرف محمد كشك، تداعيات الوجود الأمريكي في العراق على دول مجلس التعاون الخليجي، مصدر سبق ذكره، ص115.

([2]) حسنين توفيق إبراهيم، مصدر سبق ذكره، 140.

([3]) اشرف محمد كشك، تداعيات الوجود الامريكي في العراق على دول مجس التعاون الخليجي، مصدر سبق ذكره، ص114.

المطلب الثالث

الضغوط الخارجية بعد تغييرات نيسان 2003 في العراق

جاءت تغييرات نيسان 2003، في العراق لتزيد من الضغوط الخارجية على دول مجلس التعاون الخليجي نحو مزيد من الإصلاح والتغيير، ومواجهة الإرهاب ولعل المخاوف الأساسية لتلك الدول تكمن في الترتيبات التي تستهدفها الولايات المتحدة لمنطقة الخليج العربي، والتي بدت ملامحها في تصريحات وزير الخارجية الأمريكي آنذاك (كولن باول) في 7 شباط 2003، الذي أكد فيها "أن الإطاحة بالرئيس صدام حسين قد تعيد تشكيل الشرق الأوسط بطريقة تعزز مصالح الولايات المتحدة وتساعد في إنهاء الصراع العربي- (الإسرائيلي)"،[1] وهو المعنى الذي ظهر بوضوح في خطاب الرئيس الأمريكي (جورج بوش) خلال الشهر نفسه حين قال: "ان عراقاً محرراً يمكنه أن يظهر الدور الذي تستطيع الحرية أن تؤديه في تغيير هذا الإقليم بأهميته الاستراتيجية الكبيرة".[2]

وما بين تلك المخاوف، وضغط المطالب التي تراوحت ما بين ضغوط سياسية وأخرى اقتصادية، جاءت المبادرة الأمريكية لتحرير التجارة مع الشرق الأوسط الذي أعلن عنها الرئيس الأمريكي (جورج بوش) بعد شهر من تغييرات 9 نيسان 2003، والتي اعتبرها، كما جاء في خطابه أمام جامعة كارولانيا الجنوبية في 9 أيار من العام نفسه، "كمكافأة للدول التي وقفت مع الولايات المتحدة موقفاً مبدئياً وصديقاً، والتي من ضمنها كل من الكويت والبحرين، وكذلك تشجيع الدول المترددة لكي تصحح موقفها وتقف هي الأخرى مع الولايات المتحدة والتي تُعد السعودية واحدة منها".[3]

([1]) نقلاً عن: اشرف محمد كشك، تداعيات الوجود الأمريكي في العراق على دول مجلس التعاون الخليجي، مصدر سبق ذكره، ص114.

([2]) نقلاً عن غانم محمد صالح، "انعكاسات احتلال العراق على الأمن في الخليج"، مجلة آراء، العدد (7)، دبي، مارس 2000، ص73.

([3]) مغاوري شلبي علي، "المبادرة الأمريكية لتحرير التجارة مع الشرق الأوسط بين الاقتصاد والسياسة"، السياسة الدولية، العدد (154)، القاهرة، أكتوبر 2003، ص293.

ومن خلال مضمون، وشروط، وآليات هذه المبادرة نرى حجم وكيفية الضغوط التي تمارسها الولايات المتحدة عل الدول المعنية بتلك المبادرة سواء تلك الدول الراغبة بالتوقيع عليها او تلك التي تسعى لتشجيعها على التوقيع. كما ان الجانب السياسي للمبادرة واضح ولا يمكن تجاهله إذ ان هدفها يتجاوز بكثير من مجرد إقامة منطقة تجارة حرة بين طرفين، وذلك بالسعي عن طريق تلك المبادرة للعمل مع حكومات وشعوب البلدان المعنية لزيادة الفرص الاقتصادية والسياسية والتعليمية للجميع بواسطة تقديم مساعدات مالية تصل إلى مليار دولاراً سنوياً لمساعدة تلك الدول على إدخال الإصلاحات المطلوبة التي تتطلب التركيز على المشاريع والبرامج التي تحسن من حياة النساء، فضلاً عن برامج اخرى لتدريب المعلمين، وتوسيع نظام الروابط الجامعية، وبرامج للمنح الدراسية في الجامعات الأمريكية لأبناء الدول المعنية، وتقديم الدعم اللازمة لإنشاء المزيد من المنظمات غير الحكومية وشركات الإعلام المستقلة، ومنظمات إجراء الاستفتاءات ومؤسسات الفكر والرأي ومساعدة هذه المنظمات على تحقيق مزيد من الإصلاح الديمقراطي من خلال ما أطلق عليه "صندوق ديمقراطية الشرق الأوسط" فضلاً عن برامج أخرى لتدريب المرشحين للمناصب السياسية، وأعضاء البرلمانات، وبرامج للتدريب والتبادل الصحفي في مجال الصحف التقليدية والإلكترونية. [1]

هذا في الجانب السياسي أما في الجانب الاقتصادي فسيتم بفضل هذه المبادرة مساعدة الحكومات المعنية على إصلاح القطاع المالي، وزيادة الشفافية، ومحاربة الفساد بواسطة إنشاء ما يسمى بـ(الشراكة المالية للشرق الأوسط) التي تهدف إلى تشجيع إيجاد الوظائف والمشاريع التجارية، وتقديم المساعدات للمشروعات الصغيرة وتدريب العاملين في مجال التجارة في مؤسسات أعمال أمريكية، والتركيز في تدريب سيدات الأعمال في دول الشرق الأوسط.

---

[1] نفس المصدر، ص293.

إلا إن الولايات المتحدة إشترطت في المقابل لتنفيذ هذه الاتفاقية ضرورة أن تلتزم الدول المعنية بإدخال عدد من الإصلاحات الاقتصادية الجوهرية، مثل: تحسين مناخ الاستثمار، وحماية حقوق الملكية الفكرية، وتشجيع نمو هذه المشاريع الخاصة طالما أن هذه الدول تعاني العديد من المشكلات الاقتصادية التي من أهمها انخفاض الاستثمار الأجنبي المباشر، وتفاقم البطالة مما يجعل من اقتصادياتها محدودة في الإسهام في الصادرات، والاقتصاد الدولي. كما أن على هذه الدول الإلتزام بإدخال عدد من الخطوات السياسية الإصلاحية، فتعمد الى زيادة مساحة الديمقراطية، وضمان حرية التعبير عن الرأي، وتوسيع دور المجتمع المدني، ومحاربة الفساد والإرهاب وحماية حقوق الإنسان، فضلاً عن قيامها بإنهاء المقاطعة الاقتصادية (لإسرائيل) من أجل إزدهار التجارة بين دول المنطقة.[1]

وفي إطار تلك المبادرة كانت البحرين هي الدولة الأولى بين دول مجلس التعاون الخليجي التي وقعت على اتفاقية التجارة الحرة مع الولايات المتحدة في أيلول 2004، ودخلت حيز التنفيذ في العام 2006، وبررت الجهات الرسمية في البحرين، إتخاذ هذا القرار كون هذا الاتفاق سينعكس بالإيجاب على الاقتصاد البحريني ويحقيق زيادة في معدلات النمو، وتوفير فرص عمل للمواطنين، إضافة إلى أنه سيساعد البحرين على أن تصبح مركزاً لتخزين وإعادة توزيع المنتجات الأمريكية في المنطقة واستقطاب المزيد من الاستثمارات الأجنبية، ومن ثم تصبح البحرين مؤهلة لان تكون مركزاً إقليمياً للخدمات المالية والمصرفية
وخدمات الأعمال.[2] في حين يرى الجانب الأمريكي، ان البحرين تمثل (واحة التقدم) في منطقة (تهزها رياح التطرف العاتية)، وإنها مكافأة سياسية للبحرين للدعم القوي الذي تقدمه الولايات المتحدة وهي تستضيف الأسطول الخامس

(1) نفس المصدر ، ص ص 293-294.

(2) انظر: آن جاناردان، أميلي روتليدج، "الاتفاقية البحرينية- الأمريكية تكشف عن تصدعات في علاقات دول "التعاون"، مجلة آراء، العدد (5)، دبي، يناير 2005،ص ص44-48.

لمشاة البحرية الأمريكية.[1] وهذا ما عكسه بالفعل قيام دول المجلس الأخرى بالتوقيع على إتفاقية التجارة الحرة مع الولايات المتحدة لاحقاً، رغم ما أبدته في أول الأمر من عدم الرضا عن قرار البحرين لتوقيعها بشكل منفرد على هذه الاتفاقية التي عدّت تحدياً للإتحاد الكمركي الخليجي، والمساعي الخليجية للتكامل الاقتصادي، فقد أقدمت السعودية في نيسان 2005، على التوقيع على اتفاقية مماثلة مع الولايات المتحدة، أي اتفاقية التجارة الحرة،[2] وكذلك سلطنة عمان في 19/ كانون الثاني/ 2006، وهناك مشاورات مع دول المجلس الأخرى بصدد التوقيع على نفس هذه الاتفاقية، ففي الإمارات العربية المتحدة استأنفت المحادثات بينها وبين الولايات المتحدة الامريكية في نيسان/ 2006،[3] خاصة بعد أن بلغت قيمة التبادل بينها (10) مليارات دولاراً في العام 2005، مما يجعل الإمارات ثالث أكبر شريك للولايات المتحدة في الشرق الأوسط بعد (إسرائيل) والسعودية.[4] وهذا في النهاية يعني وضع شروط وآليات وأهداف هذه المبادرة موضع التطبيق من جانب أي طرف موقع عليها، علما أن الولايات المتحدة تشترط إدخال الإصلاحات المطلوبة قبل بدء التفاوض مع أي من الدول العربية التي تتفاوض معها حول تحرير التجارة. ومن المبادرات الإصلاحية الأخرى التي أفرزتها مرحلة ما بعد الحرب على العراق هي مبادرة (الشرق الأوسط الكبير) الذي عرضتها الولايات المتحدة في قمة مجموعة الدول الصناعية الثماني التي عقدت في (سي ايلاند) بولاية جورجيا الأمريكية في حزيران 2004، وقد اعتمد هذا المشروع على النواقص الثلاثة التي حددها كتاب عرب لتقرير الأمم المتحدة حول التنمية البشرية العربية للعامين 2002-2003، وهي (الحرية- المعرفة- تمكين النساء) "والتي ساهمت في إيجاد الظروف التي تهدد المصالح الوطنية لكل أعضاء مجموعة الثماني، وطالما تزايد عدد الأفراد المحرومين من حقوقهم

---

(1) نفس المصدر ، ص 45.

(2) نفس المصدر ، ص 46.

(3) برنامج إدارة الحكم في الدول العربية، عمان، العدد (5)، كانون الثاني- أذار 2006، ص1.

(4) برنامج إدارة الحكم في الدول العربية، الامارات، العدد (5)، كانون الثاني- أذار 2006، ص6.

السياسية والاقتصادية في المنطقة سنشهد زيادة في التطرف والإرهاب والجريمة الدولية، والهجرة غير المشروعة".[1] وان البديل الأفضل وفقاً لهذا المشروع هو مساعدة دول المنطقة على الإصلاح بفضل إقامة شراكة بعيدة المدى مع قادة الإصلاح في الشرق الأوسط الكبير من اجل تنسيق الجهود لتشجيع الإصلاح السياسي والاقتصادي والاجتماعي في المنطقة، ومعالجة النواقص التي حددها تقرير الأمم المتحدة حول التنمية البشرية العربية عبر تشجيع الديمقراطية والحكم الصالح، وبناء مجتمع معرفي، وتوسيع الفرص الاقتصادية، وذلك بفضل تقديم المساعدات من قبل دول المجموعة لمرحلة ما قبل الانتخابات، وتعزيز دور البرلمانات في دمقرطة البلدان بفضل تبادل الزيارات لأعضاء البرلمانات، ولأجل زيادة مشاركة النساء في الحياة السياسية المدنية يتضمن المشروع رعاية معاهد تدريب خاصة بالنساء، فضلاً عن رعاية برامج تدريب لصحافيين مستقلين، وتشجيع حكومات المنطقة على السماح لمنظمات المجتمع المدني للعمل من دون مضايقة أو تقييدات، وزيادة التمويل السياسي للمنظمات المهتمة بالديمقراطية وحقوق الإنسان، واصلاح التعليم، وإنشاء وتوسيع معاهد تدريب المعلمين مع التركيز على النساء.[2]

أما في المجال الاقتصادي فيسعى المشروع بفضل مجموعة الثماني الى تجسير الهوة الاقتصادية للشرق الأوسط الكبير بواسطة إطلاق قدرات القطاع الخاص في المنطقة خصوصاً مشاريع الأعمال الصغيرة والمتوسطة. وسيكون نمو طبقة متمرسة في مجال الأعمال عنصراً مهماً لنمو الديمقراطية والحرية بفضل اتخاذ عدة خطوات في هذا المجال أهمها تشجيع دول المنطقة للانضمام إلى منظمة التجارة الدولية، والمساعدة في إقامة مناطق خاصة لدعم النشاط التجاري للقطاع الخاص.[3]

([1]) انظر: نص "مشروع الشرق الأوسط الكبير" الذي تقدمت به واشنطن في قمة الدول الثماني، السياسة الدولية، العدد (156)، القاهرة، أبريل 2004، ص279-301.

([2]) نفس المصدر ، ص ص 297-300.

([3]) أنظر:نفس المصدر ، ص ص 279-300.

وقد تباينت ردود أفعال دول مجلس التعاون الخليجي على هذا المشروع بين مؤيد ومعارض، فقد أعلنت المملكة العربية السعودية رفضها لهذا المشروع انطلاقاً من ان فرض نمط إصلاح معين على دول المنطقة لن يحقق الاستقرار فيها بل يقود إلى حالة من الفوضى، وانه لكل دولة الحق في أن تتبع أسلوبها الخاص بها في تحقيق الإصلاحات التي تراها ضرورية. [1] أما دولة قطر فقد اعتبر أميرها (الشيخ حمد بن خليفة آل ثاني) أن فرض مشاريع من الخارج لن يحقق الأهداف الأمريكية، ودعا إلى الالتقاء في منتصف الطريق مع مطالب المبادرة. [2]

ورغم ما أبدته البحرين من تحفظ على هذا المشروع، إذ جاء على لسان رئيس وزرائها، (الشيخ خليفة بن سلمان آل خليفة): "أن فرض أية وجهة نظر خارجية يشكل تفرد ليس في صالح دول المنطقة". [3] إلا أنها، مع ذلك، كانت البحرين ضمن الدول السبع من منطقة الشرق الأوسط التي وافقت على وثيقة (الشراكة في سبيل التقدم، ومستقبل مشترك في منطقة الشرق الأوسط الكبير وشمال أفريقيا) التي صدرت عن مؤتمر قمة الثماني، والتي أبدت استعداد أصحابها للتعاون مع الدول المعنية والراغبة في الإصلاح مع عرض تقديم الدعم، والمساعدة، والتشجيع في مجالات الإصلاح السياسي لإقامة الديمقراطية، وسيادة القانون. والمجال الاجتماعي والثقافي الذي يدعو إلى المساواة بين الرجل والمرأة، وحرية الحصول على تقنية المعلومات وتحسين القدرات وتعليم القيادات والقضاء على الأمية، ودعم القطاع الخاص، وإزالة الحواجز الكمركية. [4]

[1] أنظر: البيان السعودي- العربي المشترك في أثناء لقاء القيادتين السعودية والعربية في الرياض في 2004/2/24. صحيفة الحياة، 2004/2/25.

[2] السنوسي بسيكري، مبادرة الشرق الأوسط الكبير: الإصلاح على الطريقة الأمريكية، www. Almanara. Org. 2006/6/6

[3] في حوار له مع إذاعة مونت كارلو بتاريخ 2004/2/27، www. Al-jazeera.net.2006/6/10

[4] انظر: أحمد سليم البرصان، "مبادرة الشرق الأوسط الكبير: الأبعاد السياسية والاستراتيجية"، السياسة الدولية، العدد (158)، القاهرة، اكتوبر 2000، ص ص42-47.

كما استضافت البحرين أيضاً "منتدى المستقبل" في تشرين الثاني 2005، الذي إنعقد على المستوى الوزاري لوزراء الخارجية والاقتصاد لمجموعة الثماني، ودول الشرق الأوسط الكبير لمتابعة الإصلاحات السياسية في المنطقة العربية بناءً على الآلية التي وضعتها الدول المذكورة في قمتها في (سي ايلاند، حزيران 2004، لإجراء حوار متواصل مع الحكومات، ومنظمات المجتمع المدني ورجال الأعمال لمناقشة سبل نشر الديمقراطية واحترام حقوق الإنسان في المنطقة. [1]

وفي ظل تباين مواقف دول مجلس التعاون الخليجي تجاه سياسة الولايات المتحدة الأمريكية في مطلب الإصلاح، ومواجهة الإرهاب بعد تغييرات نيسان 2003، في العراق تقسم هذه الدول إلى فئتين:

1. فئة تبدو سياستها متجاوبة مع كثير من التوصيات الأمريكية أملاً في أن يكون ذلك سبباً في ضمان بقاء الأنظمة القائمة، وتضم الكويت، والبحرين، وقطر، والإمارات، وعمان، إذ ترى هذه الدول ضرورة تقوية العلاقات مع الولايات المتحدة في المجالات السياسية والاقتصادية، وتؤكد أهمية الحماية العسكرية الأمنية في المنطقة، [2] خاصة بعد دخول الولايات المتحدة كلاعب أساس ومحوري في التفاعلات الإقليمية بفضل طرحها للعديد من المبادرات الإصلاحية، أو حديثها المتكرر عن العراق غير المستقر داخلياً وما يمثله من مصدر تهديد لأمن دول المجلس، [3] أو إعلانها السعي إلى الوقوف بجانب دول الخليج لمواجهة المخاطر الإيرانية خاصة بعد إصرار إيران على امتلاك قدرات نووية، وصواريخ بعيدة

---

[1] افتتاح منتدى المستقبل في البحرين، www. Abawaba. Com. 2006/6/5.

[2] انظر: عبد الإله بلقزيز، "الاصلاح السياسي في الوطن العربي"، مصدر سبق ذكره، ص ص89، 90. وكذلك: يوسف البنخليل، "تداعيات مجلس التعاون الخليج بعد قمة زايد، مجلة آراء، العدد (5)، دبي، يناير 2005، ص37.

[3] اشرف محمد كشك، تداعيات الوجود الأمريكي في العراق على دول مجلس التعاون الخليجي، مصدر سبق ذكره، ص112. انظر كذلك اشرف العيسوي، "العراق الجديد في الرؤية الخليجية"، السياسة الدولية، العدد (162)، القاهرة، اكتوبر 2005، ص ص85-86.

المدى. [1] وترى تلك الحكومات أن زوال النظام العراقي السابق لم ينهِ التهديدات الخارجية، بل إزدادت الأوضاع تعقيداً، وإن عناصر التوتر لا تزال موجودة، وأصبح الحديث عن وجود تهديدات أخرى مما يجعل من الوجود الأجنبي أمراً حتمياً. [2] وهذا ما عبر عنه بوضوح وزير الدفاع الكويتي (الشيخ جابر مبارك الصباح) خلال شهر حزيران 2003، بالقول: "أن الوجود الأمريكي في الكويت تحكمه اتفاقيات أمنية موقعة بين البلدين ولا علاقة بما يحدث في العراق". [3]

وفي ظل استمرار هذه الشراكة القائمة ما بين الولايات المتحدة، وتلك الدول أخذت واشنطن تطالبها بمزيد من المؤسسات، واصلاح مناهج التعليم، والتحول نحو اقتصاد السوق، خاصة إنّ الولايات المتحدة تنظر إلى تلك المطالب كركيزة أساسية لأمن واستقرار منطقة الخليج. كما ان تغيير تلك الأنظمة أمر غير معروض في الوقت الراهن في الاستراتيجية الأمريكية نظراً للعلاقات الراسخة بينها وبين تلك النظم على الصعد الأمنية والاقتصادية والسياسية من جهة، وحاجتها لتلك النظم من اجل تحقيق الاستقرار والأمن في المنطقة ودعمها في الحرب على الإرهاب من جهة ثانية. وهذا ما أدركته تلك الدول بالفعل، والتي اتخذت ما يمكن اعتباره خطوات استباقية نحو التحول الديمقراطي بعيداً عن أي ضغوط أو إملاءات خارجية، [4] رغم أن البعض منها لا يعاني أي توجهات متطرفة، ولم يحدث فيها أية أعمال إرهابية لكنها تتجه نحو الإصلاح السياسي والاقتصادي والاجتماعي. [5]

([1]) اشرف محمد كشك، "امن الخليج في السياسة الامريكية"، السياسة الدولية، العدد (164)، القاهرة، ابريل 2006، ص ص171-172.

([2]) أشرف العيسوي، مصدر سبق ذكره، ص 85.

([3]) نقلا عن:اشرف محمد كشك، "امن الخليج في السياسة الامريكية"، مصدر سبق ذكره، ص171.

([4]) أنظر: اشرف محمد كشك، تداعيات الوجود الأمريكي في العراق على دول مجلس التعاون الخليجي، مصدر سبق ذكره، ص112-116.

([5]) احمد عبد الملك، "التحديات الجديدة التي تواجه دول مجلس التعاون"، مجلة آراء، العدد (5)، دبي، يناير 2005، ص33.

2. الفئة الثانية تبدو على درجة من الارتباك، وانعدام التوازن بين القول: أن الإصلاح شان داخلي عربي لا يجوز لأحد التدخل فيه، وبين القول: إنها بصدد إعداد مشروعات للإصلاح، ويعبر ذلك الارتباك عن خوف من أن يقود عدم التجاوب مع الضغط الأمريكية إلى نتائج تؤثر في استقرار النظام، وهذا ما يدفعها إلى القول: باستعدادها لصياغة مشروع إصلاح عربي. [1] وتمثل هذه الفئة السعودية التي لديها علاقات متذبذبة مع الولايات المتحدة منذ أحداث 11سبتمبر/ أيلول 2001، والتي تصل أحياناً إلى حالة من التوتر الواضح في ظل الطروحات التي تروج لها بعض الدوائر السياسية والأكاديمية في واشنطن حول ضرورة رسم سياسات جديدة للتعامل مع السعودية، [2] بل يرى البعض أن السبب المقنع للحملة الدبلوماسية الأمريكية على السعودية هي نتاج إعادة هيكليه انتشار القواعد العسكرية الأمريكية في الخارج في حقبة ما بعد سقوط النظام العراقي السابق، [3] خاصة أن السعودية كانت قد أعلنت عن رفضها لان تكون مصدرا للإعتداء على أي دوله إسلامية، ورفضها فتح قواعدها العسكرية للقوات الأمريكية في إطار حملتها على الإرهاب. [4] وإعلان المسؤولون الأمريكان في آب2003، عن نية الولايات المتحدة سحب كل القوات تقريبا من السعودية. [5]

إلا انه من جهة أخرى، أدركت القيادة السعودية إن الإصلاح هو الأسلوب شبه الوحيد لمواجهة التحديات التي ازدادت حولها خاصة بعد هجمت الحادي عشر من سبتمبر/ أيلول، وعليها توظيف كل الخيارات الصعبة لتجاوز هذه التحديات، وأحد هذه الخيارات هو مواجهة بذور التطرف في الداخل سواء كانت على مستوى المؤسسات أو الأفراد، والبدء بعملية إصلاحية شاملة بفضل إعادة

---

(1)عبد الإله بلقزير، "الاصلاح السياسي في الوطن العربي"، مصدر سبق ذكره، ص89.

(2) يوسف البنخليل، مصدر سبق ذكره، ص ص 36- 37.

(3)خالد عبد العظيم، مصدر سبق ذكره، ص104.

(4) صلاح سالم زرنوقة، " الخليج العربي ضغوط من كل اتجاه"، مصدر سبق ذكره، ص ص67-68.

(5) خالد عبد العظيم، مصدر سبق ذكره، ص104.

هيكليه بعض المؤسسات، كمؤسسة مجلس الشورى، ومواجهة من اعتبروا مسؤولين عن شيوع اتجاهات التطرف الديني أو يستعملون العنف ضد الدولة والمجتمع سواء كانوا رموزاً دينية أو جماعات محلية لها صلات خارجية. [1] وقد وضحت هذه المبادئ في المشروع الذي قدمته السعودية للجامعة العربية في قمة (شرم الشيخ) في الأول من آذار 2003، بشأن تطوير الجامعة العربية، إذ تضمنت ديباجة المشروع. التأكيد على أن الإصلاح الذاتي داخل الدول العربية هو المنطلق الأساسي لبناء القدرات العربية وتوفير شروط النهضة العربية الشاملة، وتحقيق التنمية، وتطوير المشاركة السياسية، وطرح برامج مدروسة لتشجيع الإبداع، ورعاية الفكر الخلاق، والتعامل بموضوعيه وواقعية مع المستجدات والمتغيرات المتلاحقة على الساحة الاقتصادية العالمية. [2]

كما بلور الملك الراحل (فهد) في خطابه خلال افتتاح الدورة الثالثة لاعمال مجلس الشورى السعودي في 2003/5/17، مجالات الإصلاح في بلاده بما يشمل ((مراجعة الأنظمة والتعليمات، واحكام الرقابة على أداء الأجهزة الحكومية وتوسيع نظام المشاركة الشعبية، وفتح آفاق أوسع لتعليم المرأة في إطار تعاليم الشريعة الغراء واعتبار الإصلاح الاقتصادي عملية مستمرة طيلة الوقت يتوقف نجاحهاعلى نجاح التنمية الاقتصادية، وتحسين أوضاع المواطن للمعيشة، كما أن مسيرة الإصلاح لا يمكن أن تثمر إلا في جو من الوئام الاجتماعي القائم على الوحدة الوطنية والتي تتعارض مع الافكار المتطرفة، وتتطلب أجواءاً صافية من الحوار الأخوي الهادئ)). [3] وعلى أساس ذلك شهدت السعودية لاول مرة إنشاء (مركز الملك فهد للحوار الوطني) ليكون بمنزلة منتدى يضم كل فئات المجتمع السعودي لإيجاد جبهة وطنية متماسكة ضد دعاوي التطرف والغلو، فضلاً عن

([1]) حسن ابو طالب، مصدر سبق ذكره، ص104.

([2]) نقلاً عن: محمد سعد ابو عامود، "الحرب الأمريكية على العراق والنظام العربي"، السياسة الدولية، العدد (153)، القاهرة، يوليو 2003، ص106.

([3]) حسن ابو طالب، مصدر سبق ذكره، ص104.

إعلانها عن تشكيل حكومة جديدة في أبريل 2003، تضم عناصر أكاديمية وخبرات متنوعة.[1]

إلا انه في الوقت نفسه رأت القيادة السعودية، وكما جاء على لسان وزير خارجيتها (سعود الفيصل) "انه لضمان فعالية الإصلاح يجب أن تلبي تلك الإصلاحات الاحتياجات الأساسية للمجتمع وان تحظى بالتأييد الشعبي والإجماع، فضلاً عن الأخذ بنظر الاعتبار التوقيت المناسب لها لضمان عدم حدوث أي نوع من الارتباك الذي ينتج عن التغيير المفاجئ وان التحول الفوري نحو العلمانية لن يؤدي في النهاية إلى فصل الدين عن الدولة بقدر ما سينتج منها اضطرابات تعطي الفرصة للمتطرفين للعمل على ملئ الفراغ الناتج عنها".[2] أي الذي ترغب به القيادة السعودية هو أن لا يكون التغيير من الأعلى بل حسب سرعة وتحمل البنية الاجتماعية ولا تريد ان تخرق العقد الاجتماعي للبلد بإجبار الناس على عمل أشياء لا يريدون عملها.[3] خاصة إذا عملنا أن السعودية لا تريد تجاوز بعض الحدود التي تؤدي إلى ضرب السلفيين في البلاد، وهو ما تسعى له الإدارة الأمريكية، أي بين الوهابية وال سعود، كما ان كلا الطرفين لا يرغبان في ذلك: فآل سعود أسسوا وجودهم السياسي على الدعم الديني من المؤسسة الوهابية السلفية فإذا ما انحسر ذلك القطاع أصبح وجودهم السياسي معرضا للخطر، حيث ما تزال العائلة الحاكمة تعتمد عليه في تبرير شرعيتها، من خلال التحالف التاريخي الذي مضى عليه أكثر من مائتي عام. ومن جهة أخرى إنها بحاجة إلى التيار السلفي لدعم النظام، وضمان بقائه واستمرار تأثيره في العالم.[4]

[1] اشرف محمد كشك، "تداعيات الوجود الامريكي في العراق على دول مجلس التعاون الخليجي"، مصدر سبق ذكره، ص115.

[2] حديث وزير الخارجية السعودي (سعود الفيصل) في محاضرة له في مركز السياسات الاوربية في بروكسل بتاريخ 2004/2/19 ، انظر: صحيفة الشرق الاوسط 2004/2/20.

[3] حسن ابو طالب، مصدر سبق ذكره، ص103.

[4] سعيد الشهابي، الحكم السعودي بين استحقاقات التغير والخشية من النتائج، منتديات البحرين،2001-1-1.www.ba7rain.net

ولذلك سعت القيادة السعودية على ان يكون الإصلاح منظومة متوازن ومتكاملة تجمع بين ضخ الحيوية في الداخل، حكومة ومؤسسات مدنية، وإعلام من جهة، واستيعاب الضغوط الخارجية أياً كان مصدرها من جهة اخرى. وهذا ما عكسه بالفعل التعاون الأمني مع الولايات المتحدة لمواجهة ما يعرف بـ(الجماعات الإرهابية)، إذ بدأ تعاون أمني سعودي- أمريكي لمواجهة المتطرفين شمل تبادلاً في المعلومات بفضل تأليف (لجنة أمريكية- سعودية) لمكافحة الإرهاب فضلاً عن تجميد أصول المنظمات الخيرية التي تثبت ارتباطها بالإرهاب، والسعي إلى الاندماج في التحركات الدولية الاخرى التي تصب في الهدف ذاته، كالمشاركة في الندوات الدولية حول الإرهاب وتحويل وغسل الاموال.[1] فقد تم في الرياض في شباط 2005، عقد المؤتمر الدولي لمكافحة الارهاب مشاركة عدد من الدول العربية والأجنبية، وقد خرج هذا المؤتمر بتوصيات عدة منها: ضرورة دعم جهود الإصلاح الوطني من قبل البلدان بهدف توسيع المشاركة السياسية والتعددية، وتعزيز دور منظمات المجتمع المدني بغية التصدي للأوضاع التي تعزز العنف والتطرف، وضرورة وضع وتنفيذ البرامج الرامية الى تعزيز الحوار المتعدد الثقافات فيما بين الأديان وذلك بواسطة وضع السياسات والآليات الرامية إلى تطوير النظم التعليمية، وسائر مصادر الاختلاط بين الاخرين لغرض تعزيز قيم التسامح والتعددية والتعايش الإنساني، فضلاً عن زيادة وعي الجمهور ووسائل الاعلام باخطار الإرهاب والتطرف.[2]

وفي المقابل نرى الولايات المتحدة توازن هي الأخرى بين الانتقادات المتزايدة التي يواجهها النظام السعودي داخل المجتمع الأمريكي بسبب اتهامه بتشجيع وتمويل الإرهاب، وضرورة التعامل معه على ان عدو حقيقي طالما انه

([1]) حسن ابو طالب، مصدر سبق ذكره، ص ص103- 105، وكذلك انظر: علاء جمعة محمد، مصدر سبق ذكره، ص ص314-318.

([2]) www.ctic. org sa/conclude. doc.

غير راغب في تغيير أوضاعه السياسية، والاستجابة للمطالب الديمقراطية، [1] وبين حاجتها للتعاون مع السعودية لدورها المهم في السوق العالمية للنفط الذي تكمن أهميته في الاحتياطي الكبير الذي تملكه، والذي يقدر بـ(264,2) مليار دولاراً والذي يمكنها من زيادة الإنتاج لسد أي نقص في السوق العالمية، وهو ما ظهر بوضوح بعد اجتماع الملك (عبدالله بن عبد العزيز) مع الرئيس بوش في نيسان/ ابريل 2005، حيث ألمح مسؤولون أمريكيون إلى أن الإدارة الأمريكية ((سوف تتقبل البطء الشديد في عملية الإصلاح في المملكة)) إذ ليس هناك خيار أخر أمامها غير تشجيع مسيرة الإصلاح، كإنضمام السعودية إلى منظمة التجارة العالمية، [2] وتقديم الدعم للعناصر المعتدلة، والإصلاحية في العائلة المالكة بدلاً من أن تنأى بنفسها عن النظام الملكي السعودي بحجة انه فاسد وغير قابل للإصلاح. [3] ولاشك أن مثل هذا الموقف يتوافق مع سياسة الولايات المتحدة الأمريكية التي لا ترغب بديمقراطية حقيقية في العالمين العربي والإسلامي، وانما ترغب بإضفاء غطاء أو نشرة خارجية لتجميل صورة الأنظمة الرافضة للديمقراطية والمشاركة السياسية بما يسمح بإمتصاص نقمة القوى المعارضة لها والرافضة للوجود الأمريكي، لكن بشكل لا يخل بالقواعد التي حددتها مسبقا، حتى لا تتأثر مصالحها إذا ما تمت ممارسة اللعبة الديمقراطية بشكل صحيح.[4]

من ذلك يتضح ان تغييرات نيسان 2003، في العراق كشفت عن الضغوط الخارجية، ولاسيما الأمريكية منها على دول مجلس التعاون الخليجي وخصوصاً المملكة العربية السعودية، ومع ان الولايات المتحدة قد استغلت حالة القلق التي

([1]) انظر: جاسم خالد السعدون، "أحداث ايلول/ سبتمبر وانعكاساتها على منطقة الخليج"، المستقبل العربي، العدد (285)، بيروت، تشرين الثاني 2002، ص ص44-45.

([2]) في 11/ تشرين الثاني/ 2005 وافقوا أعضاء منظمة التجارة العالمية على انضمام السعودية الى المنظمة بعد أكثر من عقد على المفاوضات، وأدخلت السعودية في المنظمة رسمياً في12-12-2005.

([3]) هدى راغب عوض، "العلاقات الامريكية- السعودية في ضوء ازمة النفط: (عرض كتاب)، السياسة الدولية، العدد (164)، القاهرة، ابريل 2004، ص ص 231-232.

([4])خالد سيد أحمد، ادارة بوش تطلق "حرب افكار" ضد العرب، .www.abayan.co.ac

سادت في الأوساط الحاكمة لدول مجلس التعاون بعد الحرب الأمريكية على العراق 2003، لتزيد من ضغوطها بإتجاه التغيير السياسي فيها ، إلا إنه بالمقابل استفادت تلك الدول من مكانتها في السوق العالمية النفطية وحاجة الولايات المتحدة إليها في التعاون الأمني لمكافحة الإرهاب في تخفيف حدة هذه الضغوط.

الفصل الثالث
الإصلاح الدستوري
في دول مجلس التعاون الخليجي

سعت دول مجلس التعاون الخليجي إستجابة للضغوط الداخلية والخارجية السابق ذكرها إلى إجراء إصلاحات دستورية كانت الموجة الأولى منها في مطلع تسعينات القرن الماضي، وجاءت الثانية في نهاية ذلك العقد ومطلع العقد الحالي، وكلتا الموجتين وضعتا النظم السياسية الخليجية على أعتاب مرحلة جديدة أتجهت فيها إلى تحديث نفسها بعد أن ظلت حالة الركود تسيطر عليها لعقود طويلة. وتمثلت أبرز معالم الموجة الأولى من هذه الإصلاحات بصدور أنظمة أساسية دائمة في الدول التي لم يكن بها مثل هذه الأنظمة على غرار ما حدث في كل من السعودية في العام (1992)، وسلطنة عمان في العام (1996)، أما الموجة الثانية فقد خطت بالنظم السياسية الخليجية خطوة أوسع باستكمال عملية صدور الدساتير الدائمة كما حدث ذلك في قطر أبريل / نيسان من العام 2003.

وسنتناول ومن خلال هذا الفصل التجربة الدستورية الأقدم والأكثر ديمقراطية قياسا بدول مجلس التعاون الأخرى في كل من دولتي الكويت العام (1961)، البحرين العام (1973)، وما طرأ عليها من تعديلات دستورية تخدم العملية الإصلاحية فيها وذلك في المبحث الأول. أما المبحث الثاني فسنتناول الأنظمة الأساسية الصادرة في كل من السعودية العام (1992)، وسلطنة عمان العام (1996)، وما تضمنته من مواد وأحكام تنظم طريقة الحكم في هاتين الدولتين. والمبحث الثالث سنتناول فيه الدساتير الدائمة الصادرة في كل من دولة قطر في العام 2003، وتجربة دولة الإمارات العربية بتغيير دستورها المؤقت إلى دائمي في العام (1996).

المبحث الأول

التعديلات الدستورية

في الكويت و البحرين

الدستور هو النظام الأساسي للدولة، و السلطة المرجعية العليا للكيان الوطنى أو القومي، والتي يجري اليها الاحتكام، ومنها تنتظم القوانين والمؤسسات، وتنشأ السلطات، وتتمايز عن بعضها، حفاظاً للحقوق، و توزيعاً للاختصاصات، ومنعاً للاحتكار، وتفعيلاً لآليات الرقابة.[1] فمن الدستور يمكن أن نعرف إلى حد كبير تحت أي نظام يعيش بلد ما، إذ تثبت فلسفته وسماته الأساسية بفضل ذلك الدستور.[2] فالدساتير تتناول بعض المسائل المهمة، كتحديدها نظام الحكم (ملكي، جمهوري أو غير ذلك) ،وطبيعته (إشتراكي ، ديمقراطي علماني)، كما تبين الدساتير ما إذا كان النظام إتحادي فدرالي قد يتألف من ولايات أو أقاليم تتمتع بشيء من الإستقلال الذاتي وتبين حدود هذا الاستقلال، كما تفرد الدساتير فقرات أو مواد خاصة بكل من السلطات الثلاث المعهودة (السلطات التشريعية، والتنفيذية، والقضائية) مبينة أقسامها ووظائفها وطريقة عملها و العلاقة بينها.[3] كما تبين الدساتير حقوق وواجبات المواطنين كحرية الفكر والتعبير وحرية الصحافة ، والحرية السياسية وغيرها.[4] وكذلك تبين الأوضاع التي تبرر تعليق بعض موادها مؤقتاً (كحالة الطوارئ) والضوابط التي تضمن أن لا تستغل الحكومات هذه الأوضاع لكي تمارس الحكم خارج إطار الدستور لفترات طويلة. وأيضاً تبين الدساتير آلية إدخال التعديلات عليها، وما إذا كان هناك بعض المواد

---

(1) عبد الإله بلقزيز، " نجن والنظام الديمقراطي"، مصدر سبق ذكره، ص 77.

(2) حسان محمد شفيق العاني، الأنظمة السياسية والدستورية المقارنة، مطبعة جامعة بغداد ، بغداد ، 1986 ، ص 63.

(3) أنظر: رجا بهلول ، مبادئ أساسية في صياغة الدستور والحكم الدستوري ، مؤسسة فريد ريتس ناومان، عمان ، 2005، ص 13.

(4) أنظر فاتح سميح عزام " الحقوق المدنية والسياسية في الدساتير العربية" ، المستقبل العربي، العدد (377) ، بيروت ، آذار 2002 ، ص20.

غير القابلة للتعديل ، وما إذا كان التعديل يتطلب الحصول على الموافقة الشعبية أو موافقة البرلمان المنتخب أو الأثنين معاً أو أي إجراءات أخرى. [1]

وفيما يخص تجربة دول مجلس التعاون الخليجي في مجال نشأة الدساتير الأولى نجد أن (الكويت) هي أول دولة من دول المجلس تعتمد في نظام حكمها على الدستور الذي أقر في العام 1962، ليكون أقدم الدساتير، واكثرها ديمقراطية والزاماً للحكم قياساً بدول مجلس التعاون الأخرى، والذي تحولت الكويت بموجبه إلى دولة مؤسسات محددة العلاقة فيها بين الحاكم والمحكوم ، خاصة إن الدستور لم يصدر بفضل مكرمة أميرية كما حدث في البعض من دول المجلس، بل أن أمير الكويت آنذاك (عبد الله السالم الصباح) دفع باتجاه أن يصدر الدستور بواسطة مجلس تأسيسي منتخب شعبياً، [2] إذ أجريت أول انتخابات عامة في الكويت بتاريخ 30 كانون الأول 1961، لإنتخاب أعضاء المجلس التأسيسي لتكون مهمته أولاً إعداد الدستور الدائم للبلاد، والعمل كهيأة تشريعية مؤقتة إلى جانب الأمير ، واستطاع هذا المجلس من أعداد مسودة الدستور ، ورفع إلى الأمير للتصديق عليه ، وفي 29 كانون الثاني 1963 دخل الدستور الكويتي الحالي حيز التنفيذ حين عقد مجلس الأمة الجديد المنتخب على أساس الدستور أول اجتماعاته. [3] ويتألف الدستور الكويتي من (183) مادة وهو مقسم إلى خمسة أبواب هي على التوالي:

1. الدولة، ونظام الحكم.
2. المقومات الأساسية للمجتمع الكويتي.
3. الحقوق والواجبات العامة.
4. السلطات.
5. أحكام عامة وأحكام ختامية.

[1] رجا بهلول، مصدر سبق ذكره، ص 14.
[2] غانم النجار ، مصدر سبق ذكره ، ص 102.
(3) محمد الرميحي ، " تجربة المشاركة السياسية في الكويت: 1962 – 1981" ، مصدر سبق ذكره، ص ص 654، 655.

ويحافظ الدستور على الوضع المميز للعائلة الحاكمة داخل النظام السياسي الكويتي، في الوقت الذي تكون فيه (الأمة) مصدر السلطات، ويحدد الدستور المقومات الرئيسية التي يقوم عليها المجتمع الكويتي وهي (العدل والحرية والمساواة) ، وقد أكد الدستور مبدأ الديمقراطية النيابية. كما أوضح أن السلطات العامة في الدولة هي: السلطة التشريعية يتولاها الأمير ومجلس الأمة، والسلطة التنفيذية ويتولاها الأمير ومجلس الوزراء ، والسلطة القضائية، وتتولاها المحاكم باسم الأمير ، وقد أكد مبدأ إستقلال القضاء ، كما أخذ الدستور بمبدأ فصل السلطات مع تعاونها.كما يقوم الدستور الكويتي على أساس تأكيد مبدأين أساسيين للنظام البرلماني هما: حق مجلس الأمة في سحب الثقة من الوزراء، وحق الحكومة في طلب حل المجلس النيابي.(1)

أن تحول الكويت إلى دولة دستورية لها مجلس نيابي منتخب لم يكن عملية مفاجئة أو تحول بلا جذور، فقد تفاعلت عوامل وأوضاع محلية، وأقليمية وخارجية في تحديد شكل التحول ومساره. فكما تقدم كانت هناك محاولات لإنشاء مجالس وانتهت جميعها بالحل في العامي 1921، و 1938،(2) فضلا عن المجالس المتخصصة المنتخبة خلال فترة الخمسينات نتيجة سعي القوى والتنظيمات ذات التوجه الليبرالي في الثلاثينات والأربعينات والخمسينات من القرن العشرين للوصول إلى الشكل الدستوري.(3) كما أن إستقلال هذه الأمارة الصغيرة في العام 1961م، قد حمل معه التحديات الخارجية الجديدة ، والتي حاولت أرباكه ، كمطالبة رئيس الوزراء العراقي الأسبق عبد الكريم قاسم بضم الكويت إلى العراق في 1961/6/24 والتي دفعت السلطة في الكويت إلى التوجه نحو الشعب لتقوية مركزها، والخشية من تزايد التوتر الداخلي، خاصة إن هذه الأزمة أفسحت المجال أمام النخب الاجتماعية الفاعلة لتجديد مطالبها بإجراء

---

(1) أنظر نص دستور دولة الكويت، بوابة الكويت الألكترونية، www.kt.com.kw

(2) راجع الفصل الأول، المبحث الثاني.

(3) مفيد الزيدي، التيارات الفكرية في الخليج العربي 1938-1971، مصدر سبق ذكره، ص ص 130-131، وغانم النجار، مصدر سبق ذكره ، ص 97.

الإصلاحات الدستورية، وإقامة البرلمان، فضلا عن الرغبة البريطانية في تحويل الكويت إلى دولة ذات نظام شبه ديمقراطي تأخذ من الحكم الدستوري الديمقراطي المظاهر الشكلية دون أن يمس جوهر الأوضاع، وبالذات المصالح البترولية، [1] في ضوء خلو الساحة المحلية من كفاءات كويتية قادرة على تسيير الأمور في البلاد ، وبالأخص في العمل الدبلوماسي الخارجي، وأمام هذه التحديات طالبت النخبة بمشاركة فعلية في إدارة شؤون البلاد ، خاصة أن الأمير (عبد اللـه السالم) أمير الكويت أنذاك، لم يكن راغبا لا هو، ولا أي فرد من أفراد اسرته في التخلي عن ممارساته في السيطرة على السلطة ، لكن هذه الأوضاع دفعته لتفهم حتمية التغيير. [2] لذلك ينسب البعض أسباب عدم الاستقرار السياسي في الكويت والأزمات الدستورية المتكررة وتوتر العلاقة بين السلطتين التشريعية والتنفيذية تعود إلى عدم إيمان النخب الحاكمة في الكويت بالدستور والحياة الديمقراطية فكلما مارس مجلس الأمة المنتخب دوره الرقابي والتشريعي أقدمت الحكومة على حله لتعيش البلاد حالة من الفراغ الدستوري، وتشريعات لا دستورية، وتتولى السلطة التنفيذية فيه أعمال السلطة التشريعية واضعاف حكم القانون وسيادة الأمة نتيجة اضعاف الدستور والحكم الدستوري. [3] فقد شهدت الكويت عدة أزمات دستورية، إذ عاشت الكويت في ظل الدستور من كانون الثاني 1963حتى آب 1976 عندما عطل العمل به واستمر هذا التعطيل نحو خمس سنوات، [4] بموجب الأمر الأميري الصادر في 29 آب 1976، والذي نص في مادته الأولى على أن يوقف العمل بأحكام المواد: (56 فقرة 3) من الدستور الذي يضع حداً أعلى بعدد الوزراء لا يجوز تجاوزه ، والمادة (107) ، من الدستور التي تنص

(1) انظر يوسف حسن داود التميتي، مصدر سبق ذكره، ص ص 137-138.

(2) إسماعيل الشطي، مصدر سبق ذكره، ص ص 160-161.

(3) خلدون حسن النقيب، "محنة الدستور في الوطن العربي: العلمانية والأصولية وأزمة الحرية" ، المستقبل العربي، العدد (184) ، بيروت ، حزيران 1994، ص 34.

(4) محمد الرميحي،" تجربة المشاركة السياسية في الكويت: 1962 - 1981"،مصدر سبق ذكره، ص 655.

على إجراءات مشددة لتنقيح الدستور، والمادة (181) ، التي لا تجيز إيقاف حكم من إحكامه إلا في حالة إعلان الحكم العرفي. كما قضى في مادته الثانية بحل مجلس الأمة دون تحديد موعد لانتخابات المجلس الجديد، على أن يتولى الأمير ومجلس الوزراء الاختصاصات المخولة لمجلس الأمة بموجب الدستور. ونصت كل من المادتين الرابعة والخامسة على تشكيل لجنة من ذوي الخبرة والرأي للنظر في تنقيح الدستور لتلافي العيوب التي أظهرها التطبيق العملي، وترفع مقترحاتها إلى الأمير بعد موافقة مجلس الوزراء ويعرض على الناخبين مشروع تنقيح الدستور للاستفتاء عليه أو على مجلس الأمة المقبل خلال مدة لا تزيد على أربع سنوات من تاريخ إصدار هذا الأمر، وسميت المدة التي تم فيها تعطيل الحياة النيابية من تاريخ صدور هذا الأمر بمدة (التأمل وإعادة النظر في التجربة الديمقراطية).[1]

ومن وجهة النظر الرسمية كانت الأسباب الداعية لحل هذا المجلس هي:

1. تعطيل مشروعات القوانين وعدم إنجازها في وقت مناسب مما يؤدي إلى الأضرار بمصلحة البلاد.
2. ضياع وقت المجلس في المناقشات الجانبية، والتهجم على الوزراء دون وجه حق.
3. أنعدام التعاون بين السلطتين التشريعية والتنفيذية.
4. أن الكويت بحاجة إلى نظام ديمقراطي مستمد من تراثها لا أن يكون مستورداً.
5. الأوضاع الحرجة التي تجتازها منطقة الخليج العربي بوجه خاص والعالم العربي بوجه عام تتطلب سرعة البت في كثير من الأمور الحاسمة وأصدار التشريعات الكفيلة بحماية أمن واقتصاد البلد.[2]

وبعد أن انتهت لجنة تنقيح الدستور من مهمتها رفعت تقريرها إلى السلطة متضمناً نصوص المواد المقترح تعديلها ومذكرة تفسيرية توضح أسباب التعديل ومبرراته، كما أقدمت الحكومة على تعديل قانون الانتخاب الكويتي، والذي

---

(1) محمد جاسم ، مصدر سبق ذكره ، ص 119.

(2) أنظر عادل الطبطائي، مصدر سبق ذكره، ص ص 339 -340.

قسمت بموجبه الكويت إلى (25) دائرة انتخابية تختار كل دائرة مرشحين أثنين ، بعد ما كانت الكويت قبل ذلك مقسمة إلى (10) دوائر انتخابية تنتخب كل واحدة خمسة أعضاء ، وقد أريد من ذلك تحقيق التوازن في العملية الانتخابية، إذ ضمت بعض المناطق غير المتجانسة اجتماعيا وغير المرتبطة جغرافيا في دائرة واحدة وقد رأى البعض أن هنالك مناطق قد ظلمت، إذ أن تعداد بعضها يفوق تعداد مناطق أخرى. وقد أثار هذا القرار ضجة واسعة بين صفوف الناس بين مؤيد ومعارض ، على اساس أن هذا التوزيع للدوائر أجري خارج مجلس الأمة وفي غيبته. مما يعني أن هذا الأمر قد جعل من السهل على الحكومة التحكم بسير العمليات الانتخابية التي تجري والتي تمثلت بسقوط المعارضة بجميع اتجاهاتها و تياراتها بعد أن شهدت الكويت عودة الحياة النيابية بإجراء انتخابات لأختيار أعضاء مجلس الأمة في العام 1981، وفوز ممثلي القبائل والمعتدلين الموالين للنظام الذين يغلب عليهم الاتجاه الديني المحافظ. [1] إلا أنه في نفس الوقت رفضت جميع محاولات الحكومة تنقيح الدستور، وخاصة المواد المتصلة برقابة المجلس على الحكومة بسبب المعارضة الشعبية الهائلة التي واجهتها الحكومة في مجلس العام 1981 ، مما أضطرها إلى التخلي عن الفكرة تماما في ذلك الوقت.[2]

ثم جاء مجلس العام 1985، الذي يعد من المجالس النيابية القوية، وحدثت المواجهة بين أعضاء المجلس والحكومة، خاصة أن المجتمع الكويتي كان يعيش أثار أزمة (سوق المناخ)[3] فضلا عن قيام المجلس باستجواب وزير

([1]) محمد جاسم محمد ، مصدر سبق ذكره ، ص ص 121-122.

([2]) غانم النجار، مصدر سبق ذكره ، ص 102

([3]) نشأت (أزمة المناخ) في الكويت في العام 1982، بسبب تهاون الحكومة في تطبيق القوانين المنظمة للحياة الاقتصادية في البلاد ، خاصة بعدما عطلت هذه القوانين بسبب الأزمة الدستورية التي نشأت في العام 1976، وتوقف العمل في البعض من مواد الدستور لمدة أربع سنوات، وأتضح أن أفراد من الأسرة الحاكمة لها ضلع كبير في الأزمة، لأنها كانت تقترض من الأموال العامة مبالغ ضخمة تضمها للسوق فإذا حققت ربحاً أعادتها إلى الخزانة، أما إذا خسرتها فتسكت عن ذلك، مما أثرت هذه الأزمة على الوضع الاقتصادي والاجتماعي للبلد، ينظر: غانم محمد صالح،الخليج العربي: التطورات السياسية والنظم والسياسات، مصدر سبق ذكره، ص 74، وكذلك خلدون حسن النقيب، " محنة الدستور في الوطن العربي: العلمانية والأصولية وأزمة الحرية" ، مصدر سبق ذكره ص ص 34،35.

العدل، وهو من الوزراء الشيوخ، مما أضطره إلى تقديم استقالته ، كذلك سعي المجلس إلى إقرار بعض التشريعات المهمة، مثل قانون استقلال القضاء الذي رفضته الحكومة، وقانون محاسبة الوزراء الذي اعترضت عليه الحكومة أيضا، كل ذلك دفع الاميرالي حل المجلس ، لتعيش الكويت من جديد أجواء حياة لا دستورية غير محددة زمنياً تحت ذريعة توتر العلاقة مع السلطة التنفيذية وتشويه عمل الحكومة. [1]

وخلال مدة الحياة اللادستورية أقدمت السلطات الرسمية على دعوة تشكيل ما يسمى بـ (المجلس الوطني) كشكل " انتقالي" لا دستوري الذي يتألف من أعضاء منتخبين ومعينين من قبل السلطة (50 منتخباً + 25 بالتعيين) في سابقة ليس لها مثيل في الحياة السياسية الكويتية الأمر الذي دفع مختلف القوى السياسية والعمالية والطلابية للدعوة إلى مقاطعة هذه الانتخابات التي اجريت في العاشر من حزيران العام 1990، بسبب عدم دستورية هذا المجلس ، إلا أن السلطات لم تهتم لذلك وصدر المرسوم الخاص بدعوة المجلس الوطني الذي مارس مهامه حتى يوم غزو العرق للكويت في 2 آب 1990، ومن ثم استمرار العمل به حتى بعد تحرير الكويت خلافاً للوعود التي قطعت لمؤتمري جدة. [2] إلا أن تزايد الضغوط الداخلية والخارجية أدت إلى عودة العمل بدستور 1962، واجريت الانتخابات لاختيار أعضاء مجلس الأمة الخمسون في تشرين الأول عام 1992. [3]

أما (البحرين) التي تعد تجربتها الدستورية الثانية بعد تجربة الكويت لإرساء قواعد نظام الحكم على مبادئ دستورية حديثة، بعد أن قدمته الحكومة إلى المجلس التأسيسي المنتخب من قبل الشعب وأقر في 9 حزيران 1973 ، ويتكون

---

(1) أحمد البغدادي وفلاح المديرس ، مصدر سبق ذكره ، ص ص 89-90. وأنظر كذلك يوسف حسن داود التميمي، مصدر سبق ذكره، ص ص 168-171.

(2) للمزيد من التوضيح حول هذا المؤتمر راجع الفصل الثاني، المبحث الأول، المطلب الثاني : المطالب الشعبية.

(3) أحمد البغدادي وفلاح المديرس ، مصدر سبق ذكره ، ص 90.

من (109) مادة موزعة إلى خمسة أبواب.[1] ووفقا لهذا الدستور ، نظام الحكم في البحرين ديمقراطي، السيادة فيه للشعب مصدر السلطات جميعاً (المادة 1 فقرة د) ، وهذا النظام كما يوضح الدستور يقوم على أساس فصل السلطات التشريعية والتنفيذية والقضائية مع تعاونها ، ولا يجوز لأي من السلطات الثلاث التنازل لغيرها عن كل أو بعض اختصاصها المنصوص عليها دستورياً (المادة 32) كما ويقر الدستور إن السلطة التشريعية يتولاها الأمير، والمجلس الوطني ، ويتولى الأمير السلطة التنفيذية مع مجلس الوزراء، وباسمه تصدر أحكام السلطة القضائية. ويتألف المجلس الوطني البحريني من (ثلاثين) عضوا يتم انتخابهم بطريقة الاقتراع العام السري المباشر ويرفع هذا العدد إلى (أربعين) عضواً إبتداءً من الفصل التشريعي الثاني فضلا عن الوزراء بحكم مناصبهم (المادة 43) ومدة هذا المجلس أربع سنوات ميلادية من تاريخ أول اجتماع له (المادة 45) ، واختصاص المجلس الوطني أساساً هو التشريع: فالقانون لا يصدر إلا إذا أقترن باقرار المجلس الوطني وصدق عليه الأمير وفضلا عن هذه الوظيفة التشريعية هناك وظيفة سياسية، وذلك بتأمين حقوق معينة لأعضاء المجلس الوطني هي حق توجيه السؤال (إلى الوزراء أو رئيس الوزراء) وطرح موضوع عام للمناقشة وتشكيل لجان التحقيق ، وتقديم الاستجوابات ، وتحريك المسؤولية السياسية للحكومة وذلك بطرح الثقة بأحد الوزراء ، أو القول بعدم إمكانية التعاون مع رئيس مجلس الوزراء.[2]

إلا أن هذه التجربة الدستورية قد علقت في العام 1975، وربما وجد آل خليفة أنفسهم يتعرضون لضغوط داخلية وخارجية مما جعلهم يتوجسون خيفة من النظام الدستوري. إذ أصدر الأمير مرسوم في 26 آب 1975، يقضي بحل المجلس الوطني وكذلك إصدار أمر يتضمن الاعلان عن تأجيل انتخاب أعضائه لحين صدور قانون جديد للانتخابات ، وإيقاف العمل بالمادة (65) من الدستور

(1) دستور دولة البحرين لعام 1973.

(2) أنظر: عادل الطبطبائي، مصدر سبق ذكره ، ص ص 245-260 ، ص ص 269-294.

وغيرها من المواد التي تتعارض مع هذا الحكم، وأن يتولى مجلس الوزراء مع الأمير السلطة التشريعية خلال الفترة اللاحقة.(1)

ولقد كانت وجهة النظر الرسمية في أسباب حل المجلس هي:

1. انعدام التعاون والتفاهم بين السلطتين التشريعية والتنفيذية.
2. إن الحياة البرلمانية في البحرين اثبتت انها مضعة للوقت ، وذلك لأن 80 % من وقت المجلس يضيع في مناقشات الترف الفكري.
3. هناك فئات داخل المجلس الوطني أرادت فرض (أيديولوجيات) غريبة عن تفكير الشعب البحريني ، بل أنه يمكن وصفها بترف فكري لا تنسجم مع طبيعة هذا الشعب الذي يحتاج إلى حلول ناجحة لمشكلاته الاجتماعية والاقتصادية والحياتية اليومية.
4. الخطأ الذي واجهته ديمقراطية البحرين، كونها ديمقراطية مستوردة ولم تكن ديمقراطية معايشة لأوضاعنا.

ولم يحدد مدة معينة يصدر خلالها قانون الانتخاب الجديد، كما لم يحدد موعداً لعودة الحياة البرلمانية، وقد برر بعض المسؤولين هذا الأمر بالقول (لم نكن نريد تحديد الوقت لأن في ذلك إلزاماً لنا، فنحن نريد وقتاً للوصول إلى حلول مناسبة حتى لا تكون هناك أخطاء).(2)

واستمرت البحرين تواجه أزمة الشورى والديمقراطية، وإعادة التجربة البرلمانية، وضرورة العمل بدستور العام 1973 ، الذي عدّ أساساً لنشوء الحركة الديمقراطية في البحرين الذي نظم الحكم في الدولة بعد صدور مرسوم أميري في وقتها أكد أن نظام الحكم ذو صفة دستورية لا يجوز تجاوزها. وواجه مجلس الشورى المعين الذي أقدم الحاكم الراحل (الشيخ عيسى بن سلمان آل خليفة) (1961-1999) على تعيين أعضائه الثلاثين معارضة واسعة من مختلف فئات المجتمع، إذ كان له صفة استشارية، وتوصياته غير ملزمة للحكومة واعتبر

---

(1)نفس المصدر ، ص 354 .

(2) عادل الطبطبائي ،مصدر سبق ذكره ، ص ص 356-357.

كجهاز مساعد للسلطة التشريعية التي تولتها بعد توقف العمل ببعض مواد دستور العام 1973 السلطة التنفيذية التي تتألف من الأمير ومجلس الوزراء.[1]

إلا أن البحرين شهدت بعد تولي (الشيخ حمد بن عيسى آل خليفة) الحكم في اذار 1999، مجموعة من الإجراءات التصحيحية سواء على مستوى الأوضاع الاجتماعية والاقتصادية أو السياسية والتي كان أهمها هو ما وعد به الأمير الجديد بضرورة العودة إلى الحياة الدستورية والبرلمانية في مبادرته الإصلاحية في تشرين الثاني 2000 ، والذي أعلن فيها تشكيل (اللجنة الوطنية العليا) لأعداد مشروع ميثاق العمل الوطني ليكون " ميثاق للوطن، ووثيقة للعهد وركيزة لعقد اجتماعي جديد".[2] وقد تضمن الميثاق سبعة فصول تدعو إلى تحويل البحرين إلى مملكة دستورية، وإنشاء هيأة تشريعية من مجلسين: يتم اختيار أعضاء مجلس الشورى بالتعيين من جانب الأمير ، والمجلس الأخير نيابي يتم اختيار أعضائه بالانتخاب المباشر، ويؤكد الميثاق إن نظام الحكم في البحرين ديمقراطي السيادة فيه للشعب مصدر السلطات جميعاً، كما يؤكد الفصل بين السلطات ، وعلى سيادة القانون، واستقلال القضاء، وحق الشعب في المشاركة في الشؤون العامة.[3]

وبعد أن تسلم الأمير في 23 كانون الأول 2000 ،الميثاق الوطني أكد عزمه على طرحه للاستفتاء الشعبي في شباط 2001، وقد تم التصويت على الميثاق في يومي 14 و 15 شباط 2001، بأغلبية كبيرة بلغت 98.4 % وبموافقة شعبية مرتفعة ، وبمشاركة النساء البحرينيات أيضاً.[4] ولما كان تفعيل المبادئ التي ورد ذكرها في هذا الميثاق يتطلب إجراء تعديلات على الدستور

---

(1) مفيد الزيدي، " مؤشرات التحول الديمقراطي في البحرين : من الأمارة إلى الملكية الدستورية "، المستقبل العربي ، العدد (270)، بيروت ، آب 2001 ، ص ص 10-12.

(2) غانم النجار ، مصدر سبق ذكره ، ص 109.

(3) محمد السعيد أدريس ، مجلس التعاون الخليجي 2000- 2001 ، مصر سبق ذكره ، ص ص 218 -219.

(4) مفيد الزيدي ، " مؤشرات التحول الديمقراطي في البحرين: من الأمارة إلى الملكية الدستورية"، مصدر سبق ذكره ، ص ص 14-15.

الدائم ليتلائم مع الأهداف التي يتضمنها، فقد عهد أمير البلاد بالمرسوم المرقم (5) لسنة 2001 ، إلى لجنة فنية إستشارية بوضع مشروع التعديلات الدستورية التي نص ميثاق العمل الوطني على ضرورة إجرائها ، وتم رفعها إلى الأمير مشفوعة بمذكرة تفسيرية للتصديق عليها وإصدارها بتاريخ 2002/2/14.[1]

وبما أن دستور البحرين الصادر في العام 1973 ،قد حدد إجراءات تعديله في المادة (104) حيث نصت " يشترط لتعديل أي حكم من أحكام هذا الدستور أن يتم الموافقة على التعديل بأغلبية ثلثي الأعضاء الذي يتألف منهم المجلس الوطني ، وأن يصدق الأمير على التعديل ، وذلك استثناء من حكم المادة (35)".[2] إلا أن لجنة تعديل الدستور رأت، وكما جاء في المذكرة التفسيرية التي ألحقت بالدستور المعدل الصادر في 14 شباط 2002 ، أن المادة (104) من الدستور البحريني الصادر في العام 1973، لم تعد صالحة لتعديل الدستور في إطار ما جاء بها من إجراءات على أساس أن ما ورد في الرسالة المرفوعة إلى أمير البلاد من رئيس اللجنة العليا لأعداد مشروع الميثاق تؤكد أن لجنة وضع مشروع الميثاق والشعب الذي وافق عليها قد عهد إلى أمير البلاد باتخاذ ما يراه مناسباً من إجراءات لتفعيل، وتنفيذ ما جاء في الميثاق بما يتفق مع مصلحة البلاد، ومن بين هذه الإجراءات كيفية إجراء التعديلات الدستورية التي ينبغي القيام بها، وأن إرادة الشعب التي ظهرت في الاستفتاء توضح أن الشعب قد عهد إلى أمير البلاد باتخاذ ما يراه مناسباً لتعديل الدستور في إطار ما ورد في الميثاق من مبادئ وأحكام وباختيار الطريقة التي يراها هو أفضل لوضع التعديلات الدستورية والموافقة عليها وإصداراها. كما أن المجلس الوطني قد حل في الأمر الأميري المرقم (14) الصادر في 26 أب 1975، الذي نص على وقف العمل بالنصوص المتعلقة بالمجلس الوطني التي نضمها دستور البحرين سنة 1973وأصبح هذا المجلس غير موجود من الناحية الدستورية، وقد أكد الشعب

---

(1) المذكرة التفسيرية لدستور مملكة البحرين المعدل الصادر في سنة 2002، ص 1.

(2) دستور دولة البحرين لعام 1973.

ذلك بموافقته على ميثاق العمل الوطني في ظل عدم وجود هذا المجلس ، وأن اللجوء إليه في الوقت الحاضر يعد مخالفا لإرادة الشعب التي عبر عنها عند موافقته على الميثاق، ومن ثم لا يمكن لهذا المجلس غير القائم دستورياً أن يمارس اختصاصاته الموجودة في الدستور الحالي، والتي من بينها موافقته على تعديل الدستور".[1]

كما لا يمكن إجراء انتخابات لاختيار أعضاء المجلس الجديد ليتولى تعديل الدستور، واتباع الإجراءات التي نصت عليها المادة (104) من دستور 1973 وذلك لأن الميثاق قد أخذ على خلاف الدستور الحالي بنظام المجلسين النيابيين وبمشاركة المرأة في الانتخابات، والترشيح لعضوية المجالس النيابية، فمن غير الممكن تطبيق هذه المبادئ الجديدة قبل تعديل الدستور لتنظيم كيفية إختيار المجلسين، وتحديد اختصاصاتهما ، وشروط اختيار أعضائهما ، وكيفية هذا الاختيار. وبذلك رأت اللجنة المكلفة بوضع مشروع التعديلات الدستورية وحسب ما جاء في المذكرة التفسيرية الملحقة بالدستور المعدل، إن الطريق الوحيد لتعديل الدستور هو أن يتم هذا التعديل بإرادة أميرية خالصة تنفيذاً لما عهد به الشعب إلى أمير البلاد عند أستفتائه على الميثاق، وقبول الأمير بذلك حين صدق عليه وتعتبر التعديلات الدستورية في هذه الحالة وكأنها قد صدرت عن هذه الإرادة الشعبية، باعتبار إن ما صدر عن الأمير هو إعمال لها، كما أن من حق السلطة التشريعية بعد عودة الحياة النيابية في ظل التعديلات التي ستجري على دستور سنة 1973، أن تقترح إجراء تعديلات أخرى أو تعديل ماتم من تعديلات وفقاً للإجراءات التي ينص عليها الدستور بعد تعديله[2] .

ومن أهم المواد التي أجريت عليها التعديلات الدستورية:إعطاء الشريعة الإسلامية نصيباً أكبر مما كانت عليه في الدستور قبل تعديله، وأكدت التعديلات

(1) المذكرة التفسيرية لدستور مملكة البحرين المعدل الصادر في سنة 2002، ص 4.

(2) نفس المصدر، ص 5.

بذلك أن الشريعة باقية في ضمير الشعب، وإنها تحتل مكانها اللائق بها[1] فقد نص الدستور قبل تعديله في (المادة 2) على أن دين الدولة الإسلام، وأن الشريعة الإسلامية مصدر رئيس للتشريع، وفي (المادة 6) على أن تصون الدولة التراث الإسلامي، وفي البند (ب) من (المادة 7) على رعاية التربية الدينية في مختلف مراحل التعليم وأنواعه. ألا أن التعديلات الدستورية الجديدة وسعت من هذا الاتجاه، بفضل إظهار انعكاسات وأثار أحكام الشريعة الإسلامية على نصوص أخرى من نصوص الدستور المعدل، كما جاء في (المادة 33 فقرة أ) منه، من ((إن الملك هو الحامي الأمين للدين))، فضلا عن ما نصت عليه المواد (23،24،27) من الدستور المعدل التي اكدت ان حرية الرأي، والبحث العلمي والصحافة، والطباعة والنشر، وتكوين الجمعيات والنقابات لا يجوز أن تمس أسس العقيدة الإسلامية[2].

كما تم تطوير ما أخذ به الدستور قبل تعديله من الجمع بين مظاهر كل من النظامين البرلماني والرئاسي، وإضافة بعض المظاهر الديمقراطية شبه المباشرة بفضل الأخذ بفكرة الاستفتاء الشعبي، " على أساس أنه نتيجة للتطور الذي صاحب الديمقراطية في العالم، وخروجاً عن بعض الأركان الأساسية التي يقوم عليها النظام النيابي التقليدي فبعد أن كان النواب يستأثرون بالسلطة، أصبح من حق الشعب أن يسهم معهم في مباشرتها ، وأن يشترك فيها أشتراكاً فعلياً، وذلك من خلال تطعيم النظام النيابي ببعض مظاهر هذه الديمقراطية شبه المباشرة " [3] كما اشتملت التعديلات الدستورية على مسألتين أساسيتين، وهما: النظام الملكي ونظام المجلسين ، وتفرعت عن كل هاتين المسألتين أحكام أخرى تتفق معها، وتكمل أعمال المبادئ المدونة فيها، وأصبحت (المادة 1 فقرة ب) تنص على (حكم مملكة البحرين ملكي دستوري وراثي) بعدما كانت قبل التعديل تنص على

([1]) المذكرة التفسيرية لدستور مملكة البحرين المعدل الصادر في سنة 2002، . ، ص 7.

([2]) دستور مملكة البحرين المعدل الصادر في 14 فبراير 2002.

([3]) المذكرة التفسيرية لدستور مملكة البحرين المعدل الصادر في سنة 2002، ص 8.

(حكم البحرين وراثي) على أساس ((أن الميثاق الوطني الذي وافق عليه الشعب قد فضل الأخذ بتسمية الملك ، حتى يتفق ذلك مع التطور الذي وصلت إليه البحرين رغم أن اصطلاحي الملك أو الأمير يعبران عن نظام واحد هو النظام الوراثي، إلا إن النظام الملكي يختلف في مفهومه الفني الدقيق عن النظام الأميري، على أساس أن اصطلاح الملك لا يطلق في المملكة إلا على شخص واحد هو رئيسها وقائدها، مما يجعل الملك ينفرد في مسماه ومكانته ، ويجعله رمزاً للمملكة والشعب، فضلا عن الزيادة الكبيرة في مسؤولية الملك تجاه بلده وشعبه وترتب على هذا التعديل إحلال لقب (الملك) محل لقب (الأمير) إينما وجد في الدستور)) [1]

وبناءً على ذلك أضيفت اختصاصات أخرى للملك تتناسب دورة كملك بصفته رأس الدولة ، وحكماً بين سلطاتها المختلفة من خلال تعديل (المادة 33) من الدستور وتأكيد الفقرتان (أ ـ ب) من المادة نفسها على ذلك بنصها " أن الملك رأس الدولة ، والممثل الأسمى لها ، ذاته مصونة لا تسمى ، وهو الحامي الأمين للدين والوطن ورمز الوحدة الوطنية، ويحمي شرعية الحكم وسيادة الدستور والقانون ، ويرعى حقوق الأفراد والهيئات وحرياتهم " .فضلا عن أن الملك يباشر سلطاته مباشرة وبواسطة وزرائه من خلال أوامر ومراسم ملكية حسب ما جاء في الفقرة (ج) من نفس المادة. أي أن هناك اختصاصات منحها الدستور الجديد ليباشرها الملك بمفردة، وتكون أداة إصدارها هي الأوامر الملكية التي تصدر بتوقيع الملك وحده دون توقيع من رئيس مجلس الوزراء أو الوزراء، وأعطي للملك الحق في تعيين أعضاء أحد المجلسين (مجلس الشورى) بأمر ملكي (المادة 33 فقرة و). كما أن الملك هو القائد الأعلى لقوة الدفاع ويتولى قيادتها وتكليفها بالمهام الوطنية داخل أراضي المملكة وخارجها وترتبط مباشرة به ، وتراعي السرية اللازمة في شؤونها ، ويعين الملك (المجلس الأعلى

---

[1] المذكرة التفسيرية لدستور مملكة البحرين المعدل الصادر في سنة 2002، ص9.

للقضاء) ويعيين القضاة بأوامر ملكية بناءً على اقتراح المجلس الأعلى للقضاء وأضيفت مهام أخرى للملك بأنه ينشئ ويمنح ويسترد الرتب المدنية والعسكرية وألقاب الشرف الأخرى بأمر ملكي.[1]

وفضلا عن ذلك فقد أعطيت إلى الملك صلاحيات إصدار المراسيم لما يوجب الإسراع في اتخاذ تدابير لا تحتمل التأخير، وهذه المراسيم تكون لها قوة القانون يصدرها الملك في مدة حل المجلس الوطني أو ما بين أدوار إنعقاده أو انتهاء الفصل التشريعي ، ونص الدستور المعدل في (المادة38) بأن هذه القوانين إذا لم يوافق عليها أو قام برفضها المجلس الوطني بمجلسيه النواب والشورى فالزوال ليس له أثر رجعي ومن ثم يكون زوالها من تاريخ رفضها على أساس أنه قد ترتب عليها نشأة مراكز قانونية، وحقوق مكتسبة للأفراد خلال تلك المدة، والسعي لحماية هذه الحقوق والمراكز في حالة عدم موافقة المجلسين على هذه المراسيم ، فيما كان في الدستور قبل تعديله في حالة رفضها من قبل المجلس زالت بأثر رجعي أو إذا لم تعرض على المجلس الوطني في حالة انعقاده خلال مدة معينة. كما أضيفت (المادة 43) والتي تنص على أن (الملك يستفتي الشعب في القوانين والقضايا الهامة التي تتصل بمصالح البلاد ، ويعدّ موضوع الاستفتاء موافقاً عليه إذا أقترته أغلبية من أدلوا بأصواتهم، وتعتبر نتيجة الاستفتاء ملزمة ونافذة من تاريخ إعلانها) ، وحسب ما جاء في المذكرة التفسيرية لتعديل الدستور إن الأخذ بصيغة الاستفتاء هذه، كما ذكرنا سابقاً، نتيجة للتطور الذي صاحب الديمقراطية في العالم المعاصر.[2]

ومن المسائل المهمة التي شملها التعديل الأخذ بنظام المجلسين النيابيين، حيث أصبح المجلس الوطني بموجب التعديل الدستوري يتألف من مجلسين، وهما مجلس الشورى ومجلس النواب. وحسب ما جاء في المذكرة التفسيرية للدستور

(1) أنظر: الفقرات (ب ، ز، ح) من المادة (33) في دستور مملكة البحرين المعدل الصادر في 14 فبراير 2002.

(2)أنظر: المذكرة التفسيرية لدستور مملكة البحرين المعدل الصادر في سنة 2002، ص 8

أن من أهم المزايا التي يحققها نظام المجلسين أنه يتيح الاستفادة من حكمة ذوي العلم والخبرة التي تتوفر في المجلس المعين إلى جانب تفاعل الأراء الشعبية من الاتجاهات كافة التي يضمها المجلس المنتخب أنتخابا مباشر، كما أن الأخذ بنظام المجلسين يمثل ضمانا أكيدا لحسن سير العمل النيابي، وتحقيقاً لمبدأ الرقابة التبادلية بين المجلسين على ما يقوم كل منهما بإدائه من أعمال. وفي هذا ما يؤدي إلى منع محاولة أيهما الاستبداد بسلطة التشريع في مواجهة السلطات الأخرى، وبصفة خاصة السلطة التنفيذية، فضلا عن منع الخطأ والتسرع في التشريع. وبذلك عدل عنوان الفصل الثالث ليشمل إلى جوار اصطلاح السلطة التشريعية إصطلاح المجلس الوطني، ونصت (المادة 51) على أن يتألف المجلس الوطني من مجلسين هما: مجلس الشورى، ومجلس النواب.[1]

ويتألف مجلس الشورى من أربعين عضوا يعينون بأمر ملكي ، وقد حددت مدة عضوية المجلس بأربع سنوات ، وساوى الدستور بين مدة مجلس الشورى، ومدة مجلس النواب، وهو ما يحقق المساواة بين المجلسين ، على أن يكون تاريخ الدعوة إلى اجتماع مجلس الشورى هو ذات تاريخ دعوة مجلس النواب للإنعقاد، وأن تكون أدوار الانعقاد واحدة بالنسبة إليهما. وفي حالة حل مجلس النواب توقفت جلسات مجلس الشورى ، ويهدف النص على ذلك إلى ضمان اشتراك المجلسين معاً في اتخاذ القرارات. أما أعضاء مجلس النواب فقد حددوا أيضا بأربعين عضواً ينتخبون بطريقة الانتخاب العام السري، وبذلك استبعد الوزراء بحكم مناصبهم من عضوية المجلس كما هو معمول به في الدستور السابق العام 1973، (المادة 73) ، والتي نصت على أن المجلس الوطني يتألف إلى جانب الأعضاء المنتخبين من الوزراء بحكم مناصبهم. وسمح لكل بحريني متمتع بالحقوق المدنية والسياسية كافة بالترشيح لعضوية مجلس النواب ، بعد أن كان من يرشح لعضوية هذا المجلس يشترط فيه أن يكون مواطناً بصفة

---

(1) أنظر:نفس المصدر،ص ص 16-18.

أصلية. ومدة هذا المجلس أربع سنوات ميلادية، وأعطي للملك حق في أن يمد الفصل التشريعي لمجلس النواب عند الضرورة بأمر ملكي مدة لا تزيد على السنتين ، وذلك لكي لا ينشأ فراغ تشريعي نتيجة لتأخر انتخابات المجلس الجديد وفي هذا حرص على استمرار المشاركة الشعبية حتى بعد انتهاء الفصل التشريعي، وتعذر إنتخاب مجلس جديد لاسباب قهرية.[1]

ولتفادي الأزمة التي حدثت في العام 1975 ، ومسألة الاستجواب ، فقد حدد الدستور المعدل هذه المسألة بنص يجوز بناءً على طلب موقع من خمسة أعضاء من مجلس النواب على الأقل أن يوجه إلى أي من الوزراء استجوابات عن الأمور الداخلة في اختصاصاته ، ولا يجوز أن يكون الإستجواب متعلقا بمصلحة خاصة بالمستجوب أو بأقاربه حتى الدرجة الرابعة، أو بأحد موكليه (المادة 65) ، بعد أن كانت هذه المادة قبل التعديل تعطي الحق لكل عضو من أعضاء المجلس الوطني أن يوجه إلى رئيس مجلس الوزراء، وإلى الوزراء استجوابات عن الأمور الداخلة في اختصاصهم ، في حين حددت في التعديل بالأحكام التي ذكرناها وهي أن لا يكون الاستجواب متعلقا بمصلحة خاصة. كما أقر الدستور في (المادة 66 فقرة ج) إذا قرر مجلس النواب بأغلبية ثلثي الأعضاء الذين يتألف منهم عدم الثقة بأحد الوزراء أعتبر معتزلا للوزارة من تاريخ قرار عدم الثقة، وأعطي الحق في (المادة 67 فقرة د) إذا أقر المجلس الوطني بأغلبية ثلثي أعضائه عدم إمكانية التعاون مع رئيس مجلس الوزراء رفع الأمر إلى الملك للبت فيه، بإعفاء رئيس مجلس الوزراء وتعيين وزارة جديدة أو بحل مجلس النواب. ولرئيس مجلس الوزراء، والوزراء حق حضور جلسات مجلس الشورى ومجلس النواب ويستمع إليهم كلما طلبوا الكلام ، وللمجلس أن يطلب حضور الوزير المختص عند مناقشة أمر يتعلق بوزارته. (المادة 93).

---

(1) أنظر: المواد (52 ، 54 ، 55 ، 56 ، 57) من دستور مملكة البحرين المعدل الصادر في 14 فبراير 2002.

وتصدر القرارات في المجلس بأغلبية أصوات الحاضرين وعند تساوي الأصوات يرجح الجانب الذي فيه الرئيس ، وإذا كان التصويت متعلقاً بالدستور يجب أن يتم المناداة على الأعضاء بأسمائهم . كما فرقت (المادة 92) بين حق أعضاء مجلس الشورى أو مجلس النواب في اقتراح تعديل الدستور، وحقهم في إقتراح القوانين ، فأشترطت بالنسبة إلى الدستور أن يقدم الاقتراح من خمسة عشر عضواً على الأقل، واباحت لكل عضو الحق في اقتراح القوانين. والهدف من ذلك وحسب ما جاء في المذكرة التفسيرية هو مسايرة الإتجاهات الدستورية المعاصرة التي ترى ضرورة تعديل الدستور بإجراءات تختلف عن إجراءات تعديل القوانين العادية وفي حالة قبول المجلس الإقتراح أحالة إلى الحكومة لوضعه في صيغة مشروع تعديل للدستور أو مشروع قانون ، على أن تقدم الحكومة هذا المشروع في الدورة نفسها أو الدورة التي تليها.

وفضلا عن ذلك تضمن الدستور بعض التعديلات التي تتفق مع الأهداف التي جاءت في الميثاق في مواضع عدة كالتعديلات التي تهدف إلى التوسع في المحافظة على المستويات الأساسية للمجتمع ، والحقوق والواجبات العامة وتحقيق الديمقراطية ، ومسايرة الاتجاهات السياسية المعاصرة ، وما تطالب به الوثائق العالمية من ضمانات لحقوق الإنسان. ففي (المادة 1) حرص البند (هـ) من هذه المادة على تحقيق المساواة بين الرجال والنساء في المشاركة في الشؤون العامة، والتمتع بالحقوق السياسية بما فيها حق الانتخاب والترشيح ، أما (المادة 5) أضيف البند (ب) إلى هذه المادة ، لتأكيد حرص الدولة على المرأة ، وتمكين المرأة من التوفيق بين واجباتها نحو أسرتها وعملها في المجتمع في إطار الشريعة الإسلامية ، وعدل البند (ب) من (المادة 13) ليصبح الالتزام الواقع على الدولة محدداً وواضحاً في تكفلها توفير فرص العمل للمواطنين، وعدالة شروطه بدلا من (تكفل الدولة توفير العمل للمواطنين) ورغبة في المساواة بين المتمتعين بالجنسية البحرينية ، سواء كان ذلك بصفة أصلية أو عن طريق التجنس ، وهو ما يمثل تحقيقا للإتجاهات العالمية في هذا الشأن

ويتفق مع الميثاق عدل البند (أ) من (المادة 17) ، والذي كان يقتصر عدم جواز اسقاط الجنسية عن من يتمتع بها بصفة أصلية، واصبح هذا الحظر شاملا كل من يتمتع بالجنسية البحرينية ، واتساقا مع هذا الاتجاه حذف البند (ب) من هذه المادة والذي كان يجيز سحب الجنسية من المتجنسين في حدود القانون وذلك لكي يصبح الحكم واحد لجميع المتمتعين بالجنسية البحرينية.[1]

ووفقا لما جاء في الميثاق ((إن العالم قد أصبح قرية صغيرة ، تسيطر عليه النهضة التكنولوجية الهائلة، والثورة المعلوماتية الهادرة، وقد تتناقض الأفكار التي تترتب على هذه النهضة مع الإعتبارات الإنسانية والقيم الاخلاقية ورغبة في تحقيق التلازم بين أفاق التقدم في عصر العولمة والأسس الدينية والخلقية التي يقوم عليها مجتمع البحريـن)) ، عـدلت المواد (23، 24 ، 27) لتربط بين حرية الرأي، والبحث العلمي والصحافة، والطباعة، والنشر وتكوين الجمعيات والنقابات وبين ضرورة المحافظة على أسس العقيدة الإسلامية ووحدة الشعب[2]. وعدلت (المادة 26) لتضيف إلى وسائل حماية الحياة الخاصة عدم جواز مراقبة المراسلات الإلكترونية إلا بضوابط معينة، شأنها في ذلك شأن المراسلات البريدية والبرقية والهاتفية. وفي (المادة 28 البند أ) أكدت للأفراد حق الاجتماع الخاص دون حاجة إلى أذن أو إخطار سابق.

ومع أهمية الرقابة على دستورية القوانين ، باعتبارها أهم الضمانات التي تكفل حق نفاذ الدستور، وعدم الإعتداء على أحكامه ورغبة في استقرار وضع الرقابة على دستورية القانون، أثر التعديل الدستوري أن يتضمن نص الدستور ذاته تحديد هذه الجهة وإيضاح المبادئ التي تحكم تنظيمها بعد ما كان الدستور قبل تعديله وفقا للمادة (103) قد ترك للقانون تحديد نوع الجهة التي يوكل إليها هذه الرقابة ، فإن ذلك يعطي القانون الحق في اختيار التحديد الذي يراه لها

---

(1) أنظر المواد (1 البند هـ) و (5 البند ب) و (13 البند ب) و (17 البند أ) من دستور مملكة البحرين المعدل الصادر في 14 فبراير 2002.

(2) أنظر: المواد (23 ، 24 ، 27) من دستور مملكة البحرين المعدل الصادر في 14 فبراير 2002.

ولذلك نصت (المادة 106) على أن " تنشأ محكمة دستورية من رئيس وستة اعضاء يعينون بأمر ملكي لمدة يحددها القانون، وتختص برقابة دستورية القوانين واللوائح، ويكفل القانون حق كل من الحكومة، ومجلس الشورى ومجلس النواب، وذوي الشأن من الأفراد وغيرهم في الطعن لدى المحكمة في دستورية القوانين واللوائح" . وأعطت هذه المادة الحق للملك في أن يحيل إلى المحكمة ما يراه من مشروعات القوانين التي يوافق عليها مجلسا الشورى والنواب قبل أن يصدرها لتقرر مدى مطابقتها للدستور ، بحيث إذا رأت المحكمة أن القانون غير مطابق للدستور أمتنع على الملك أصداره، والعكس صحيح. وقد حرص النص على أن يوضح أن التقرير الصادر من المحكمة في هذه الحالة ملزم لجميع سلطات الدولة للكافة، يمنع بذلك إعادة الطعن في القانون بعد صدوره لسابقة الفصل في ذلك. ونصت (المادة 123) " لا يجوز تعطيل أي حكم من احكام هذا الدستور إلا في أثناء إعلان الأحكام العرفية في الحدود التي بينها القانون، ولا يجوز بأي حال تعطيل أنعقاد مجلس الشورى أو مجلس النواب في تلك الأثناء أو في أثناء أعلان السلامة الوطنية" وبذلك اتجهت مملكة البحرين ، وبفضل تعديلها الدستوري هذا ، رغم مواجهة هذا التعديل اعتراضات العديد من القوى السياسية والتي رأت فيه خروج عن بعض القواعد الدستورية المعتمدة في دستور العام 1973 ، وخاصة فيما يتعلق بوجود مجلس شورى معين إلى جانب مجلس النواب المنتخب من قبل الشعب، ويشاركه الحق في اقتراح القوانين والاعتراض عليها. إلا أنه يمكن القول: أن هذا التعديل وما تضمنه من إصلاحات واسعة على مستوى المشاركة السياسية والحريات العامة كان القاعدة التي انطلقت منها الخطوات الإصلاحية الأخرى، والتي كانت أهمها هو السماح بعودة الحياة البرلمانية التي كانت متوقفة منذ عام 1975.

المبحث الثاني

الأنظمة الأساسية

في السعودية وعمان

في (السعودية) ليس هناك دستور مكتوب، فحسب ما يؤكد قادتها السياسيين أن القرآن هو
دستور الدولة ، والملك هو صاحب السلطة العليا في البلاد الذي يجمع بين يديه السلطات الدينية
والسياسية والتشريعية والتنفيذية كافة، وتعتمد الأسرة المالكة على شبكة واسعة من الأمراء وابنائهم
الذين يحتلون المناصب العليا في البلاد. أما شكل الدولة الذي لا يمكن الاستعانة بالكتاب الكريم لتحديد
معالمه فإن الأمر الملكي الذي أصدره الملك (عبد العزيز آل سعود) في 17 جمادي الأول لعام 1351 هـ
(1931م) ، حدده بأنه (موحدة وليست عهدية كونفدرالية، ولا اتحادية فدرالية). [1]

وليس هناك في السعودية مجالس برلمانية منتخبة من قبل الشعب، بل هناك مجلس للشورى،
ويذكر فهد القحطاني " بأن معظم مجالس الشورى التي تشكلت كان مصيرها الإهمال، ومعظم الأعمال
التي كانت تعرضها الحكومة على المجلس هي أعمال ليست ذات أهمية، فضلا عن أن تلك المجالس التي
تشكلت كانت مخصصة للنظر في شؤون الحجاز فقط، وليس سائر البلاد". [2]

كما ليس هناك أي قانون ينظم عمل وادارة المقاطعات، فمن المعروف أن البلاد تتألف أدارياً
من مقاطعات وليس هناك أي قانون يحدد بالضبط صلاحيات أمير المنطقة، وقد أدى هذا الأمر إلى
تداخل أعمال الوزارات بأعمال الإمارات، كما أدى إلى سيطرة أمراء المقاطعات على الجهاز القضائي في كل
منطقة، رغم أن نظام المقاطعات قد أعدّ منذ زمن طويل في العام 1963، لكنه بدون مفعول

([1]) محمد جاسم محمد ، مصدر سبق ذكره، ص 82.
([2]) أنظر فهد القحطاني ، مصر سبق ذكره ، ص 216.

وكانت الحكومة بين فترة وأخرى تعدّ بقانون للمقاطعات كلما تعرض النظام للخطر. [1] ايضاً لا يوجد في السعودية أحزاب سياسية علنية ولا يوجد جمعيات ونقابات للعمال و الفلاحين والطلبة، حيث أن حق تشكيل هذه المنظمات المهنية غير مسموح به من قبل السلطات المخولة، [2] ولأن القرآن الكريم لا يوضح الكثير من الأمور الإدارية والمؤسسية و السياسية، كانت هناك محاولات عديدة من قبل الملوك الذين حكموا السعودية على مدار القرن العشرين لكتابة وتحديد الدستور، وتأسيس مجالس للشورى، ونظام للمقاطعات، تزامنت هذه المحاولات مع كل أزمة سياسية تواجه النظام السعودي، أو مع كل خطر يواجه هؤلاء الملوك داخل الأسرة الحاكمة، سواء في عهد الملك سعود، فيصل، خالد، فهد، ألا إنها ظلت وعود، ولم يحقق منها شيء. [3] إلا أن جاءت أحداث حرب الخليج الثاني في العام 1991، وما رافقها من ضغوط داخلية دفعت الملك (فهد) اخيراً إلى إصدار ثلاثة قوانين في 29/شباط/ 1992، تحدد نظام الحكم في السعودية موزعاً بين النظام الأساسي، ونظام مجلس الشورى، ونظام المناطق، وهو على حد تعبير الملك (فهد) " تقنين لما هو قائم، وليس تجاوز له ". [4] إذ تم التأكد على أن القرآن والتشريعة الإسلامية هما دستور السعودي، والمصدر الأول للتشريع موضحين بان المملكة تؤمن بان الممارسات الديمقراطية الغربية لا تتناسب مع المجتمعات العربية التقليدية في الخليج العربي . وفي تعليق الملك فهد على

([1]) نفس المصدر ، ص ص 215-220.

([2]) محمد جاسم محمد ، مصر سبق ذكره ، ص ص 82-83.

(3) كأزمة العام 1958، عندما تعرضت الأسرة السعودية لهزة عنيفة، عندما بدأ التيار الثوري يجتاح البلاد، فضلا عن وجود خلافات داخل الأسرة الحاكمة، وكذلك عندما استعاد سعود سلطاته من جديد من أخيه فيصل عام 1960م بدعم من الأمير طلال، وبعض أخوته، ومن ورائهم المثقفين بشرط أن يؤسس مجلس الشورى الموعود ويحدد الدستور ونظام للمقاطعات، وعندما عاد فيصل إلى الوزارة كملك غير متوج في العام 1962، وعندما قتل الملك فيصل في العام 1975، ومع الاستيلاء على الحرم الملكي في العام 1979، ومع وفاة الملك خالد في العام 1983. وأن مقر المجلس شيد منذ العام 1986 لكنه لم يتم افتتاحه رسميا إلا في العام 1993 بعد تسمية الملك الراحل فهد أعضاء مجلس الشورى،ينظر: ابتسام سهيل الكتبي، مصدر سبق ذكره، ص 23.

(4) أنظر قيس محمد نوري ومفيد الزيدي، مصدر سبق ذكره ، ص ص 65-69.

العلاقة بين الاسلام والديمقراطية على النمط الغربي أشار" انه على الرغم من انه لا يضيرنا الاستعانة بما هو صالح، فان طبيعة شعبنا مختلفة، والنظام الأساسي في العالم لا يناسبنا في هذه المنطقة، فالإسلام هو قانونا الاجتماعي والسياسي، أنه دستور كامل للقوانين الاجتماعية والاقتصادية ونظام للحكم والعدالة ".[1]

كان القانون الأول حول " النظام الأساسي للحكم"[2]، والذي يتألف من (83) مادة موزعة على تسعة أبواب، تؤكد الأساس الإسلامي، وحرية القيم العائلية، وسلطات الملك، ومجلس الوزراء، وحقوق وواجبات المواطنين والمبادئ الاقتصادية للمملكة، وآليات الرقابة على الأنفاق الحكومي. وأن دستور المملكة هو كتاب الـلـه تعالى وسنة رسول الـلـه صلى الـلـه عليه وسلم (المادة 1)، ويقوم الحكم في المملكة على أساس العدل والشورى والمساواة وفق الشريعة الإسلامية (المادة 8)، وتتعاون هذه السلطات في أداء وظائفها، والملك هو مرجع هذه السلطات (المادة 44)، والقضاء سلطة مستقلة ولا سلطات على القضاة في قضائهم لغير سلطات الشريعة الإسلامية (المادة 46)، والملك أو من ينيبه معنيون بتنفيذ الأحكام القضائية (المادة 50) كما يتم تعيين القضاة وإنهاء خدمتهم بأمر ملكي بناءً على اقتراح من المجلس الاعلى للقضاء (المادة 52)، ويقوم الملك بسياسة الأمة سياسة شرعية طبقاً لاحكام الإسلام ويشرف على تطبيق الشرعية الإسلامية والأنظمة والسياسة العامة للدولة حماية للبلاد والدفاع عنها (المادة 55). ووفقا لهذا النظام الأساسي فان الملك هو رئيس مجلس الوزراء ويعاونه في أداء مهامه أعضاء مجلس الوزراء (المادة 56)، ويعيين الملك نواب رئيس مجلس الوزراء والوزراء الأعضاء لمجلس الوزراء ويعفيهم بأمر ملكي (المادة 57- أ) ، ويعتبر نواب رئيس مجلس الوزراء، والوزراء الأعضاء لمجلس الوزراء مسؤولين بتضامن أمام الملك من تطبيق الشريعة الإسلامية والأنظمة

---

(1) نقلا عن: جون إل.اسبوزيتو، الحركات الإسلامية وتحقيق الديمقراطية وسياسية الولايات المتحدة، في امتطاء النمر: تحدي الشرق الأوسط بعد الحرب الباردة، مصدر سبق ذكره ، ص 246.

(2) الدساتير العربية ودراسة مقارنة لمعايير الحقوق الدستورية الدولية، المعهد الدولي لقانون حقوق الإنسان، نيويورك ، 2005، ص ص 175-187.

والسياسة العامة للدولة (المادة 57- ب)،والملك حق حل مجلس الوزراء، وأعاده تكوينه (المادة 57 -ج). أما السلطة التنظيمية فتتخصص بوضع الأنظمة و اللوائح فيما يحقق المصلحة أو يرفع المفسدة في شؤون الدولة وفقاً لقواعد الشريعة الإسلامية (المادة 67) ، وتصدر الأنظمة والمعاهدات والإتفاقيات الدولية والإمتيازات، ويتم تعديلها بموجب مراسيم ملكية (المادة 70).

وقد تضمن هذا القانون مواد تعترف لأول مرة بتسلسل الحكم في سلالة إبن سعود من الأبناء إلى الحفدة (المادة 55)، وتضمن مواد لحقوق الإنسان كما في (المادة 26) " تضمن الدولة حقوق الإنسان وفق الشريعة الإسلامية ".وفي (المادة 37) " للبيوت حرمتها ولا يجوز تفتيشها بغير أذن صاحبها إلا في الحالات التي يبينها النظام"، وتضمنت (المادة 16) حرمة الأموال العامة وحماية الدولة لها، ويجب على المواطنين والمقيمين المحافظة عليها.

وبذلك يعتبر (النظام الأساسي للحكم) اقرب وثيقة في السعودية للدستور بالرغم من إنه لا يغطي كل الأمور التي تغطيها دساتير أخرى في العالم، وإن أهمية تتمثل في ما يعبر عن السياسات التي تخدم الدولة، وتسمح بتطبيقها المملكة، وإن الأهداف المتوخاة بالأساس هو بقاء دور الأسرة المالكة في إدارة الحكومة، والحفاظ على مبدأ الخلافة، والسعي في المستقبل إلى أن تكون الأسرة المالكة لها دور مركزي تام في شؤون الدولة وإدارتها، وهذا ما نلاحظه بدون شك بواسطة تغييب الأغلبية من المواطنين في هذا النظام.

أما القانون الثاني، فقد كان حول (نظام مجلس الشورى). [1] إذ حل هذا النظام محل نظام مجلس الشورى الصادر في العام 1346هـ (1927م). [2]

([1]) نظام مجلس الشورى في المملكة العربية السعودية، موقع وزارة الخارجية المملكة العربية السعودية، www.mofa.gov.sa

([2]) إذ كان قد أصدر الملك (عبد العزيز آل سعود) مرسوما ملكيا في العام 1927، يتعلق بنظام مجلس الشورى، حول هذا الموضوع أنظر: فهد القحطاني، مصدر سبق ذكره، ص ص 202-206.

ويتكون مجلس الشورى من رئيس ومائة وخمسين عضواً،[1] يختارهم الملك من أهل العلم، والخبرة، والاختصاص (المادة 3) ، ويشترط في عضو مجلس الشورى ما يلي:

أ. أن يكون سعودي الجنسية بالأصل و النشأ .

ب. أن يكون مشهود لهم بالإصلاح و الكفاية .

ج. أن لا يقل عمره عن ثلاثين سنة.

ويعين رئيس مجلس الشورى، وأعضاء المجلس، والأمين العام، ويعفون بأوامر ملكية. (المادة 4) ومدة المجلس أربع سنوات هجرية (المادة 13) ويحق لهذا المجلس إقتراح القوانين، وليس إصدارها فبموجب (المادة 23)، لمجلس الشورى إقتراح مشروع نظام جديد أو إقتراح تعديل نظام نافذ ودراسة ذلك في المجلس، وعلى رئيس مجلس الشورى رفع ما يقرره المجلس للملك. ويقوم المجلس بتقديم النصيحة إلى الملك ووزرائه حول المسائل الداخلية، ودراسة الأنظمة واللوائح، إذ يبدي مجلس الشورى الرأي في السياسات العامة للدولة التي تحال إليه من رئيس مجلس الوزراء وله على وجه الخصوص:

أ. مناقشة الخطة العامة للتنمية الإقتصادية والإجتماعية وإبداء الرأي نحوها.

ب. دراسة الأنظمة واللوائح، والمعاهدات، والاتفاقات الدولية، والإمتيازات وإقتراح ما يراه بشأنها.

ج. تفسير الأنظمة.

د. مناقشة التقارير السنوية التي تقدمها الوزارات، والأجهزة الحكومية الأخرى واقتراح ما يراه حيالها (المادة 5).

وترفع قرارات مجلس الشورى إلى الملك، ويقرر ما يحال منها إلى مجلس الوزراء إذا أتفقت وجهات نظر مجلسي الوزراء و الشورى تصدر

---

(1) تكون هذا المجلس في بدايته من ستين عضوا يتم تعيينهم من قبل الملك بمرسوم ملكي، ولمدة أربع سنوات وزيد عدد أعضائه إلى (90) عضواً في العام 1997، ثم رفع عدد أعضائه بعد ذلك إلى (120) عضواً ثم إلى (150) عضواً.

القرارات بعد موافقة الملك عليها، إذا تباينت وجهات النظر في المجلسين يعاد الموضوع إلى مجلس الشورى ليبدي ما يراه بشأنه ويرفعه إلى الملك لإتخاذ ما يراه (المادة 17) ، وعلى رئيس مجلس الشورى أن يرفع لرئيس مجلس الوزراء بطلب حضور أي مسؤول حكومي جلسات مجلس الشورى، إذا كان المجلس يناقش أموراً تتعلق باختصاصاته، وله الحق في النقاش دون أن يكون له حق التصويت (المادة 2)

أما القانون الثالث، كان حول تنظيم الإدارة المحلية لمناطق المملكة (نظام المناطق) ، والذي يتكون من (40) مادة الهدف منه هو تطوير الإداء الإداري ورفع مستواه في الاجهزة الحكومية بما يواكب التطور الذي تشهده السعودية في مختلف المجالات. وتمثل الإمارات الثلاثة عشرة للمناطق بنظامها عصب النظام الإداري في السعودية، بحيث يصبح لكل منطقة أمير مسؤول أمام وزير الداخلية ومجلس استشاري يرأسه الأمير، ويضم عدداً من الأهالي لا تقل عن عشرة أشخاص من أهل الخبرة والعلم والاختصاص ويتم تعيينهم بأمر رئيس مجلس الوزراء بناء على ترشيح وموافقة وزير الداخلية. وقد عد هذا القانون كمحاولة للإصلاح الحكومي المحلي بإعطاء الأقاليم والمناطق حقوقاً، وصلاحيات أوسع وفي نفس الوقت تعزيز السيطرة المالية في هذه المناطق والأقاليم، وتعزيز قوة وزارة الداخلية ومكانتها. [1]

ومثل إصدار نظام هيأة البيعة من قبل (الملك عبد الـلـه) في 18 /تشرين الأول/ 2006، تكملة للأنظمة السابقة التي تنظم الحكم في السعودية، وهو يعّد بمثابة تنظيم تسلسل تولي القيادة في السعودية على أساس مجموعة محددة مناط بها ترشيح الملك وولي العهد على أن يطبق هذا النظام ابتداءً من البيعة المقبلة. ولا تشمل ولي العهد الحالي وحددت (المادة 1) من نظام هيأة البيعة عضوية الهيأة بأبناء الملك عبد العزيز أو أبناء الأبناء في حالات معينة، فضلاً عن أثنين

([1]) قيس محمد نوري و مفيد الزيدي، مصدر سبق ذكره ، ص 69، وأنظر كذلك: غانم النجار مصدر سبق ذكره ، ص ص 105-106.

يعينهم الملك، أحدهما من أبنائه، والآخر من أبناء ولي العهد . أما (المادة 6) فقد وضعت مسؤولية الدعوة للبيعة بيد الهيأة ، إذ نصت إنه " عند وفاة الملك تقوم الهيأة بالدعوة إلى مبايعة ولي العهد ملكا على البلاد "، وجاءت (المادة 7) من نظام هيأة البيعة تّعديلا للْفقِر (ج) من (المادة 5) من النظام الأساسي للحكم والتي تنص على أن " يختار الملك ولي العهد، ويعفيه بأمر ملكي" فبما نصت (المادة 7) من نظام هيأة البيعة بان الملك بعد مبايعته وبحكم ما يملكه من سلطات له الحق بعد التشاور مع أعضاء الهيئة، في اختيار من يراه الإصلح من أبناء المؤسس أو أبناء الأبناء لولاية العهد، كما إنه له الحق كذلك في أن يطلب من هيأة البيعة ترشيح من تراه لولاية العهد، بيد أن اختيار الملك لمن يراه لولاية العهد ليس نهائياً، بل يجب أن يحصل على موافقة هيأة البيعة، وفي حالة عدم ترشيح هيأة البيعة لخيار الملك لولاية العهد، ترشح الهيأة من تراه لولاية العهد، بيد أن من حق الملك الاعتراض على مرشح الهيأة وفي حالة الوصول إلى وضع عدم الاتفاق بين الملك وهيأة البيعة على مرشح ولاية العهد يتم اللجوء إلى التصويت في هيأة البيعة لحسم الأمر، والإختيار بين من اختاره الملك، ومن رشحته هيأة البيعة ويتم تسمية من ينال أكثر الأصوات ولياً للعهد، وقد حددت (المادة 9) مدة لا تزيد عن الثلاثين يوماً من تاريخ مبايعة الملك لحسم اختيار ولي العهد.

وتناولت (المادة 10) الفراغ الذي قد ينشأ في إدارة شؤون الدولة نتيجة لوضع طارئ يحل بالملك، وولي عهده في وقت واحد، إذ تنص على أن " تشكل الهيأة مجلساً مؤقتاً للحكم من خمسة من أعضائها يتولى إدارة شؤون الدولة بصفة مؤقتة في الحالات المنصوص عليها في نظام الهيأة "، وحصرت هذه المادة مسؤولية المجلس المؤقت للحكم بسد الفراغ المؤقت في إدارة شؤون الدولة دون أن يكون له أي صلاحية بتعديل الأنظمة ذات الصلة بالشأن الوطني العام. فيما تتناول (المواد 11-12) آلية التعامل مع الملك متى ما توفر قناعة لدى هيأة البيعة بعدم قدرته على ممارسة سلطاته لأسباب صحية، وإذا ما كانت هناك حاجة لانتقال سلطات الملك بصفة مؤقتة إلى ولي العهد أم مبايعة الأخير ملكاً على

البلاد. وكذلك في حالة عجز الاثنين معاً الملك وولي العهد عن ممارسة سلطاتهما، وهل يتولى المجلس المؤقت للحكم إدارة شؤون الدولة بصورة مؤقتة أو هناك حاجة لاختيار ملك جديد ومبايعته على أن يتم ذلك خلال مدة لا تتجاوز سبعة أيام.[1]

ويمكن اعتبار هيأة البيعة خطوة دستورية تنظم انتقال القيادة إلى الجيل الثاني فالثالث، إلا أن صلاحيات الهيأة التي جرى تحديدها في النظام الصادر الخاص بها تبقى صلاحيات محصورة بمسألة انتقال الحكم إلى عهد جديد، كما أن نظام البيعة يمثل نظاماً مقفلاً باعتبار أن هيأة البيعة تضم فقط أبناء الملك عبد العزيز أو أبناء الأبناء في حالات معينة، وبغض النظر عن الدافع الحقيقي وراء إصدار نظام هيأة البيعة فإنها تبقى خطوة تضاف إلى الخطوات الإصلاحية السابقة نحو مأسسة الملكية السعودية.

وفيما يخص (عُمان) فإنها لم تشهد الحياة الدستورية، حيث لم يصدر دستور مكتوب في البلاد ينظم الحياة العامة للدولة والشعب، ويحدد صلاحيات القيادة السياسية، وحقوق وواجبات الشعب العماني، إذ ظلت الحكومة العمانية تنظر إلى هذه المسألة بإنها ثانوية، وليست جديرة بالاهتمام والجدية.[2] وسعى السلطان (قابوس سعيد) منذ وصوله إلى السلطة بعد الإطاحة بوالده (سعيد بن تيمور) (1932-1970) إلى اتخاذ بعض الإجراءات الإدارية الضرورية كتطبيق السيطرة المركزية، وضم المناطق التي كانت خارجة على نفوذ السلطات في الداخل والخارج، وإصدار قانون تنظيم الجهاز الإداري للدولة لسنة 1975، الذي عّد اللبنة الأولى في بناء العهد الجديد، فبموجب هذا القانون يتكون الجهاز الإداري للدولة من مجلس الوزراء والوزارات وما يتبعها من أجهزة إدارية وفنية والمجالس المتخصصة، وما يتعبها من أجهزة إدارية وفنية، ومحافظة العاصمة

([1]) أنظر محمد بن إبراهيم الحلوة ، هيأة البيعة ومأسسة الملكية السعودية ، صحيفة الشرق الأوسط ، العدد 10196 28 / تشرين الأول /2006.

([2]) محمد جاسم محمد، مصدر سبق ذكره، ص 192.

التي تتولى المسؤولية الإدارية، ورعاية مصالح المواطنين. وتصدر القوانين والمراسيم من السلطان قابوس، وتكون هذه القوانين والمراسيم قانون البلاد الرسمي، كما تعد المعاهدات والاتفاقيات والمواثيق الدولية الموقعة أو المصدقة من السلطان قابوس جزءاً من قانون البلاد ابتداءً من تاريخ نشرها في الجريدة الرسمية.[1]

ورغم ما أخذت تشهده عمان من تطورات مؤسسية كإنشاء مجلس إستشاري في العام 1981 الذي يقوم بإختيار أعضائه الخمسة وخمسون السلطان قابوس، والذي تم تحويله إلى جمعية تمثيلية للمحافظات في تشرين الأول /1991، إلا إن البلاد ظلت بدون دستور ينظم الحكم، ويحدد الصلاحيات المطلقة للسلطات.[2]

وفي خطوة على طريق الإصلاح السياسي، قام السلطان قابوس وللمرة الأولى في 6/تشرين الثاني /1996، بإصدار (النظام الأساسي للدولة)، والذي هو بمثابة دستور السلطة ويتكون من (81) مادة تنظم الحكم والمؤسسات والحقوق والواجبات.[3] ويعلن (النظام الأساسي) عمان سلطنة وراثية من ذرية (السيد تركي بن سعيد بن سلطان) ، ويشرط فيمن يختار لولاية الحكم من بينهم أن يكون مسلماً، رشيداً،عاقلاً، وأبناً شرعياً لأبوين عمانين مسلمين (المادة 5).[4] ونصت (المادة 9) على أن يقوم الحكم في السلطنة على أساس العدل والشورى والمساواة وللمواطنين حق المشاركة في الشؤون العامة. والسلطان هو رئيس الدولة، والقائد الأعلى للقوات المسلحة، وهو رمز الوحدة الوطنية، والساهر على رعايتها (المادة 41). ويقوم السلطان بمهام رئاسة مجلس الوزراء

(1) أنظر:نفس المصدر ، ص ص 189-192. وكذلك ينظر: غانم محمد صالح ، الخليج العربي: التطورات السياسية والنظم والسياسيات ، مصدر سبق ذكره، ص ص 83-85.

(2) غانم النجار، مصدر سبق ذكره، ص 111.

(3)ابتسام سهيل الكتبي، مصدر سبق ذكره، ص 227.

(4) أنظر: النظام الأساسي لسلطنة عمان، في: الدساتير العربية دراسة مقارنة لمعايير الحقوق الدستورية الدولية ، مصدر سبق ذكره، ص ص 503-519.

والمجالس المتخصصة وتعيين نواب رئيس مجلس الوزراء، والوزراء، ووكلائهم، وكبار القضاة والأمناء العامين، وإعفائهم من مناصبهم، وإعلان حالة الطوارئ والتعبئة العامة وعقد الصلح، وإصدار القوانين والتصديق عليها، وتوقيع المعاهدات والاتفاقيات الدولية وفقاً لاحكام القانون، وإصدار مراسيم التصديق عليها. ويعاون السلطان في رسم السياسة العامة للدولة وتنفيذها مجلس الوزراء ومجالس متخصصة (المادة 43).

أما مجلس الوزراء فهو الهيأة المنوط بها تنفيذ السياسة العامة للدولة ويتولى رفع التوصيات إلى السلطان في الأمور الاقتصادية والسياسية والإجتماعية والتنفيذية والإدارية التي تهم الحكومة بما في ذلك اقتراح مشروعات القوانين والمراسيم، وتحديد الأهداف والسياسات العامة للتنمية في الأمور الآنفة الذكر، والأشراف العام على تنفيذ القوانين والمراسيم واللوائح والقرارات والمعاهدات، ورعاية مصالح المواطنين وضمان توفير الخدمات الضرورية (المادة 44). وأعضاء مجلس الوزراء مسؤولين سياسياً مسؤولية تضامنية أمام السلطان عن تنفيذ السياسة العامة للدولة، وكل منهم مسؤول مسؤولية فردية أمام السلطان عن طريقة أداء واجباته وممارسة صلاحياته في وزارته (المادة 52).

وفيما يخص المجلس التشريعي فقد حدد فيه وجود مجلسين يضمهما (مجلس عمان)، مجلس الشورى ومجلس الدولة (المادة 58). والسلطة القضائية مستقلة، تتولاها المحاكم على اختلاف أنواعها ودرجاتها (المادة 60) ، ووفقاً (للمادة 66) تتم أداره الفرع القضائي من قبل المجلس الأعلى للقضاء الذي يشرف على حسن سير العمل في المحاكم وفي الأجهزة المعاونة. كما يضمن النظام الأساسي للدولة الحقوق المدنية الأساسية التي تؤكد سيادة القانون إذ وفقاً (للمادة 17) المواطنين جميعهم سواسية أمام القانون، وهم متساوون في الحقوق والواجبات العامة، ولا تمييز بينهم في ذلك بسبب الجنس أو الأصل أو اللون أو اللغة أو الدين أو المذهب أو الموطن أو المركز الاجتماعي .ويكفل هذا النظام حرية القيام بالشعائر الدينية طبقاً للعادات المرعية مصونة على أن لا يخل

ذلك بالنظام العام، أو ينافي الآداب (المادة 28)، وحرية الرأي، والتعبير بالقول و الكتابة وسائر التعبير (المادة 29)، وحرية الصحافة، والنشر وفقاً للشروط و الأوضاع التي يبينها القانون، ويحظر ما يؤدي إلى الفتنة أو يمس بأمن الدولة أو يسيء إلى كرامة الإنسان وحقوقه (المادة 13) . كما يكفل حرية تكوين الجمعيات على أسس وطنية، ولا هداف مشروعة وبوسائل سلمية، وبشكل لا يتعارض مع نصوص وأهداف هذا النظام، ويحظر هذا النظام في نفس الوقت إنشاء جمعيات يكون نشاطها معادياً لنظام المجتمع أو سرياً أو ذا طابع عسكري ولا يجوز إجبار أحد على الانضمام إلى آية جمعية (المادة 33).

وبذلك نرى إن هذا الإصلاح الدستوري الذي كان الغرض منه هو تنظيم الحياة العامة للدولة والشعب قد صدر بمكرمة سلطانية من دون وجود آية هيأة منتخبة من قبل الشعب تضع الأسس الرئيسة لهذا النظام، أو حتى أخذ موافقة الشعب باستفتاء عام حوله، وهذا أنعكس على تسمية هذا النظام بالنظام الأساسي، وليس بالدستور. الا انه يعّد أفضل بكثير من أن تبقى سلطنة عمان إلى وقتنا الحاضر وفي ظل التطورات التي تشهدها الدول الأخرى عامة ودول مجلس التعاون الخليجي بخاصة في مجال التطور، والإصلاح الدستوري بدون نظام أساسي يحدد السلطات والاختصاصات،إذ يمكن أن تعدّ خطوة إيجاد نظام أساسي للسلطنة كخطوة أولى تتبعها خطوات أخرى على طريق الإصلاح، وإيجاد دستور دائم للبلاد قد يصدر من قبل جمعية تأسيسية منتخبة من قبل الشعب في المستقبل أو بواسطة أخذ موافقة الشعب عليه بإجراء استفتاء شعبي حوله.

المبحث الثالث

الدساتير الدائمة

في قطر و الإمارات

خطت (قطر) خطوة أوسع على صعيد الإصلاح الدستورى باستكمال عملية صدور الدستور الدائم، إذ أن قطر ظلت تستند في نظام حكمها إلى أساس (النظام الأساسي المؤقت المعدل) الذي صدر في 2/نيسان/1972 بعدما سمي (بالحركة التصحيحية) التي قام بها (الشيخ خليفة بن حمد آل ثاني)، عندما قام بعزل ابن عمه الأمير (أحمد بن علي آل ثاني) وهو النظام المعمول به منذ ذلك التاريخ حتى صدور الدستور الدائم لعام 2003 . وكان هذا النظام متضمن خمسة أبواب رئيسة مقسمة إلى (71 مادة) لا تختلف في مضامينها عن تلك التي تضمنها النظام الأساسي المؤقت الذي صدر قبل الاستقلال في عهد الأمير (أحمد بن علي آل ثاني) في 2/نيسان/ 1970 ،الا فيما يتعلق ببعض النصوص التي تخص تشكيل مجلس الشورى، وبعض النصوص الأخرى الذي اقتضى تغيرها بسبب اختلاف اوضاع الحكم والإدارة، وعدّ هذا النظام نظاماً مؤقتاً وذلك لان البلاد تمر بمرحلة انتقالية، ومرحلة تحول كبيرة في مراحل تطورها السياسي، لذلك لم يحدد النظام مداها الزمني. ووفقاً لهذا النظام المؤقت المعدل، فأن الأمير يصدر القوانين بناءً على اقتراح مجلس الوزراء وبعد أخذ مشورة مجلس الشورى (المادة 17) كما يتولى السلطة التنفيذية بمعاونة مجلس الوزراء (المادة 18)، أما السلطة القضائية التي تتولاها المحاكم فتصدر أحكامها بأسم الأمير (المادة 19). وهنا يتضح الدور والسلطات الواسعة التي منحت للأمير في هذا النظام، خاصة إذا علمنا أن هذا (النظام الأساسي) قد صدر بشكل منحة من قبل الحاكم آنذاك إذ إن الشعب لم يكن له دخل فيه، وأن لهذا النظام مرونة تجعل تعديله لا يستوجب آية إجراءات، إذ أعطي للحاكم و بالإرادة المنفردة حق تنقيحه وتعديله، فوفقاً (للمادة

67) " يجوز للأمير تنقيح هذا النظام الأساسي بالتعديل و الحذف أو الإضافة إذا ما رأى أن مصالح الدولة العليا تتطلب مثل هذا التنقيح ".[1]

كما يعين الأمير رئيس مجلس الوزراء، والوزراء ويقبل استقالتهم (المادة 29) المعدلة والوزراء مسؤولون بالتضامن أمام الأمير عن تنفيذ السياسة العامة للدولة، وكل منهم مسؤول مسؤولين فردية أمام الأمير عن طريق أداء واجباته وممارسة صلاحياته بموجب (المادة 35) المعدلة. وللأمير الحق في إصدار المراسيم التي لها قوة القوانين، إذا لم يكن مجلس الشورى منعقداً، على أن تعرض هذه المراسيم على مجلس الشورى لإستشارته فيها في أول اجتماع له (المادة 27). وفيما يخص مجلس الشورى الذي ينشأ وفقاً لهذا النظام ليُعيين برأيه الأمير، ومجلس الوزراء في أداء مهامهما فهو يعبر عن رأيه في شكل توصيات (المادة 40). ويتألف هذا المجلس من ثلاثين عضو يصدر بتعينهم أمر أميري، ويجوز أن يعيين الأمير عدد آخر من الأعضاء لا يجاوز الأربعة، إذا ما رأى أن المصلحة العامة تقتضي ذلك. وبعد تولي الشيخ (حمد بن خليفة آل ثاني) الحكم في قطر في حزيران/1995 أصبح عدد أعضاء المجلس خمسة وثلاثين عضو يصدر بتعينهم قرار أميري، ويجوز للأمير أن يعيين عدداً آخر من الأعضاء إذا ما رأى أن المصلحة العامة يقتضي ذلك، وتمتد عضويته لأربع سنوات.[2]

وبذلك وضع الأمير (حمد بن خليفة) مدة معينة للمجلس المذكور ومدة لعضوية أعضائه، إذ طبقاً (المادة 45) من النظام الأساسي مدة مجلس الشورى سنة واحدة تبدأ من تاريخ أول اجتماع له ثم عدلت عام 1973 إلى ثلاث سنوات ثم زيدت إلى ست سنوات في العام 1976 يجوز بعدها تمديدها إذ أن (المادة 46) من (النظام الأساسي) لم توضع موضع التطبيق طيلة العمل به والتي تنص على " عند انتهاء مجلس الشورى وفقاً لاحكام (المادة 45) ينشأ مجلس يتم

([1]) أنظر: النظام الأساسي المؤقت المعدل في: مجموعة قوانين قطر 1961-1980، المجلد الأول والثاني والثالث ، وزارة العدل ـ دولة قطر ، 1981.

([2]) التعديلات الأخيرة في النظام الأساسي المؤقت المعدل، إدارة المعلومات والبحوث ـ وزارة الخارجية ، دولة قطر، 2000 ، ص 2.

تشكيله بالانتخاب العام السري المباشر طبقاً للقواعد التي يصدر بها قانون خاص ينظم ذلك الانتخاب العام" فالأصل أذن أن يكون اختيار أعضاء مجلس الشورى عن طريق الانتخاب، غير أن لأوضاع قطر الخاصة على أساس أن قطر لم تشهد إطلاقاً مثل هذا النظام الانتخابي، ولم تمرس عليه تقرر أن يكون التشكيل الأول للمجلس عن طريق التعيين.[1]

ولم يبين النظام الأساسي المؤقت المعدل الأحوال التي تقتضي فيها المصلحة العامة تمديد مدة المجلس، وترك ذلك الأمر إلى السلطة التقديرية لأمير الدولة الذي يحدد فيها ما إذا كانت المصلحة العامة تقتضي إنهاء فترة التمديد هذه وكذلك تحديد متى تنتهي. وبالنسبة إلى اختصاص هذا المجلس فقد انعكست طريقة تشكيلة على اختصاصه التشريعي، فهو لا يملك الا سلطة استشارية يدل عليها اسم المجلس فقد بينت (المادة 51) المعدلة من النظام الأساسي الاختصاص التشريعي فهو يختص في مناقشة مشروعات القوانين التي اقترحها مجلس الوزراء قبل رفعها للأمير، والتصديق عليها، وإن اختصاصه يقتصر على مجرد المناقشة وإبداء مزايا النص وعيوبه دون أن تمتد الرغبات فيما يتعلق بمناقشة السياسة العامة للدولة في النواحي السياسية والاقتصادية والإدارية.

وبذلك يبدو الدور الواضح لأمير الدولة في هذا النظام الأساسي في ممارسته لجميع السلطات التشريعية و التنفيذية بل حتى في مجال القضاء فالمحاكم تصدر أحكامها باسم الأمير، ووفقاً لهذا النظام الأساسي ايضاً ليس هناك في قطر آية مؤسسات للتعبير عن الرأي، فلا وجود للبرلمان و لا أحزاب سياسية، ولا انتخابات عامة، أو مجاميع معارضة مميزة، فضلا عن سيطرة

([1]) مجموعة قوانين قطر 1961 - 1980 ، المجلد الأول ، مصدر سبق ذكره ، ص ص 23-24.

الحكومة المطلقة على الأجهزة السياسية في الدولة في ظل الغياب الكامل تقريباً للمجتمع المدني و المستقل بخصوصيته.(1)

إلا إنه من ضمن الخطوات الإصلاحية التي اتخذها الشيخ (حمد بن خليفة آل ثاني) بعد توليه مقاليد الحكم في قطر في حزيران 1995، أعلن في 16 تشرين الثاني 1998، عن تشكيل لجنة لوضع دستور دائم لقطر، وتوسيع المشاركة الشعبية لأجراء انتخابات برلمانية، إذ أكد أمير قطر " انه قد آن الأوان لتطوير نظامنا الدستوري بما يتلائم مع ما شهدته بلادنا من تطور في مختلف المجالات خلال ربع القرن الماضي ". وعلى أساس أن النظام الأساسي المؤقت المعدل لم يعد يفي بالغرض من حيث قدرته على استيعاب التطورات الجديدة التي تستهدف تطوير النظام الدستوري بما يتلائم مع تشهده البلاد من تطور في مختلف المجالات.(2) رغم أن الشيخ حمد قد أتخذ قبل ذلك بعض الخطوات المهمة نحو إعادة هيكلية سلطة الحكومة بواسطة الفصل بين سلطات الأمير، وسلطات الحكومة، حيث أصدر مرسوماً يعيد تحديد سلطات واختصاص الأمير كرئيس تنفيذي للبلاد ورئيس للوزراء والحكومة، والفصل بين أمارة البلاد ورئاسة الوزراء. فقد نص لأول مرة على تعيين رئيس مجلس الوزراء، وتشكلت على أثر ذلك الوزارة الجديدة برئاسة الشيخ (عبد الله بن خليفة) في العام 1996. وكما ذكرنا تم توسيع عضوية مجلس الشورى لتصبح (خمسة وثلاثين) عضواً بدلاً من (ثلاثين) عضواً كما كان في الماضي، كما تم تشكيل مجلس للدفاع لاول مرة في تاريخ قطر.(3)

---

(1) أنظر: الصادق سفيان، " الحقوق السياسية للإنسان في الدساتير العربية"، المستقبل العربي، العدد (106) ، بيروت ، كانون الأول 1987، ص 12، وكذلك ينظر: ثناء فؤاد عبد الله ، مصدر سبق ذكره، ص 117.

(2) حقوق الإنسان في الوطن العربي، المنظمة العربية لحقوق الإنسان: التقرير السنوي لعام 1999، القاهرة، 1999 ، ص 234.

(3) أيمن السيد عبد الوهاب ، " الانتخابات القطرية خطوة على طريق الديمقراطية"، السياسية الدولية، العدد (136) ، القاهرة، 1999 ، ص 173.

وعلى صعيد إصدار الدستور الدائم صدر القرار الأميري المرقم (11) لسنة 1999 في 13 تموز بتشكيل لجنة أعداد الدستور الدائم، وعقدت هذه اللجنة اجتماعها الأول في 22 تشرين الأول 1999، إذ اتفق أعضاء اللجنة البالغ عددها اثنان وثلاثون عضواً على تشكيل أربع لجان فرعية متخصصة هي لجنة المقومات الأساسية للمجتمع والحقوق، والواجبات العامة، ولجنة السلطة التنفيذية ولجنة السلطة التشريعية، ولجنة السلطة القضائية، وطلب من أعضاء اللجنة وضع دستور وفقاً لقرار تشكيل اللجنة يقوم على التقاليد الخليجية والعربية والإسلامية،ويفي بإحتياجات البلاد، ويتسم بالثبات والاستقرار، ويتعيين على لجنة أعداد الدستور القطري الدائم حسب قرار تشكيلها الانتهاء من إعداد الدستور خلال مدة لا تتجاوز ثلاث سنوات .[1]

وبعد أن تسلم الشيخ (حمد بن خليفة آل ثاني) وثيقة مشروع الدستور الدائم في تموز عام 2002 ،عرض على الشعب في أول استفتاء شعبي شهدته قطر في 29 نيسان 2003، وقد نال موافقة 96'6 %من ألاصوات (68987) والأصوات غير الموافقة عليه(2145) صوت، والأصوات غير الصحيحة (274) صوت. وتم تحديد الشروط المطلوبة التي تؤهل المواطنين للأدلاء بأصواتهم في مشروع الدستور إذ يكون المشارك في الاستفتاء مواطناً قطريا غير متجنس، وأن يكون بالغ من العمر (18) عام.[2]

وفي 8 حزيران 2004 إصدار الأمير أول دستور دائم للدولة على أن ينشر في الجريدة الرسمية بعد سنة من تاريخ صدوره، يتم خلالها استكمال المؤسسات الدستورية، واتخاذ الإجراءات اللازمة لذلك قانوناً. أي أن القانون اصبح نافذاً في 8 حزيران 2005، ويتألف الدستور الدائم القطري(4) من خمسة

---

(1) صحيفة الدستور، العدد (1 - 11567) ، الأردن ، 1999/1/14. (3) الإصلاح القضائي والقانوني (قطر) ، برنامج إدارة الحكم في الدول العربية ، التقرير السنوي 2004،

www.pogar.org

(2)الدستور القطري الجديد لعلم2003في:الدساتير العربية ودراسة مقارنة لمعليير حقوق الانسان،مصدر سبق ذكره ،551

أبواب تقسم إلى (150) مادة تؤطر أوجه الحكم، والحياة في البلاد كافة، وينص الدستور في مادته الأولى على (نظام الحكم ديمقراطي). ونص أيضاً أن الشعب مصدر السلطات، وإن نظام الحكم يقوم على أساس الفصل بين السلطات مع تعاونها (المادتين 60،59)، وفيما يخص مسؤوليات وصلاحيات الأمير في الدستور، فانه يختص برسم السياسة العامة للدولة بمعاونة مجلس الوزراء والمصادقة على القوانين وإصدارهما (المادة 67)، ويعلن الأمير بمرسوم الأحكام العرفية وذلك في الأحوال الاستثنائية التي يحددها القانون ويخطر مجلس الشورى بهذا المرسوم خلال (15) يوم من إصداره ويكون إعلان الأحكام العرفية لمدة محددة ولا يجوز تمديدها ألا بموافقة مجلس الشورى (المادة 69)، ويجوز للأمير في الأحوال الاستثنائية التي تتطلب اتخاذ تدابير عاجلة لا تحتمل التأخير وتقتضي إصدار قوانين، ولم يكن مجلس الشورى منعقداً، أن يصدر بشأنها مراسيم لها قوة القانون، وتعرض هذه المراسيم بقوانين على مجلس الشورى في أول إجتماع له وللمجلس الحق في موعد أقصاه أربعين يوماً من تاريخ عرضها عليه، وبأغلبية ثلثي أعضائه أن يرفض اياً منها أو أن يطلب تعديلها خلال أجل محدد. (المادة 70) ويعيين الأمير رئيس مجلس الوزراء والوزراء بناء على ترشيح رئيس مجلس الوزراء، ويقبل استقالتهم ويعفيهم من مناصبهم (المادتين 72،73)، كما إن الأمير يستفتي المواطنين في القضايا المهمة التي تتصل بمصالح البلاد، ويعتبر موضوع الاستفتاء موافقاً عليه إذا أقرته اغلبيه من أدلوا بأصواتهم (المادة 75).

أما بخصوص السلطة التشريعية، فقد طرأ تغيير كبير في إطار نظام الحكم في قطر فوفقاً لهذا الدستور الدائم، يتولى مجلس الشورى سلطة التشريع، ويقر الموازنة العامة، كما يمارس الرقابة على السلطة التنفيذية (المادة 76)، ويتألف مجلس الشورى من خمسة وأربعين عضواً يتم انتخاب ثلاثين منهم عن طريق الاقتراع العام السري المباشر، ويعيين الأمير الأعضاء الخمسة عشر الآخرين من الوزراء وغيرهم (المادة 77) ومدة مجلس الشورى أربع سنوات ميلادية

(المادة 81). ويحق لكل عضو من أعضاء المجلس اقتراح القوانين بعد إحالته إلى اللجنة المختصة في المجلس لدراسته وإبداء الرأي بشأنه وعرضه على المجلس بعد ذلك، فإذا رأى المجلس قبول الاقتراح أحاله إلى الحكومة بعد وضعه في صيغة مشروع قانون لدراسته وإبداء الرأي بشأنه وإعادته للمجلس في دور الانعقاد ذاتها أو الذي تليها (المادة 105) وبعد إقرار مشروع القانون يرفع إلى الأمير التصديق عليه (المادة 106).

كما يحق لمجلس الشورى إبداء الرغبات للحكومة في المسائل العامة وأن تعذر على الحكومة الأخذ بهذه الرغبات يجب أن تبين للمجلس أسباب ذلك (المادة 108). ولكل عضو من أعضاء مجلس الشورى أن يوجه إلى رئيس مجلس الوزراء وإلى أحد الوزراء أسئلة لإستيضاح الأمور الداخلة في اختصاصهم (المادة 109)، ويحق لكل عضو من أعضاء مجلس الشورى أن يوجه استجواباً إلى الوزراء في الأمور الداخلة في اختصاصهم، ولا يجوز توجيه الاستجواب الا بموافقة ثلث أعضاء المجلس (المادة 110) ، وأن كل وزير مسؤول أمام مجلس الشورى عن أعمال وزارته، ولا يجوز طرح الثقة عن الوزير الا بعد مناقشة استجواب موجه أليه، ويكون طرح الثقة بناءً على رغبته أو طلب موقع عليه من خمسة عشر عضواً، ويكون سحب الثقة من الوزير بأغلبية ثلثي الأعضاء الذي يتألف منهم المجلس (المادة 111).

وبذلك نلاحظ التطور الذي طرأ على السلطة التشريعية في قطر بعد هذا الإصلاح الدستوري والذي عد نقلة نوعية وكيفية في طريقة تشكيل مجلس الشورى، وفي إداء عمله خاصة بعد أن رأينا الفرق ما بينه وما بين مجلس الشورى السابق الذي تشكل بموجب النظام الأساسي المؤقت المعدل الذي لم يمتلك أي صلاحيات تشريعية أو رقابية على السلطة التنفيذية.في حين نرى هذا المجلس الجديد الذي ينتخب ثلثاهم ويعيين الأمير الثلث الباقي يمتلك صلاحيات تشريعية حقيقية، وأن كانت لا تصدر هذه القوانين الا بعد موافقة الأمير عليها إضافة لما له الحق في استجواب الوزراء وسحب الثقة منهم رغم الغموض وعدم

ذكر في حالة سحب الثقة أو طرح الثقة برئيس مجلس الوزراء، كما أن للأمير الحق في حل مجلس الشورى بمرسوم يبين فيه أسباب هذا الحل.

أما بخصوص السلطة التنفيذية وحسب ما جاء في الفصل الرابع من الدستور القطري، يقوم مجلس الوزراء بمعاونة الأمير على إداء مهامه وممارسة سلطاته (المادة 120) ، ويناط بهذا المجلس بوصفه الهيأة التنفيذية العليا إدارة جميع الشؤون الداخلية والخارجية التي يختص بها (المادة 121) ، ويحق لمجلس الوزراء اقتراح مشروعات القوانين والمراسيم وتعرض مشروعات القوانين على مجلس الشورى لمناقشتها، وفي حالة الموافقة عليها ترفع للأمير للتصديق عليها، فضلا عن اقتراح إنشاء وتنظيم الأجهزة الحكومية، والهيئات والمؤسسات العامة، وادارة مالية الدولة، ووضع مشروع موازنتها العامة (المادة 121)، ويعد رئيس مجلس الوزراء والوزراء مسؤولين بالتضامن أمام الأمير عن تنفيذ السياسة العامة للحكومة، وكل منهم مسؤول مسؤولية فردية أمام الأمير عن إداء واجباته وممارسة صلاحياته (المادة 23). وبذلك استمر الأخذ بالمنهج المتبع منذ بدأ الشيخ (حمد بن خليفة) إدخال بعض التغيرات على هيكلية الحكم بالفصل بين رئاسة الوزراء وامارة الدولة على عكس ما هو متبع في بعض دول مجلس التعاون الخليجي من الربط ما بين رئاسة الوزراء وولاية العهد أو رئاسة الوزراء وحكم الدولة كما هو الحال في السعودية وعمان.

وفيما يتعلق بدولة (الإمارات العربية المتحدة) فيمكن القول أن خطواتها الإصلاحية على صعيد الإصلاح الدستوري كانت الأضعف من بين دول مجلس التعاون الأخرى، بحكم وضعها الاتحادي الذي إستقر على ما هو عليه الآن والذي استمر قرابة ثلاثة عقود، فضلا عن كثرة الخلافات ما بين حكام الإمارات السبع حول شكل الدستور الدائم، إذ فشلت كل المحاولات لا نجازه وتطبيقه على أرض الواقع. وظلت دولة الإمارات تعتمد في نظام حكمها على الدستور المؤقت الصادر في 18 تموز 1971 طيلة السنوات السابقة رغم ما يحمل هذا الدستور من تناقضات الحكام وخلافاتهم، خاصة أن هذا الدستور المؤقت له صلة مباشرة

بالمشاريع الدستورية التي كانت توضع خلال محاولات إنشاء (الاتحاد التساعي)،[1] وكانت تلك المشاريع هي البداية التي بدأ منها الدستور المؤقت لدولة الإمارات العربية، ولذلك لم يدخل على مشروع الدستور المؤقت الذي كان مّعداً للاتحاد التساعي الا تعديلات طفيفة.

وقد اتجهت دولة الإمارات في كانون الأول 1996 إلى تحويل هذا الدستور المؤقت إلى دائمي وذلك بوضع كلمة مكان كلمة أخرى، أي بدل ما أن يصبح دستور مؤقت، وضعت كلمة دستور دائمي، ويلغى كل نص أو حكم يتعارض مع هذا التعديل. ومُدة عمل لجنة مراجعة الدستور التي تشكلت في نيسان 1995من العام للنظر في تعديل أي مواد من الدستور بما يتلائم مع متطلبات المرحلة المقبلة، وكانت من أهم القضايا المطروحة أمام هذه اللجنة تشكيل هيأة تشريعية عليا تتبع المجلس الأعلى للاتحاد مباشرة تتولى إصدار القوانين والتشريعات بالتنسيق مع المجلس الوطني الاتحادي والأجهزة المحلية. ومن التعديلات المطرحة ايضاً تعديل (المادة 92) التي تقيد صلاحيات المجلس الوطني لمناقشة أي موضوع من المواضيع المتعلقة بشؤون الاتحاد إلا بموافقة مجلس الوزراء على أن لا يتعارض هذا الموضوع مع مصالح الاتحاد العليا.[2]

(1) الاتحاد التساعي وهو الاتحاد الذي بدأت مشاورات إجراءاته في العام 1968 ، بين حكام كل من قطر والبحرين وأمارات الساحل العماني السبع (دبي ، وأبو بي ، والشارقة ، والفجيرة ، ورأس الخيمة، وعجمان ، وأم القوين) على أثر أعلان بريطانيا الانسحاب من منطقة الخليج بحلول العام 1968، إلا أن الخلافات بين حكام هذه الأمارات خاصة فيما يتعلق بعدد مقاعد كل أمارة في المجلس الوطني الاتحادي، وعاصمة الاتحاد، والرغبة في الاستقلال، وتحقيق السيادة حالت دون الاستمرار في مباحثاته التي جرت بين العامي 1968 -1971 ، وأعلنت بعد ذلك كل من البحرين، وقطر استقلالهما ، الأولى في 16 آب 1971 والثانية بعد شهر من ذلك التاريخ. لمزيد من التفصيل أنظر وحيد رأفت ،" انهيار الاتحاد التساعي للإمارات العربية في الخليج وقيام اتحاد سباعي بديل"، المجلة المصرية للقانون الدولي ، المجلد (28)، القاهرة ، 1972 ، ص ص 236 – 240 ، وكذلك أنظر: محمد غانم الرميحي، الخليج ليس نفطاً (دراسة في إشكالية التنمية والوحدة)، شركة كاظمة للنشر والتوزيع ، الكويت ، 1983، ص ص 99-100.

(2) أنظر ابتسام سهيل الكتبي، مصدر سبق ذكره ، ص 228.

أن أجراء هذا التعديل بتحويل الدستور المؤقت إلى دائم سببه فشل كل المحاولات لانجاز مشروع دستور دائمي رغم أن الدستور المؤقت يؤكد في (مادته 144) على العمل به بشكل مؤقت وتسري أحكامه خلال فترة انتقالية مدتها خمس سنوات ميلادية على أن يتخذ المجلس الأعلى للاتحاد خلال فترة الانتقال الإجراءات اللازمة لإعداد مشروع دستور دائمي يحل محل هذا الدستور المؤقت على أن يعرض مشروع الدستور الدائم على المجلس الوطني الاتحادي لمناقشته قبل إصداره.[1]

وكانت دولة الإمارات قد واجهت في العام 1976، أزمة دستورية على اثر انتهاء هذه الفترة الانتقالية، حينما أصدر (الشيخ زايد بن سلطان آل نهيان) رئيس الدولة آنذاك قرراً بتاريخ 27حزيران 1975 بتشكيل اللجنة التأسيسة لإعداد مشروع الدستور الدائم والتي ضمت ثمانية وعشرين عضواً.[2] إلا إن بعض الإمارات (دبي، ورأس الخيمة) بدأت تعترض على بعض نصوص المشروع وتعتبرها خروجاً عن الوضع السائد، وخاصه النصوص التي تتعلق بتقوية الكيان الاتحادي للدولة، وزيادة اختصاصات الهيئات الاتحادي، وتدعيم مركز رئيس الدولة. ومن جهة أخرى كانت إمارة (أبو ظبي) ترى انه قد حان الوقت لمنح مؤسسات الاتحاد الوسائل والاختصاصات التي تمكنه من العمل بفاعلية، وضرورة تجسيد وحدة الدولة في الداخل والخارج.[3] وللخروج من هذه الأزمة أصدار المجلس الأعلى في جلسته المنعقدة بتاريخ 12تموز 1976 قرار (مشروع تعديل دستوري) يمدد فترة العمل بالدستور المؤقت خمس سنوات أخرى وعرض مشروع التعديل على المجلس الوطني لإقراره. وبذلك تعثر

(1) دستور دولة الإمارات العربية المتحدة ، في: الدساتير العربية ودراسة مقارنة لمعايير الحقوق الدستورية الدولية، مصدر سبق ذكره ، ص ص 43-82.

(2) يحيى الجمل ، الدستور وسيلة للتكامل في دولة الإمارات ، في : التجارب الوحدوية العربية (تجربة دولة الإمارات العربية المتحدة) (ندوة)، ط 4 ، مركز دراسات الوحدة العربية ، بيروت ، 1999 ، ص 578.

(3) أنظر: عادل الطبطبائي ، مصدر سبق ذكره ، ص 359.

مشروع الدستور الدائم بسبب اعترض بعض الإمارات على بعض بنوده، خاصة أن هذا المشروع كان سيقوي من سلطة الأجهزة الاتحادية بشكل واضح تجاه سلطة الإمارات، كما إن هذا المشروع يجعل من المجلس الوطني الاتحادي سلطة حقيقية، وليس مجرد سلطة استشارية ليس لها آية صفة تشريعية. إذ أن هذا المشروع كان قد أدخل تغيرات جوهرية في طريقة تكوين هذا المجلس، والتي تنعكس بتأكيد على الاختصاصات الممنوحة له [1] وبذلك علق مشروع الدستور الدائم منذ عام 1976، رغم أن صانعي نصوصه هم من أعضاء مجلس الوزراء و المجلس الوطني الاتحادي، ومن المثلين الشخصيين للحكام وبرغم تجاوز مشروع الدستور لرأي شعب الإمارات عبر إستفتاء عام عليه، وبرغم تجاوزه لشعب الإمارات داخل نصوصه فيما يتعلق بالمشاركة السياسية، وانتخاب أعضاء مجلس الوطني الذي لم تحدد فترة زمنية لانتخاب أعضائه،الا انه كان من الممكن عّده خطوة نحو تقدم أول مسارات إقامة دستور دائم للبلاد تقوي وتزيد من سلطات الدولة الإتحادية[2].

هذه العوامل مجتمعة من ضعف السلطات الاتحادية مقابل سعي بعض الإمارات إلى تقوية وزيادة اختصاصات الدولة الإتحادية والفشل في إصدار دستور دائم دفعت المجلس الأعلى للاتحاد، وهو السلطة العليا دستورياً وفعلياً والذي يتكون من حكام الإمارات السبع بتاريخ 6 شرين الثاني 1976، إلى إصدار عدة قرارات في اتجاه دعم الاجهزة الاتحادية ومنها:

1. حق رئيس الدولة في الرقابة العليا عن طريق الأجهزة الاتحادية على كل ما يتعلق بشؤون الهجرة والإقامة وحفظ النظام في جميع أنحاء الدولة.

---

(1) وفقاً لدستور عام 1971 ،يتشكل المجلس الوطني الاتحادي من (40) عضواً ويوزع عدد مقاعد المجلس على الإمارات الأعضاء كما يلي أبو ظبي (8) مقاعد، دبي (8) مقاعد، الشارقة (6) مقاعد، رأس الخيمة (6) مقاعد، عجمان (4) مقاعد، أم القوين (4) مقاعد، الفجيرة (4) مقاعد، ويترك الدستور لكل أمارة تحديد طريقة أختيار المواطنين.

(2) أنظر: تعقيب محمد عبيد غباش على ورقة خلدون ساطع الحصري، أتحادية دولة الإمارات: النص الدستوري والممارسة، في: التجارب الوحدوية العربية (تجربة دولة الإمارات العربية المتحدة)، مصدر سبق ذكره، ص 636.

والرقابة على شواطئها والموانئ والمطارات جميعها لمع التسلل إلى داخل البلاد.

2. إنشاء جهاز أمن للدولة يتبع رئيس الدولة مباشرة وتدمج فيه شعب المخابرات وجميع الأجهزة المحلية التي تباشر في الإمارات.

3. توحيد سلطة الأشراف على أجهزة الأعلام في الدولة، وإن يعهد إلى وزارة الأعلام والثقافة – الإتحادية – بالسلطة الكاملة في الأشراف، والتوجيه السياسي على الإذاعات الصوتية والمرئية في الإمارات[1].

وبذلك لا يمكن القول أن أحكام الدستور المؤقت هي أقصى ما أمكن الاتفاق عليه بين حكام الإمارات، إذ من المفروض أن يكون هناك دستور دائم يعزز ويقوي من سلطات الدولة الاتحادية، ويؤكد بشكل قاطع على أن النظام السياسي في الإمارات قد إستقر على الشكل الاتحادي خاصة إن مؤسسات الدولة الاتحادية بدأت مع بداية ثمانينات القرن العشرين تتعرض إلى الضعف ولجوء الإمارات المحلية إلى اتخاذ بعض القرارات بمعزل عن الوزارت الاتحادية وتجاوزها على أساس أن أجهزة الحكومة الاتحادية أصبحت مترهلة وتعاني البيروقراطية الشديدة، وساد الشعور بالترهل على المستويات كافة وفي كل المؤسسات الاتحادية، وإمتد إلى جميع مجالات العمل الوطني فالميزانية الاتحادية دخلت طور التقشف و إعطيت الأولوية للإحتياجات الأمنية والدفاعية نتيجه لانشغال المنطقة بظروف الحرب العراقية – الإيرانية، ثم حرب الخليج الثانية في بداية تسعينات القرن العشرين، كما تراجعت المؤسسات السياسية والحيوية، ودخلت الوزارت الاتحادية مرحلة الشلل والإنتظار وعدم القدرة على تقديم الخدمات الضرورية [2]. الا انه على الرغم مما مر به الكيان الاتحادي من تحديات خلال عقد الثمانينات والتسعينيات من القرن الماضي، فان

(1) يحيى الجمل، مصدر سبق ذكره، ص 589.

(2) أنظر: تعقيب محمد عبيد غباش على ورقة خلدون ساطع الحصري، مصدر سبق ذكره، ص 636، وكذلك عبد الخالق عبد الله ، "تطور النظام الاتحادي في الإمارات"، المستقبل العربي، العدد (311)، بيروت، كانون الثاني 2005، ص ص 22 -23.

الدولة الاتحادية استطاعت عبر التشريعات الإتحادية من بسط نفوذها، والوصول إلى كل فرد، وتسيير كل نشاط من النشاطات على أرض الإمارات[1]. كما أسهمت القوانين على تغلغل الحكومة الاتحادية في الجوانب الحياتية كافة وحققت ما يمكن تسميته (بالدمج الاجتماعي) في الإمارات خلال السنوات السابقة، فالأجهزة والوزارات الاتحادية الاجتماعية كوزارة التربية والصحة والإسكان والعمل والشؤون الاجتماعية هي الوزارات الأكثر حضوراً ونشاطاً وارتباطاً بالأفراد، والتي لا نظير لها على الصعيد المحلي، في ما عدا بعض الأستثناءات البسيطة. إلا إنه من جهة أخرى ما زالت الحياة الاقتصادية في الإمارات محلية أكثر مما هي اتحادية، إذ ما تزال هناك مجالات اقتصادية لم تخضع لحد الآن للتشريع الاقتصادي الاتحادي، وتنتظر المزيد من التشريعات الإتحادية[2].

ومع كل ذلك فهناك من يرى أن قرار المجلس الأعلى في العام 1996، بتحويل الدستور المؤقت إلى دستور (دائم) يعد بمثابة الولادة السياسية الثانية للدولة الاتحادية بعد ولادتها الرسمية الأولى في العام 1971، رغم أن الدستور لا يختلف في مضمونه ومواده عن الدستور المؤقت، إلا إنه حسم نهائياً الوضع المؤقت للإتحاد، واعتمد الصيغة الاتحادية كخيار نهائي وكوضع سياسي دائم في الإمارات،كذلك أنهى هذا القرار بشكل قاطع أي طموح أو أمل في قيام دولة الوحدة على أراضي الإمارات خلال المستقبل المنظور، كما لم يّعد ممكناً بحكم الدستور قيام سلطة سياسية مركزية واحدة تذوب في داخلها الحكومة المحلية.

---

(1) لقد أصدرت الدولة الاتحادية خلال السنوات الماضية الكثير من القوانين بلغت حوالي (450) قانوناً إتحادياً أي بمعدل (15) قانوناً في كل سنة تتراوح بين القوانين التنظيمية، والقوانين الخاصة بالشؤون الخارجية، والقوانين ذات الأبعاد الاقتصادية والقوانين الاجتماعية.

(2) عبد الخالق عبد الـلـه، " تطور النظام الاتحادي في الإمارات "،مصدر سبق ذكره، ص 29-30.

فالدستور الذي اعتمد يؤكد أن النظام الإتحادي هو الأصل، وما عدا ذلك كالرغبة في الانفصال والتجزئة أو الاندماج والوحدة هي الاستثناء. [1]

(1)عبد الخالق عبد الله، " تطور النظام الاتحادي في الإمارات "،مصدر سبق ذكره، ص 23.

الفصل الرابع
الإصلاح السياسي
في دول مجلس التعاون الخليجي

بدأت دول مجلس التعاون الخليجي منذ عقد التسعينات من القرن الماضي تشهد مجموعة من الإصلاحات السياسية سواء على مستوى الانتخابات أو المشاركة السياسية، أو على مستوى الحريات العامة والمدنية كحرية التعبير وحقوق الإنسان والمجتمع المدني.

وبالنظر إلى خصوصية المرحلة التي تمر بها عملية الإصلاح السياسي في هذه الدول نرى أننا أمام مستويين رئيسيين: الأولى تجسدها الحالة الكويتية بمجلسها النيابي وخصوصيتها القائمة على تعددية سياسية بلا أحزاب، والبحرين ذات التجربة البرلمانية المتقدمة في منطقة الخليج، وما شهدته في السنوات القليلة الماضية من عودة العمل بالمجلس الوطني المنتخب المعطل منذ العام 1975، أما المستوى الثاني: فتشمل الدول الأربعة الأخرى (عمان ،قطر، الإمارات العربية المتحدة، والمملكة العربية السعودية) التي شهدت قدرا من التطور في ظل أنظمة تقليدية (وأن تباينت مساحة هذا التطور من بلد إلى أخر) وقد جاء هذا النمط ليراعي التكوين الاجتماعي والقبلي لهذه الدول والذي يوصفه البعض بالديمقراطية الناقصة (من وجهة نظر غربية) ولغرض معالجة الموضوع سيتم تقسيم هذا الفصل إلى أربعة مباحث: يتناول الأول الانتخابات البلدية في كل من قطر ، العربية السعودية، والبحرين فيما سنتناول في المبحث الثاني: الانتخابات التشريعية في الكويت والبحرين أما المبحث الثالث: سنتناول به المشاركة السياسية والانتخابات في (عمان ، قطر، الإمارات والسعودية) فيما يخصص المبحث الرابع: لدراسة حقوق الإنسان ومنظمات المجتمع المدني وحرية التعبير في دول مجلس التعاون الست.

المبحث الأول
الانتخابات البلدية
في قطر والسعودية والبحرين

المجالس البلدية هي هيئات تختص بمراقبة كيفية إدارة الخدمات التي توفرها الدولة للشعب، بواسطة أشخاص منتخبين مباشرة من فئات المجتمع الموجهة لهم تلك الخدمات، والمجلس البلدي ليس له علاقة بتحديد سياسة الدولة، وليس له الحق في ممارسة سلطة تشريعية أو التشكيك بشرعية الدولة.[1] فالبلديات تختص بالجانب (الخدماتي) فقط ، ولكي يكون المجلس البلدي فاعلاً يجب ترك مساحة من الحرية للأشخاص المنتخبين لتحديد ميزانية المجلس ، والسيطرة عليها ، واستعمالها في توفير أفضل الخدمات للمواطنين الساكنين في منطقة البلدية فضلا عن توفير صلاحيات مناسبة لإدارة مصالح المواطنين الخدماتية مع توفير إدارة كفوءة خاضعة لمراقبة المجلس البلدي المنتخب للتأكد من عدم فساد تلك الإدارة خاصة أن العاملين في المجال البلدي لديهم فرصة كبيرة للإنزلاق في الفساد المالي لما يقدمونه من خدمات أساسية.[2]

ورغم أن مهام العمل البلدي هي خدماتية بالأساس ، إلاّ أن التقاطع والتداخل مع الجانب السياسي هو أمر يحصل باستمرار خاصة في ظل تداخل الصلاحيات والاختصاصات بين العمل السياسي والعمل البلدي، وعدم وجود فيصل واضح يحدد تلك المساحات والصلاحيات. فقد تستعمل المجالس البلدية لأغراض خارج الصلاحيات المحددة لها، فمع غياب الأجواء السياسية الصحيحة ، قد يلجأ

---

(1) لمزيد من الإطلاع حول الفرق بين المجالس البلدية، والمجالس التي لها سلطة تشريعية ، أنظر: جيفري روبرتس و الستر أدوردز ، المعجم الحديث للتحليل الحديث، ترجمة: سمير عبد الرحيم الجلبي، الدار العربية للموسوعات ، بيروت، 1999 ، ص: 241 - 416.

(2) منصور الجمري، العمل البلدي في البحرين ، حركة أحرار البحرين الإسلامية www.vob.org 1999/12/26 ، ص3.

المعارضون لاتخاذ العمل البلدي محطة سياسية لشن هجوم سياسي على شرعية الحكومة، ويصبح كل شيء خاضع للتسيس كالمسجد والنادي والبلديات ...الخ. بعد أن يصبح المتنفس الوحيد للمعارضين للتعبير عن رأيهم، مما يؤدي إلى تأزم الأوضاع السياسية. والتسيس قد يكون حكوميا عندما تُربط المجالس البلدية بهيكلية حكومية، ومن ثم تقيد المساحة المسموح العمل بها قانونياً، أو عندما تحاول الحكومة التدخل في شؤون المجلس البلدي أو تمنع المعارضين من خوض الانتخابات أو تغيير الحدود الجغرافية للمناطق الاتحادية ، كل هذه أمور تؤدي إلى حالة من الاضطراب السياسي.[1]

ولذلك فإن انتخابات المجالس البلدية تُعدّ مدخلاً رئيسا لأي إصلاح سياسي لما تسهم هذه الانتخابات في تكوين عدد من المعطيات السياسية المحلية ، وذلك بفضل:

1. إشاعة ثقافة الانتخابات في المجتمع سواء من حيث التعبئة السياسية أو التثقيف السياسي أو قبول نتائج الانتخابات بروح متسامحة، وبما تحمله من نصر أو هزيمة.
2. توسيع قاعدة المشاركة في صنع القرار التي تُعدّ من أهم مطالب عملية التحديث السياسي، إذ تُسهم الانتخابات البلدية في نقل جزء من صناعة القرار إلى مدن أخرى خصوصاً مدن الأطراف، بدلاً من تمركز هذه العملية في المدن الرئيسة أو العاصمة فقط.
3. تضع الانتخابات البلدية الشخص المنتخب بعيداً عن الضغوط الإدارية، ومتحرراً من القيود البيروقراطية، وتجعل هدفه الأساسي هو خدمته للمدينة ومواطنيها على أساس أن نجاحه في ذلك يمثل المدخل لإعادة انتخابه.
4. في الانتخابات البلدية يكون التركيز في توفير الخدمات للمواطنين، والتي عادة ما تكون أهم مطلب في الانتخابات النيابية، فالمواطن يُركز أهتمامه في واقعة

([1])نفس المصدر ، ص ص3 - 4.

(2) محمد إبراهيم الحلوة، الانتخابات البلدية والتحديث السياسي في المملكة العربية السعودية،

اليومي أكثر من أي شيء أخر، فيمكن أن تكون البرامج التي يقدمها المرشحين لهذه الانتخابات والنجاح فيها القاعدة الأساسية لنجاحهم في أية انتخابات أخرى.

5. تخفف المجالس البلدية المنتخبة من الضغط على الحكومة المركزية، فبدلاً من أن يلجأ المواطن للحكومة المركزية لتقديم مطالب تخص الحي الذي يقيم فيه، يتوجه إلى ممثليه في المجلس البلدي الذي هو أعرف بمطلب المواطن وأمكانية تحقيقه.[1]

وقد بدأت بعض دول مجلس التعاون الخليجي كخطوة على طريق الإصلاح السياسي التدريجي إلى إجراء انتخابات بلدية، كأول انتخابات تجري في البلاد على أساس أنها خطوة تتبعها خطوات أخرى على مسار هذا الإصلاح كما هو الحال في قطر والسعودية ، إلاّ أن البحرين شهدت عودة العمل بالمجالس البلدية المنتخبة كإجراء لإصلاح أوضاع سابقة كانت قد أدت بالبلاد إلى التراجع عن نهج بدأته منذ وقت سابق عن ذلك.

أولا ـ قطر

شهدت قطر في سابقة تُعدّ الأولى من نوعها منذ استقلالها في بداية سبعينات القرن العشرين انتخابات لاختيار أعضاء المجلس البلدي المركزي في العام 1999، فبعد تولي الشيخ (حمد بن خليفة أل ثاني) السلطة في قطر في العام 1995، وإعلانه عن برنامجه الإصلاحي في البلاد، أصدر القانون رقم (12) و (17) في تموز 1998، الأول يختص بتنظيم المجلس البلدي الذي يُكون للمرة الأولى عن طريق الانتخاب المباشر، ويضم (29) عضواً يمثلون تسعة وعشرون دائرة ، تسع منها في العاصمة الدوحة ، وعشرون في باقي

المناطق القطرية. [1] وقد حدد القانون الشروط الواجب توفرها في عضو المجلس وهي:

1. أن تكون جنسيته قطرية أو أكتسبها ، شرط أن يكون قد بلغ من العمر خمسة وثلاثين سنة.

2. أن لا يكون من العاملين في القوات المسلحة أو الشرطة.

ومدة العضوية في هذا المجلس أربع سنوات، مع السماح بإعادة انتخاب الأعضاء لمرة ثانية. أما القانون الثاني فقد تضمن نظام انتخاب أعضاء المجلس البلدي المركزي ، كما تم تحديد شروط الحصول على صفة ناخب، وهي:

1. أن تكون جنسيته الأصلية قطرية أو مضى على اكتسابه الجنسية القطرية خمسة عشر عاماً، وأن لا يقل عمره عن ثمانية عشر سنة ميلادية.

2. أن لا يكون قد سبق الحكم عليه في جريمة مخلة للشرف والأمانة ما لم يكن رد إليه اعتباره.

3. أن يكون مقيماً إقامة فعلية في الدائرة الانتخابية التي يباشر فيها حق الانتخاب.

4. أن لا يكون من العاملين في القوات المسلحة أو الشرطة. [2]

وتتلخص أهم اختصاصات المجلس في مراقبة القوانين والقرارات والأنظمة المتعلقة بصلاحيات وزارة الشؤون البلدية والزراعة ، واقتراح فرض الضرائب والرسوم، وأجاز القانون للمجلس إصدار أوامر محلية في الأمور التي

([1]) أن فكرة إيجاد مجلس بلدي مركزي منتخب في قطر تعود إلى ستينات القرن العشرين، عندما صدر المرسوم رقم (4) لسنة 1963 الخاص بنظام انتخاب وتعيين المجلس البلدي، ثم جاء المرسوم رقم (11) لسنة 1963 بتنظيم بلدية قطر لينص على تكوين المجلس بالتعيين بناءً على ترشيح وزير الشؤون البلدية، وأنعقد أول اجتماع مشترك للمجالس البلدية في الدولة في العام 1983 ، والذي كان له الفضل الأكبر في تكوين مجلس بلدي مركزي في دولة قطر بدلاً من المجالس البلدية المتعددة أنظر:المجلس البلدي المركزي ، موقع وزارة الخارجية القطرية، www.mofa.gov.qa، 2005/12/23،ص ص 1-2.

([2]) محمد عبد العزيز محمد، ((انتخابات المجلس البلدي القطري))، مجلة شؤون الأوسط، العدد (83) ، بيروت ، آيار 1998 ، ص ص 103 - 104.

لا تتناولها بالتنظيم تشريعات قائمة، ولا تسري هذه الأمور إلا بعد اعتمادها من وزير شؤون البلدية والزراعة.(1)

وقد حفلت هذه التجربة بالعديد من المظاهر الدعائية، إذ لجأ المرشحون القطريون إلى وكالات الاعلان والدعاية من خارج البلاد.(2) ويبرر ذلك إلى قلة الخبرة خاصة أن هذه هي التجربة الانتخابية الأولى التي أجريت في البلاد، كما استعملت التكنولوجيا ، وثورة الاتصالات في الدعاية بفضل شبكة الانترنيت وكان للاتصال المباشر بالمرشحين، وخاصة بالنسبة للمرشحات دوراً مؤثرا ، فضلا عن إقامة المقرات الانتخابية. وإلى جانب ذلك احتلت وسائل الأعلام، وخاصة الصحافة مكانة رئيسية في التوعية، وحملات الدعاية للمرشحين في صورة حملات إعلانية مدفوعة الأجر، الأمر الذي أضفى أجواء تنافسية لم يعهدها المواطن القطري.(3)

وقد أجريت الانتخابات في 8 آذار 1999، وبمشاركة (225) مرشحاً من بينهم ست مرشحات لم تفز أي منهن بعضوية المجلس، وشارك في الانتخابات نحو (22) الف قطرياً ، منهم عشرة الآف امرأة، وغلب على الفائزين التسعة وعشرون عنصر الشباب إلى جانب أنهم يمثلون رجال الأعمال والبيروقراطية الحكومية(4). وقد أرجعت أسباب عدم فوز أي من المرشحات الست في هذه الانتخابات الأولى لأعضاء المجلس البلدي المركزي إلى مجموعة من العوامل أهمها: حداثة التجربة ، ودور العادات والتقاليد التي تجعل المرأة تشعر أن فرصتها في الحركة أقل من الرجل، فضلا عن ضعف الوعي السياسي للمرأة.

---

(1) محمد عبد العزيز محمد، مصدر سبق ذكره ، ص ص 104- 105.

(2) كانت وكالات الاعلان والدعاية الخارجية بالتحديد من الكويت ، خاصة أن للكويت تجربة في هذا المجال.

(3)أنظر: ايمن السيد عبد الوهاب، ((الانتخابات القطرية: خطوة على طريق الديمقراطية))، مصدر سبق ذكره، ص 174.

(4) صحيفة الاتحاد ، أبو ظبي ، في 1999/3/15.

رغم ما ابدته المرأة القطرية في هذه التجربة من جرأة في عقد ندوات لمخاطبة الرجال في مجتمع تقليدي

تؤدي فيه العادات والتقاليد دوراً كبيرا في الحد من دور المرأة العام. [1] وعلى الرغم من ان المجلس البلدي الذي تم انتخاب أعضائه هو مجلس تنفيذي رقابي وليس مجلساً تشريعياً، فضلا عن ان الانتخابات التي أجريت لا تمثل المجتمع ككل، إذ اقتصرت المشاركة في هذه الانتخابات على حاملي الجنسية القطرية الأصلية أو المتجنس بها منذ (15) عام ، إلاّ أنه في الوقت نفسه يمكن النظر إلى هذه التجربة على أنها ممارسة أو خطوة تتبعها خطوات أخرى أقدمت عليها قطر فيما بعد، خاصة أن قطر أعلنت عن عزمها إجراء انتخابات تشريعية خلال العام 2007 ، لإختيار أعضاء المجلس التشريعي. كما أن تجربة انتخابات المجلس البلدي المركزي قد استمرت إذ أجريت يوم 7 نيسان 2003 انتخابات ثانية في هذا المجال، وقد أسفرت عن فوز (25) مرشحاً من بين (88) فضلا عن (4) مرشحين من بينهم أمرأة فازوا بالتزكية، وبلغت نسبة التصويت 40% ، من أجمالي عدد الناخبين الذي وصل (210.24) ناخباً[2]، وتم لأول مرة تعيين أمرأة بمنصب الأمين العام للمجلس البلدي المركزي في دورته الثانية ، وهي (مشاعل الدرهم) لتصبح بذلك الوجه النسائي الثاني في المجلس بعد فوز

---

[1] المرشحات الست هن: ضحى السويدي (أستاذة في جامعة قطر) ، والدكتورة فوزية النعيمي (رئيسة المدرسة الفنية للتمريض) ، جيهان المير (أستاذة في جامعة قطر) ، والسيدة موزة المالكي (مرشدة نفسية في جامعة قطر) ، والسيدة نصرة النوبي (مساعد رئيسة التمريض في مستشفى الرميلة)، والسيدة نسياكربون (مدرسة رياضيات). أنظر: الاستطلاع الذي قامت به مجلة زهرة الخليج بخصوص= =المرشحات الست، قطر: سنة أولى ديمقراطية من دون نساء، مجلة زهرة الخليج ، العدد (1042) ، أبو ظبي ، آذار 1999 ، ص ص 28 - 29.

[2] المجلس البلدي المركزي ، موقع وزارة الخارجية القطرية ، مصدر سبق ذكره. ص ص 4-6.

المرشحة (شيخة الجفيري) عن طريق التزكية لتكون أول امرأة تنتزع مقعداً من أصل (29) مقعداً في هذا المجلس.[1]

ثانيا ـ السعودية

شهدت السعودية أول انتخابات تجري في البلاد حين أقر مجلس الوزراء في 13 كانون الأول 2003، توسيع مشاركة المواطنين في إدارة الشؤون المحلية عن طريق الانتخاب الشعبي المباشر. وقد أجريت هذه الانتخابات على ثلاث مراحل في 10 شباط / فبراير ، و 3 آذار / مارس ، و 21 نيسان / أبريل 2005، لإنتخاب نصف أعضاء المجالس البلدية المؤلفة من (14) عضواً في جميع أنحاء البلاد ، وعينت الحكومة النصف الأخر لمدة أربع سنوات ، وأقتصر التصويت والترشيح على الذكور السعوديين فقط فوق سن الواحد وعشرين سنة للتصويت ، أما الذين يرغبون في الترشيح فيجب أن يكونوا فوق الستة وعشرون سنة ، وأن يكون مجُيداً للقراءة والكتابة، وغير محكوم عليه بحد شرعي أو بالسجن بتهمة التزوير أو الاختلاس.[2]

وبدأ المواطن السعودي يشهد بعض المظاهر الانتخابية التي لم يعتد عليها، كنشر المرشحون دعايات باهضة الثمن على صفحات بإكملها في الصحف للترويج لبرامجهم السياسية ، وخاصة في الرياض ، أو إقامة لافتات دعائية كبيرة على مفترقات الطرق تحمل صوراً لمرشحين يعلنون أنهم سيحاربون الفساد. كما نشرت حول المدينة خيم يطلق عليها أسم خيم (الحملات الانتخابية) اتخذها المرشحون كموقع للترحيب بأنصارهم، وإطلاعهم على برامجهم السياسية.[3]

---

(1) المرأة في الحياة العامة – قطر ، برنامج إدارة الحكم في الدول العربية: التقرير السنوي 2004، (الجزء الثاني)، www.pogor.org

(2)عمرو حمزاوي ، ((دلالات الانتخابات السعودية : بين تدرجية الإصلاح وتقليدية السياسة)) ، صحيفة الشرق الأوسط ، العدد (9599) ، 10 آذار 2005.

(3) أول ممارسة ديمقراطية في السعودية ، 10 /2/ 2005. BBC Arabic. Com

إلاّ أن المرأة السعودية غُيبت في هذه الانتخابات ، إذ لا يحق لها الترشيح أو الانتخاب، رغم أن نسبة الإناث في التركيبة السكانية السعودية تؤلف أكثر من 50% ، وأُرجعت أسباب عدم مشاركة المرأة إلى عدة عوامل : كوجود عوائق إدارية تتمثل بعدم وجود بطاقات هوية، فبدونها لا يمكن لأي مواطن أن يُدلي بصوته، رغم أن السلطات السعودية سمحت للمرأة مؤخراً باستخراج بطاقات هوية، إلاَ أن 6% فقط من النساء طلبتها. كما أن المجتمع لا يزال محافظاً ومن الصعب على الكثيرين تقبل مشاركة المرأة أو الإدلاء بصوتها. [1]

وقد حققت الجماعات الإسلامية في هذه الانتخابات نصراً عاماً على التيارات الأخرى كافة، بما في ذلك الليبراليون ، ورجال الأعمال ، والمستقلين وحتى القبائل والعشائر ، ويرى بعض المراقبون أن أسباب فوز المرشحون الإسلاميون في هذه الانتخابات تعود إلى عوامل عدة: كونها أول انتخابات تجري في البلاد منذ أربعون سنة في بلد مسلم ومحافظ كما أن هذه الجماعات الإسلامية أمتازت بحسن التنظيم، والقدرة الكبيرة على استعمال كل الأحوال لأنجاح توجهاتها وبرامجها، بما في ذلك تدخل بعض علماء الدين بشكل مباشر لتزكية بعض المرشحين على حساب المرشحين الآخرين، فضلا عن أن معظم مرشحوا التيار الإسلامي كانوا من التكنوقراط ، ومن الإسلاميين المعتدلين. [2]

([1]) إذ لا تزال المرأة السعودية تواجه بعض التحديات والعقبات سواء في مجال المشاركة السياسية أو في حياتها العامة الاجتماعية، كمنعها من قيادة السيارة ، والتي أصبحت هذه القضية موضع جدل في السعودية حتى داخل أروقة مجلس الشورى السعودي عندما اقترح أحد أعضاء المجلس المعين مناقشة رفع هذا الحظر عن المرأة، أو السفر دون أذن زوجها أو أحد من الرجال من أسرتها الذي يطلق عليه (المحرم) أو ارتيادها مطعم بمفردها ، كما لا يمكنها مغادرة بيتها من دون (العباءة) ، أنظر: استبعاد النساء من أول انتخابات بلدية www.raya.com

([2]) فاز الإسلاميون المعتدلون بكل مقاعد مدينتي جدة ومكة (7 مقاعد لكل منهما ، وفازوا بستة مقاعد من أصل سبعة في المدينة المنورة ، وبخمسة مقاعد من أصل ستة في الطائف ، وفاز خطباء مساجد بثلاثة مقاعد من أصل ستة في تبوك ، فيما فاز أثنان من رجال العشائر ، وتاجر عقارات بالمقاعد المتبقية، وفي بريدة، فاز الإسلاميون بمعقدين من أصل ستة ، وفي بلدة عنزة، بمعقدين من أصل خمسة. الانتخابات (السعودية) - الحكم الرشيد، برنامج إدارة الحكم في الدول العربية:www.pogor.org.

ورغم أن هذه الانتخابات تفتح المجال لحد أدنى من المشاركة الشعبية في صناعة قرارات غير مصيرية وغير سياسية ، وأنها مقتصرة على الجوانب المدنية الخدمية. فضلا عن أن نسبة من يحق لهم المشاركة في هذه الانتخابات لا تتجاوز 25% ، من المواطنين هم كل من تجاوز عمره 20 سنة ميلادية من الذكور فقط دون الإناث ، أما العدد الإجمالي للمقترعين فلم يتجاوز (750) ألف ناخباً يمثلون نحو 15% ، ممن يحق لهم الاقتراع والذين يقدر عددهم بنحو (4.5) مليون مواطناً.[1] إلاّ أنها يمكن عدّها خطوة مهمة على طريق البدء في عهد الإصلاح والانفتاح السياسي في السعودية سواء من حيث السماح لفئات اكثر في المشاركة أو توسيع مجال المشاركة لتشمل هيئات أخرى أكثر أهمية، وهذا ما نلاحظه بفضل ما وعد به رئيس اللجنة العامة للانتخابات الأمير (منصور بن متعب بن عبد العزيز) بإمكانية مشاركة السعوديات في الانتخابات البلدية للدورة الثانية في العام 2009 ، خاصة بعد سعي مجموعة من الناشطات السعوديات إلى التعبير عن عدم رضاهم أو قناعتهم بعدم المشاركة، وطالبن بتعيين نساء ضمن أعضاء المجلس الذين سيتم تعينهم.[2]

وبذلك شهدت كل من قطر والسعودية أول انتخابات في البلاد هي الانتخابات البلدية. فعلى الرغم من النواقض البنيوية المتعددة التي شهدتها هذه الانتخابات في كلتا البلدين ، وعلى الرغم من محدودية اختصاصات المجالس البلدية، إلاّ أنها عُدّت انفراجه سياسية مهمة أو على أقل تقدير خطوة أولى على طريق تمكين المواطن من المشاركة في إدارة الشأن العام، فضلا عن تعريف المواطن بثقافة المشاركة والانتخابات ، وعدّها قاعدة أساسية للتوجه نحو مشاركة أوسع أو أشمل في هيئات تتمتع باختصاصات أوسع.

([1]) صحيفة الوسط البحرينية ، 28 نيسان 2005.

([2]) أخبار الخليج، البحرين، 8 شباط 2005.

ثالثا ـ البحرين

أما فيما يتعلق بالانتخابات البلدية في البحرين ، فإن العملية مختلفة ، وذلك لأن البحرين تمتلك تجربة قديمة في هذا المجال ، وأن الذي حصل هو أحياء لنظام الانتخابات البلدية في البحرين، فبعد أن تولى الشيخ (حمد بن عيسى آل خليفة) السلطة في البحرين في العام 1999، خلفاً لوالده الشيخ (عيسى بن حمد آل خليفة) ، وإعلانه نهجه الإصلاحي في الحكم أعلن في نهاية ذلك العام أحياء نظام الانتخابات البلدية بمشاركة المرأة ، على أن تجري هذه الانتخابات في العام 2001. [1] وقد أشار الأمير في تصريحاته : بأن المجالس البلدية المنتخبة سوف تتمتع بالصلاحيات المتعارفة عليها في العمل البلدي كافة بعدّها البداية الصحيحة للتمثيل الشعبي على مستوى القاعدة. [2]

([1]) كانت البحرين محرومة من العمل البلدي منذ إلغاء الانتخابات البلدية في العام 1956 ، وإعلان حالة الطوارئ ذلك العام، رغم أن البحرين قد تميزت بأن العمل البلدي كان قد بدأ فيها منذ عشرينات القرن العشرين خاصة بعدما عدل النظام البلدي في العام 1924 ، وأصبح نصف أعضاء المجلس البلدي في العاصمة المنامة ينتخبون من قبل أهالي البلدة . ثم توالى بعد ذلك تأسيس مجالس بلدية في المناطق المختلفة في البلاد، وكانت أخر انتخابات أجريت في العام 1956، وبعد إلغاء العمل البلدي المنتخب أنشأت الحكومة (إدارة شؤون القرى) للقيام بأعمال (56) قرية، وألغيت هذه الإدارة في العام 1971 ، إذ تم دمج إدارة شؤون القرى والمخاتير (الذين تم تعيينهم كبديل عن الأشخاص المنتخبين للبلديات) في وزارة البلديات ، وأنشأت الحكومة لاحقاً (الهيأة البلدية المركزية المؤقتة) ؛ لأن قانون البلديات يفترض أن تكون الهيأة البلدية العُليا قائمة على الانتخاب ، وفي العام 1995، تجاهلت الحكومة هذا الأمر، والغت الصفة المؤقتة بواسطة تسمية الهيأة (بالهيأة البلدية المركزية) ، والتي الحقتها بوزارة الإسكان والبلديات والبيئة ، وكانت في البحرين أثنا عشر بلدية معينة حكوميا تمثل (المنامة ، والمحرق ، والحد ، و جد حفص ، والشمالية ، والغربية ، والوسطى ، ومدينة عيسى ، وسترة ، والرفاع ، والجنوبية ، ومدينة حمد) ، أنظر: عادل الطبطبائي، مصدر سبق ذكره ، ص ص32 ، 33. و محمد الرميحي ، قضايا التغيير السياسي والاجتماعي في البحرين .192 – 1970 ، مصدر سبق ذكره، ص ص 265-268 ، وكذلك منصور الجمري، مصدر سبق ذكره، ص4.

([2]) مفيد الزيدي، ((مؤشرات التحويل الديمقراطي في البحرين من الإمارة إلى الملكية الدستورية))، مصدر سبق ذكره ، ص 14.

وقد حظيت المجالس البلدية وفقاً لقانون المجالس البلدية الذي صدر بموجب المرسوم الأميري رقم (35) لعام 2001، والمرسوم رقم (3) لسنة 2002، لأول مرة بقدر واسع من الاستقلالية ، إذ تتمتع باللامركزية في مايتعلق بقطاع الخدمات، وتتولى مسؤوليته التخطيطية والمالية والأشرافية ، ويكون من سلطة أعضاء المجالس البلدية النظر في شكاوى أبناء الدائرة فيما يتصل بقرارات المجالس أو سلوك الموظفين ، ولضمان أستقلال المجالس البلدية الجديدة يكون من سلطة أعضائها تحديد الرسوم البلدية، وتحديد الميزانيات السنوية، كما تعمل المجالس المحلية الجديدة في شراكة مع الأطراف المعنية مثل: الجماعات التطوعية ، والمنظمات غير الحكومية، ومنظمات المقيمين في البلاد ، والشركات المحلية والحكومة المركزية في عملية صنع القرار.(1)

وقد نص قانون المجالس البلدية على أن يقوم الناخبين باختيار ممثليهم فيها بالانتخاب المباشر، مما فتح التنافس بين كل من يرى في نفسه القدرة على الخدمة العامة، وتلبية احتياجات أبناء المجتمع ، ليشمل في ذلك كل الذين كانوا مبعدين من أبناء البلاد الذين بقوا في الخارج لمدة طويلة، وأيضا كل الذين أفرج عنهم لأسباب سياسية.(2) وأصبح من حق (237503) شخصاً ، يمثلون المواطنين البحرينيين، وكذلك مواطني دول مجلس التعاون الخليجي الأخرى (الكويت ، وعمان ،و قطر ،و السعودية ،ودولة الأمارات العربية المتحدة) الذين يعيشون في البحرين ، وغيرهم من المقيمين من الأجانب الذين لديهم ممتلكات في

---

(1) حسن عبد ربه المصري، الانتخابات البلدية تفتح طريقا أوسع تجاه الديمقراطية في البحرين: WWW.AZZAMAN.COM.2002/1/1

(2) إذ سعى الشيخ (حمد بن عيسى آل خليفة) بعد توليه السلطة إلى إطلاق السجناء السياسيين، والسماح بعودة المبعدين من الخارج ، وإصدار عفوا عن (320) موقوفاً، واحد وأربعون منهم أدينوا في قضايا جنائية ، كما تم العفو عن مئتين شخص شاركوا في اضطرابات العام 1994، ومنهم 150 سجينا سياسياً، و 50 محكوماً عليهم في جرائم ضد الدولة، ثم أتبعها بوجبة أخرى من السجناء تم العفو عنهم في آذار / 2000 ، بمناسبة عيد الأضحى ، فضلا عن إلغاء محكمة أمن الدولة . أنظر: غانم النجار، مصدر سبق ذكره ، ص ص 109 - 110، وكذلك مفيد الزيدي ، مؤشرات التحول الديمقراطي في البحرين من الإمارة إلى الملكية الدستورية ، مصدر سبق ذكره ، ص ص 13-15.

البحرين، التصويت في هذه الانتخابات. وقد وافقت سبع جمعيات سياسية بحرينية على المشاركة في هذه الانتخابات البلدية التي أجريت الجولة الأولى منها يوم 9 أيار 2002 ، لانتخاب خمسين عضواً في خمسة مجالس بلدية ، إذ تنقسم البحرين إدارياً إلى خمس محافظات لكل منها مجلس بلدي مكون من عشرة أعضاء. ⁽¹⁾

وجاءت نتائج هذه الانتخابات على النحو التالي: تفوق الإسلاميين في عدد من الدوائر الانتخابية ، فقد فاز المرشحون الذين ينتمون للجمعيات الإسلامية بثمانية وثلاثون مقعداً من بين مقاعد البلدية الخمسون، وفاز مرشحون مستقلون ببقية المقاعد . ومن أهم الجمعيات السياسية الإسلامية التي فازت في هذه الانتخابات هي (جمعية الوفاق الوطني الإسلامية)، والتي عملت في حملتها الانتخابية تحت عنوان (الوطن للجميع والجميع للوطن) ، وتمثل محور برامجها على تحسين الخدمات العامة ، وتكافؤ الفرص، ومعظم مؤيدي هذه الجمعية هم من الطائفة الشيعية في البحرين ، كذلك (جمعية المنبر الوطني الإسلامي) التي تأسست في آذار 2002، ببرنامج يقوم على تقوية وإعادة تأكيد القاعدة العربية – الإسلامية للمجتمع، وتسعى إلى تعزيز المواقف الإسلامية في كل مجالات الحياة في إطار الدستور والميثاق الوطني، ومعظم مؤسسي هذه الجمعية هم من الطائفة السنية في البحرين. أما (جمعية الوسط العربي-الإسلامي) فقد سعى مؤسسيها المؤلفين من سبعين رجلا وامرأة إلى تعزيز مبادئ ميثاق العمل الوطني الذي أجري التصويت عليه يومي 14 و 15 شباط / فبراير 2001، بموافقة شعبية مرتفعة ، وتأكيد الهوية العربية والإسلامية للبحرين، وهي ذات اتجاه وسطي من

(¹) الجمعيات السياسية التي أعلنت مشاركتها في هذه الانتخابات ، رغم أن هذه الجمعيات ليست مصنفة رسميا على أنها أحزاب سياسية، إلا أنها تستطيع الدخول بمرشحين في الانتخابات ، وهي كل من جمعية الوسط العربي – الإسلامي ، وجمعية المنبر الديمقراطي التقدمي ، وجمعية الوفاق الوطني الإسلامي ، وجمعية ميثاق العمل الوطني ، وجمعية العمل الوطني الديمقراطي ، و جمعية التجمع الوطني الديمقراطي ، وجمعية المنبر الوطني الإسلامي. حركة نشطة للتجمعات السياسية في البحرين، Bahrain Brief ، العدد (4) ، أبريل 2002.www.bahrainbrief.com.bh

حيث سياستها، وتساند تعزيز الديمقراطية وحقوق الإنسان، وتقوم بحملاتها بموجب برنامج مناهض للطائفية ، وتعهدت بتقليص نفوذ القبلية ، كما شدد أعضاؤها على أهمية أن تكون المرأة شريكاً متساوياً مع الرجل في العمل الوطني.[1]

وأرجعت أسباب فوز المرشحين ذو التوجه الإسلامي على حساب المرشحين الآخرين لأسباب تتعلق بحسن التنظيم ، والقدرة على استعمال المساجد والمؤسسات الدينية في الوصول إلى الناخبين ، وكان للدور الاجتماعي الكبير لتلك المؤسسات خاصة في مجال العمل الخيري والاجتماعي في مصلحة هؤلاء المرشحين، فضلا عن دور رجال الدين اللذين أصدروا فتاوى تزكية للمرشحين الإسلاميين على حساب المرشحين الرسميين الآخرين خاصة أن هذه الانتخابات كشفت عن ضعف الجمعيات المدنية اليسارية والقومية التي لم تفز بأي مقعد خلال انتخابات الجولة الأولى ، كما لم تفز أي من المرشحات في هذه الانتخابات ، والتي قامت على أثرها مجموعة من النساء بتوجيه خطاب مفتوح إلى الملك (حمد) تحثه على إقرار نظام للحصص في توزيع المقاعد (بين المرأة والرجل) في الانتخابات التي ستحدث لاحقاً.[2]

وقد شهدت البحرين بتاريخ 25/ تشرين الثاني 2006، انتخابات الدورة الثانية للمجالس البلدية بالتزامن مع انتخابات المجلس التشريعي بمشاركة (171) مرشحاً بينهم خمس سيدات فقط على عكس انتخابات العام 2002، والتي شهدت رقماً استثنائياً بعدد المرشحين ، إذ وصل عددهم إلى (360) مرشحاً بينهم (31) سيدة، وتعود أسباب قلة المشاركة هذه إلى تبادل الاتهامات باحتمال تزوير الانتخابات.[3] وأظهرت النتائج تصّدر المعارضة في هذه الانتخابات ، إذ حصلت

([1]) حركة نشطة للتجمعات السياسية في البحرين، مصدر سبق ذكره.

([2]) البحرين تذهب إلى صناديق الاقتراع: انتخابات المجالس البلدية الجديدة بشكل ديمقراطي، Bahrain Brief ، العدد (5) ، مايو 2002، www. bahrainbrief.com.bh

([3])انتخابات البحرين 2006: بدء الانتخابات البحرينية وسط اتهامات متبادلة بالتزوير:www.cnnarabic.com

(جمعية الوفاق الوطني الإسلامي) على أغلب مقاعد المجلس، إذ حصلت على ثمانية عشر مقعداً من أصل تسعة عشر مرشحاً. [1]

ورغم الاتهامات المتبادلة حول التزوير في هذه الانتخابات ، إلا أن أحياء نظام الانتخابات البلدية في البحرين يبقى خطوة مهمة في مجال الإصلاح السياسي، وإفساح المجال قُبالة القوى المعارضة للمشاركة حتى ولو كان ذلك في مجال العمل البلدي ، ويتضح ذلك من فوز المعارضة في هذه الانتخابات، والذي يُعدّ مقدمة للفوز في الانتخابات التشريعية.

---

[1] المعارضة البحرينية تتصدر نتائج الانتخابات النيابية والبلدية ، www.aljazeera.net.2006/11/26

المبحث الثاني
الانتخابات التشريعية
في الكويت والبحرين ...

أولا: الانتخابات التشريعية في الكويت:

أن الانتخابات داخل الكويت تمثل كمفهوم مؤسسة متكاملة، فالجمعيات التعاونية، والنقابات
، والروابط الطلابية ، وجمعيات النفع العام، والمجلس البلدي، والأندية الرياضية، ومجلس الأمة وغيرها،
كلها تعدّ مؤسسات منتخبة، الأمر الذي يعني أن هناك تجربة عريضة، وإجراءات انتخابية متقدمة
يعرفها ويجيدها المجتمع الكويتي قياساً بمجتمعات دول مجلس التعاون الأخرى التي لا يزال البعض
منها لا يعرف معنى للانتخابات. [1]

وكما ذكرنا في المبحث الأول من الفصل الثالث، فأن الكويت هي أقدم دولة من دول مجلس
التعاون في مجال تجربتها النيابية ، إذ يعود تاريخ تكوين أول مجلس نيابي فيها إلى العام 1963، وبذلك
عَرف المواطن الكويتي مبدأ الترشيح والانتخاب منذ ذلك التاريخ، ومارس سلطته في الرقابة على الحكومة
بفضل هذا المجلس ، خاصة أن هذا المجلس يمتلك صلاحيات تشريعية ورقابية فعلية، ورغم ما مرت به
هذه التجربة من ارتباك وتعثر في عدة سنوات كتزوير الانتخابات في العام 1967، وحل مجلس الأمة
الأول في العام 1976، وحل مجلس الأمة الثاني في العام 1986، وظلت الحياة البرلمانية معطلة في المرة
الأولى خمس سنوات، وفي المرة الثانية ست سنوات. [2] إلاّ أن تعامل الحكومة

[1] كما هو الحال في دولة الإمارات العربية المتحدة التي أعلنت أنها ستجري أول انتخابات في البلاد لاختيار نصف أعضاء المجلس
الوطني الاتحادي أواخر العام 2006.
[2] حول تزوير انتخابات 1967، والأزمات الدستورية لعام 1976 و 1986 ، أنظر: محمد الرميحي، تجربة المشاركة السياسية في
الكويت 1962-1981، مصدر سبق ذكره ، ص ص 655-657، وكذلك Roger Owen, State, Power and Politics in the
making of the modren middle East, Canda and New York, USA, 2004, P.149.

مع البرلمان بعد حرب الخليج الثانية 1991، وبعد عودة العمل بالفِقْرات الدستورية التي تخص مجلس الأُمة وانتخاب أعضائه في العام 1992، يدل على قوة هذا المجلس فرغم من تعدد الأزمات بين الطرفين خلال تلك السنوات ، أي منذ العام 1992 ، إلى حد الوقت الحاضر، إلاّ أن الحكومة لم تجرأ على حله من دون مبررات دستورية كما كانت تفعل في السابق، فقد تم حل البرلمان في العام (1999 ،2006) ، إلاّ إنّهُ أُعيد تكوينه سريعاً. كما أن مسألة الديمقراطية بدأت تأخذ بعداً مهماً وجديداً في الكويت بعد حرب الخليج الثانية 1991، والتي تمثلت في قوة المعارضة السياسية وجرأتها في عرض مطالبها، والتي حاولت الحكومة احتوائها وتهدأتها عبر طرق مختلفة غير عنيفة في أغلبها. وأخذت تلك القوى السياسية تتبلور وتحدد آليات معينة في تعاملها مع بعضها البعض ، وفي تعاملها مع السلطة لفرض مطالب محددة خاصة بالدستور ومجلس الأمة. [1] ويمكن القول: أن عملية الإصلاح السياسي في الكويت بدأت داخل أروقة مجلس الأمة. وقد أخذت تلك القوى تعلن عن نفسها في أشكال أقرب ما تكون إلى الأحزاب غير الرسمية، وبدأت تعمل بفضل هياكل سياسية بعد أن كانت تعمل في إطار هياكل اجتماعية واقتصادية وثقافية قبل عودة مجلس الأمة المنتخب في العام 1992 [2] إذ كانت هذه التيارات شُبه المنظمة على اختلاف تسميتها تعمل كأقلية داخل البرلمان،تعادلها تقريباً أقلية مستقلة تتغير أشخاصها بتغير الدورات البرلمانية أما الأغلبية فكانت أغلبية موالية أو معارضة موسمياً، أي تعارض في الموضوعات التي تراها غير صالحة لبعض القطاعات من منتخبيها، ولم يكن لها برنامج محدد تطمح أن تحققه، إذ تنظر فيما يعرض عليها فقط أما ترفضه ، أو تعدله حسب

(1) أنظر: محمد عبد السلام ، "مستقبل الكويت بعد التحرير"،السياسة الدولية ، العدد (105)، القاهرة ، تموز 1991 ، ص 114، كذلك ثناء فؤاد عبد الله ، مصدر سبق ذكره ص ص 138 - 139.

(2) محمد عبد السلام ، مصدر سبق ذكره ، ص115.

المعطيات الآنية أو مطالب ناخبيهم في إداء الخدمات.[1] فبعد حرب الخليج الثانية 1991، بدأت الساحة السياسية الكويتية تعرف قوى سياسية عدة فرضت نفسها وتمارس نشاطها بحرية بمبادرات من أصحابها، وبتغاضي من السلطات دون التعرض لها، وبدأت الساحة السياسية تعرف بين الحين والأخر ظهور تكتلات جديدة ، يعلن فيها أصحابها، وتتعامل معها وسائل الأعلام دون قيود، وتصدر عنها بيانات تعبر عن مواقفها حيال مختلف الأحداث التي تشهدها البلاد.[2]

ومع عودة العمل بمجلس الأمة المنتخب في العام 1992،[3] اتضحت خريطة القوى السياسية الكويتية في الشهور السابقة للانتخابات، وأصبح هناك سبع مجموعات سياسية تعمل على أرض الواقع ، وهي:

1. الحركة الدستورية الإسلامية: وهي الهيكل الجديد للأخوان المسلمين.
2. التجمع الدستوري: وسيطرت عليه غرفة التجارة والصناعة ذات النفوذ المؤثر، وهو يمثل التيار السياسي التاريخي لغرفة التجارة وصناعة الكويت.

---

(1) لقد سيطر التجمعان الوطني الذي يتزعمه (جاسم القطامي) والديمقراطي المعروف باسم (جماعة الطليعة) ويتزعمه (أحمد الخطيب) على الحياة السياسية خلال الستينات والسبعينات كتيار قومي، وبرز التيار الإسلامي في نهاية السبعينات ممثلا في الأخوان المسلمين، والسلفين ، والشيعة، وبدأ التنافس بينهم خلال النصف الأول من الثمانينات ، وأخذت تلك التيارات توحد صفوفها في إطار حملتها ضد السلطة بعد أن حلت الحكومة الكويتية مجلس الأمة في العام 1986، وأقدامها على تأليف ما يسمى بـ (المجلس الوطني)، والذي تألف من أعضاء منتخبين ومعينين من قبل السلطة. فالأخوان المسلمون كانوا يعملون علناً في إطار جمعية (الإصلاح الاجتماعي) ، وتركزت نشاطاتهم في تقديم الخدمات الاجتماعية ، والسلفيون جماعة دينية كانت تعمل في إطار جمعية (أحياء التراث) ، والتجمع الديمقراطي كان يعمل في إطار (جمعية الاستقلال)، والاتجاه الشيعي جسده نظامياً جمعية الثقافة الاجتماعية. أنظر: يوسف حسن داود التميمي، مصدر سبق ذكره ، ص ص 151-158، وكذلك أنظر: محمد الرميحي ، تجربة المشاركة السياسية في الكويت...، مصدر سبق ذكره، ص ص 658،657.

(2) عبد الحميد بدر الدين، خريطة التجمعات السياسية في الكويت، ، ص2.

www.aljazeera.net

(3) كنا قد ذكرنا في الفصل الثاني، المبحث الثاني الأسباب التي دفعت إلى عودة العمل بهذا المجلس، بعد أن فقدت الحكومة الكويتية قوتها في تعاملها مع معارضيها أثر دخول العراق للكويت في أغسطس / آب 1990 ، وحاجتها الماسة إلى تأكيد شرعيتها ، وهي في المنفى فكانت بحاجة ماسة إلى دعم المعارضين لها مقابل الوعود التي قطعتها على نفسها، وهي في المنفى (جدة) بعودة العمل بهذا المجلس بعد خروج العراق من الكويت.

3. المنبر الديمقراطي ، ويجمع بين التجمع الوطني والتجمع الديمقراطي السابقين.

4. التجمع الإسلامي (السلفيون): الذي كان قد برز في حقبة قبل دخول العراق للكويت كتيار منافس للأخوان المسلمين.

5. الائتلاف الإسلامي الوطني: وهو ائتلاف الشيعة الذي يُعَد جماعة مصلحة أكثر من تيار اً سياسياً.

6. تكتل النواب: وهو ليس بتيار لكنه بمثابة تجمع يضم نواب مجلس (1985) الذي تم حله. [1]

7. الناصريون: وهي المرة الأولى التي أعلن فيها عن تكتل الناصريين في الكويت بمناسبة انتخابات العام 1992، لكن هذا التيار مُني بالخسارة.

وقد خاضت هذه المجموعات السبع السياسية انتخابات مجلس العام 1992، فضلاً عن عدد كبير من المستقلين، وهي (مجموعة شخصيات فاعلة لا يضمهم تيار أو أفكار محددة)، وحظي المعارضون في هذه الانتخابات بـ(31) مقعداً من أصل خمسين، وأصبحت الجماعات الإسلامية أكبر كتلة فكرية في هذا المجلس، وبذلك استطاعت المعارضة أن تحصل على أغلب المقاعد. وكانت قوى المعارضة هذه قد تمكنت من أن تفرض مطالبها على الحكومة قبل الانتخابات كتقليص عدد الوزراء من أفراد الأسرة الحاكمة من سبعة وزراء إلى خمسة وزراء عند تكوين الحكومة الجديدة في العام 1992، على أثر استقالة حكومة (سعد العبد الله) في 20 آذار من تلك السنة ، كما ونجحت في الضغط على الحكومة بالمطالبة بعودة انتخاب مجلس الأمة في العام 1992، رغم أن المعارضة رأت أن عودة عمل مجلس الأمة ، وعودة الانتخابات هو تلكؤ في الوعود التي أكدها أمير البلاد، وهو في المنفى على مجاميع المعارضة ، حين أكد عودة إجراء الانتخابات ، ولكن على أساس التنافس بين أحزاب متعددة. [2]

[1] محمد عبد السلام، مصدر سبق ذكره ، ص 115.

[2] ثناء فؤاد عبد الله ، مصدر سبق ذكره ، ص ص 138 - 139.

وعلى الرغم من ان انتخابات العام 1992، أُجريت في ظل قانون أنتخابي كان موضع انتقاد ، لأنه يقلص من حجم هيأة الناخبين إلى نحو 13% من إجمالي السكان ، ويحرم قطاعات مهمة من الشعب في الكويت من ممارسة حقوقها السياسية، وهو عدم السماح للمرأة بالمشاركة في الانتخابات فضلاً عن أنها تمت في ظل غياب التعددية الحزبية الصريحة إلاّ أن الانتخابات جاءت إيجابية بوجه عام، وقد أثيرت فيها العديد من القضايا الحساسة دون حرج مثل: المطالبة بمحاسبة المقصرين من المسؤولين في حرب الخليج في العام 1991، وضرورة الفصل بين السلطات، وتدعيم سلطات مجلس الأمة، وخاصة في المجال الرقابي والمالي، أما عن الأداء التشريعي لمجلس الأمة العام 1992 ، فقد تمثل في تزايد دور البرلمان المنتخب في الرقابة والمسائلة ، ومطالبة المجلس بصلاحيات أوسع في علاقته بالسلطة التنفيذية ، كما أثير في المجلس أيضاً مسألة ضرورة إعادة النظر في جميع القوانين التي صدرت في غيبته. كما أثار الأعضاء عدداً من القضايا المهمة التي تتصل بالإصلاحات القانونية، وبموضوعات ذات صلة بقضايا حقوق الإنسان، وقضية منح المرأة حقها في التصويت في الانتخابات العامة، وحقها في الترشيح، كما شهد المجلس مناقشات مهمة حول قانون الجنسية خلال مناقشة مشروع القانون الذي تقدمت به لجنة الشؤون التشريعية والقانونية لتوحيد الجنسية، وتسوية أوضاع البدون، وكذلك مشروع القانون الذي تقدم به خمسة من أعضاء المجلس لتعديل المادة السادسة من قانون الجنسية ليصبح من حق المتجنس المشاركة في الانتخابات بعد عشر سنوات فقط من الحصول على الجنسية.[1]

وقد شهد العام 1994، في دورة المجلس نفسها إداء متميز لمجلس الأمة الكويتي على صعيد العمل التشريعي ، فقد نجح المجلس في 12 كانون الثاني

([2]) عزة وهبة ، الأداء التشريعي للمجالس التشريعية العربية (دراسة مقارنة) : الحالة الكويتية، www.undp.pogar.org.P.4

من ذلك العام بإلغاء قانون محاكمة الوزراء الذي صدر في العام 1990، في أثناء غياب مجلس الأمة أو الديمقراطية في البلاد، والغرض من ذلك هو ضمان محاكمة حقيقية للوزراء المتهمين بحيث تجري المحاكمة وفقاً لقانون الإجراءات والمحاكمة الجزائية العادية. كما برز دور المجلس في قضية تعديل قانون الجنسية مما أدى إلى إصدار الحكومة في كانون الثاني 1994، تعديلا لقانون الجنسية يسمح للكويتيين المولودين لأباء حصلوا على الجنسية بالتجنس بالمشاركة في الانتخابات التشريعية الثانية أي في العام 1996، بعد أن كانت هذه المشاركة محصورة في الحاصلين على الجنسية بصورة أصلية، والذي لم يتجاوز عددهم في انتخابات 1992 أكثر من 13% من إجمالي الكويتيين (أي نحو 82 ألف من أصل 630 ألف). [1]

ويمكن القول بشكل عام : أن مجلس العام 1992، قد أضطلع بكفاءه بالمهام المنوطة به من قبل الدستور ، وخاصة في الاهتمام بقضايا المواطن العادي في العديد من الأمور والقضايا المهمة، والتي تتصل بموضوعات مثل: الإسكان، والتعليم، والتركيبة السكانية. فقد فعّل مجلس العام 1992، أدواته التشريعية والرقابية خاصة في أول عامين من مدته التشريعية بسبب الاتحاد والتعاون بين القوى السياسية الممثلة فيه، مما مكنه من أصدار عدد من القوانين المهمة كقانون المديونيات (الذي تم تعديله بعدئذ في العام 1998) كذلك وافق المجلس على قوانين مهمة أخرى تتعلق بالإسكان، واستقلالية القضاء، كما نظر في قوانين وإجراءات التقاعد المبكر، فضلاً عن دور المجلس في إصدار تقرير حول تقصي الحقائق الناجمة عن دخول العراق إلى الكويت ، وإنشاء لجنة للدفاع عن المال العام، ولجنة للدفاع عن حقوق الإنسان، وهي إنجازات كان من الصعب على أي مجلس أن ينجح في تحقيقها في ظل الأوضاع التي أحاطت به. [2] أي أن مجلس العام 1992، وبفضل نوابه استطاع القيام بالعديد من الإصلاحات القانونية والسياسية سواء في مجال الانتخابات أو الشؤون العامة، بفضل اقتراح القوانين، ومناقشات العديد من

([1])عزة وهبة ،مصدر سبق ذكره ، ص5.

([2])نفس المصدر ، ص6.

المواضيع ويمكن القول: أن مجلس العام 1992، كان دوره كبير في عملية الإصلاح السياسي بواسطة مناقشة وإصدار العديد من القوانين التي تهم المواطن الكويتي.

أما انتخابات العام 1996، وهي ثاني انتخابات تجري في الكويت بعد حرب الخليج الثانية 1991، وبعد عودة العمل بالفقْر الدستورية الخاصة بانتخابات أعضاء مجلس الأمة ، فقد شهدت أيضاً تنافس واضح بين تيارات وقوى سياسية مختلفة بدأت بعرض برامجها السياسية على المواطن خلال الحملات الانتخابية التي سبقت هذه الانتخابات، إذ شهدت هذه الانتخابات صراع وتنافس بين تيارات وقوى بعضها كان موجودا على الساحة الكويتية، والبعض الأخر ظهر خلال المدة السابقة للانتخابات، إذ تمثل الانتخابات فرصة مناسبة للإعلان عن تكوينات وتكتلات وتجمعات سياسية، خاصة أن انتخابات العام 1996، كانت قد تميزت ببروز تكتلات من نوع جديد بعيداً عن الأشكال السياسية المألوفة، لم يجمعها اتجاه سياسي واحد؛ وأنما جمعها المصلحة الواحدة أو التقليد القبلي الموروث ، ومن أبرز هذه التكتلات:

1. تكتل المديونيات: وقد ضم عدد كبير من كبار التجار الذين أصيبوا بخسارة مالية فادحة في البورصة في يوم الاثنين الأسود الشهير في العام 1983 في مضاربات سوق المناخ للأوراق المالية، إذ بلغت الخسارة يومها (22) مليار دولاراً ، مما أضطر تسعة آلاف شخص إلى الاستدانة بقروض متفاوتة كل حسب خسارته وقدرته على السداد. وقد رأى أصحاب المديونيات، وهم شخصيات اقتصادية كبيرة بأن حل مشكلتهم بواسطة مجلس الأمة، خاصة بعد أن تم تحويل 45% منهم للنيابة للتأخر في سداد هذه الديون، وبذلك سعوا إلى تكوين تكتل للدفاع عن مصالحهم تحت قبة مجلس الأمة، ونجحوا بعد ذلك بإيصال نائب واحد في المجلس في دورته لعام 1996.

2. تيار المتجنسين: شكل المتجنسون تياراً للمحاولة في الحصول على حقوقهم السياسية ، إذ عند إصدار قانون الجنسية في الكويت أواخر خمسينات القرن الماضي لم يعط لهم حق الانتخاب أو الترشيح على أساس أنهم قدموا إلى الكويت في العام 1920، وبذلك فهم يحملون الجنسية الثانية مما كون تميزاً سياسياً وطبقياً داخل المجتمع الكويتي ، وقد أسهم هذا التيار بشكل كبير في فوز المرشحين (من القبائل) الذين حملوا قضيته.

3. الحكومة: ليس هناك تكتل سياسي حكومي واضح بالاسم والكيان والفعالية على الساحة الكويتية، ولا تعلن الحكومة في أي انتخابات وقوفها صراحة إلى جانب مرشحين معينين، إلاّ أن هذا لا يمنع الحكومة من محاولات إيصال أكبر عدد من المرشحين المتوافقين معها إلى قبة البرلمان، ولكن بطريقة هادئة، وعبر اتفاقات وتكتيكات تدعم عن طريقها مرشحيها بطرق ليست خارجة على القانون، كما هو الحال في دعمها (نواب الخدمات) الذين حصلوا على (19) مقعداً في انتخابات العام 1996. [1]

وشهدت هذه الانتخابات أيضا عزوف بعض التجمعات التي شاركت في انتخابات العام 1992، من المشاركة بشكل مباشر في انتخابات العام 1996 وفضلت دعم عدد من المرشحين بطرق غير مباشرة. كما فعل (التجمع الدستوري) الذي شارك في انتخابات العام 1992، بشكل واضح ، والذي يمثل التيار السياسي التاريخي لغرفة تجارة وصناعة الكويت، إلاّ أنه فضل في انتخابات العام 1996، دعم بعض المرشحين، إذ كانت لمسألة التحالفات بين التيارات أثرها الواضح في هذه الانتخابات. مع أن بعض التيارات فضل خوض انتخابات العام 1996، بشكل منفرد دون تحالف مع أي من التيارات الموجودة كما هو الحال في (الائتلاف الإسلامي الوطني)، وهو يمثل التيار الشيعي الحركي فقد خاض رموزه انتخابات العام 1996 ، بشكل منفرد، والذي يتكون من

[1] عبد الحميد بدر الدين، مصدر سبق ذكره ، ص5.

مجاميع إسلامية ووطنية شيعية بعضها محسوب على الفكر المرجعي الشيعي باتجاهاته وتطبيقاته المختلفة، وقد واجه معادلات صعبة في إطار الطائفة ما بين من هم في أقصى درجات التشدد والليبراليين والحكوميين وهو ما أعطى المنافسة في حينه شكلا جديداً.(1)

وكان نصيب الحكومة داخل مجلس العام 1996، أثنان وثلاثون نائباً وللكتلة الإسلامية (أخوان وسلف وشيعة ومستقلون إسلاميون) ستة عشر مقعداً (وللمنبر الديمقراطي) الذي يُعّد أكبر تجمع للتيار الليبرالي مقعدان وبهذه التكوينة داخل المجلس يكون للحكومة الأغلبية، ولكن (الكتلة الإسلامية) ظل لها ثقل كبير لا يقل عن ثقلها داخل المجلس السابق في العام 1992، أن لم يزد.(2) إلاّ أن دور مجلس العام 1996، في الكويت على صعيد الإصلاح كان ضعيف مقارنة بمجلس العام 1992، وذلك لأسباب عدة منها حالة التوتر بين المجلس والحكومة، إذ أنتاب هذه العلاقة الكثير من النزاع، وخاصة من قبل النواب الإسلاميين مما أنعكس على الإداء التشريعي لمجلس الأمة.(3) وأصبح هناك فجوة واضحة بين البرامج المعلنة لمرشحي انتخابات مجلسي الأمة لعام 1996، والإنجازات التي تحققت بالفعل بالمجلس نفسه، الأمر الذي يعكس أخفاق المجلس في تحقيق آمال المواطنين وطموحاتهم، كما أن الصراع بين التيارات المختلفة أدى إلى عدم استكمال العديد من مشاريع القوانين التي ظلت على جدول أعمال المجلس، ولم

---

(1) التجمعات السياسية في الكويت. http:// cnn arabic..com.2005/7/6

(2) "الانتخابات النيابية الكويتية خصوصيات ومفاجأت" ، قضايا دولية ،العدد(356)اسلام اباد 28اكتوبر 1996، ص 16.

(3) فقد شهد العام 1998، عدداً من المواجهات بين مجلس الأمة والحكومة تتعلق بإبداء المجلس التشريعي، فقد أعادت الحكومة إلى مجلس الأمة في بداية العام 1998 ، مشروع قانون يلزم التلفزيون ببث وقائع الجلسات البرلمانية الأسبوعية ، بعّده مخالفاً للمادة (50) من الدستور التي لا تجعل للسلطة التشريعية ، ولا لأي من أعضاء مجلس الأمة سلطة إصدار قرارات لتسيير العمل في الجهاز الإداري للدولة، كما قدم بعض أعضاء مجلس الأمة اقتراحاً بتعديل قانون المطبوعات والنشر يلزم وزارة الإعلام بتوضيح رأيها في طلبات إصدار صحف جديدة في مدة لا تتجاوز 30 يوماً ، مع منح طالب الترخيص حق التظلم لدى القضاة في حالة رفض طلبه، أنظر: عزة وهبة ، مصدر سبق ذكره، ص 7.

تستكمل ، أو لم يتم بحثها، ولذلك وصف مجلس العام 1996، بأن دوره الرقابي كان أكبر من دوره التشريعي. وقد أدى ذلك في النهاية إلى حل هذا المجلس بمرسوم أميري رقم (34) لسنة 1999، قبل أن يستكمل مدته الدستورية بعد تصاعد التوتر بين السلطة التنفيذية والتشريعية.[1] وجاء في مرسوم الحل (أن مسيرة العمل الوطني تعرضا إلى التعثر مرارا نتيجة بعض الممارسات النيابية التي تعسفت في استعمال الأدوات الدستورية بعيداً عن روح الدستور، ومجافاة لقيم وأخلاق مجتمعنا الأصلية، وانحراف الحوار الإيجابي إلى خلافات ومشاحنات وتسجيل للمواقف على حساب مصلحة الوطن والمواطنين).[2]

أن هذه التجربة الانتخابية الثانية بعد عودة العمل بالفقرْ الدستورية التي عُطلت منذ العام 1986-1992، رغم عدم استمراها وتعثرها، إلاّ إنها أثبتت بأن الحكومة الكويتية لا تستطيع أن تتجاوز التيارات السياسية الموجودة على أرض الواقع في الحياة السياسية الكويتية رغم عدم تقنينها، بعد أن أثبتت هذه القوى والتيارات وجودها بفضل عملها داخل المجلس، وممارسة ضغوطها على الحكومة وبفضل مشاركتها في مجلس الأمة، وممارسة دورها الرقابي والتشريعي. وهذا ما يؤكده إجراء الانتخابات، وعودة العمل بمجلس الأمة بعد حله في العام 1999. إلا أن المواجهة بين المجلس والحكومة ظلت قائمة خاصة أن كل من التيارين الإسلامي والليبرالي والمستقلين حصلوا على ثقل واضح على حساب ممثلي الحكومة.

وبدأت التيارات والقوى السياسية بعد العام 2003، تركز في قضية الإصلاح السياسي وملف الفساد المالي والإداري ، والاهتمام بالأوضاع الاقتصادية والاجتماعية للكويت التي تطورت بشكل واضح خلال مدة التسعينات، وبداية القرن

([1]) على أثر استجواب وزير العدل و وزير الأوقاف والشؤون الإسلامية في الكويت (احمد الكليب).

([2]) حل مجلس الأمة في العام 1996.موقع مجلس الأمة الكويتي على شبكة الانترنيت http://www.alommah.org.

الواحد والعشرين ، والذي عّبر عنه بوضوح بواسطة الحملات الانتخابية التي سبقت انتخاب أعضاء مجلس الأمة في 5 تموز 2003 ، بعد أن رأت تلك القوى والتيارات أن الوقت أصبح مهيئاً للتركيز في هذه القضايا، إذ بدأ الليبراليون يركزون في العديد من المسائل الحيوية ، كتعديل قانون الانتخابات ، والسماح للمرأة الكويتية بالمشاركة السياسية ، فضلا عن تعديل قانون الطباعة والنشر والتجمعات العامة، وعلى الصعيد الاقتصادي بدأ التركيز في مسألة التخصيص وضريبة الدخل، وقانون الشركات والمناقصات العامة، وأخذ ينظر إلى مشاريع القوانين هذه على أنها شروط أساسية للإصلاح الاقتصادي للاستفادة من الزيادة الهائلة في الإيرادات الناجمة من أرتفاع أسعار النفط، خاصة بعد أن اخذت الكويت تحقق ميزاناً فائض وصل خلال السنة المالية 2004 إلى أكثر من (30) مليار دولاراً.[1]

كما بدأ الإسلاميون يتجنبون الحديث عن (أسلمة) المجتمع والتشريع.[2] وفي المقابل تراجعت قضايا كانت ثابتة على الأجندة الانتخابية ، مثل: الشأن العربي، وقضية الخطر العراقي، إذ لم ينشغل المرشحون الـ (246) بالتطورات

---

(1) صلاح الدين الجورشي، الكويت : الديمقراطية والإصلاح في ميزان الانتخاب، www.swissinfo.org.2003

(2) إذ كان الإسلاميون الذين أخذوا يتمتعون بثقل واضح داخل مجلس الأمة الكويتي منذ عودة انتخاب المجلس في العام 1992 ، قد تقدموا في العام 1994 باقتراح موقع عليه من بين (39) نائباً لتعديل المادة الثانية من الدستور لتنص على أن (الشريعة الإسلامية هي المصدر الرئيس للتشريع) ، بدلاً من (مصدر رئيس للتشريع) لكن هذه المحاولة من قبل المجلس أحبطت باعتراض من قبل الأمير، كما تقدم ممثلو التجمع الإسلامي الشعبي (السلف) بالفصل التشريعي ذاته بمشروع قانون بإنشاء هيأة للأمر بالمعروف والنهي عن المنكر، وهو المشروع الذي أثار ضجة إعلامية وشعبية كبيرة منذ عرضه ، وحتى قبل مناقشته بمجلس الأمة. فضلا عن إصدار مجلس الأمة في فصله التشريعي السابع، أي الذي بدأ في العام 1992، يقضي بمنع الاختلاط بين الجنسين من طلبة جامعة الكويت، والمدارس الخاصة، على أن يتم تنفيذ القانون بأكمله خلال مدة لا تتجاوز الخمس سنوات وهو ما عدهُ العلمانيون ضربة لهم، وتقليصاً لقوتهم ونفوذهم ، أنظر: "الانتخابات النيابية الكويتية خصوصيات ومفاجآت" ، مصدر سبق ذكره، ص 16، وكذلك" حدث دائم على الساحة الكويتية : معركة العلمانيين والإصلاحيين" ، قضايا دولية ، العدد (365) ، اسلام أباد، ديسمبر 1996، ص ص 14- 15.

التي حدثت، وهي سقوط النظام العراقي في ابريل / نيسان 2003، ولم يجعلوه محوراً بارزاً في برامجهم وأولوياتهم مثلما كان يحصل خلال التسعينات، بل رفع المرشحين بدون استثناء شعار الإصلاح وإصلاح الشؤون السياسية ، وتحسين إدارة البلاد. خاصة وأن هناك عوامل كثيرة أخذت تحثهم على ذلك ، وتمكنهم من أن يخطوه خطوة مهمة ونوعية في مجال الإصلاح السياسي، كمسألة الفصل بين ولاية العهد ورئاسة الوزراء التي كانت قد حسمت في العام 2003، [1] وهذا يعني إمكانية تولي منصب رئاسة الوزراء سياسي من خارج الأسرة الحاكمة وبذلك يتعزز مكانة مجلس الأمة ، وينفي الحرج من إمكانية محاسبة رئيس الحكومة، فضلاً عن أن السلطة أصبحت مدركة لطبيعة المرحلة الجديدة، وبدأت أكثر استعداداً للاستجابة لبعض المطالب التي تخص مسألة الإصلاح سواء السياسي أو الاقتصادي. هذه العوامل مجتمعة يضاف لها الأوضاع الأمنية المستقرة نوعاً ما بعد سقوط النظام العراقي السابق كلها شكلة أرضية مناسبة للطبقة السياسية الكويتية للعمل من أجل الاهتمام أكثر بالأوضاع الداخلية ومسألة الإصلاح، وهذا ما نلاحظه بوضوح بواسطة الخلافات العديدة التي حصلت خلال دورات هذا المجلس سواء بين التيارات الإسلامية أو العلمانية حول بعض القضايا أو ما بين المجلس والحكومة مما كان سبب في حل هذا المجلس قبل أكمال مدته الدستورية خاصة بعد أن جاءت نتائج انتخاب مجلس الأمة لعام 2003، على النحو الآتي (21) نائباً من الإسلاميين ، و (14) نائباً من أنصار الحكومة ، و (3) نواب من الليبراليين، و (12) نائباً مستقلاً.[2]

([1]) وقد عين (صباح الأحمد الجابر الصباح) (الأمير الحالي) رئيسا لمجلس الوزراء ، في حين احتفظ الشيخ (سعد العبد اللـه) بمنصب ولي العهد (أنذاك). بعدما ظل يجمع المنصبين معاً منذ سبعينات القرن العشرين مستمراً بتقليد متعارف عليه منذ استقلال هذه الدولة في العام 1961 . موجز يوميات الوحدة العربية ، المستقبل العربي ، العدد (295) أيلول 2003 ، ص 221.

([2]) صلاح الدين الجورشي ، مصدر سبق ذكره، ص 3.

إلاّ أن هذا المجلس استطاع تحقيق مكاسب حقيقية في مجال الإصلاح السياسي خاصة فيما يتلق بإصلاح النظام الانتخابي، بعد أن قدمت الحكومة طلباً لتعديل المادة الأولى من القانون الانتخابي رقم (25) لسنة 1992، وذلك بالسماح للمرأة الكويتية بالتصويت والترشيح في الانتخابات البرلمانية، وقد وافق مجلس الأمة على ذلك الطلب في 16 آيار 2005، بعد مواجهة عنيفة بين التيار الحكومي في المجلس والمعارضة الإسلامية والقبلية، بعد أن تمكن النواب الإسلاميون الذين كانوا يعارضون منح المرأة حقوقها السياسية مع حلفائهم القبليين في المجلس، من أن يدخلوا جملة على النص المعدل تنص على (أنه يشترط للمرأة في الترشيح والانتخاب الألتزام بالقواعد والأحكام المعتمدة في الشريعة الإسلامية). وقد صوت على هذا التعديل بعد ست سنوات من إصدار أمير البلاد مرسوم تعديل القانون الانتخابي، والذي رفض خلال مجلس العام 1999، وبهذا التعديل يرفع عدد الناخبين من (145) ألف إلى (350) ألف، أي ما يمثل (37) بالمئة من الكويت. وعلى أثر هذا التعديل الانتخابي أعلن رئيس الوزراء الكويتي في 12 حزيران 2005، تعيين أول أمرأة في الحكومة المؤلفة من (16) وزيراً، وهي (معصومة المبارك) وزيرة للتخطيط و وزيرة دولة لشؤون التنمية الإدارية، وبذلك تصبح أول أمرأة نائب في البرلمان ، رغم اعتراض بعض النواب على هذه العضوية على أساس أن المرشحة غير مسجلة في لائحة الناخبين.[1]

كما أقر مجلس الأمة الكويتي تعديل (قانون المجلس البلدي) بمنح المرأة الكويتية حقوقها السياسية بأكملها بما فيها حق الانتخابات والترشيح في الانتخابات البلدية في 16 آيار 2005، أي تعديل المادة الثالثة من قانون بلدية الكويت، وهذا يعني ضمان حق مشاركة المرأة في الانتخابات البلدية التي

(1) إذ ينص القانون الكويتي على أن عضو الحكومة هو أيضاً أيضا عضو في البرلمان ولديه الحقوق ذاتها التي يتمتع بها النواب المنتخبون باستثناء التقدم بعريضة حجب الثقة ضد أعضاء الحكومة.

ستجري خلال العام 2009، بعد أن أجري انتخابات أعضاء المجلس البلدي العشرة في حزيران 2005 [1]، والتي ستكون أخر انتخابات لهذا المجلس بدون مشاركة المرأة، إلاّ أن خلو منصب رئيس المجلس البلدي بعد تعيينه وزيراً في الحكومة الكويتية التي كونت في كانون الثاني 2006، أتاح المجال للمرأة لترشيح نفسها للانتخابات الجزئية لشغل هذا المقعد ، و التي أجريت في 4 نيسان 2006. [2] ورغم أن نسبة مشاركة النساء كانت ضعيفة، إذ بلغت 28.7 % ، من مجموع النساء اللاتي رشحت لهذه الانتخابات إلاّ أن المراقبون أعدوا النسبة التي حققتها هذه السيدة مقابل منافسها جيدة قياساً بحجم التكتل القبلي في الدائرة الانتخابية الخامسة التي أجريت فيها الانتخابات. [3] وفي المقابل، وبعد موافقة المجلس على إقرار (قانون المجلس البلدي)، والسماح للمرأة بالمشاركة في الانتخابات البلدية بالترشيح والتصويت عينت الحكومة الكويتية لأول مرة كويتيتين في المجلس البلدي الكويتي ضمن المقاعد الست المعينة. [4]

وكان أحد الأهداف الرئيسة للحكومة خلال هذا الفصل التشريعي تتمثل في إجراء إصلاح في النظام الانتخابي القائم بخفض عدد الدوائر الانتخابية من (25) دائرة إلى (5) دوائر، ولكن الحكومة قررت في 17 أيار 2006، خفض عدد الدوائر الانتخابية إلى (10) فقط، وعرضت التعديل المقترح على مجلس الأمة إلا أن النواب المعارضون ، وعددهم (29) نائباً ، أصروا على خفض عدد الدوائر إلى خمس، مما أضطر الحكومة إلى إحالة مشروعها بشأن الدوائر الانتخابية إلى

([1]) يتكون المجلس البلدي الكويتي من (10) أعضاء منتخبين عن الدوائر العشر في الكويت، و (6) أعضاء معينين لمدة أربع سنوات، وقد أجريت انتخابات لهذا المجلس في حزيران 2005، وفاز بها مرشحي ممثلي القبائل والإسلاميين، وهذه هي الانتخابات الأولى منذ العام 1999، بعد تعليق الانتخابات عامين فيما كان مجلس الأمة يقر على قانون جديد لانتخابات المجالس البلدية.

([2]) إذ بموجب القانون الكويتي يجب تنظيم انتخابات جزئية لملء المقعد الشاغر خلال 60 يوماً من خلوه.

([3]) المشاركة والانتخابات (الكويت) ، برنامج إدارة الحكم في الدول العربية ،

www.pogor.org.

([4])وهما : المهندسة فاطمة الصباح ، والمهندسة فوزية البحر.

المحكمة الدستورية ، بعد حدوث جدال ونقاش شديدين بين المعارضة من جهة وبين الحكومة ونواب مواليين لها، إذ عارض (21) نائباً، غالبيتهم محسوبة على الحكومة تعديل الدوائر الانتخابية على أساس أن التنظيم الجديد لا يحقق المساواة ، وينحاز للناخبين الحضر على حساب ناخبي القبائل، وكانت هذه الأزمة قد قسمت الكويت إلى معسكرين أحدهما (برتقالي) يمثل المساندين للقوى السياسية والنواب المعارضين الذين أقاموا اعتصامات وتظاهرات خطابية، وهم يحملون الرايات والشارات البرتقالية اللون تحت شعار (الإرادة) ، وبين معسكر (المواليين) الذين نظموا تظاهرات حملوا خلالها رايات وشارات زرقاء اللون تحت شعار (العدالة) ، إذ عُدّ معسكر المعارضة موافقة الحكومة على مشروع تقليص الدوائر الانتخابية إلى خمس شرطاً لا رجعة عنه طالب الموالون بتوزيع عادل للدوائر يضمن مساواة نسبية بين أعداد الناخبين في الدوائر.[1]

كما شهد هذا المجلس حدث يُعدّ سابقة في تاريخ الكويت منذ الاستقلال عندما قدم ثلاثة نواب طلباً لاستجواب رئيس الوزراء على خلفية هذه الأزمة مما دفع الحكومة إلى تقديم طلب إلى أمير البلاد لحل مجلس الأمة، وهو ما دفع أمير البلاد بدوره إلى إصدار مرسوم أميري بحل مجلس الأمة، والدعوة إلى انتخابات جديدة في تاريخ 29 حزيران 2006 ، وجاء في نص المرسوم الذي حمل الرقم (146) لعام 2006، أنه : (لما كان تشتت الرأي. وانقسامه داخل مجلس الأمة، وتقاذف الاتهامات بين أعضائه، وتطرق المناقشات إلى أمور غير جدية قد أدت إلى تعطيل أعماله، وإثارة الفتن بين أطياف المجتمع ، وتشويه الحوار الوطني، والأضرار بالمصالح العليا للبلاد، وبناءً على عرض مجلس الوزراء وبعد موافقة مجلس الوزراء، رسمنا بحل مجلس الأمة).[2]

وقد أدت هذه الأزمة إلى توحيد التيارات والقوى السياسية، وأصبح هناك نوع من الاتفاق حول أن الأولوية هي للإصلاح السياسي، ومن ثم تم تأجيل

([1]) صحيفة الحياة ، 2006/5/22.

([2])نفس المصدر.

الخلافات الأيديولوجية والفكرية التي غالباً ما قسمت هذه الأطياف السياسية فبعدما كانت الانتخابات الكويتية السابقة تشهد منافسات حامية بين العديد من التيارات والقوى المختلفة من إسلاميين وليبراليين أو مما يسمون أنفسهم (بجماعات المصلحة الواحدة)، فأن الانتخابات التي أجريت في حزيران 2006 تنافس فيها فريقين فقط، أما إصلاحيون يسعون إلى مزيد من التغيير في اتجاه دعم مسيرة الديمقراطية والإصلاح في الكويت، وأما أن يكونوا من يسعون إلى إجهاض أي محاولة للتغيير. وقد تحرك مجموعة من الشباب الكويتي للقيام بحملات إصلاحية فأنشأ الليبراليون فريق (نريدها خمس دوائر)، و الذي صار داعماً لكل نائب ومرشح يؤيد ذلك مهما كان توجهه السياسي أو الفكري ، كذلك أنشأ إسلاميون وليبراليون فرقاً أخرى مثل (شفافية) و (نزاهة) و (شباب ضد الفساد) تحارب شراء الأصوات ، والدعم الذي تقدمه الحكومة لبعض الموالين لها، وقد كون هؤلاء الشباب رصيداً للمعارضة، وخاضوا مواجهة مع المحسوبين على الحكومة من المرشحين.[1]

وقد أجريت الانتخابات بمشاركة المرأة الكويتية ، إذ أعطيت الانتخابات فرصة لمشاركة المرأة بصورة مبكرة، إذ كان عليها الانتظار إلى سنة 2007، على أساس أنها سنة إنهاء الفصل التشريعي لمجلس الأمة الذي تم حله قبل موعد إنهائه. وقد بلغ مجموع الناخبين المسجلين (340) ألف تبلغ نسبة النساء 57% منهم، وقد تنافس على شغل الـ (50) مقعداً (249) مرشحاً ، منهم (27) أمرأة، وتنافس في الانتخابات تكتلين عريضين ، أوللهما تكتل سياسي معارض أطلق عليه أسم (تجمع الكويت) ضم القوى السياسية المعارضة الآتية: المنبر الديمقراطي والليبراليون المستقلين، والأخوان المسلمين والسلفين، وكان الشعار الانتخابي لهذا التجمع (رجال المرحلة المقبلة) ، كما حملت الحملة الانتخابية شعار (مكافحة الفساد) ، أما التكتل الآخر مؤلف من مرشحين موالين

(1) صحيفة الحياة ، 2006/6/27.

للحكومة، وأعضاء في الأسرة الحاكمة وشهدت هذه الانتخابات مشاركة كثيفة لفئتي النساء والشباب، وبلغ معدل المشاركة العامة 66% ، في حين بلغت مشاركة النساء 35% ، من مجموع النساء اللاتي يحق لهن التصويت. وكانت نتيجة هذه الانتخابات هي في مصلحة المعارضة، إذ حصلت على أغلب المقاعد المنتخبة مما دفع البعض إلى تسمية هذا المجلس بمجلس (المعارضة) ، وهذا يعني أن الكويت سوف تواجه الكثير من المطالب الإصلاحية في المرحلة القادمة خاصة أن، الكتل والتيارات السياسية المتنافسة فيما بينها على مر السنوات السابقة أصبحت متفقة الآن على مسألة واحدة، وهي: مسألة الإصلاح، ومحاربة الفساد. فقد حصل الإسلاميون على (21) مقعداً، بالإضافة لعودة فوز الأعضاء الـ (29) المعارضين الإصلاحيين المدعومين من (الحركة البرتقالية) ، وقد تقلص عدد النواب الموالين للحكومة إلى (14) عضوا في حين كانوا يشغلون (16) مقعداً في البرلمان السابق، أما الظاهرة الثانية في هذه الانتخابات فهي لم تشهد فوز أي من المرشحات الـ (27) بعضوية المجلس. [1]

أذن نلاحظ بأن الكويت تشهد حركة إصلاحية واسعة لا تقودها فقط الحكومة الكويتية، وإنما التيارات والقوى السياسية الأخرى، ويساند الأخيرة في ذلك الشعب الكويتي الذي بدأ يتحرك ويتعامل مع العملية السياسية بفضل وسائل مختلفة كالتظاهر والتجمعات أو المشاركة في الانتخابات، محاولاً منه لإعطاء رأيه بواسطة تصويته على الأفراد الذي يرغب بهم أن يشاركوا في العملية السياسية. كما أن هذه التيارات والقوى السياسية استطاعت أن تحرك الشارع الكويتي والمواطن الكويتي، وهو خارج المجلس أو السلطة التشريعية، وأن يكون له دوره فيما يحدث ، ونستطيع أن نقول: أن هذه القوى أو التيارات السياسية يمكن أن تكون أرضية مناسبة في طريق بناء صحيح لأحزاب سياسية

---

[1] المشاركة والانتخابات (الكويت) ، مصدر سبق ذكره، ص 3.

قائمة على أساس أهداف وأيديولوجيات معينة هدفها خدمة المجتمع في المستقبل.

ثانيا ـ الانتخابات التشريعية في البحرين

للبحرين تجربة برلمانية خلال الأعوام من 1973 إلى 1975، عندما تم حل المجلس الوطني البحريني لأسباب تتعلق بخلافات ما بين الحكومة والمجلس وإيقاف العمل بالمواد الدستورية وغيرها من المواد التي تتعارض مع هذا الاتجاه رغم أن البحرين عُدت في ذلك الوقت بأنها ذات تجربة ديمقراطية متقدمة قياساً بدول الخليج العربي الأخرى، خاصة أن هذا المجلس تم أقتراع أعضائه بشكل مباشر من قبل أبناء البحرين، وتمتع بصلاحيات تشريعية رقابية واسعة، وبصدور هذا الأمر الأميري الخاص بأيقاف عمل المجلس الوطني الذي لم يحدد مدة معينة يصدر خلالها قانون الانتخابات الجديد، كما لم يحدد موعداً لعودة الحياة البرلمانية مرة أخرى، ظلت الحياة البرلمانية معطلة ويتولى السلطة التشريعية كل من الأمير ومجلس الوزراء. [1]

وكنوع من الأنفراج السياسي أعلن أمير البحرين في 16 كانون الثاني 1992، عن عزمه إنشاء مجلس للشورى ، وصدر مرسوم أميري بتعيين أعضائه في 27 كانون الثاني 1992، والذي يبلغ عددهم ثلاثين عضواً، (تم زيادتهم فيما بعد إلى (40) عضواً) ، ومهمة هذا المجلس مهمة استشارية وتوصياته غير ملزمة للحكومة، إذ عُدّ هذا المجلس كجهاز مساعد للسلطة التنفيذية ، ولا يمتلك أية صلاحيات تشريعية أو رقابية. [2] وجرت محاولة لتوسيع تمثيل مختلف أطياف المجتمع البحريني في هذا المجلس في في العام2000، كخطوة إصلاحية قام بها الشيخ (حمد بن عيسى ال خليفة) الذي تولى السلطة في العام

[1] أنظر: صلاح العقاد، التيارات السياسية في الخليج العربي، مكتبة الأنجلو المصرية، القاهرة ، 1983 ، ص 385، وكذلك عادل الطبطبائي، مصدر سبق ذكره، ص ص 356-357.

[2] ابتسام سهيل الكتبي، مصدر سبق ذكره، ص 226، و أنظر: كذلك عبد الرضا علي أسيري التحول الديمقراطي في دول مجلس التعاون الخليجي، السياسة الدولية ، العدد (167) القاهرة يناير 2007، ص 41.

1999، خلفاً لوالده، إذ شمل المجلس في تكوينته الجديدة المعينة الطائفتان اليهودية والمسيحية، والجالية الأسيوية، فضلا عن خمس نساء بينهن مسيحية للمرة الأولى. [1]

وبعد صدور ميثاق العمل الوطني، واقراره، الذي أكد على عودة الحياة البرلمانية المعطلة في البحرين، وانشاء هيأة تشريعية مؤلفة من مجلسين، يتم أختيار أعضاء مجلس (الشورى) بالتعيين من جانب الأمير، والمجلس الآخر (نيابي) يتم أختيار أعضائه بالانتخاب المباشر من قبل الشعب. وبصدور دستور دولة البحرين في شباط 2002، وضعت أهم بنود ميثاق العمل الوطني في هذا الدستور موضع التطبيق، ومن ضمنها الفقرات الخاصة بتكوين مجلسي الشورى والنواب. وقد أجريت الانتخابات في تشرين الاول/ أكتوبر 2002، وهي أول انتخابات تشريعية تجري في البلاد بعد تعطيل الحياة البرلمانية في العام 1975 كما تعد أول انتخابات تحصل فيها المرأة البحرينية على حق التصويت والترشيح بموجب قانون تنظيم الانتخابات رقم (14) لسنة 2002، والذي أصدره الملك (حمد بن عيسى ال خليفة) ويحق بموجبه لجميع البحرينين رجالاً ونساءً ممن تجاوزوا الواحد والعشرين سنة من أعمارهم التصويت في الأنتخابات العامة ويحظى بالحق نفسه مواطنوا دول مجلس التعاون الخليجي المقيمون في البحرين وغير المقيمين منهم، إذا كانوا يملكون عقارات في البحرين، وأجريت هذه الانتخابات على جولتين، الأولى / في 24 تشرين الاول 2002، والأخرى في 31 تشرين الاول 2002، وتنافس فيها مئة وأربعة وسبعون مرشحاً بينهم ثمانية نساء على مقاعد المجلس الأربعون. [2].

([1]) النائبة المسيحية في مجلس الشورى هي الآنسة (السن سمعان) بحرينية مسيحية من أصل عراقي. محمد السعيد أدريس، مجلس التعاون الخليجي 2000-2001، مصدر سبق ذكره، ص 23.

(2) أنظر: قانون تنظيم الانتخابات الذي أصدره الملك (حمد بن عيسى ال خليفة) رقم (14) لسنة 2002، بشأن مباشرة الحقوق السياسية. www. aljazeera.net. 2006/5/17

ونتيجة للتعديلات الدستورية التي أجريت في البحرين، وإلغاء محاكم أمن الدولة، وأعلان العفو العام، واطلاق السجناء السياسيين، بدأ عهد سياسي جديد في البحرين تمثل بعودة بعض المعارضين إلى الوطن ،[1]مقابل ضمور بعض أسماء أحزاب المعارضة في الخارج، وحلت محلها أسماء وآليات جديدة للعمل السياسي في داخل البحرين، ونشأت نحو (280) جمعية مختلفة الاتجاهات، ومتعددة الأهداف من بينها نحو خمسة عشر جمعية، ذات طابع سياسي، بعضها شارك في هذه الانتخابات والبعض الأخر رفض المشاركة، ويرى بعض المراقبون أن هذا الانقسام هو ليس أبن لحظته أو ليس بسبب الانتخابات ؛ وأنما يعود إلى التكوينة التاريخية للقوى السياسية، ومنطلقاتها الأيديولوجية ، فرغم حدوث تحولات مهمة لبعض هذه القوى، وظهور قوى جديدة في الساحة السياسية البحرينية، إلاّ أن الجمعيات السياسية الأساسية مستندة إلى قوى سياسية متجذرة في المجتمع وقديمة الوجود، وموقفها من هذه الانتخابات مرتبط برؤية هذه القوى للقضايا المعروضة محلياً وعربياً ودولياً.[2]

وقد قاطعت أربع جمعيات الانتخابات البرلمانية التي أجريت في العام 2002، أحتجاجا على قدرة مجلس الشورى المعُين على تعطيل أي مشروع وارد او صادر عن مجلس النواب لا توافق عليه الحكومة وهذه الجمعيات هي، جمعية الوفاق الوطني الإسلامية التي يترأسها (الشيخ علي سليمان) ، وتمثل تيار وسط الشيعة، وتسهم بفاعلية في الشأن السياسي البحريني، وتصنف كجمعية شيعية معتدلة سواء في مطالبها أو أساليب عملها، وجمعية التجمع القومي الديمقراطي بعثية الاتجاه، يرأسها (رسول عبد العلي الحبشي)، وجمعية العمل الوطني

([1]) مثل عبد الرحمن النعيمي (الجبهة الشعبية لتحرير البحرين) ، ومنصور الجمري (الناطق باسم حركة أحرار البحرين)، وهو أبن الشيخ (عبد الأمير الجمري) أهم الرموز الدينية للمعارضة الشيعية في البحرين ، وسعيد الشهابي (حركة أحرار البحرين)، ومحمد علي المحفوظ (الجبهة الإسلامية للبحرين) ... الخ أنظر: شفيق شقير، خريطة القوى السياسية البحرينية، www.aljazeera.net.2006/5/17

([2]) الانتخابات البحرينية، قراءة في أجندة القوى السياسية، www.aljazeera.net

الديمقراطي، ويرأسها (عبد الرحمن النعيمي)، وهو معارض يساري قضى ما يزيد عن ثلاثين عاماً في منفاه في دمشق (أئتلاف يساريين وقوميين ومستقلين)، وجمعية العمل الإسلامي ويرأسها الشيخ (محمد علي المحفوظ) (شيعية قيد التأسيس)، وعرفت هذه الجمعيات باسم (جمعيات المقاطعة الأربع). إلاّ إنّهُ في المقابل اعلنت أحدى عشر جمعية سياسية تمثل في غالبها تيارات إسلامية سنية عزمها المشاركة في الإنتخابات أبرزها جمعية الإصلاح التي يترأسها (عيسى بن محمد آل خليفة) فضلا عن تيارات قريبة من الحكومة وكذلك جمعية المنبر التقدمي الديمقراطي (اليسار)، رغم تحفظ هذه الجمعية على التعديل الدستوري المشار إليه. وقد حصل مرشحوا الجمعيات الإسلامية على أربعة وعشرين مقعداً من مقاعد المجلس الأربعون.[1]

وقد استكملت البحرين مؤسستها التشريعية في 17 تشرين الثاني 2002، بتعيين أربعين عضوا في مجلس الشورى، وتم تعيين ست سيدات أعضاء في هذا المجلس ، رغم عدم تحقيق المرأة البحرينية في انتخاب مجلس النواب الفوز بأي مقعد، وأحتل رجال الأعمال ربع مقاعد مجلس الشورى، كما تم تعيين خمسة عسكريين أعضاء في المجلس، وثلاثة إعلاميين، ورئيسي جمعيتين سياسيتين، وأُعيد تعيين عضويين من الأقليات المسيحية واليهودية، وأثنين من المصرفيين ومسؤولين حكوميين سابقين، كما ضم المجلس ولأول مرة ثلاثة أعضاء من العائلة الحاكمة.[2]

وكان لمجلس النواب دوراً في مناقشة واقتراح قوانين تخص بعض القضايا المهمة، رغم وجود الخلافات ما بينه وبين الحكومة بسبب عدم تجاوب الحكومة مع اقتراحات هذا المجلس بشكل كافي، كرفض الحكومة البحرينية في 26 آذار / 2006 ، إقرار قانون الذمة المالية بأسم (من أين لك هذا!) الذي

([1]) شفيق شقير، مصدر سبق ذكره، ص 5.

([2]) الانتخابات - البحرين ، برنامج إدارة الحكم في الدول العربية ، الحكم الرشيد، www.pogar.org

أقره مجلس النواب، والذي يشمل رئيس وأعضاء مجالس الشورى والنواب والبلديات، فضلا عن الوزراء والوكلاء ، والوكلاء المساعدين ، وبررت الحكومة رفضها لإقرار هذا القانون على أساس أنه لا حاجة لمثل هكذا قانون في ظل وجود قانون للعقوبات.(1) فضلاً عن بحث هذا المجلس في مشاريع قوانين تختص بالحريات العامة كبحثه مشروع قانون تنظيم الصحافة والطباعة والنشر مع الأخذ بمبدأ إلغاء الرقابة المسبقة على الصحف والمطبوعات، وتأكيد حرية الصحافة والتعبير واستقلالية المؤسسات الصحفية.(2) أو إقراره أقتراحاً في (4) آذار / 2006، بأن تكون جلسات استجواب الوزراء في المجلس علنية ، وليس سرية كما هو معمول به، مع السماح للمواطنين بحضور جلسات الاستجواب عملاً بمبدأ الشفافية ، وحق الحصول على المعلومة.(3)

وجاءت انتخابات الدورة الثانية لانتخاب أعضاء مجلس النواب الأربعون في 25 تشرين الثاني 2006، بمشاركة الجمعيات التي قاطعت انتخابات العام 2002، ووصل عدد المرشحين إلى (207) مرشحاً بينهم ثمانية عشر مرشحة وبذلك يكون عدد السيدات اللواتي ترشحن على هذه الدورة قد تضاعف مقارنة بالدورة السابقة. كما سجلت هذه الانتخابات فوز سيدة بحرينية، وهي: (لطيفة القعود) بالتزكية بالمحافظة الجنوبية لتكون أول خليجية تدخل المجلس النيابي لبلادها(4). ووصلت نسبة الناخبين في هذه الانتخابات نحو 72%، في ظل محاولة الحكومة البحرينية إبعاد كل الاتهامات عنها حول وجود نية لتزوير الانتخابات، (5) التي دفعت قوى وجمعيات المعارضة إلى اتخاذ عدداً من الإجراءات والنشاطات

---

(1) صحيفة الوسط ، البحرين ، 24 آذار/ 2006 ، وصحيفة الحياة 16 شباط 2006.

(2) صحيفة الحياة، 14 كانون الثاني / 2005.

(3) صحيفة الوسط، البحرين ، 5 آذار / 2006.

(4) انتخابات البحرين 2006، http://arabic.cnn.com

(5) إذ كانت اتهامات اطلقها المستشار السياسي لمجلس الوزراء (صلاح البندر) ، وهو بريطاني من أصل سوداني، عن وجود مخالفات في هذه الانتخابات ، وأن الحكومة تدفع أموالا لأشخاص لتقويض تيارات المعارضة الشيعية، مما دفع الحكومة إلى طرده خارج البلاد. www.alarabiya.net.2006/11/26

التي من شأنها إحاطة سير العملية الانتخابية بالرقابة ، خاصة بعد أن طالب الأمين العام لجمعية الوفاق الوطني الإسلامية (التيار الرئيسي وسط الشيعة) الشيخ (علي سلمان) ، والذي قاطع انتخابات العام 2002، طالب بإجراء انتخابات نزيهة وشفافة محذراً من أنه (إذا نجحت القوى المحافظة والمستفيدة من الأوضاع الفاسدة في إفشال العملية الإصلاحية ؛ فأن البلاد ستشهد مزيدا من المشكلات، ومزيدا من الاحتقان).[1]

ومن أبرز الخطوات التي اتخذتها الحكومة لإظهار نزاهة وشفافية الانتخابات ، وعدم التدخل في سير هذه العملية، هو نقل إدارة الانتخابات والاستفتاء إلى دائرة الشؤون القانونية لتصبح هيأة مستقلة عن أجهزة الدولة بعدما كانت تتبع الجهاز المركزي للمعلومات، وبذلك يصبح إدارة أية انتخابات أو استفتاء رسمي من قبل جهة قضائية مستقلة استقلالاً تاماً عن السلطة التنفيذية فضلاً عن إقدام الحكومة على إلغاء التصويت عن طريق البريد الألكتروني. وقد اسفرت نتائج الانتخابات عن سيطرة (الكتل الإسلامية الشيعية والسنية) ، فيما تراجع ممثلوا التيارات الليبرالية واليسارية. وحصلت (جمعية الوفاق الوطني الإسلامية) على (17) مقعداً من مقاعد المجلس لتصبح أكبر كتلة في البرلمان، وتلتها كتلة تحالف (جمعية المنبر الوطني) القريبة من الأخوان، و(جمعية الأصالة الإسلامية) بـ (12) مقعدا، فيما حصل (المستقلون) على عشرة مقاعد.[2]

أما بالنسبة إلى مجلس الشورى الذي يكون الجناح الثاني للسلطة التشريعية فقد أعلن عن النية في تعيين عناصر جديدة من مختلف التيارات والطوائف البحرينية مثل: الإعلان عن نية تعيين سيدة بحرينية يهودية (هدى

---

(1) المرصد العربي للانتخابات www.intekhabat.org.2006/11/6

(2) إسلاميو البحرين يرفعون مقاعدهم إلى (30) ، مجلة المجتمع الإسلامي، www.naseey.com. 2006/12/9

عزرا نونو) من بين أعضاء مجلس الشورى، فضلاً عن زيادة تمثيل النساء في هذا المجلس الذي قد يصل إلى عشر سيدات.[1]

وبذلك يمكن القول : أن الحكومة البحرينية حققت بعض المكاسب في عمليتها الإصلاحية هذه بواسطة دخول قوى وتيارات سياسية عدة كانت تعُد نفسها معارضة للمملكة لسنوات طويلة خارج البلاد في إطار العملية السياسية والتخلص من كل خصومها ومعارضيها في الداخل والخرج، وفي نفس الوقت استطاعت قوى المعارضة الاستفادة من البرنامج الإصلاحي هذا ودخول العملية السياسية، وتحقيق نتائج جيدة جداً في الانتخابات تستطيع بفضلها تعديل، وإصلاح امور عدة تعتقد بضرورة وضعها في إطارها الصحيح، ولكن تبقى العملية هذه متوقفة على مدى حدوث التوازن بين المجلسين ، إذ إلى جانب وجود مجلس منتخب من (40) عضواً هناك مجلس معيين من (40) عضواً أيضاً يشارك مجلس النواب في اتخاذه لقراراته.

([1]) بحرينية يهودية بين أعضاء مجلس الشورى الجديد ، www.middle East online.com.2006-12-4

المبحث الثالث

المشاركة السياسية والانتخاب

في (عُمان وقطر و الإمارات والسعودية)

أولا سلطنة عمان:

عرفت عمان بالنهج التدريجي للتطور في مجال المشاركة السياسية والانتخابات فقد كانت لسلطنة عمان تجربة سابقة في مجال المجالس الاستشارية منذ العام 1981، وهو وجود (المجلس الاستشاري للدولة) الذي يقوم باختياره رئيس الدولة السلطان (قابوس بن سعيد)، والذي سعى في ذلك الوقت إلى إيجاد إطار تنظيمي رسمي لمبدأ الشورى بواسطة التمثيل شبه النيابي، وبدأ هذا المجلس أعماله بأعضائه الثلاثة والأربعون ثم زيد العدد إلى خمسة وخمسون في العام 1983، فضلاً عن ذلك يضم المجلس أحدى عشر مسؤولاً حكومياً بدرجة وكيل وزارة، أما تعيين رئيس المجلس فكان من صلاحيات رئيس الدولة وحده. [1] وقد عّد المجلس الاستشاري هذا في حينه نقلة مهمة بخصوص استيعاب النخبة الجديدة المتعلمة ضمن هياكل الدول،وتدربها على الممارسة في الحدود المعنية، مثل: مناقشة ما يحال إلى المجلس من قضايا من قبل الحكومة، وكانت مدة المجلس عامين فقط، ويعقد ثلاث جلسات في العام، واقتصرت صلاحياته على مناقشة القضايا الاقتصادية والإجتماعية، وتركزت توصياته في شؤون تحسين الخدمة الصحية، والأراضي والطرق.[2]

وبعد عشر سنوات على تأسيس هذا المجلس الاستشاري تم استبداله في تشرين الثاني 1991، بمجلس للشورى يتألف من (59)، إذ يتم تزكية ثلاثة مرشحين لكل من محافظات السلطنة البالغ عددها (59) محافظة بواسطة

---

(1) غانم النجار، مصدر سبق ذكره ، ص 111.

(2) أحمد السيد تركي ، انتخابات الشورى العمانية: استيعاب تدريجي للنخب الجديد، www.islamoline.net

المواطنين في هذه المناطق، وبعد ذلك يختار السلطان واحداً من بين هؤلاء المرشحين لمدة ثلاثة أعوام.[1] ويتمتع هذا المجلس بسلطات اكبر من المجلس الاستشاري السابق، بعد أن أكد السلطان في خطابة في كانون الأول 1991 على انه هيئة كاملة ومساوية للهيئة التنفيذية ، وليس جزءا منها او خاضعة لها ففي حين كان أعضاء الحكومة يهيمون على المجلس السابق أصبحوا في هذا المجلس ممنوعين من دخوله ، كما ان لهذا المجلس صلاحيات تشريعية اكبر من المجلس السابق ، فله الحق في مراقبة كل التشريعات الخاصة بالمسائل الثقافية والتعليمية والاجتماعية والاقتصادية ، وخطط التنمية مع التوصية بإدخال التعليمات عليها بموافقة ثلث الأعضاء ، وله الحق في استجواب وزراء الخدمات ، وعليهم تقديم تقريراً سنوياً للمجلس ، الا انه من جانب اخر ليس للمجلس الحق في مراجعة المسائل الخاصة بالدفاع والسياسة الخارجية او استجواب وزراء هذه الوزارات. وقد استطاع هذا المجلس وبفاعلية استجواب بعض الوزراء ، اذ تعرض عدد منهم لاستجوابات حادة من قبل أعضاء المجلس في جلسات منقوله في بث تلفزيوني حي ، مما جعلت المواطنين العمانيين يعايشون لأول مره تجربة جديدة في المشاركة السياسية .[2] كما ان تجربة هذا المجلس في مجال مشاركة المرأة في عضويته جعلته يتميز عن المجالس البرلمانية الموجودة في دول مجلس التعاون الاخرى التي لها تجربة متقدمة في مجال المشاركة السياسية ، كالكويت والبحرين ، فبرغم الأوضاع الاجتماعية للمجتمع العماني المتعدد قبلياً ، والتي مازالت التقاليد القبلية راسخة في جذوره تم تعيين أمرأتين في عضوية هذا المجلس في دورته الثانية (1995-1997) [3]

وطور القانون الأساسي الذي أصدره السلطان قابوس في حزيران 1996 هذه الهيئة الذي حدد فيه وجود مجلسين يضمهما (مجلس عمان) ، مجلس الدولة

([1]) جودت بهجت وحسن جوهر ، مصدر سبق ذكره، ص ص 43-44.

([2]) ابتسام سهيل الكتبي، مصدر سبق ذكره ، ص 227

([3]) برونوكالي دوسالي ، تحول بطيء نحو الديمقراطية في عمان 2004-1-10 www.modediplomatique

ومجلس الشورى ، رغم ان هذا النظام الأساسي لم يحدد مدة ولاية أي من المجلسين ، ولا طريقة اختيار أعضائه ، ولا القواعد الإجرائية ، ولا الوظائف المحددة لأي من هذين المجلسين ، ونص على إن جميع هذه الأمور يقررها القانون ، وبموجب المرسوم الصادر في 16 كانون الأول / ديسمبر 1997 أنشئ مجلس عمان ، والذي يضم كل من (مجلس الدولة) بالتعيين (ومجلس الشورى) بالانتخاب ، فمجلس الدولة يتم تعيين رئيسه وأعضائه الاثنان والاربعون لمدة ثلاث سنوات بمرسوم ، ويختارون من بين الشخصيات العمانية ذوي الخبرة والكفاءة في المجالات المختلفة من بين الوزراء ، ووكلاء الوزراء السابقين والسفراء السابقين ، وكبار القضاء السابقين ، وكبار الضباط المتقاعدين والمشهود لهم بالكفاءة والخبرة في مجالات العلم والأدب والثقافة، وأساتذة الجامعات والكليات والمعاهد العليا ، وكذلك الأعيان ورجال الأعمال، والشخصيات التي أدت خدمات جليلة للوطن أو من لم يكن من الفئات المذكورة لكن يرى رئيس الدولة او السلطان ضرورة تعيينه ، ويشترط في عضوية مجلس الدولة أن يكون عماني الجنسية بصفة أصلية ولا يقل عمرة عن أربعين سنة ميلادية ، ولدية خبرة عملية مناسبة .[1] ويتمتع هذا المجلس بالشخصية الاعتبارية ، والاستقلال المالي والإداري ، وصلاحيات هذا المجلس تتركز في أعداد الدراسات التي تسهم في تنفيذ الخطط وبرامج التنمية التي تساعد في إيجاد الحلول المناسبة للمعوقات الاقتصادية والاجتماعية ، وتقديم المقترحات المتعلقة بتشجيع الاستثمارات والإصلاح الإداري ، فضلاً عن مراجعة مشروعات القوانين التي تعدها الوزارات والجهات الحكومية ومشروعات التعديلات المقترحة، وذلك قبل اتخاذ إجراءات إصدارها وبعد إحالتها اليه من مجلس الشورى ، ويرفع مجلس الدولة نتائج دراساته ومقترحاته وتوصياته إلى السلطان او إلى مجلس الوزراء حسب مقتضيات الأحوال ، كما يرفع رئيس مجلس الدولة الى السلطان

([1]) مجلس الدولة، وزارة الإعلام - سلطنة عمان www.omanet.om

تقريراً بنتائج أعمال المجلس.[1] وتم زيادة عدد أعضاء هذا المجلس إلى (48) عضواً في العام 2000، ثم إلى (55) عضواً في العام 2003، في إطار توسيع دائرة المشاركة السياسية، وتوسيع تمثيل المرأة فيه ليرتفع عدد النساء في مجلس الدولة إلى (7) نساء في نفس السنة بعدما كانت أربع نساء في أول تشكيله (1998-2000)، ثم زيدت إلى 6 نساء في العام 2000.[2]

أما مجلس الشورى فأصبح يتمتع بصلاحيات عدة، وحسب ما جاء في المادتين (28و29) من نظام مجلسي الدولة والشورى الصادر بموجب المرسوم رقم (97/86) الخاص بإنشاء مجلس عمان، وعلى جانب كبير من الأهمية سواء على الصعيد التنموي أو الاجتماعي، إذ يقوم مجلس الشورى بمساعدة الحكومة في كل ما يهم المجتمع العماني، ويقدم لها ما يراه كفيلا بدعم مقوماته الأساسية وقيمه الأصيلة، ويقوم المجلس بمراجعة مشروعات القوانين التي تّعدهما الوزارات والجهات الحكومية قبل اتخاذ إجراءات إصدارها، ويحيل المجلس مشروعات القوانين التي يتولى مراجعتها مشفوعة بتوصياته إلى مجلس الدولة وللمجلس كذلك تقديم ما يراه مناسباً في مجال تطوير القوانين الاقتصادية والاجتماعية النافذة في السلطنة، ويحيل مشروعات التعديلات التي يقترح اجراؤهما على هذه القوانين إلى مجلس الدولة، فضلاً عن إبداء الرأي فيما تعرضه الحكومة عليه من موضوعات، ويرفع توصياته إلى السلطان قابوس.[3]

وبشترط في عضوية مجلس الشورى (للترشيح والانتخاب) أن يكون عماني الجنسية بصفة أصلية، وإلا تقل سنه عن ثلاثين سنه، وأن يكون من ذوي المكانة والسمعة الحسنة في الولاية، وأن لا يكون قد حكم عليه بعقوبة جنائية أو جريمة مخلة بالشرف والأمانة ما لم يكن قد رد إليه اعتباره، وان يكون على مستوى مقبول من الثقافة، وأن يكون لديه خبرة عملية مناسبة، ولا يجوز الجمع

---

(1) محمد السعيد أديس، مجلس التعاون الخليجي 2000-2001، مصدر سبق ذكره، ص ص 212- 213.

(2) صحيفة الشرق الأوسط ، لندن ، 2003/10/20.

(3) مجلس الشورى ، وزارة الأعلام ، سلطنة عمان، www.omanet.om

بين عضوية المجلس، وعضوية مجلس الدولة أو الوظائف العامة، ويصدر تعيين رئيس المجلس بمرسوم من السلطان.[1]

وقد كونت انتخابات هذا المجلس في العام 1997، نقلة نوعية ملموسة سواء في مجال الترشيح أم الانتخاب أم مشاركة المرأة فيها، إذ تم لأول مرة أعداد كشوف للناخبين ، وعمل بطاقات تصويت تصلح لدورتين انتخابيتين، كما تم نقل مقار اللجان الانتخابية من مقار الولاة إلى ساحات عامة، كذلك تم توفير الأشراف القضائي، وإعطاء حق الطعن للمواطنين. وأصبح مجلس الشورى يتكون من (82) عضواً يتم أختيارهم كممثلين للولايات وفق خطوات ومراحل حددتها اللائحة التنظيمية الخاصة بذلك لمدة ثلاث سنوات، ويتحدد عدد ممثلي الولاية داخل مجلس الشورى حسب عدد سكانها، فالولاية التي يصل عدد سكانها إلى ثلاثين ألف نسمة أو يزيد يمثلها عضوان، في حين يمثل عضو واحد الولاية التي يقل عدد سكانها عن 30 ألف نسمة، ومع أن المواطنين المشاركين في انتخابات ممثلي الولاية لعضوية الشورى ينتخبون ضعف عدد ممثلي الولايات في المجلس، إلاّ أن السلطان يحتفظ بالسلطة النهائية على العملية الانتخابية، فضلا عن قيامه بالاختيار النهائي لجميع الممثلين. أي أن انتخابات العام 1997، لدورة مجلس الشورى الثالثة كانت انتخابات شبه مباشرة ، وذلك بفضل تدخل الحكومة بنتائج الانتخابات.[2]

كما تميزت انتخابات الدورة الثالثة في العام 1997، بأوسع عملية للمشاركة في تاريخ السلطنة ، فيشترط إلاّ يقل عدد الناخبين في أدنى الولايات كثافة عن مئتين وخمسون ناخباً. فضلا عن فتح باب الترشيح على مستوى السلطنة تجاه المرأة العمانية لأول مرة، إذ اقتصرت مشاركتها خلال التجربة الأولى على ولايات العاصمة الست التي شهدت قدراً اكبر من مشاركة المرآة في الحياة العامة، وقد بلغت نسبة تمثيلها نحو 10%، من إجمالي إعداد الناخبين في

---

(1) مجلس الشورى، مصدر سبق ذكره، ص 2.

(2) أحمد السيد تركي، مصدر سبق ذكره ، ص 3.

معظم ولايات السلطنة البالغ عددها (59) ولاية، وقد اقتصر عدد المرشحات على (27) إمرأة من أجمالي (736) مرشحاً، أي نسبة 3.66%.[1]

وقد استطاع المجلس خلال دورته الثالثة هذه (1998-2000) استضافة (14) وزيراً جرت مناقشتهم حول الخدمات التي تقدمها وزارتهم للمواطنين والخطط المستقبلية لمختلف جوانب الأداء في عدد من الأجهزة الحكومية، كما أذيعت جلسات حوارية مع ثمانية من وزراء الخدمات، فضلاً عن ستة لقاءات أخرى جاءت استجابة لطلبات مناقشة من جانب الأعضاء لكن لم يتم إذاعتها وتقدم الأعضاء بنحو (74) اقتراحاً حول سبل تطوير الخدمات.[2]

أما انتخابات الدورة الرابعة التي أجريت في 14 أيلول 2000، فقد أجريت لأول مرة بشكل مباشر، إذ تم إلغاء الدور الحكومي تماماً فيما كان يسمى (تسمية) أعضاء مجلس الشورى من بين الفائزين في ولايات السلطنة التسعة وخمسون.[3] وبصدور المرسوم رقم (35) في 7 أيار2000، الخاص بتبديل بعض أحكام نظام مجلسي الدولة والشورى تم زيادة عدد المشاركين في عملية انتخاب أعضاء مجلس الشورى إلى مائه وخمسة وسبعون ألف نسمة بنسبة 25%، من عدد العمانين البالغين (21) عاماً فأكثر بعد أن كان العدد واحد وخمسون ألفاً في انتخابات الفترة الثالثة (1998-2000) كما ارتفعت نسبة النساء في عدد المشاركين في الانتخابات إلى 30%، وقد وصل عدد المرشحين إلى خمسمائة وخمسين مرشحاً من بينهم واحد وعشرين إمرأة.[4] ووصل عدد الفائزين الجدد إلى (60) عضواً من بين (82) عضواً، وهم أجمالي عدد الأعضاء، وفازت المرآة بمقعدين في المجلس من إجمالي واحد وعشرين أمرآة

([1]) نفس ا([1]) محمد السعيد أدريس، مجلس التعاون الخليجي2000-2001 ، مصدر سبق ذكره ، ص 216.
لمصدر ، ص ص 3 -4.

([2]) محمد السعيد أدريس، مجلس التعاون الخليجي2000-2001 ، مصدر سبق ذكره ، ص 216.

([3]) غانم النجار، مصدر سبق ذكره، ص 111.

([4]) مجلس الشورى ، مصدر سبق ذكره ، ص 3.

رشحن أنفسهن في الانتخابات، وهما السيدتان اللتان شاركتا في عضوية مجلس الشورى في مدته الثانية (1995-1997)، وقد مثل استمرارهما بواسطة الناخبين مؤشر مهم في مجتمع، مثل المجتمع العماني.[1]

واستطاع مجلس الشورى خلال دورته هذه دراسة العديد من مشروعات القوانين الاقتصادية والاجتماعية، والتي صدرت بالفعل العديد منها، فضلاً عن تعديل العديد من القوانين، كما درس هذا المجلس العديد من الموضوعات ذات الارتباط بالمواطنين وجوانب التنمية في مختلف مجالاتها، ورفع بشأنها ما اتخذه من توصيات إلى السلطان، كما نظم المجلس في آيار 2000، ندوة وطنية بتوجيه من السلطان حول تبسيط الإجراءات الإدارية في الدولة، واستضاف المجلس خلال دورته الرابعة هذه عدد من الوزراء لإلقاء بيانات قبالة المجلس، ومناقشتها مع اعضائه، ونقلت بالكامل في وسائل الأعلام المرئي والمسموع.[2]

وجاءت انتخابات الدورة الخامسة للمجلس التي أجريت في تشرين الأول 2003،لتحمل معها الكثير من مظاهر التطور والتدرج في العملية الإصلاحية فقد بلغت نسبة الإقبال على صناديق الاقتراع 74.9 %، بمشاركة (262) إلف ناخباً كانوا قدا استحصلوا على بطاقات الانتخاب للمشاركة في التصويت صوت منهم (194) ألف مواطن من اصل (800) ألف مواطناً عماني يحق لهم التصويت، وقد بلغ عدد المرشحين للحصول على العضوية خمسمائة وستة مرشح منهم خمس عشر أمرأة للتنافس على ثلاثة وثمانون مقعدا هي إجمالي مقاعد مجلس الشورى العماني في تلك الدورة، وكانت النتائج النهائية لهذه الانتخابات هي دخول أثنان وستون عضواً جديد في هذا المجلس ينتمون إلى كل شرائح المجتمع.[3]

([1]) محمد السعيد أدريس، مجلس التعاون الخليجي 2000-2001 ، مصدر سبق ذكره، ص ص 215 -216.

([2]) من الوزراء الذي استضافهم المجلس وزراء الأعلام، و البلديات الاقليمية والبيئة، والتعليم العالي ، والشؤون الاجتماعية، والعمل والتدريب المهني ، والنقل والإسكان ، والاتصالات ، و الزراعة ، وذلك لتوضيح نشاط وزاراتهم ، أنظر: مجلس الشورى ، مصدر سبق ذكره، ص2.

([3]) الانتخابات (عمان) ، الحكم الرشيد، برنامج إدارة الحكم في الدول العربية www.pogar.org

وقد اكتسب انتخابات مجلس الشورى لدورته الخامسة (2004-2006)، أهمية خاصة في ضوء التعديلات المهمة التي تميزت بها، كونها أول انتخابات تأتي بعد قرار السلطان قابوس توسيع قاعدة المشاركة السياسية لتشمل كل مواطن عماني بالغ من العمر 21عاماً شاملاً المواطنين في كل ولاية ذكوراً وإناثاً كافة ،وإلغاء ما كان معمولاً به في المدة السابقة والمحددة بنسبة 25%، من سكان الولاية الذين يحق لهم الانتخاب. ولأول مرة افتتحت مراكز انتخابية للجاليات العمانية في خمس دول عربية هي: مصر، والأردن ، والإمارات، قطر، والبحرين . كما أطلقت الحكومة العمانية لأول مرة حملة إعلامية رسمية مكونة من وزارتي الأعلام والداخلية تحت اسم " فريق التوعية والإرشاد" في كل ولايات السلطنة، وذلك لتشجيع المواطنين، وحثهم على المشاركة في الانتخابات. وتمت الانتخابات تحت إشراف القضاء، وفي ظل تحديد واضح للهيأة الانتخابية والدوائر وهو ما أضفى عليها قدراً عاليا من التنظيم و الكفاءة في إدارة العملية الانتخابية. [1] وبفضل استعراض هذه التجربة العمانية على مستوى المشاركة السياسية والانتخابات نرى أن هناك تقدماً ملحوظاً إلى مزيد من الإصلاح السياسي، كما أن هناك مرونة وقدرة على التكيف مع المطالب المتجددة بفضل التعديلات التي تكون في مجموعها نقلة نوعية في تجربة المشاركة السياسية بواسطة زيادة إعداد الناخبين، والسماح للمرأة بالمشاركة في هذه العملية الانتخابية، وشمل التطور التدريجي طريقة الانتخاب، وزيادة أعضاء مجلس الشورى، وزيادة أعضاء مجلس الدولة، إلاّ إنَّهُ في نفس الوقت لا يمكن عدّ الانتخابات والترشيح هي غاية في حد ذاتها؛ وإنما وسيلة لإجراء إصلاحات أخرى، وهذا لا يحدث إلاّ بتوسيع صلاحيات مجلس الشورى المنتخب؛ وأن لا يقتصر دوره على الدور الاستشاري، إذ ما زالت قرارات مجلس الشورى تمثل توجيهات غير ملزمة ترفع إلى السلطان قابوس، فضلا عن توسيع القضايا

(1) أحمد السيد تركي، انتخاب " الشورى" العماني: التغيير بإرادة المواطنين، 15-10-2003 www.islamonline.net..

والأنشطة التي يهتم بها المجلس لتشمل قضايا سياسية وخارجية ودفاعية ، وهذا يقضي تطوير الأجهزة الحكومية ذاتها بالفصل بين السلطات الثلاث التنفيذية والتشريعية والقضائية.

ثانيا ـ قطر

وبالنسبة لقطر فبموجب النظام الأساسي المؤقت المعدل لدولة قطر والذي تم أعتماده منذ العام 1972، إلى حين العمل بدستور دولة قطر الجديد في العام 2005، يُعدّ مجلس الشورى هو أحد جناحي السلطة التشريعية في هذه الدولة، ويشارك الأمير ومجلس الوزراء في إبداء الرأي والتوصيات، إذ بموجب هذا النظام لا تصدر القوانين، إلاّ بعد عرض مشروعاتها على مجلس الشورى لإبداء الرأي والتوصيات بشأنها.[1] وقد أنشئ هذا المجلس في العام 1972، وقد زيد عدد أعضائه من عشرين عضوا إلى ثلاثين ، وأصبحوا بعد تولي الشيخ (حمد بن خليفة آل ثاني) الحكم في قطر في حزيران 1995، خمسة وثلاثون عضواً ، وتم تحديد مدة مجلس الشورى بأربع سنوات يُعينون من قبل الأمير.[2] وأنعكست طريقة اختيار أعضاء هذا المجلس على عمله فبموجب الاختصاصات المحددة له بالدستور يكاد يكون دوره استشاري، وتوصياته غير ملزمة للحكومة. رغم أن (المادة 46) من هذا النظام الأساسي المؤقت المعدل نصت على إنشاء مجلس يتم تكوينه بالانتخاب العام السري المباشر بعد انتهاء مدة مجلس الشورى التي حددتها (المادة 45) من النظام الأساسي بسنة واحدة، ولكن المادة الأخيرة عدلت بقرارات من الأمير ليجوز بعدها تمديد المدة.[3]

([1]) المادة (17) من النظام الأساسي المؤقت المعدل.

([2]) القرار الأميري رقم (11) لسنة 1975، بتعديل بعض أحكام النظام الأساسي المؤقت المعدل للحكم في قطر. مجموعة قوانين قطر 1961-1980، دولة قطر، وزارة العدل، المجلد الأول، مصدر سبق ذكره، ص 25، والتعديلات الأخيرة في النظام الأساسي المؤقت المعدل، مصدر سبق ذكره، ص2.

([3]) أنظر: يوسف محمد عبيدان، المؤسسات السياسية في دولة قطر، وزارة الإعلام بقطر، بيروت، 1979، ص ص 180-182.

وبقيت السلطة التنفيذية في قطر المتمثلة بالأمير ومجلس الوزراء تمتلك اختصاصات تشريعية مطلقة على حساب مجلس الشورى الذي لا يمتلك أية صلاحيات تشريعية، فضلاً عن عدم وجود أية بنود بين ثنايا النظام الأساسي المؤقت المعدل لعام 1972، تقر بحق هذا المجلس الرقابية على السلطة التنفيذية، وإنما فقط حق توجيه الأسئلة إلى الوزراء فبموجب (المادة 60) أعطيت لعضو مجلس الشورى أن يوجه إلى الوزير المختص سؤالاً مكتوباً بقصد استيضاح أمر معين من الأمور المعروضة على المجلس.[1]

وبعد إقرار دستور دولة قطر في العام 2003، عن طريق الاستفتاء الشعبي، والذي بموجبه يتولى السلطة التشريعية مجلس الشورى المؤلف من خمسة وأربعين شخصاً ينتخب ثلاثون منهم عن طريق الاقتراع السري المباشر في حين يعيين الأمير الأعضاء الخمسة عشر الآخرين من الوزراء وغيرهم لمدة أربع سنوات، على أن تحدد الدوائر والمناطق الانتخابية بمرسوم، كما يصدر نظام الانتخابات بقانون تحدد فيه شروط وإجراءات الترشيح والانتخاب.[2] وقد دخل هذا الدستور حيز التنفيذ بتاريخ 9 حزيران 2005، وقد أكد الشيخ (حمد بن خليفة آل ثاني) على أن بلاده سوف تستعد لإجراء أول انتخابات برلمانية، أما في نهاية سنة 2005 أو بداية العام 2006، إلاّ أن إنتخابات هذا المجلس لم تجرِ خلال هذا التاريخ، وجاء تصريح وزير الخارجية القطري (حمد بن جاسم آل ثاني) في نيسان 2006، ليعلن أن قطر ستجري انتخاباتها التشريعية الأولى في أوائل العام 2007.[3] رغم أن وزارة الداخلية القطرية قد أعلنت انتهاء إعداد مشروع قانون الانتخابات الخاص بمجلس الشورى تمهيداً لأول انتخابات برلمانية، ورفعت الوزارة مشروع القانون إلى الجهات العليا لإقراره وإصداره.[4] وبموجب

([1]) أنظر: همسة قحطان خلف الجميلي، مصدر سبق ذكره ص ص113 - 114.

([2]) أنظر: المادة (16) و (79) من الدستور القطري الجديد.

([3]) نشرة الإصلاح العربي، مؤسسة كارينغي للسلام الدولي، ترجمة: دار الوطن للصافة والنشر العدد (4) ، آيار ، 2006، ص2.

([4]) وكالة أنباء الشرق الأوسط ، 25 نيسان 2005.

الدستور الجديد أصبح لهذا المجلس صلاحيات تشريعية ورقابية واسعة قياساً بمجلس الشورى المعين أعضائه وفقا للنظام الأساسي المؤقت المعدل.[1] وهذه الصلاحيات والاختصاصات التي منحت إلى المجلس في الدستور القطري الجديد مثلت بداية عهد جديد لم تألفه قطر منذ بداية تأسيسها كدولة ذات سيادة في العام 1971، ولا سيما أن الانتخابات التشريعية القادمة ستشهد مشاركة المرآة القطرية لأول مرة، رغم أن الدستور القطري حصر عضوية مجلس الشورى بالحاصلين على الجنسية القطرية الأصلية فقط دون المتجنسين.

ثالثاً ـ دولة الأمارات العربية المتحدة :

تعد دولة الأمارات العربية المتحدة متأخرة في مجال الإصلاح السياسي أكثر من غيرها من دول مجلس التعاون الأخرى، فمن المعروف أن دولة الإمارات لم تشهد أية مظاهر انتخابية منذ تأسيس الدولة في العام 1971، فضلاً عن ذلك فان مسيرة المشاركة السياسية توقفت عند تجربة المجلس الوطني الاتحادي الذي تعثر وتراجع بدلاً من أن يتقدم ويتطور، فلم يتطور المجلس الوطني، ولم تطور صلاحياته التشريعية والرقابية، كما لم يتم تطوير أسلوب اختيار أعضائه الذي استقر على التعيين في الوقت الذي يتجه فيه العصر نحو الانتخاب كأسلوب معتمد غالباً في اختيار المجالس التشريعية والنيابية.[2] إلاّ أن رئيس الدولة الشيخ (خليفة بن زايد آل نهيان) أعلن في الذكرى الرابعة والثلاثين لتأسيس الاتحاد في 1 كانون الأول / ديسمبر 2005، أن بلاده سوف تجري أول انتخابات تشريعية جزئية في تاريخها لاختيار نصف عدد مقاعد المجلس الوطني الاتحادي البالغ عددهم أربعون عضواً، والذين يعيينون من قبل حكام الإمارات السبع. كما سوف يتم إعطاء دور أكبر لهذا المجلس ليكون سلطة مساندة ومرشدة وداعمة للسلطة

([1]) لمزيد من الإطلاع حول هذه الصلاحيات التشريعية ، أنظر: المواد (105-107 - 109- 111-101) من الدستور القطري الجديد.

([2])عبد الخالق عبد الله، "تطور النظام الاتحادي في الإمارات" مصدر سبق ذكره ، ص 19.

التنفيذية.[1] وكانت قد بدأت بعض البوادر والمقدمات حول المشاركة السياسية والانتخابات تمثلت في عدة مظاهر، منها: انتخابات بعض الكوادر والمؤسسات الاقتصادية والتجارية، والهدف من ذلك هو تمكين المواطن من الإسهام أكثر في الحياة السياسية الاجتماعية.[2] فضلاً عن محاولة إشراك المرأة في الحياة السياسية بفضل تعيينها، كوزيرة في الحكومة الاتحادية المعينة من قبل رئيس الوزراء.[3] كما أعطت دولة الأمارات أول إشارة رسمية تؤكد أنها ستنتهج طريق الانتخاب في اختيار أعضاء المجالس القائمة فيها في أطار برنامج لتوسيع المشاركة السياسية في البلاد وسوف يكون في مقدمتها المجلس البلدي لإمارة (أبو ظبي) بعدما انتهت مدة المجلس السابق نحو 4 سنوات من دون أن يمدد له.[4] وفي الحقيقة، فان هذه الإجراءات تخدم عملية الإصلاح والانفتاح السياسي، وأن كان من الأفضل اعتمادها وإنجازها خلال مدة سابقة لذلك لمعرفة المواطن وتدريبه على مسألة الانتخابات وثقافة الانتخاب، فكان من الأفضل أن تبدأ هذه الانتخابات بشكل متجانس كانتخابات بلدية مثلاً كممارسة أولية لتبدأ بعدها مسألة انتخاب أعضاء المجلس الوطني. وما يدل على صحة هذا الرأي، الإشكالية المعقدة التي حدثت في بلد لم يعرف معنى للانتخابات طلية تلك السنوات السابقة، فضلاً عن وجود عدم المبالاة أو عدم الاهتمام أو الاكتراث بوجود مجلس وطني يكون له صلاحيات تشريعية ورقابية واسعة، فقد ظهر تلكأ الحكومات المحلية في أعطاء أسماء الهيئة الاتحادية لكل إمارة رغم توجيه السلطات

([1]) http://Arabic.cnn.com. 2005/12/3

([2]).كما هو الحال في انتخاب مجلس إدارة غرفة تجارة وصناعة أبو ظبي بموجب القانون رقم (27) لسنة 2005، والذي أصدره الشيخ (خليفة بن راشد) رئيس الدولة، صحيفة الحياة22 تشرين الأول/ أكتوبر2005.

([3]) إذ تم تعيين ثاني أمرأة في الحكومة بعد تكوين الحكومة الإماراتية برئاسة الشيخ (محمد بن راشد آل مكتوم) على أثر وفاة رئيس الحكومة السابق الشيخ (مكتوم بن راشد آل مكتوم) في 4 كانون الثاني 2006، صحيفة الوسط ، البحرين ، 10-11 شباط 2006.

([4]) صحيفة الحياة ، 2 حزيران 2005

الاتحادية ومطالبتها لأكثر من مرة إلى تلك الحكومات بضرورة الإسراع في تحضير قوائم الأعضاء الذين سينتخبون نصف أعضاء المجلس الوطني.[1]

كما أن طريقة اختيار أعضاء الهيئة الاتحادية حمل في ثنياه الكثير من عوامل النقد لهذه التجربة , إذ بموجب القواعد العامة للانتخابات يكون لكل إمارة هيئة انتخابية تمثل كحد أدنى مضاعف عدد المائة لعدد المقاعد المخصصة للأمارة بالمجلس وفقا للدستور, أي أن أمارتي (أبو ظبي , ودبي) تختار (800) عضواً لكل إمارة , وأمارتي (الشارقة , وراس الخيمة), (600) عضوا لكل واحدا منهما, و(400) عضواً لكل من إمارة (عجمان , وأم القوين , والفجيرة) , أي أن مجموع الذين يمارسون العملية الانتخابية (4200) عضواً كحد أدنى يتم تسميتهم من قبل حكام الإمارات. وقد أثارت هذه القواعد الانتخابية تساؤلات وخلقت حساسيات لم تكن موجودة سابقاً , فوفقاً لهذه المعايير والقواعد يتم اختيار أسماء ضمن الهيأة الانتخابية مقابل إغفال أخرى , فبعد أن اعتقد الجميع أنهم معنيون بهذه العملية الانتخابية , أصبح هذا الامتياز مقتصر على فئة لا تتعدى 0.08% , من إجمالي مواطني الإمارات (2ر2%من هم فوق الثمانية عشر , والذين يحق لهم الانتخاب) ,في حين عدّ الباقون بمثابة المتفرجين ولاسيما أن النصف الأخر من أعضاء المجلس , والذين عددهم عشرون عضواً يتم تعيينهم من قبل حكام الإمارات.[2] وقد وصل العدد الإجمالي للذين مارسوا العملية الانتخابية في دولة الإمارات إلى (6689) مواطناً ومواطنة في التصويت والترشيح لانتخاب نصف أعضاء المجلس الوطني الاتحادي , من بينهم (1189)

---

(1) فقد وجهت الحكومة الاتحادية ثلاث رسائل كل واحدة منها تعطي مهلة زمنية معينة لكل إمارة لترشيح أسماء الناخبين لانتخابات نصف أعضاء المجلس، عبد الخالق عبد الله ، المجلس الوطني المؤجل في دولة الإمارات العربية المتحدة.www.emasc.com. 2006/11/5

(2) أبتسام الكتبي، الانتخابات على طريقة أهل الإمارات ، مركز الإمارات للدراسات والأعلام ، www.emasc.com

امرأة مقابل (5500) رجلاً , بعد أن ضاعفت بعض الإمارات, مثل: إمارة أبو ظبي ودبي أعضاءها في الهيأة الانتخابية.[1]

ويمكن وصف انتخابات نصف عدد أعضاء المجلس الوطني الاتحادي بأنُها شبه مباشرة , مما يستلزم اتخاذ الإجراءات الدستورية اللازمة للتخطيط لإجراء انتخابات مباشرة, وهو ما عبر عنه رئيس الدولة الشيخ(خليفة بن زايد ال نهيان) , بأن يتم إجراء تعديلات دستورية تستهدف تفعيل دور المجلس وتعزيز صلاحياته , وزيادة أعضاءه بما يتناسب , وزيادة عدد مواطني الدولة المنتخبين[2] وقد بلغ عدد المرشحين أكثر من اربعمائه وخمسين مرشحاً بينهم خمسة وستين إمرأة يمثلون 7% من إجمالي عدد أعضاء الهيئة الانتخابية , إذ يحق لكل عضو في الهيئة الانتخابية الترشيح لعضوية المجلس الوطني متى ما توفرت فيه الشروط التي نص عليها الدستور ,وهي أن يكون من مواطني أحدى إمارات الاتحاد ومقيماً فيها بصفة دائمة , ولا يقل سنه عن خمسة وعشرين سنة ميلادية , متمتعاً بالأهلية المدنية , وحسن السمعة لم يسبق الحكم عليه في جريمة مخلفة بالشرف , ما لم يكن رد إليه اعتباره , وان يكون لديه إلمام بالقراءة والكتابة.[3] ولطبيعة هذه التجربة الفريدة كانت الحملات الانتخابية التي قام بها المرشحين تختلف عن غيرها من الحملات التي تجري عادة في الدول الأخرى , فسبب التصويت الذي تختص به الهيأة الانتخابية المختارة , فان المرشح لا يتوجه لكافة المواطنين كما هو معروف , بل يركز في أشخاص بعينهم ومن خصوصية هذه التجربة أيضا هو استعمال عملية التصويت الإلكتروني الذي تم للمرة الأولى على مستوى الخليج العربي , وتستند هذه التجربة إلى خبرات

([1]) عبد الخالق عبد الله , القائمة المختارة من شعب الإمارات , مركز الإمارات للدراسات والإعلام www . emase . com

([2]) الإمارات تضع خطوطاً عريضة لديمقراطية ناقصة , وكالة أنباء الإمارات , 19 شباط 2006 www . annabaa . org

([3]) المادة(70) من دستور دولة الإمارات العربية .

ومعايير دولية معتمدة .[1] وقد اجريت الانتخابات على ثلاث مراحل في أيام 20,18,16 كانون الأول في العام 2006, الأولى كانت في إمارتي(أبو ظبي والفجيرة), فيما الأخرى في إمارتي(دبي و راس الخيمة), والمرحلة الأخيرة كانت في إمارات (عجمان والشارقة وأم القوين), مع اعتماد المرشحين بالتزكية إذا تساوى عدد المرشحين مع عدد المقاعد المخصصة للإمارة وأما في حالة نقص عدد المرشحين عن عدد المقاعد المخصصة للامارة تجري انتخابات لإكمال تلك المقاعد.[2] وقد أسفرت الانتخابات عن فوز أول إماراتية تدخل المجلس الوطني الاتحادي , وهي: (أمل القبيسي) عن إمارة أبو ظبي.[3]

ويتضح من ذلك أن طريقة إجراء هذه الانتخابات كانت طريقة خاصة بدولة الإمارات العربية , عللها البعض بمراعاة الأوضاع الخاصة لهذه الدولة فضلاً عن الأخذ بمنهج التدرج لإعطاء المساحة الكافية لتطوير التجربة للتعلم ومعرفة مواطن القوة والضعف , وأخذها بعين الإعتبار خلال الخطوات الأخرى القادمة . فالإمارات تريد بفضل إصرارها على الانتخاب بالطريقة التي جرت فيها إيصال رسالة واضحة تعبر فيها عن رغبتها في الانفتاح , وتعزيز المشاركة الشعبية , لكن ليس على حساب المخاطرة باستقرارها وبتطورها الاجتماعي والمدني.

رابعاً ـ السعودية:

وفيما يخص السعودية فليس هناك فيها مجالس برلمانية منتخبة من قبل الشعب , بل هناك مجالس للشورى.[4] إذ أنشأ الملك (عبد العزيز بن سعود) مجلس للشورى بأسم (المجلس الأهلي) بعد دخوله مكة في العام 1924

---

(1) الإمارات تستعد لاول انتخابات نيابية تشهدها , الشبكة العربية لمراقبة الانتخابات. www . intekhabat . org . 2006 / 11/5

(2) المادة (25) من القواعد العامة للانتخابات (قواعد الترشيح) , اللجنة الوطنية للانتخابات, www . uaehec . ae

(3) فوز أمرأة في أول انتخابات تشريعية بالإمارات. 19 /12 / 2006 . www . w|um| . org

(4) محمد جاسم محمد, مصدر سبق ذكره ص 82 .

وتحددت الهيأة الناخبة له من ثلاث فئات , فئة الأعيان وفئة العلماء وفئة التجار على أساس إن تقوم كل فئة بانتخاب عدد معين مع اشتراط مصادقة الملك على النتائج.[1] وفي العام 1926 , تكون مجلس جديد باسم (مجلس الشورى) برئاسة النائب العام الذي عينه الملك(عبد العزيز بن سعود) , وهو ابنه (فيصل) وبعد شهر تقريباً من تأسيس هذا المجلس صدرت التعليمات للحجاز , والتي نصت في قسمها الرابع على تكوين مجلس شورى (مجلس الشورى بمكة ومجلس المدينة, ومجلس جدة), ومجالس النواحي, ومجالس القرى والقبائل انطلاقاً من أنها ستكون الأساس في انتخاب مجلس شورى عام للبلاد.[2] ويقول فهد القحطاني: أن معظم هذه المجالس لم يطبق منها سوى مجلس الشورى الموجود في مكة, بل حتى هذا المجلس كانت معظم دوراته مصيرها الإهمال ومعظم الأعمال التي كانت تعرضها الحكومة على المجلس هي أعمال ليست ذات أهمية مثل: مسؤولية البلدية ,والرخص , ونزع الملكيات ,و قد أضيف إليه مهام أخرى ثانوية كالإهتمام بشؤون الحج , وصلاحية تمييز الصكوك التجارية , وقد تقلصت أعمال هذا المجلس ببروز (مجلس الوكلاء) في العام 1933 , ثم مجلس الوزراء, إذ أن سلطات مجلس الوزراء شملت الاختصاصات التي كان يزاولها مجلس الشورى.[3] واستمر الوضع في السعودية بدون وجود بنى تشريعية , إلى حين صدور قانون (نظام مجلس الشورى) في العام 1992 والذي بموجبه يتكون مجلس الشورى من رئيس ومائة وخمسين عضواً , يختارهم الملك من أهل العلم والخبرة والاختصاص , وقد افتتح مقر المجلس رسمياً في العام 1993 , بعد تسمية الملك لأعضائه ,و من خلال الإطلاع على القانون المنظم لهذا المجلس,[4] يتضح أن مجلس الشورى هو مجلس معين بإكمله من قبل الملك , وأعماله استشارية, وليس له الحق في إصدار القوانين أو محاسبه الحكومة أو أي

---

(1) غانم النجار , مصدر سبق ذكره , ص 105 .

(2) أنظر: فهد القحطاني , مصدر سبق ذكره , ص ص202 - 206

(3) فهد القحطاني, مصدر سبق ذكره , ص ص206 - 208 .

(4) راجع الفصل الثالث , المبحث الثاني

اختصاص مالي. مما يدل على ضعف الإصلاح السياسي في ما يتعلق بمسألة المشاركة السياسية, والانتخابات في السعودية مقارنة بدول مجلس التعاون الأخرى، خاصة إذا علمنا أن المجلس خلال دوراته التي عقدها لم يثير كثيراً من القضايا التي تتعارض مع توجهات الحكومة, كما لم يحصل أن قدم احد أعضاءه كشفاً بمسائله أي عضو في مجلس الوزراء أو أحد مؤسسات الدولة, كما حصل في برلمانات دول المجلس الأخرى, وإنما انحصرت إنجازات المجلس خلال دوراته السابقة في تنظيم شؤون المجلس الداخلية , كتنظيم لوائحه , ونظمه وقواعده, وطريقة تسيير إجراءاته , فضلاً عن الإطلاع على الأنظمة والإجراءات المعمول بها في المملكة وتنقيحها, أو اقتراح تعديلها, أو أقتراح سن أنظمة جديدة , أما القضايا الاستراتيجية كالأهداف الاقتصادية والسياسية والمالية , والأمنية والدفاعية, والاجتماعية , والإعلامية , ومعرفة موارد الدولة ومصروفاتها ,لم تدخل في اختصاصات مجلس الشورى , رغم وجود اللجان المتعددة في هيكلية المجلس.[1] ألآ إنّه من جهة أخرى يمكن عدُ هذه الخطوة كخطوة أولية قد تلحقها خطوات أخرى على طريق الإصلاح السياسي , والمشاركة السياسية كأن يجري انتخاب أعضاء هذا المجلس في المستقبل. فيمكن عدُ المستوى العلمي والثقافي الجيد لأعضاء المجلس كعوامل ايجابية لانطلاقة المجلس , فقد أكدت الدراسة الاستبيانية التي قام بها الدكتور(محمد بن صنيتان) على أعضاء مجلس الشورى السعودي, على ارتفاع المستوى التعليمي والثقافي لهؤلاء الأعضاء الذي يعد من الشروط المحبذة لإنجاح أي جهاز سياسي, بما يضمن انفتاحهم على العالم وقدرتهم على التصورات المعروضة المستقبلية , ورسم السياسة العامة للدولة والمجتمع وفق رؤية علمية, وفهم تجارب الآخرين. وقد ساعدت الزيارات المتبادلة بين أعضاء المجلس ونظرائهم في العالم على إعطاء أعضاء المجلس تصوراً عاماً للتجارب الحاصلة في العالم , مما أثرى تجربتهم , وزاد من إطلاعهم

---

[1] محمد بن صنيتان , النخب السعودية : دراسة في التحولات والإخفاقات , مركز دراسات الوحدة العربية , بيروت , 2004 , ص 85

كما أن تنوع الاختصاصات العلمية لأعضاء المجلس ما بين هندسة , وأعلام وإدارة , وقانون , واقتصاد , وتربيه , وعلوم شريعة , وعلوم آداب, أعطى المجلس القدرة على مواجهة قضايا المجتمع , كما مكن المجلس من استشراف رغبات المجتمع أو عرض تصورات لما يجب أن يكون عليه.[1] وتلك هي المهام الحقيقية الموكلة بعهدة المجلس والتي ستكون محك اختبار حقيقي له للحكم على مدى عطائه وإفادته , وتقدير مدى نجاحه ليكون بفضلها قاعدة أساسية لانتخابه في المستقبل، وما تم مؤخراً من إعلان أسماء المستشارات في اللجنة الوطنية النسائية التابعة للمجلس , كلجنة استشارية يستعين بها مجلس الشورى برأيها عندما تكون القضية المعروضة قُبالته للنقاش تخص المرأة، يعد هذا العمل بمثابة خطوة إصلاحية تسجل لمصلحة المرأة السعودية , رغم كونهن مستشارات خاصات في شؤون المرأة, وليس عضوات في المجلس , إلا ان هذه الخطوة جاءت لتحسم ولو مؤقتاً , الجدل القديم والمتجدد حول عضوية المرأة في مجلس الشورى , على اثر مطالبة العديد من الأكاديميات والداعيات اللاتي يرين ضرورة التوسط في مثل هذه القرارات, وتحقيق المصلحة المرجوة دون مخالفة شرعية.[2] وبفضل ما تقدم نستطيع أن نميز بين أهم المؤسسات التي دفعت باتجاه الإصلاح السياسي في دول المجلس , وكيف تمكنت من تقدم الدعم لعملية الإصلاح. فالبرلمانات أو المجالس التشريعية في بعض الدول كان لها الدور الأكبر في دعم هذه العملية كما هو الحال في كل من الكويت , والبحرين , وعمان بفضل تطور العلاقة أو تغيرها بين السلطتين التشريعية والتنفيذية على عكس الدول الأخرى التي ظلت مجالسها التشريعية محدودة في هذا المجال كما هو الحال في كل من قطر , والإمارات , والسعودية التي تميزت بضعف إداء مجالسها التشريعية أو الشورية والتي مازالت تتخذ من التعيين كطريقة لاختيار أعضاء هذه المجالس مما اثر بالتالي على وظائفها التشريعية والرقابية.

([1]) انظر: محمد بن صنيتان، مصدر سبق ذكره, ص ص81-93 .

([2]) المرأة السعودية في مجلس الشورى , 2006/1/4 ,www laha onlin . com

كما أخذت المجالس البلدية كمجالس تنفيذية في كل من قطر والسعودية دورها كعامل مساعد في عملية الإصلاح لما أخذت تشهده هذه الدول من مظاهر انتخابية ومشاركة شعبية لم يعتدها المواطن الخليجي فيها , والتي ستدفعها هذه التجربة الى اتخاذ خطوات أخرى في اتجاه طريقة اختيار أعضاء مجالسها التشريعية.

وفي النهاية يمكن القول: أن الانتخابات والمشاركة السياسية , هي ليست غاية بحد ذاتها, وإنما وسيلة لتحقيق غايات أخرى أوسع واشمل يعود نفعها للمواطن الخليجي أولا وأخيراً.

المبحث الرابع
حقوق الإنسان
والمجتمع المدني وحرية التعبير ....

المطلب الأول
حقوق الإنسان

انضمت دول مجلس التعاون الخليجي إلى البعض من اتفاقيات الأمم المتحدة المعنية بحقوق الإنسان , كأتفاقية القضاء على جميع أشكال التمييز العنصري الذي انضم إليها جميع دول المجلس ابتداءً من الكويت في العام 1968 , وانتهاءً بعمان في العام 2003 , واتفاقية حقوق الطفل، انضمت إليها جميع دول المجلس في حقبة التسعينات من القرن العشرين , واتفاقية حقوق المرأة التي انضمت إليها جميع دول المجلس باستثناء(قطر) ابتداءً بالكويت في العام 1994 وأخيرا عمان في العام 2006 , كما انضمت الكويت 1994 , والسعودية 1997, والبحرين 1998 , وقطر 2000 ، إلى اتفاقية مناهضة التعذيب وغيره من ضروب المعاملة أو العقوبة القاسية أو اللإنسانية أو المهينة. وانضمت الكويت في العام 1996 , إلى العهدان الدوليان الخاصان بالحقوق المدنية والسياسية , والحقوق الاقتصادية , والاجتماعية والثقافية.[1] وانضمت دول مجلس التعاون الخليجي الست إلى البعض من اتفاقيات منظمة العمل الثمان المعنية بحقوق الإنسان كالاتفاقيتين(29 و 105) المعنيتين بالقضاء على السخرة والعمل الإجباري ,إذ كانت الكويت أول من انضم اليهما في العام(1968 1961), وكانت عمان أخر من انضم (1998, 2005) على التوالي . والاتفاقيتين (100، 111) الخاصتين بالتمييز في شغل الوظائف , فقد انضمت

([1]) حقوق الإنسان , الحكم الرشيد , برنامج إدارة الحكم في الدول العربية , www. pogar . org

الكويت اليهما أولا 1966, وأخيرا الإمارات (1997 ــ 2001) على التوالي . والاتفاقيتين (182 ، 183) المعنيتين بمنع استعمال الأطفال القاصرين , وقد انضمت اليهما جميع دول المجلس ابتداءً بالإمارات (1998 , 2001) وانتهاءً بعمان (2005 , 2001) وقد أبدت هذه الدول تحفظها على أحكام بعض الاتفاقيات التي انضمت إليها , وعلى كل ما يتعارض مع القانون الإسلامي وأحكام الشريعة الإسلامية, أو على أية أحكام تتعارض مع قوانينها وتشريعاتها الداخلية. [1]أما بالنسبة للمواثيق الإقليمية فقد وافقت هذه الدول الست على (إعلان القاهرة لحقوق الإنسان في الإسلام)، والصادر عن مؤتمر وزراء خارجية الدول الإسلامية في العام 1990 ,وهو وثيقة إرشادية لا تحتاج إلى تصديق. كما وافقت على (الميثاق العربي لحقوق الإنسان المعدل) والذي اعتمدته القمة العربية في تونس في العام 2004, لكنها لم تصادق عليه شأن معظم الدول العربية. [2] أما على صعيد مؤسسات حقوق الإنسان فيوجد منها في (الكويت) نمطين من المؤسسات العاملة في هذا المجال , احدهما: ضمن نظام مجلس الأمة (البرلمان) , وثانيهما: في إطار المنظمات غير الحكومية. ففي نظام مجلس الأمة تأسست (لجنة الدفاع عن حقوق الإنسان) في 24 تشرين الأول/ أكتوبر 1992, وتهدف إلى الدفاع عن حقوق الإنسان , والعمل على تنقية التشريعات المعمول بها في الكويت من الأحكام المتعارضة مع حقوق الإنسان, ومراقبة أعمال الأجهزة الحكومية للتأكد مدى التزامها بحقوق الإنسان, وتلقي الشكاوى والملاحظات حول الممارسات المتعلقة بحقوق الإنسان, والعمل على إيجاد الحلول المناسبة لها وتكوين لجان لتقصي الحقائق في موضوعات اختصاصها . كما سمحت بوجود واقعي , وليس قانوني لعدد من المنظمات غير الحكومية التي تختص بحقوق الإنسان ولكنها اتخذت خطوة مهمة في العام 2004 , بإنشاء (الجمعية الكويتية لحقوق الإنسان)

---

[1] نفس المصدر.

[2] حقوق الإنسان ، الحكم الرشيد ،مصدر سبق ذكره.

كأول جمعية في هذا المجال[1] ويرأسها (جاسم القحطاني) الذي أكد أهمية جدية الحكومة في مجال مراعاة حقوق الإنسان, خاصة مشكلة البدون, وانتهاكات خدم المنازل في الكويت.[2]

وفي (البحرين) يوجد ايضاً نمطين من مؤسسات حقوق الإنسان , ينتمي الأول إلى الهياكل الحكومية , وإبرزها (لجنة حقوق الإنسان) في وزارة الداخلية وتقوم بتدريب وتثقيف الضباط على حقوق المواطن , وخصوصاً في التعامل مع حالات، القبض والتحقيق والسجن , ومن ابرز هذه الهياكل كذلك (المجلس الأعلى لحقوق المرأة) , والذي أنشئ في 22 أب 2001 , من اجل النهوض بحقوق المرأة , وقد عزز الملك صلاحياته وقدراته في 8 تشرين الثاني 2004 , بحيث يستطيع تقديم اقتراحاته لتعديل التشريعات وإبداء الرأي في مشاريع القوانين المرتبطة بمركز المرأة قبل عرضها على الجهات المختصة ,وإلزام الجهات الرسمية بأخذ رأي المجلس قبل اتخاذ أي إجراء او قرار يتعلق بالمرأة . كذلك أزداد في البحرين منذ بدء المشروع الإصلاحي في البلاد عدد المنظمات غير الحكومية المعنية بحقوق الإنسان مثل (الجمعية البحرينية لحقوق الإنسان) (2001) , و (مركز البحرين لحقوق الإنسان) (2001) , و(جمعية مراقبة حقوق الإنسان) (2004) , (وجمعية حقوق الطفل) (2004) , و (جمعية حماية العمال الوافدين) (2004),و(الجمعية البحرينية لمناهضة العنف الأسري) (2005).[3]

وهنالك في (قطر) بعض المؤسسات الحكومية التي تعني بحقوق الإنسان (كالمجلس الأعلى لشؤون الأسرة) , وإدارة حقوق الإنسان في كل من وزارتي الخارجية والداخلية , كما ان هنالك في قطر مؤسسة وطنية , وهي , (اللجنة الوطنية لحقوق الإنسان) , والتي أنشأت بموجب مرسوم أميري في 12 تشرين

---

[1] حقوق الإنسان _ الكويت ,برنامج إدارة الحكم في الدول العربية   www . pogar . org

[2] مفيد الزيدي, المعارضة السياسية وعلاقتها بالنظم في دول مجلس التعاون , مصدر سبق ذكره ,ص 66

[3] حقوق الإنسان _ البحرين , برنامج إدارة الحكم في الدول العربية   www . pogar . org

الثاني 2002 , بهدف تحقيق الأهداف التي جاءت في الاتفاقيات والمواثيق الدولية ذات الصلة بحقوق الإنسان, ومراجعة التشريعات لبيان ملاءمتها لمبادىء حقوق الإنسان , والنظر في الشكاوى المتعلقة بحقوق الإنسان واقتراح سبل معالجتها , ورصد ملاحظات المنظمات الدولية والمنظمات غير الحكومية المعنية بحقوق الإنسان ونشر ثقافة حقوق الإنسان ويضم تكوينها عدد من الشخصيات العامة , وبعض الوزراء , ورغم تميزها بالثقل الحكومي في تكوينها , إلاّ أن اللجنة أظهرت جدية في تعاملها مع قضايا حقوق الإنسان وتعرضت لقضايا حساسة على الساحة الوطنية , وعكست تقاريرها قراءة نقدية للتشريعات الوطنية التي لا تتلائم مع المعايير الدولية وأوصت بتعديلها , وترفع اللجنة تقارير دورية للحكومة وتصدر تقريراً سنوياً .[1]

أما في دولة (الإمارات) فقد تأسس في دبي بتاريخ 31 آيار / مايو 1995 (إدارة رعاية حقوق الإنسان بشرطة دبي) , وتعني بمهام تدريب الشرطة على حقوق الإنسان, ويشمل نشاطها التدريبي ضباطاً من مختلف الإمارات وأحياناً من بلدان الخليج , وتتلقى شكاوى المواطنين في تعاملهم مع الشرطة, وتضم خمسة أقسام للشكاوى, والخدمات الإنسانية والاجتماعية , والتكامل الاجتماعي,والبحوث والتطوير, والخدمة الاجتماعية, وحقوق الإنسان بمركز الشرطة . وهنالك أيضا لجنة لحقوق الإنسان في إطار(جمعية الحقوقيين) , وتعمل في مجال نشر مبادئ حقوق الإنسان, وتعزيز احترامها.[2] وقد رفضت وزارة العمل والشؤون الاجتماعية خلال العام 2005, طلب لتأسيس منظمات لحقوق الإنسان, لكنها وافقت في 21 شباط / فبراير 2006, ظهور أول جمعية أهلية لحقوق الإنسان وهي (جمعية الإمارات لحقوق الإنسان) طبقاً للقانون الاتحادي (رقم 6 لسنة 1974 وتعديلاته) بشان الجمعيات العربية لحقوق الإنسان .[3]

([1]) حقوق الإنسان _ قطر , برنامج إدارة الحكم في الدولة العربية www . pogar . org

([2]) حقوق الإنسان _ الإمارات , برنامج إدارة الحكم في الدولة العربية www . pogar . org

([3]) صحيفة الوسط , البحرين , 23 شباط / فبراير 2006 .

وفي (السعودية) أنشات هيئة حكومية للنهوض بحقوق الإنسان باسم (هيئة حقوق الإنسان) , برئاسة الأستاذ (تركي بن خالد السديري) , وحسب ما جاء في المادة الأولى من قرار تنظيمها بأنها تهدف إلى حماية حقوق الإنسان , وتعزيزها وفقاً لمعايير حقوق الإنسان الدولية في جميع المجالات , ونشر الوعي بها والإسهام في ضمان تطبيق ذلك في ضوء أحكام الشريعة الإسلامية , وتكون هي الجهة الحكومية المختصة بإبداء الرأي , والمشورة فيما يتعلق بمسائل حقوق الإنسان ,ويقع على عاتق الهيئة اتخاذ جميع السبل اللازمة لتحقيق الغرض الذي أنشات من اجله الهيئة، بفضل التأكد من تنفيذ الجهات الحكومية المعنية للأنظمة واللوائح السارية فيما يتعلق بحقوق الإنسان, وتلقي الشكاوي المتعلقة بحقوق الإنسان, والتعاون مع الجمعيات والمنظمات والمؤسسات الوطنية والإقليمية والدولية العاملة في مجال حقوق الإنسان, والموافقة على عقد المؤتمرات والندوات الداخلية والدولية في مسائل حقوق الإنسان والمشاركة فيها.[1] وأعلنت الهيئة أنها سوف تعمل بالتكامل مع (الجمعية الوطنية لحقوق الإنسان) والتي وافق على تأسيسها الملك الراحل (فهد بن عبد العزيز) في 9 آذار / مارس 2004 , والتي تضم في عضويتها (41) عضواً بينهم (10) أعضاء من النساء, ويدخل في اختصاصها الرصد , والمتابعة , واستقبال الشكاوى، كما زارت سجوناً في أماكن مختلفة من المملكة للإطلاع على احوال السجناء, ونشرت أرائها حيال العديد من القضايا التي تفاعلت معها.[2]

ومع ظهور الحركة الإصلاحية , والانفتاح النسبي الذي أظهرته الحكومة تجاه قضايا حقوق الإنسان ظهر نمط جديد من إصدارات حقوق الإنسان, وان كان لا يصدر في الضرورة من داخل المملكة ,بعدما ما كانت إصدارات حقوق الإنسان

---

(1) قرار تنظيم هيئة حقوق الإنسان، هيئة حقوق الإنسان في السعودية .

(2) للمزيد من التفصيل , أنظر: موقع الجمعية على شبكة الانترنيت . www . nshr – sa . org

في السعودية تتميز بالندرة , وكانت تقتصر على تلك الصادرة من الخارج , سواء من جانب المنظمات الدولية أو جماعات المعارضة الشعبية في الخارج. [1]

وبالنسبة (لعمان) هالك إدارة في وزارة الخارجية تختص بحقوق الإنسان كما أنشأت مديرية عامة للمرأة , وعدد من المراكز الحكومية للتأهيل النسائي لكن ليس هنالك مؤسسات وطنية لحقوق الإنسان , كما تقتصر المنظمات غير الحكومية على بعض الجمعيات المعنية بحقوق الإنسان والأطفال وذوي الاحتياجات الخاصة, مثل : (جمعية التدخل المبكر للأطفال ذوي الاحتياجات الخاصة). [2]

ومن الواضح أن التطورات في مجال حقوق الإنسان لدول مجلس التعاون الخليجي حالها حال باقي المجالات كانت متباينة من دولة إلى أخرى , وان كان هنالك نوع من التشابه في هذا المجال لاسيما في الحقبة الزمنية التي شهدت التطورات الأبرز, وهي نهاية تسعينات القرن العشرين، وبدايات القرن الواحد والعشرين.

---

[1] أنظر موقع (لجنة الدفاع عن حقوق الإنسان في شبه الجزيرة العربية) الذي يعرض (23) كتاباً يتعلق بعضها بأوضاع حقوق الإنسان في المملكة , ويتناول بعضها الأخر مبادئ حقوق الإنسان والحريات العامة www . cdhrop . net

[2] حقوق الإنسان - عمان ، برنامج إدارة الحكم في الدول العربية ، www.pogar.org

المطلب الثاني
المجتمع المدني

أن وجود الحريات المدنية أو العامة تعني قدرة الأفراد على إبداء الرأي في الشؤون العامة عبر صحافة حرة , وجمعيات , ونقابات , ومؤسسات مستقلة عن الدولة , ويتم قياس هذه الحريات بواسطة معرفة مدى نزاهة واستقلال القضاء , ومدى حرية الأفراد في التعبير والاعتقاد وتكوين الجمعيات , وتمتعهم بالمساواة إزاء القانون , وعدم شعورهم بالخوف من السلطات , وقدرتهم على محاسبة ومسألة الحكومة. [1]

ويعد المجتمع المدني في دول مجلس التعاون الخليجي مجتمع قيد التأسيس , وفي طريقه نمو الاكتمال , وذلك باكتمال أسس ومؤسسات المجتمع الحديث , والذي اخذ في البروز والتطور على اثر التحولات السريعة والمتلاحقة التي شهدتها هذه الدول خلال العشرين سنة الماضية، وبذلك أخذت مؤسسات المجتمع المدني في الانتعاش والنهوض بما في ذلك الهيئات المدنية التي تقوم بوظائف الأحزاب السياسية التقليدية في مناقشة القضايا العامة , ولقد شهدت مجتمعات دول مجلس التعاون الخليجي , وخاصة في كل من الكويت, والإمارات العربية المتحدة، والبحرين تزايداً ملموساً في عدد الاتحادات والهيئات والجمعيات ذات النفع العام ،والتي عادة ما تحصل على الإشهار الرسمي , بل الدعم المالي من الحكومات, ومازالت هذه الجمعيات تشهد نمواً وأزدهاراً ملحوظين في عددها وفي حجم نشاطاتها وفي تأثيرها في القرارات. [2]

وهنالك تفاوت شديد في خبرات هذه الدول فيما يتعلق بتكوين تلك الجمعيات والمؤسسات , وعلى ضوء ذلك تقسم بلدان دول مجلس التعاون الخليجي من حيث خبرتها في بناء تلك المؤسسات إلى مجموعتين مختلفتين تظم

---

[1] ميثاء سالم الشامي , " المرأة الخليجية الى اين ؟ "، المستقبل العربي , العدد (273) بيروت , تشرين الثاني 2001 , ص 95 .

[2] مصطفى كمال السيد , مصدر سبق ذكره , ص ص 72- 73 .

الأولى / كلاً من الكويت والبحرين والأمارات العربية المتحدة , إذ تمتاز بوضوح مؤسسات المجتمع المدني فيها , وأدائها لمهامها بعلانية ونشاط , وبموجب قوانين وتشريعات تحقق لها الاستقلالية التامة أو النسبية عن مؤسسات الدولة وتضم المجموعة الأخرى / كلاً من السعودية وقطر وعمان , إذ يلاحظ غياب كلي أو نسبي لمؤسسات المجتمع المدني في هذه الدول , فهي أما غائبة أو غير متطورة , إذ أنها تفتقد الاستقلالية التامة أو النسبية , إلا أن هذا لا يعني انه ليس هنالك أية مؤسسات مدنية في تلك الدول الثلاث ، بل كان هناك بروز لمؤسسات أهلية وتطوعية وثقافية ونسائية عدة خاصة في السنوات القليلة الماضية. [1] وفضلا عن هذا التفاوت فقد مرت مؤسسات المجتمع المدني في دول مجلس التعاون بثلاث مراحل متميزة شهدت خلالها حقبات انحسار وتزايد سواء في عمل هذه المؤسسات ونشاطها المجتمعي أو طبيعة تكوينها الاجتماعي والثقافي والاقتصادي أو الفئات التي قادت عمل هذه المؤسسات وهذه المراحل هي:

المرحلة الأولى:

جاءت مع بداية النصف الأول من القرن العشرين , وخاصة في دولتي البحرين والكويت , وقد غلب على هذه المرحلة مشاركة النخبة السياسية ذاتها في تكوينها إلى جانب فئات التجار والصيادين والملاحين , كما غلب على أهدافها النواحي الثقافية والأدبية والتنموية, ومن ثم لم يكن غريباً أن تأتي مطالبها ومواقفها متناغمة إلى حد كبير مع مطالب النخبة الحاكمة أو المندوب البريطاني آنذاك. [2] إذ عرفت كل من الكويت والبحرين العمل الأهلي التطوعي منذ مطلع عشرينات القرن العشرين أو قبل ذلك بقليل عندما أنشئ في البحرين (1919) والكويت (1922) النادي الأدبي , وعدت هذه النوادي كمنتدى لإلقاء المحاضرات الأدبية , ومعالجة المشكلات الاجتماعية , فضلاً عن دورها على الصعيد

---

[1] مصطفى كمال السيد، مصدر سبق ذكره، ص ص 73- 74 .

[2] رمضان عويس , ازدهار المجتمع المدني ... هل يدعم الديمقراطية الخليجية ؟ www . aslam on Line . com,
2000/11/12

المجتمعي ,وعندما بدأت هذه النوادي تتأثر بالسياسة , وتسهل انتشار الأفكار السياسية السائدة والرائجة في مراكز الثقل العربي في ذلك الوقت في مصر والشام والعراق , وخاصة فيما يتعلق بالفكر القومي ,والتربية الوطنية ,والمناهج الاجتماعية الجديدة , أوعزت السلطات البريطانية بإغلاق هذه النوادي خشية أية تطورات سياسية غير مرغوب فيها. [1]

وفضلاً عن هذه التجربة , كانت هناك تجارب أخرى في نشأة الأندية الثقافية والرياضية والجمعيات الخيرية , فمع نهاية الثلاثينات أنشئ في البحرين عدد من الأندية ذات النشاط الثقافي أو النشاط الثقافي الرياضي (كنادي البحرين1937, ونادي العروبة والأهلي 1939) , وقد مثلت هذه الأندية في الغالب الأعم من القوى الاجتماعية الجديدة الناشئة بفعل التعليم , والثروة النفطية, مثل: التجار والمهندسين والطلاب والموظفين العاملين في الدولة وصغار التجار, وغيرهم، وكان (نادي البحرين) قد ركز في أنشطته فضلاً عن الرياضة على الجوانب الثقافية والإجتماعية والتعليمية وجلسات الحوار السياسي, وذلك بتنظيمه عدداً من المحاضرات والندوات حول قانون العمل وأوضاع العمال الأجانب , وتحرير المرأة , والأوضاع الاقتصادية . أما(نادي العروبة) فقد اقتصر نشاطه على الجوانب الثقافية والتعليمية والاجتماعية ذات المحتوى السياسي خاصة أن الشخصيات الممثلة في صدارة هذا النادي تمثل النخبة الاجتماعية والثقافية ذات الارتباط القوي بمؤسسة التعليم .إلا أن النشاط الثقافي السياسي لكلا الناديين قد بدأ بالانحسار , وخاصة في نهاية السبعينات لإنغماس رموزها التقليدية في تحسين أحوالهم المعيشية , واندماجهم الكلي في مؤسسة الدولة التي باتوا يمثلون احد مدخلاتها الرئيسة وفضلاً عن ضعف وتقليص دور الخطاب القومي في المنطقة بشكل عام مقابل البروز والاستقطاب القوي للخطاب الديني. [2]

---

[1] باقر النجار , المجتمع المدني في الخليج والجزيرة العربية , في: المجتمع المدني في الوطن العربي ودورة في تحقيق الديمقراطية ,مصدر سيق ذكره , ص 566 .

[2] باقر النجار، مصدر سبق ذكره، ص ص 567 - 568 .

المرحلة الثانية :

وترجع إلى خمسينات وستينات القرن العشرين, إذ بدأت دول تلك المنطقة تعرف شكلاً أكثر تبلوراً للدولة بالمعنى الحديث، ومن ثم بدأت مطالب وتكوينات المجتمع المدني تنمو نحو الجوانب السياسية , وقضايا المشاركة الشعبية , وقد شهدت مجتمعات , مثل: البحرين ودبي تظاهرات وانتفاضات تصب في هذا الاتجاه . [1] وتجسد هذا العمل بواسطة الأندية , وجمعيات الخريجين والمعلمين ذات المحتوى القومي التي عن طريقها نشط العمل الاجتماعي والسياسي في هذه الحقبة , وكذلك الجمعيات المهنية والنسائية التي كان لها دور اجتماعي وسياسي فاعل , إذ مثلت جمعية (نهضة فتاة البحرين) أولى الجمعيات النسائية في المنطقة, والتي سعى إلى إقامتها نسوة المجتمع التجاري المديني في العام 1955 واغلب مؤسسات الجمعية من الحاصلات على المراحل الأولى من التعليم , وما اتاح لهن القيام بدور اجتماعي بارز هو إمكانياتهن الاقتصادية , والقسط الوافر من التعليم الذي حظين به ,وصلتهن بالمجتمع المدني الوافد المكون من الإدارة البريطانية والأرستقراطية الهندية أو بعض المدرسين الوافدين من الشام ومصر وكذلك السفر إلى الخارج (مصر والشام والهند) , وقد أخذت على عاتقها الجمعية تعليم المرأة فافتتحت فصولاً لمحو الأمية، كما أقامت العديد من الأنشطة الثقافية والخيرية التي تخدم أهدافها الرئيسة في تطوير وضع المرأة , كما كانت الجمعية في طليعة الجمعيات النسائية والأهلية المطالبة بالحقوق السياسية للمرأة في مطلع السبعينات (1972 _1975) , فضلاً عن جمعية (رعاية الطفولة والأمومة) التي امتد نشاطها ليشمل الاهتمام بقضايا المرأة فضلاً عن الطفولة فهي اقرب إلى جمعية تمثيل اجتماعي . [2]

أما الكويت فقد تأسست فيها جمعيتين نسائيتين (جمعية النهضة النسائية) في العام 1962 , و(الجمعية الثقافية الاجتماعية النسائية) , وقد جمعت الجمعية

([1]) رمضان عويس , مصدر سبق ذكره , ص 2
([2]) ميثاء سالم الشامي , مصدر سبق ذكره , ص ص 96 - 97 .

الأولى / مجموعة من السيدات الكويتيات وربات البيوت من الحاصلات على تعليم ثانوي أو جماعي , أما الأخرى / فتضم نخبة من فتيات الكويت المتعلمات وخريجات الجامعة , وقد اقتصر نشاط هاتين الجمعيتين على الجانب الثقافي والتوعية . (1)

المرحلة الثالثة :

مرحلة الطفرة النفطية : إذ بدأت عوائد النفط تؤتي ثمارها , وبدأت خطط التنمية الاقتصادية تتبلور بشكل واضح و كما أن مؤسسات الدولة بدأت بالترسخ وبرزت سياسات الدولة في مجال التعليم والخدمات في حقبتي السبعينات والثمانينات . (2) وقد مثلت الجمعيات الدينية أو المهنية ذات النزوع الديني مركز الثقل في العمل الأهلي والاستقطاب الجماهيري في هاتين الحقبتين , بل حتى في التسعينات , فقد كانت هذه الجمعيات واجهة لجماعات الإسلام السياسي , ورغم أن بعض الجمعيات الإسلامية قديمة النشأة إلا أن اغلبها قد تم تأسيس عناصر خطابها الديني ذي المضامين الاجتماعية والسياسية مع الحقبة النفطية أو مع مطلع الثمانينات , ورغم انه في بداية تكوينها لم تكن ذات أهداف سياسية اجتماعية واضحة , اذ غلب على خطابها الجانب الوعظي , إلا أن تأثير الجيل الثاني من روادها بالخطاب الإسلامي المسيس في مصر , وكذلك نزوح بعض قيادات حركة الأخوان المسلمين في مصر إلى منطقة الخليج خلال المرحلة الناصرية , بدأت المضامين السياسية الاجتماعية تتمثل في خطاب الجماعات الإسلامية المحلية, ولا تختلف الجمعيات الدينية كثيراً من حيث طبيعة أنشطتها إلآ إنها قد تختلف إلى حد ما في درجة حدة المضامين السياسية على مضامين الوعظية في خطابها الديني , وهي تنقسم في الغالب الى جمعيات سنية وجمعيات شيعية. (3)

---

(1) باقر النجار , مصدر سبق ذكره , ص 574 .

(2) رمضان عويس , مصدر سبق ذكره , ص 3 .

(3) باقر النجار , مصدر سبق ذكره ,ص ص568 - 569.

المرحلة الرابعة :

وهي من بداية تسعينات القرن العشرين إذ ظهر فيها أهم التغييرات التي حدثت, وذلك بفضل العلاقة بين التطور الديمقراطي , وظهور مؤسسات المجتمع المدني , اذ أن بداية أي تطور نحو الديمقراطية مهما يكن متواضعاً يفتح الباب تجاه ظهور هذه المؤسسات وتبلورها . فالديمقراطية تسهم في وجود وتطور مؤسسات المجتمع المدني من نقابات عمالية ومهنية وجمعيات ثقافية واجتماعية , والتي تسهم من جانبها في إنجاز عملية الديمقراطية , إذ أن مفهوم الممارسة الديمقراطية لا يقتصر على علاقة الحاكم بالمحكوم , بل يغطي سلوك المجتمع والمواطنين بواسطة التنظيمات والتجمعات ومن ثم ممارسة القوى السياسية لأدوارها, فلا وجود للديمقراطية الحقيقية إلآ بوجود مؤسسات المجتمع المدني.[1] وكانت التطورات في (البحرين) هي الأبرز بفضل أقرار العديد من الحريات السياسية للمواطنين بعد أن تم إقرار ميثاق العمل الوطني في استفتاء 14 و 15 شباط 2001 , والذي تضمن نصوصاً خاصة بالتوسع في مجال الحريات الشخصية, والمساواة في الحقوق , وقد كفل الدستور المعدل الصادر في 14 شباط 2002 , هذه الحقوق, وحمل الدولة مسؤولية تقرير حقوق المرأة وإصدار التشريع اللازم لحماية العائلة, كما لا يجيز الدستور القبض على أي إنسان أو توقيفه أو حبسه أو تفتيشه أو تحديد أقامته أو تقييد حريته في الإقامة أو التنقل إلا وفق أحكام القانون , وبرقابة من القضاء، كما تكفل الدولة حق تأسيس النقابات والجمعيات الأهلية والعلمية والثقافية والمهنية على أسس وطنية ولأغراض مشروعة , وبالوسائل السلمية وفقا للشروط والأوضاع التي ينص

---

(1) برهان غليون , بناء المجتمع المدني العربي : دور العوامل الداخلية والخارجية , ورقة قدمت الى : المجتمع المدني في الوطن العربي , ودوره في تحقيق الديمقراطية , مصدر سبق ذكره، ص 697 , وأنظر : كذلك احمد شحاذة الكبيسي , اشكالية المجتمع المدني في دول الخليج العربي , رسالة ماجستير غير منشورة و كلية العلوم السياسية _ جامعة بغداد , 2002 , ص 13 .

عليها القانون بشرط عدم إجبار احد على الانضمام إلى أي جمعية أو نقابة أو الاستمرار فيها. [1]

ورغم أن الأحزاب السياسية لا تزال محظورة في البحرين ,إلا أنه تم تكوين جمعيات سياسية وفقاً لقانون الجمعيات الأهلية الصادر بمرسوم قانون (21) لسنة 1989 , ويوجد في البحرين حالياً أكثر من خمسة عشر جمعية سياسية , ومن المسموح لهذه الجمعيات الاشتغال بكل ما تقوم به الأحزاب السياسية تقريباً , بما في ذلك ترشيح ممثلين منها في الانتخابات العامة , وتقديم نفسها ككتلة برلمانية . غير أن قيام أحزاب سياسية بإكمالها يتوقف على صدور قرار برلماني بهذا الخصوص , وقد أصدر الشيخ(حمد بن عيسى آل خليفة) في 16 تموز/ يوليو 2005 , قانون إنشاء الجمعيات السياسية في البلاد , بشروط عدة منها: عدم تأسيس الجمعية على أساس طبقي أو طائفي أو فئوي أو جغرافي أو مهني و وإلآ تهدف إلى إقامة تكوينات عسكرية او شبه عسكرية , وان تضم الجمعية أعضاء يتمتعون بكل حقوقهم المدنية والسياسية وان لا يكونوا أعضاء تنظيم سياسي غير بحريني , وان لا يكونوا من المنتسبين إلى قوة دفاع البحرين أو الحرس الوطني أو أجهزة الأمن التابعة للدولة، وأشار القانون إلى أن الموارد المالية للجمعيات السياسية تكون من اشتراكات أعضاءها، تبرعاتهم , وحصيلة عائد استثمارها أموالها ومواردها داخل المملكة في الأوجه التي يحددها نظامها الأساسي , ولا يجوز للجمعية قبول أي تبرع أو منفعة من أجنبي أو من جهة أخرى أو منظمة دولية . ولا يجوز لمجلس إدارة الجمعية التدخل في الشؤون الداخلية للدول الأخرى أو القيام بأي نشاط من شانه الإساءة إلى علاقة المملكة بهذه الدول .[2]

([1]) أنظر : المادتين (19) و(27) من دستور مملكة البحرين المعدل الصادر في (14)فبراير 2002 .

([2]) المجتمع المدني _ البحرين , الحكم الرشيد , برنامج إدارة الحكم في الدول العربية , www . pogar . org

ومنذ بدأ مشروع تعديل الدستور تكونت عدد من منظمات المجتمع المدني ,فتكون في العام 2001 , الاتحاد النسائي البحريني , وجمعية البحرين النسائية وأعلنت وزارة العمل والشؤون الاجتماعية عن تأسيس (65) جمعية أهلية خلال سنة 2002 , بما فيها(11) جمعيه سياسية و (13) جمعية للمهن الحرة , ومع نهاية سنة 2003, تم تسجيل (300) منظمة غير حكومية في البحرين مما ساعد على نمو المجتمع المدني . [1]

وكان التطور المهم هو السماح للعمال البحرينيين ليس بتكوين نقاباتهم فقط , ولكن حقهم ايضاً في تكوين اتحاد عام لنقابات العمال , بعدما أصدر الملك توجيهاً في 28 ايار /مايو 2001 , يدعو إلى وضع إطار قانوني للنقابات العمالية المستقلة بمساعدة (اللجنة العليا لعمال البحرين). وقد تم انتخاب ممثلي (40) نقابة عمالية للأمانة العامة للاتحاد في انتخابات المؤتمر التأسيسي للاتحاد في العام 2004 , وفقاً لقانون النقابات العمالية رقم (23) لسنة 2002 , والذي يسمح بالإضراب كوسيلة مشروعة للدفاع عن حقوق العمال ومصالحهم.[2] وقد تم الترخيص في العام 2005 , لجمعية (حماية العمال الوافدين) , والتي تعد أول جمعية من نوعها في دول الخليج العربي ,والتي تضم في عضويتها بحرينيين وآسيويين وأوربيون وأفارقة , والهدف منها تقديم الدعم للعمال الوافدين الذين يتعرضون لانتهاكات جسدية ومعنوية , كما تأسست في البحرين، (الجمعية البحرينية لمناهضة العنف الأسري) , والتي عقدت أول اجتماع لها لاختيار مجلس إدارتها في 6 كانون الثاني/ يناير 2005. [3] وفي أوائل حزيران/يونيو 2005 وافقت البحرين على (العهد الدولي الخاص بالحقوق المدنية والسياسية)، وعلى (العهد الدولي الخاص بالحقوق الاقتصادية والاجتماعية والثقافية). [4] وبدأت

---

[1] نفس المصدر , ص 3
[2] مصطفى كمال السيد , مصدر سبق ذكره , ص 73 .
[3] صحيفة أخبار الخليج، البحرين ، 7 كانون الثاني/ يناير 2005، وصحيفة الوسط، البحرين ، 15 شباط / فبراير 2005.
[4] صحيفة الوسط ، البحرين ، 7 حزيران / يونيو 2005.

الحكومة في إجراء حوار مع مؤسسات المجتمع المدني حول تطوير قانون الجمعيات الأهلية رقم (21) لسنة 1989، ونظمت وزارة الشؤون الاجتماعية ورشة عمل شاركت فيها سبعين جمعية أهلية ، عرضت فيها الوزارة التعديلات التي تقترحها.[1]

أما (الكويت) فرغم أن الدستور الكويتي يسمح بحرية الإجتماع إلاّ أن هذا الحق كان مقيداً تقيداً شديداً خصوصاً بعد صدور قانون التجمعات العامة لعام 1979 ، و الصادر بمرسوم أميري خلال مدة تعليق مجلس الأمة الذي أُقر على القانون بعد انتهاء مدة تعليقه في العام 1981، إلاّ إنّهُ في آيار / مايو 2006 ألغت المحكمة الدستورية الكويتية هذا القانون الذي كان ينص على وجوب حصول المواطنين على ترخيص مسبق من السلطات قبل تنظيم أي تجمع أو اجتماع عام، وبهذا لم يعّد المواطنين الراغبين في تنظيم تجمعات أو مسيرات عامة سوى أخطار السلطات بما ينوون القيام به من دون حاجتهم إلى موافقتها المسبقة. ويعّد هذا الحكم سابقة في الكويت ، وذلك لتحدي سلطات الطوارىء التي يتمتع بها الأمير، إذ حكمت المحكمة بأن القانون غير دستوري، وينتهك حريات مقررة في الدستور.[2]

ويتألف المجتمع المدني الكويتي من جمعيات النفع العام، والنقابات العمالية ، والعديد من الجماعات غير الرسمية. وتقدم الحكومة دعماً مالياً جزئياً لبعض منظمات المجتمع المدني ذات التوجه السياسي، وتحتفظ بحق حل هذه المنظمات في أي وقت تشاء، إذ ينظم القانون رقم (24) لسنة 1962، الإطار السياسي والقانوني الذي تعمل في إطاره المنظمات المدنية في الكويت ، ووفقا لهذا القانون تراقب وزارة الشؤون الاجتماعية عمل الجمعيات الأهلية التي تتلقى مساعدات حكومية، ومنعت التعديلات التي أدخلت سنة 1965، على هذا القانون

---

(1) صحيفة الوسط، البحرين ، 10 و 16 أيلول / سبتمبر 2005.

(2) نشرة الإصلاح العربي، مؤسسة كارنيغي للسلام الدولي، ترجمة : دار الوطن للصحافة والطباعة والنشر، العدد (2)، آذار / مارس 2005 www.alwatan.com

الجمعيات الأهلية من ممارسة النشاط السياسي. لكن لا يمكن حل النقابات العمالية من غير حكم المحكمة، (الاتحاد العام لعمال الكويت ، واتحاد عمال شركة النفط الكويتية ، واتحاد عمال البترول والبتروكيمياويات)، ويحق للعمال الانضمام إلى الاتحادات، ولكن الحكومة قيدت هذا الحق عبر سماحها بتأسيس اتحاد واحد لكل مهنة، كما أن هناك في الكويت إتحاد فدرالي واحد للنقابات.(1)

وهناك في الكويت خمسة وخمسين جمعية يبلغ عدد أعضاءها أربعون ألف عضواً انتظموا في جمعيات لتحقيق أهداف مختلفة من إصلاح وضع المرأة في المجتمع، والعمل من أجل الليبرالية السياسية والاقتصادية ، وترويج القيم الإسلامية. وتجدر الإشارة على وجه الخصوص إلى الجمعيات التعاونية التي تؤدي مهمات مدنية واقتصادية بشكل غير رسمي، وتسيطر على أكثر من 80% من سوق التجزئة في مجال الأغذية، ووفرت هذه الجمعيات لأعضاء مجلس إدارتها فرصة لبناء قاعدة من المؤيدين في مناطق سكنهم، وهي خطوة عامة نحو تنظيم حملة انتخابية للوصول إلى مجلس الأمة.(2)

وفي (الإمارات المتحدة) فأن حرية الاجتماع العام، وتكوين الجمعيات خاضعة لموافقة الحكومة، ويجب حصول الجمعيات الخاصة كافة على ترخيص من السلطات المحلية. ولكن هناك تساهل في تطبيق الشروط في بعض الإمارات وقد تم رسميا في 21 شباط / فبراير 2006، إشهار أول جمعية مدنية لحقوق الإنسان، ويبلغ عدد الأعضاء المؤسسين أثنان وثلاثون عضواً بينهم أكاديميين وأساتذة جامعيين ومحاميين، وتتخذ الجمعية من أبو ظبي مقراً لها لكنها تنشط في جمع أنحاء الإمارات ، وتقتصر العضوية العاملة على الإماراتيين ، ويمكن قبول المقيمين كأعضاء منتسبين.(3) كما أن الاتحادات المهنية ممنوعة، إلا أن الدولة

---

(1) المجتمع المدني- الكويت ، الحكم الرشيد ، برنامج إدارة الحكم في الدول العربية، www.pogar.org

(2) نفس المصدر .

(3) المجتمع المدني- الإمارات، الحكم الرشيد، برنامج إدارة الحكم في الدول العربية، www.pogar.org

تعترف رسمياً باتحاد غرف التجارة والصناعة الإماراتية، واتحاد نساء الإمارات كمنظمات كبرى، [1] خاصة أن الاتحاد الأخير له دور فاعل في تدريب النساء على تنظيم أنفسهن، وفي تنظيم حملات لتعليم القراءة والكتابة وفي تأسيس المراكز الحرفية والمهنية، ومن ثم أعداد النساء لتأدية دور نشط في التنمية الاجتماعية.[2]

وبالنسبة (السعودية) تُعد التطورات فيما يتعلق بفسح المجال فيما تجاه تطور المجتمع المدني هي أكثر التطورات تواضعاً قياساً بدول مجلس التعاون الأخرى. فليس هناك في السعودية جمعيات طوعية مستقلة أو اتحادات مهنية أو أحزاب سياسية.[3] إلاّ أنه في إطار الجهد المبذول للبدء بإنشاء مؤسسات مدنية في السعودية ، أعلن الملك عن إنشاء منظمة مستقلة للصحافيين في أوائل سنة 2003، وتتألف (جمعية الصحافيين السعوديين) من رئيس ومجلس إدارة الجمعية، وقد تعرضت هذه الجمعية للأنتقاد ؛ لأن وثائقها التأسيسية صدرت عن الحكومة، فضلا عن ضرورة موافقة وزارة الإعلام على جميع المرشحين لمجلس الإدارة ، إلاّ أنه مع ذلك يمكن عدّها خطوة أولى نحو طريق بناء مؤسسات مدنية أخرى في البلاد ، خاصة أن الجمعية مستقلة عن الحكومة في معظم النواحي ودورها المرسوم يقضي بتمثيل مصالح الصحافيين لدى الحكومة السعودية.[4]

كما تم في شباط / فبراير 2004، تأسيس (الجمعية الوطنية لحقوق الإنسان) وقد عالجت هذه الجمعية منذ تأسيسها (500) قضية تتعلق بالعمال والقضاء ، والإدارة ، والتجنس، والعنف الأسري ، وأحوال السجناء، وتعني الجمعية بأوضاع السعوديين والوافدين عرباً وأجانب، وأسهمت هذه الجمعية في مراقبة الانتخابات البلدية التي أجريت في العام 2005، كما أعلن وكيل وزارة

---

(1) نفس المصدر .

(2) أنظر: ميثاء سالم الشامي، مصدر سبق ذكره، ص ص 95-97.

(3) أُنظر: مصطفى كمال السيد، مصدر سبق ذكره ، ص73.

(4) المجتمع المدني- السعودية ، الحكم الرشيد ، برنامج إدارة الحكم في الدول العربية www.pogar.org

العمل السعودية في 25 تموز / يوليو 2005، عن تكوين إدارة خاصة تكلف بحماية حقوق العمال الأجانب، وفرض عقوبات على أرباب العمل الذين يسيئون معاملتهم. ويمكن عدّ هذا الإجراء خطوة نحو الاعتراف بتنظيم نقابي للعمال في المستقبل.[1]

وعلى صعيد علاقة الدولة بالمجتمع المدني، تم في العام 2003، إنشاء (مركز الملك عبد العزيز للحوار الوطني) ، وبدأ بسلسلة من جولات الحوار الفكري حول القضايا التي تهم المجتمع، إذ اتجهت الحكومة إلى فكرة الحوارات الوطنية مع النخب الأكاديمية والإجتماعية والعلماء والمثقفين والكتاب السعوديين لمناقشة العديد من القضايا التي تعزز جهود الإصلاح والحوار الوطني، والخروج بمجموعة من التوصيات والبيانات. فتم التأكيد خلال الملتقى الفكري الثالث الذي أنعقد في المدينة المنورة بتاريخ 12- 14 حزيران / يونيو 2004، على حقوق المرأة الشرعية، وعلاقتها بالتعليم، ودورها في الأسرة والحياة، وضرورة إنشاء هيأة وطنية للمرأة والأسرة، ومراجعة وضع المرأة تجاه القضاء، وتوسيع المناهج الدراسية وإنشاء معاهد وكليات للمرأة، وإيجاد فرص عمل مناسبة للنساء.[2] كما تم مناقشة العديد من المحاور الرئيسة خلال اللقاء الوطني الخامس للحوار الفكري الذي انعقد بتاريخ 13 كانون الأول / ديسمبر 2005، في مدينة (أبها) السعودية تحت عنوان (نحن والأخر : رؤية وطنية مشتركة للتعامل مع الثقافات العالمية)، كالمحور الشرعي المعني بالمنطلقات الإسلامية في التعامل مع الأخر، فضلاً عن مناقشة دور مؤسسات المجتمع المدني، ومسؤوليتها في بناء العلاقة مع الأخر في المجالات كافة وصياغة رؤية وطنية للتعامل مع الآخر من زاوية مختلف جوانب العلاقة معه.[3]

([1]) نفس المصدر.

([2]) مفيد الزيدي، "المعارضة السياسية وعلاقتها بالنظم في دول مجلس التعاون"، مصدر سبق ذكره، ص 66.

([3]) صحيفة الوسط، البحرين، 11 كانون الثاني/ ديسمبر 2005.

وفيما يخص (قطر) فقد كفل الدستور القطري لعام 2003، في مادتية (44و45) حق الاجتماع في قطر، وحق تأسيس الجمعيات في حدود القانون. وفي أيار/ مايو 2004، منح القانون رقم (12) حق تأسيس الجمعيات المهنية في قطر بحرية، وبذلك يصبح لأصحاب المهن كالمحامين والأطباء الحق في إنشاء جمعيات خاصة.[1] ولا تحظر الحكومة القطرية منظمات حقوق الإنسان المحلية المستقلة، إلاّ أن الأمير أعلن في العام 2002، عن تكوين (اللجنة الوطنية لحقوق الإنسان) المؤلفة من ممثلين عن الوزارات، وعن المجتمع المدني. كما انه ليس هنالك في قطر منظمات مستقلة لحقوق المرآة، ولا تسمح الحكومة بتأسيس مثل هذه المنظمات، كما لا تزال الأحزاب السياسية محظورة، ويحظر قانوناً قيام معارضة منظمة.[2]

إلا انه في 19 أيار 2005، تم إصدار قانون جديد للعمل يمنح العمال لأول مرة الحق في تكوين تنظيمات عمالية على ثلاثة مستويات، لجنة عمالية داخل المنشأة، ولجنة عمالية عامة لعمال المهنة والصناعة، والاتحاد العام لعمال قطر. كما أجاز القانون حق الإضراب عن العمل في حالة تعذر التسوية الودية مع أرباب العمل، في حين حظر الإضراب في المرافق الحيوية التي تشمل قطاعات البترول والغاز والصناعات المرتبطة بها والكهرباء والمطارات والمواصلات والمستشفيات، وساوى هذا القانون بين المرآة والرجل في الحقوق والواجبات ونص على إنشاء (جهاز تفتيش العمل) بهدف مراقبة تطبيق التشريعات المتعلقة بحماية حقوق العمال وأعطي مفتشي العمل صفة (مأمور الضبط القضائي).[3]

---

(1) مفيد الزيدي، ((المعارضة السياسية وعلاقتها بالنظم في دول مجلس التعاون)) مصدر سبق ذكره، ص 67.

(2) المجتمع المدني - قطر ، الحكم الرشيد ، برنامج إدارة الحكم في الدول العربية، www.pogar.org.

(3) الإصلاح القضائي والقانوني- قطر ، برنامج إدارة الحكم في الدول العربية ، التقرير السنوي ، 2004 ، www.pogar.org .

كما صدر في 21 حزيران 2004، قانون هو الأول من نوعه يجيز عقد الاجتماعات العامة، وتنظيم مسيرات بترخيص مسبق من وزارة الداخلية، وعرف القانون الاجتماع العام (كل اجتماع يشارك فيه أكثر من عشرين شخصاً تكون المشاركة فيه بدون دعوة خاصة، ويعقد في مكان خاص أو عام غير الطرق والميادين العامة، لمناقشة موضوع أو مواضيع عامة). في حين عد المسيرة (كل موكب يسير أو يتجمع في الطرقات والميادين العامة يشارك أو يتوقع أن يشارك فيه أكثر من عشرين شخصاً). [1]

إما في (عمان) فانه بموجب النظام الأساسي لسلطنة عمان الصادر في العام 1996، يحق للمواطنين الاجتماع ضمن حدود القانون، فضلاً عن حرية تكوين الجمعيات على أسس وطنية، ولا هداف مشروعة، وبوسائل سلمية وفقاً للأوضاع التي يبينها القانون، ولا يجوز أجبار أحد على الانضمام إلى أية جمعية. [2] وتوجد في السلطنة منظمات غير حكومية تهتم بحقوق الإنسان، وذوي الاحتياجات الخاصة مثل (جمعية التدخل المبكر للأطفال ذوي الاحتياجات الخاصة). وقد سمح المرسوم السلطاني رقم (74) لعام 2006، بإنشاء الاتحادات المهنية أبتداءً من الثامن من تموز / يوليو من ذات العام، وخول وزير الطاقة البشرية بتحضير الإجراءات التنظيمية الخاصة بالمفاوضة الجماعية، وظروف العمل، والإضراب السلمي، وإغلاق المنشآت. [3]

ويتضح من ذلك أن دول مجلس التعاون الخليجي كانت ذات مستويات متباينة من حيث تطور الحريات والحقوق المدنية فيها، كما هو الحال في اختلاف بدايات ظهور مؤسسات المجتمع المدني عندها؛ وأن كان ذلك لا يمنع من وجود بعض السمات المشتركة لهذه الدول في تطور المجتمع المدني، والتي بدأت تبرز في المدة الأخيرة.

([1]) الإصلاح القضائي والقانوني- قطر،مصدر سبق ذكره.

([2]) أنظر: المادتين 32 و 33 من النظام الأساسي لسلطنة عمان.

([3]) المجتمع المدني – عمان ، الحكم الرشيد ، برنامج إدارة الحكم في الدول العربية،www.pogar.org.

المطلب الثالث

حرية التعبير

أن حرية أي مجتمع تقاس بمدى حرية الصحافة , ووسائل اعلامه, وقدرة إفراده على التعبير عن أرائهم وأفكارهم , ونشرها بحرية ,وبدون قيود عبر وسائل الأعلام , فلحرية الصحافة ووسائل الإعلام موقفاً خاصاً , ومتميزاً ضمن الحريات السياسية والمدنية , فالصحافة ووسائل الإعلام هي المؤسسات التي تكون الرأي العام تجاه القضايا السياسية المحلية منها والعالمية , ويرجع سبب تعاظم حرية الصحافة إلى انتشار النظام الديمقراطي في العالم , والذي يقوم أي هذا النظام على مبدأ (حكم الشعب بواسطة الشعب) بواسطة إجراء الانتخابات وحرية الانتخابات تفترض حرية الشعب في التعبير عن ارائهِ وأفكاره , ولما كانت الصحافة من أهم الوسائل الحدبثة في الأفصاح عن الرأي ، لذلك كانت مباشرة هذه الحرية بواسطة الشعب من أهم مظاهر النظام الديمقراطي.[1]

ولا تقتصر أهمية الصحافة في هذا النظام على تمكين الشعب من انتخاب ممثليه بحرية فقط , بل تظهر ايضاً من ناحيتين أخريين , الأولى / بفضل دورها الكبير في تكوين الرأي العام ايضاً وتهذيبه , ورفع مستواه السياسي والثقافي والمعنوي , والأخرى / في واجبها في مراقبة الحكام مراقبة حقيقية بمناقشتهم أعمالهم في إدارة الشؤون العامة , وفي انتقادهم إذا مارتكبوا أخطاء , وفي إرشادهم إلى طرق الإصلاح التي تتطلبها المصلحة العامة , وهذه الرقابة المستمرة تعد ضماناً بالغ الأهمية للأفراد ضد سوء استعمال السلطة, ولهذا تَعد حرية الصحافة من أهم أركان الديمقراطية , ومن ثم , فان إنعدامها يؤدي بالضرورة إلى انعدام الديمقراطية ذاتها.[2] ولذلك سعت دول مجلس التعاون الخليجي خلال السنوات الأخيرة إلى اتخاذ خطوات مهمة على صعيد حرية

([1]) الديمقراطية والحريات العامة , المعهد الدولي لحقوق الإنسان , كلية الحقوق بجامعة دي بول ,2005 , ص98

([2])نفس المصدر ،ص ص 98- 100 .

الصحافة , وتخفيف سيطرة الدولة على الإعلام المرئي والمسموع والمكتوب كأحد الخطوات التي تضعها على طريق الإصلاح والديمقراطية.

ففي (الكويت) تعد حرية الصحافة والنشر وفقاً للدستور الكويتي مضمونه وفقا للأحوال التي يبينها القانون , وقد نظم قانون الصحافة والنشر لعام 1961 عمل الإعلام الكويتي , وفي أعقاب استعادة الكويت سيادتها على أراضيها بعد حرب الخليج الثانية 1991 , رفعت الحكومة الرقابة الإعلامية في العام 1992 وأزالت القيود الأخرى عن الصحافة ,لكن ظل مجلس الوزراء يحتفظ بسلطة تعليق صدور الصحف , وتتولى وزارة الإعلام إدارة الصحافة الحكومية , ومحطات الإذاعة والتلفزيون مع ضرورة تقديم نسخ عن جميع المطبوعات إلى وزارة الإعلام مسبقاً للحصول على تصريح بطباعتها , ولا تمنح الوزارة ترخيصاً لمجلات سياسية , وتسيطر المؤسسة العامة للمطبوعات والنشر على طباعة ونشر وتوزيع المواد الإعلامية ولا توجد محطات تلفزيونية كويتة خاصة , إلا أن السكان يتلقون البث الفضائي التلفزيوني من غير أي تدخل حكومي.[1]

وفي آذار/ مارس 2006 , وافق مجلس الأمة الكويتي على إقرار القانون الجديد للمطبوعات والنشر الذي تضمن إصلاحات كثيرة منها : منع اعتقال الصحافيين من دون حكم قضائي , وفتح المجال للمرة الأولى منذ ثلاثين عاماً لإصدار صحف يومية جديدة , وحسب هذا القانون يحق لأي مؤسسة أو شركة إعلامية التقدم بطلب إصدار صحيفة يومية بشرط أن لا يقل رأسمالها عن (250) ألف دينار (800 ألف دولار)، ووزارة الإعلام ملزمة بإصدار الترخيص خلال تسعين يوماً أو إبلاغ طالب الترخيص بالرفض مع شرح الأسباب, ويحق للمرفوض طلبه التظلم لدى القضاء ضد وزارة الإعلام, وقد تضمن القانون مادة تقضي بالمعاقبة بالسجن لمدة سنة على الأكثر، وبغرامة مالية تصل إلى (20)

([1]) النشرة الإخبارية الفصلية (الكويت , برنامج إدارة الحكم في الدول العربية) العدد (5) كانون الثاني _ آذار 2006 ,
www . pogar . org

ألف دينار (67ألف دولار) على من يمس أصول العقيدة الإسلامية بالطعن أو التجريح أو بأي وسيلة من وسائل التعبير.[1]

أما (قطر) فقد سعت وخاصة بعد تولي الشيخ (حمد بن خليفة آل ثاني) الحكم في العام 1995 , وإعلان نهجه الإصلاحي على المستوى السياسي والاقتصادي والإعلامي , وتأكيده أهمية وسائل الإعلام ودورها في المجتمع وضرورة تفعيل هذه الوسائل، وإعطائها مزيد من الاستقلالية، وحرية التعبير والحركة والابتعاد عن المركزية , إلى انتهاج حملة من السياسات في هذا المجال كإلغاء وزارة الإعلام والثقافة بموجب القانون رقم (5) لسنة 1998 , وتوزيع اختصاصاتها وتحويلها إلى هيأة مستقلة , وتم كذلك أنشاء المجلس الوطني للثقافة والفنون والتراث والهيأة العامة للإذاعة والتلفزيون, وتوزيع باقي إدارات الوزارة على عدد من وزارات الدولة المختلفة .[2]

كما أطلقت قطر، قناة الجزيرة الفضائية في العام 1997 , والتي مثلت تحولاً إعلاميا فقد نالت هذه المحطة شهرة عالية لعرضها القضايا الحساسة التي أزعجت الكثير من الحكومات العربية التي نادت بغلقها، ودفعت حتى الولايات المتحدة إلى توجيه انتقادها إلى هذه القناة فيما يخص نهجها الإعلامي, خاصة عندما أذاعت هذه القناة رسائل لخصوم الولايات المتحدة. ومن جهة اخرى تستعمل الولايات المتحدة هذه القناة عندما تريد ايصال رسائل مهمة للرأي العام العربي , وكان ابرز مثال على ذلك خطاب الرئيس الأمريكي جورج بوش للشعب

([1])إذ بعد " الرأي العام" ، و "السياسة"، و " القبس"،و "الوطن"،و " الأنباء" التي كانت أخر ما صدر في العام 1977، توقفت الحكومة عن منح تراخيص لإصدار صحف يومية، وكانت صحيفة "عالم اليوم" أول صحيفة صدرت بعد إدخال الإصلاحات على قانون المطبوعات والنشر في العام 2006 وخرج العدد الأول منها في كانون الثاني من العام نفسه، وصدرت صحيفة جديدة أخرى وهي "الوسط" في 12/آيار/2007 وكذلك صحيفة "الجريدة" في حزيران/ 2007 وتأجل صدور صحيفة جديدة رابعة إلى شهر آيلول من عام 2007 التي ستكون الصحيفة اليومية الأولى التي تمثل الشيعة في الكويت. انظر: صحيفة الحياة، 7آذار2006، وكذلك بتاريخ 2007/6/5.

([2]) أنظر : ايمن السيد عبد الوهاب , مصدر سبق ذكره , ص 174 , وكذلك ابتسام سهيل الكتبي , مصدر سبق ذكره , ص ص225 -226

العربي في شهر أيار / مايو 2004 , بمناسبة ما جرى في سجن أبو غريب.[1] إلآ أن هذه القناة حرصت على عدم اتخاذ أي موقف مباشر من حكومة قطر . [2]

وازداد استقلال الصحافة في قطر , واتسعت حريتها بموجب القرار الصادر في (10) تشرين الأول / أكتوبر 1995, والذي أنهى قانون إدارة المطبوعات والنشر المفروض منذ العام 1985, والذي عانت فيه الصحف القطرية من دور الرقيب الموجود في كل صحيفة , وذلك لتضمنه مجموعة من القيود يأتي في مقدمتها: عدم التعرض لأي رئيس دولة سواء كانت شقيقة أو صديقة, والاستناد إلى المعلومات والحقائق الموثوقة , ومنذ ذلك الوقت أصبحت الصحافة حرة وطليقة من تدخل الحكومة . ولا تمتلك الدولة أي من الصحف اليومية الخمس التي تصدر فيها الآن, ولكن أصحاب هذه الصحف او أعضاء مجلس إدارتها هم من المسؤولين الحكوميين الكبار أو لهم علاقات وثيقة بالمسؤولين الحكوميين، كما لازالت تمارس الرقابة الذاتية على نطاق واسع إذ لا يسمح للصحافة بتناول شؤون الأسرة الحاكمة.[3]

وكذلك شهدت دولة (الإمارات العربية) المتحدة خلال السنوات القليلة الماضية اتجاه عام يسير نحو توسيع هامش الديمقراطية , وبالذات حرية التعبير بواسطة سياسة انفتاح إعلامي ملحوظة , ففي العام 2001 , أوضح وزير الإعلام في جلسة موسعة مع المجلس الوطني الاتحادي حول السياسات الإعلامية، انه مع دعم حرية التعبير، إلآ انه يخشى لو أجري إعادة النظر في قانون المطبوعات والنشر أن يأتي القانون المعدل مقيداً للحريات بشكل اكبر مما هو عليه في القانون الحالي , وأكثر قسوة في إحكامه على الصحفيين , واظهر تأييده لمطلب تغيير أو تعديل قانون المطبوعات . لكن أكد أن قانون المطبوعات

([1]) مصطفى كمال السيد , مصدر سبق ذكره , ص 74 .

([2]) المجتمع المدني - قطر , الحكم الرشيد , مصدر سبق ذكره , ص 3 .

([3]) من أهم الصحف الموجودة في قطر هي: صحيفة الشرق, وصحيفة الوطن, والراية القطرية .حقوق الإنسان في الوطن العربي , المنظمة العربية لحقوق الإنسان : التقرير السنوي لعام 1997 , القاهرة , 1997 , ص 177 .

ليس هو العائق الوحيد تجاه الحريات الإعلامية إذ هنالك قانون أخر يجرم الصحفيين والإعلاميين هو قانون العقوبات[1] ويشترط القانون رقم (15) لسنة 1988, حصول جميع المطبوعات على ترخيص من وزارة الإعلام , كما يتحكم القانون المذكور في مضمون المطبوعات ويحتوي على لائحة بالموضوعات المحظورة وهنالك العديد من الصحف المحلية باللغتين العربية والإنكليزية , إلآ أنها تتلقى دعماً مالياً من الحكومة , وتتجنب الصحافة أي انتقاد مباشر الحكومة , وتمارس الرقابة الذاتية . فضلاً عن أن جميع محطات الإذاعة والتلفزيون مملوكة للحكومة , وتمتثل لإرشاداتها بخصوص التقارير التي تذيعها او تبثها.[2]

وفي العام 2006 , حصل تطور في مجال الانفتاح الإعلامي والتقليل من المركزية عندما ألغيت وزارة الإعلام في دولة الإمارات , بعد ان تم تكوين الحكومة برئاسة الشيخ (محمد بن راشد ال مكتوم) نائب رئيس الدولة , وحاكم دبي في 9 شباط 2006.[3]

اما (البحرين) فقد شهدت في العام 2002 , صدور وتوزيع أول صحيفة مستقلة , ويفرض قانون الصحافة لعام 1965 , على جميع الصحف الحصول على ترخيص من وزارة الإعلام , ويضبط القانون نفسه مضمون ما تنشره الصحف ايضاً . ولا تستطيع الصحف انتقاد الأسرة الحاكمة , وتعبر عن وجهات النظر الحكومية , ويعد وزير الإعلام المشرف الرسمي على الصحف اليومية كافة.[4] كما تم تأسيس اول إذاعة وفضائية خاصة في البحرين في العام 2005 وهي إذاعة (الغد) , وقناة (دعوة) الفضائية , بهدف كسر الاحتكار الإعلامي في البحرين, وفتحه تجاه المنافسة, ودعم الطاقات البحرينية في مجال الإعلام.[5]

---

[1] د . محمد السعيد ادريس , مجلس التعاون الخليجي 2000 - 2001 , مصدر سبق ذكره , ص ص222- 223 .

[2] المجتمع المدني _ الإمارات , الحكم الرشيد , مصدر سبق ذكره , ص2 .

[3] صحيفة الوسط , البحرين , 10 شباط 2006 .

[4] عبد الخالق عبد الله , البعد السياسي للتنمية البشرية : حالة دول مجلس التعاون الخليجي , مصدر سبق ذكره , ص 111 .

[5] صحيفة الوسط , البحرين , 13 حزيران / يونيو 2005 .

ولا يختلف وضع الصحافة في (عمان) كثيراً عن الوضع في البحرين فالصحافة ووسائل الإعلام والمطبوعات كافة من الداخل والخارج تخضع لرقابة رسمية وذاتية صارمة, إذ يتيح قانون الصحافة والنشر لعام 1984, للحكومة منع المطبوعات اذا كانت لإغراض التحشيد السياسي أو الثقافي. وتملك الدولة ايضاً الإذاعة المحلية وشركات التلفزيون المحلية , وتدير وزارة الإعلام تلفزيون وإذاعة عمان , ولا يسمح بالبث الإذاعي او التلفزيوني الخاص , لكن المحطات الفضائية تشاهد بحرية وبدون أي تدخل حكومي , وتوفر الحكومة لمواطنيها وللمقيمين بفضل شركة الاتصالات التابعة الاستخدام الكامل, وغير الخاضع للرقابة لشبكة الانترنيت، إلا أن الحكومة تمنع الدخول إلى بعض المواقع.(1)

وبالنسبة (للسعودية) فان الصحافة تتلقى الدعم من الحكومة التي تراقب كل ما يكتب في الصحف المحلية التي لابد من أن تأخذ موافقة مسبقة لتعيين رؤساء تحريرها، ويمتد التدخل الحكومي ليشمل فضلاً عن الصحافة, تدفق الأخبار والمعلومات ،ودخول الكتب والمجلات , وشبكة الانترنيت وكل ماله علاقة بالطبع والنشر, والذي يعامل بحساسية كبيرة, إلآ أن الصحف أخذت في السنوات الأخيرة تتناول قضايا مجتمعية وسياسية بالنقد مثل : قضايا التطرف المجتمعي , والعنف المنزلي, والبطالة.(2)

وبموجب تقرير بيت الحرية الصادر في العام 2002 , صنفت دول مجلس التعاون الخليجي إلى دولة شبه حرة، وغير حرة وفق معايير عالمية لقياس حرية الصحافة بفضل معرفة عدد الأفراد الذين يمارسون هذه الحرية، فكلما زاد عدد الذين يمارسون حرية التعبير عن أرائهم كانت الدولة اقرب إلى تصنيفها ضمن الدول الحرة، وكلما تناقص هذا العدد كانت الدولة اقرب إلى قائمة الدول غير

---

(1) المجتمع المدني _ عمان , الحكم الرشيد , مصدر سبق ذكره , ص 2 .

(2) عبد الخالق عبدا الله , البعد السياسي للتنمية البشرية : حالة دول مجلس التعاون الخليجي , مصدر سبق ذكره , ص 111

الحرة , فضلاً عن هذا المعيار العام, تم التركيز في هذا التقرير على ثلاثة معايير هي :

1 - معيار القوانين والتشريعات التي تنظم وتوفر الحماية للصحافة , وجاءت قطر في المرتبة الأولى من حيث الترتيب قياساً بدول مجلس التعاون الأخرى والكويت في المرتبة الثانية, والإمارات في المرتبة الثالثة ثم البحرين والسعودية واخيراً عمان.

2 - معيار عمق ونفوذ وسيطرة الحكومة على مضمون ومحتوى الصحف وجاءت عمان، في المرتبة الأولى، في هذا المجال قياساً بدول مجلس التعاون الأخرى , وهو الأمر الذي ربما لا يستقيم مع المعطيات على ارض الواقع وجاءت الكويت في المرتبة الثانية ثم الإمارات فالبحرين وبعدها قطر, وأخيراً السعودية.

3- معيار تمويل الصحافة ووسائل الإعلام , وجاءت الكويت في المرتبة الأولى ثم عمان في المرتبة الثانية, وتأتي بعدها قطر فالإمارات ثم البحرين , واخيراً السعودية. وفي المعدل العام جاءت الكويت في المرتبة الأولى بالنسبة إلى حرية الصحافة ،وقطر في المرتبة الثانية ثم عمان في المرتبة الثالثة، فالإمارات, وتأتي بعدها البحرين, واخيراً السعودية . [1]

---

[1] تقرير بيت الحرية (freedom house) , نقلا عن : عبد الخالق عبد الله , البعد السياسي للتنمية البشرية حالة دول مجلس التعاون الخليجي , مصدر سبق ذكره ص ص109 - 111 .

الفصل الخامس
معوقات الإصلاح السياسي
في دول مجلس التعاون الخليجي

بالرغم من إن عملية الإصلاح السياسي التي شهدتها دول مجلس التعاون الخليجي خلال العقد الأخير من القرن العشرين وبداية القرن الحالي. قد وضعت النظم السياسية على أعتاب مرحلة التحديث، وبالرغم من تفاوت ما تم تحقيقه من حالة إلى أخرى، فإن هذه العملية بقي حصادها في نهاية المطاف محدوداً، ولا يمكن المراهنة عليه لخلق نظم ديمقراطية حقيقية في تلك المنطقة. والسؤال الذي يتبادر للذهن هنا، هل نجحت الدول الخليجية في سعيها لتحقيق الإصلاح المنشودة؟ وأنضمت إلى مصاف الدول الديمقراطية بالمقاييس المتعارف عليها: (المشاركة، والإنتخابات، ودور مؤسسات المجتمع المدني)، أم لا تزال هناك الكثير من العقبات والمعوقات التي تواجه هذه الدول (حكومات، وشعوب) في طريقها نحو إنجاز الإصلاح السياسي. وسنحاول من خلال هذا الفصل البحث في أهم هذه المعوقات سواء على صعيد ضعف الإطار القانوني والدستوري لهذه الأنظمة، وذلك خلال المبحث الأول، أما المبحث الثاني فسنبحث به أهم العوامل الاجتماعية، والثقافية ، والأقتصادية المعيقة لعملية الإصلاح السياسي. والمبحث الثالث خصص لدراسة مستقبل الإصلاح السياسي في دول مجلس التعاون الخليجي، ووضع أهم الحلول الممكنة لمواجهة تلك المعوقات.

المبحث الأول
ضعف الإطار القانوني والدستوري

إن ما يقرر ديمقراطية الحكم والمجتمع هو ما يحتويه الدستور من مبادىء، وقواعد ، وأحكام، وما يقيمه من مؤسسات، بحيث يقيم كل ذلك البناء الديمقراطي الصحيح دولاً ومجتمعاً.[1] وعند دراستنا لواقع الإصلاحات الدستورية التي حصلت في دول مجلس التعاون الخليجي خلال السنوات القليلة الماضية نلاحظ عدم ملائمة الإطار الدستوري والقانوني لمقتضيات تفعيل عملية التحول الديمقراطي لأسباب عدة منها: غياب التوازن بين السلطتين التشريعية والتنفيذية وغلبة الثانية على الأولى، رغم إن بعض دساتير تلك الدول تنص على ضرورة الفصل بين السلطات مع تعاونها كما هو الحال في دستور (الكويت، والبحرين وقطر)، إلا إننا نلاحظ العكس من ذلك على أرض الواقع ، مع إن مفهوم الفصل بين السلطات يعني الحق المطلق لكل سلطة في ممارسة الصلاحيات التي تدخل أصلاً في نطاق إختصاصها، فتكمن وظيفة البرلمان في سن القوانين، في حين يتولى الجهاز التنفيذي تطبيق هذه القوانين، أما السلطة القضائية فوظيفتها النظر إلى المنازعات ، وترتيب العقوبات، والجزاءات، وتتمتع السلطات الثلاث إلى جانب ذلك بـ(قدرة المنع)، أي صلاحية مراقبة الواحدة الأخرى، وبشكل يحتم على كل منها الإلتزام بدائرة الإختصاصات المسموح بها وبممارستها، فضلاً عن تحقيق قدر من التعاون فيما بين هذه السلطات عبر السماح للسلطة التنفيذية بمشاطرة الجهاز التشريعي بعض إختصاصاته، والحق نفسه يعترف به للسلطة

([1]) حسين جميل، حقوق الإنسان في الوطن العربي، مركز دراسات الوحدة العربية، بيروت،1986، ص80.

التشريعية في علاقتها بالجهاز التنفيذي، وبهذا يسود نوع من التوازن والمراقبة بين جهازي التشريع والتنفيذ طبقاً لقاعدة (المراقبة والتوازن).[1]

وعندما نتحدث عن الأبنية المؤسسية نقصد بذلك التشريعات الديمقراطية والضمانات الدستورية ، فبدون هذه التشريعات والضمانات التي تكفل إستقلالية السلطات ، وخضوعها للمراقبة الشعبية يصبح من العبث الحديث عن إصلاحات سياسية حقيقية، ورغم إن وجود الدستور هو ليس ضمانة كافية بحد ذاته. فنلاحظ مثلا: في السعودية ، و سلطنةعمان ليس فيها دساتير لحد الآن، فنظام الحكم في السعودية وسلطنة عمان يعتمد على ما يعرف بـ (القانون الأساسي) والذي أعلن في العام 1992، في السعودية و العام 1996، في سلطنة عمان وخاصة إن هذه الأنظمة قد أعطيت كمحنة من قبل حكام هذه الدول مع ما يتناسب وخصوصية الحكم في كل بلد، وأعطت صلاحيات مطلقة للحكام. فمن مقومات نظام الحكم الديمقراطي هو وجود دستور ديمقراطي، نستطيع بفضله أن ندرك الحد الفاصل بين نظام الحكم الديمقراطي وغيره من نظم الحكم الأخرى، والذي يختلف إختلافا نوعيا عن دستور المنحة الظاهرة، إذ يكون الحاكم الفرد أو القلة الحاكمة هي صاحبة الرأي الأخير في وضع الدستور أو تعديله أو تفسيره حسب أهوائها ، ومتى أرادت ، وكيفما أرادت، وبذلك تفقد الديمقراطية مضمونها من حيث وجود مشاركة سياسية فعالة من قبل جميع المواطنين.[2]

وسنحاول خلال الصفحات الآتية ، ومن خلال الشرح والتحليل محاولة معرفة أهم نقاط الضعف في دساتير أنظمة دول مجلس التعاون الخليجي سواء في العلاقة بين السلطتين التنفيذية والتشريعية أو بواسطة طرق إصدار الدساتير في هذه الأنظمة، وأهم المواد التي تعّد كمعوق تجاه حركة الإصلاح السياسي، فضلاً

([1]) أندريه هوريو، القانون الدستوري والمؤسسات السياسية، ج1، ط2،الأهلية للنشر والتوزيع ، بيروت، 1977، ص 67.

([2]) خلدون حسن النقيب، الخليج .. إلى أين؟ مصدر سبق ذكره، ص ص 40-41، وكذلك أنظر: علي خليفة الكواري، الخليج العربي والديمقراطية، مصدر سبق ذكره ، ص ص 31-32.

عن إستعراض آراء بعض المعارضين لهذه الدساتير والأنظمة لوضع صورة واضحة لكيفية مواجهة تلك المعوقات ومعالجتها.

أولاً ـ البحرين

وفقا للتعديلات الدستورية التي أجريت في البحرين مؤخراً نلاحظ إن السلطة التشريعية يتولاها الملك بالإشتراك مع المجلس الوطني، كما يتولى الملك السلطة التنفيذية مع مجلس الوزراء، والملك يرأس المجلس الأعلى للقضاء، وهو القائد الأعلى لقوة الدفاع في المملكة، الأمر الذي ينطوي على تجميع السلطات كافة بيد الملك مقابل ضعف دور ومكانة السلطة التشريعية في النظام السياسي بسبب ميل موازين القوى لصالح السلطة التنفيذية من ناحية، وبسبب طبيعة آليات التشريع والرقابة على الحكومة من ناحية أخرى، مما دفع بعض المعارضين لهذا الدستور إلى عدهِ تراجع عن دستور العام 1973، رغم تأكيد الميثاق الوطني الذي صوت عليه الشعب بتاريخ 14/شباط/2001، والذي عُدّت بنوده هي الأساس التي يقوم عليها دستور العام 2002، على إن منطلق الميثاق هو دستور العام 1973، والذي ظلت المعارضة تطالب بتفعيله. وحصلت على تأكيدات من القيادة السياسية على عدم المساس بدستور العام 1973، وأن يكون مجلس الشورى (المعين) مجرد مجلس إستشاري يشكل إلى جانب مجلس النواب (المنتخب).[1] إلا إن دستور العام 2002 ، جاء ليقر وجود مجلس جديد للسلطة التشريعية هو: (مجلس الشورى) الذي يعينه الملك، ويتألف من أربعين عضوا، يعمل جنباً إلى جنب مع مجلس النواب المنتخب، كما إن هذين المجلسان متساويان في الإختصاص التشريعي، في حين كان إختصاص التشريع في دستور العام 1973، ينحصر بين الأمير وبقية الأعضاء المنتخبين، أما في دستور العام 2002، فإن إختصاص التشريع أصبح يتوزع بين الملك والأعضاء المعينين من

---

(1) أنظر: دايفيد هرست، الإختراق الديمقراطي في البحرين،
Monde diplomatique,www.mondiploar.com,2005-7-27

جهة، وأعضاء البرلمان المنتخب من جهة أخرى، وعندما لا يتفقان حول مشروع معين بالإجماع ترجح الكفة التي يصوت لمصلحتها رئيس (مجلس الشورى)، إذ تساوت الأصوات. [1] كما نرى إن نسبة المنتخبين في المجلس وفقا لدستور العام 1973، تمثل 75% ، ونسبة المعينين ، وهم الوزراء بحكم مناصبهم هم 25% مما يعني ترجيح كفة المنتخبين، أما في دستور العام 2002، فهو يرجح كفة المعينين، وذلك لتساوي عدد أعضاء المجلس المعين (مجلس الشورى) مع عدد أعضاء المجلس المنتخب (مجلس النواب)، وهذا ما يحد من تأثير وفاعلية المجلس الأخير. ويُعَد بعض القانونيين إن دستور العام 2002، وضع قيوداً على المجلس المنتخب لم تكن موجودة من قبل في دستور العام 1973، وخاصة فيما يتعلق بالإختصاص التشريعي، ويستشهدون في ذلك بالمادة (87) من الدستور المتعلقة بالقرارات المالية والإقتصادية ، والتي تؤكد أنه (إذا لم تتمكن السلطة التشريعية من البت في هذه القوانين خلال مدة معينة، يجوز للملك أن يصدرها بمراسيم لها قوة القانون).

وفيما يخص إقتراح القوانين يلاحظ إن دستور العام 1973، حصرها في المجلس الوطني المنتخب فقط، في حين وزع دستور العام 2002، هذا الإختصاص بين المجلسين الشورى والنواب ، فقد نص دستور العام 1973، على إنه (لعضو المجلس الوطني حق إقتراح القوانين، وكل مشروع قانون إقترحه أحد الأعضاء ورفضه المجلس لا يجوز إقتراحه في ذات دورة إنعقاده إلا بموافقة الحكومة)، أما في دستور العام 2002 ، وفي المادة المقابلة للمادة السابقة أصبحت تنص على إنه (لأي من أعضاء المجلسين ، وليس المنتخب فقط حق إقتراح القوانين).

أما بخصوص صلاحيات العضو، فنرى إنه بالمقارنة بين سلطات عضو البرلمان في دستوري العام 1973 ، والعام 2002، يتبين إن الأخير - بخلاف

---

[1] عبد الرحمن النعيمي، " الديمقراطية وحقوق الإنسان وتنمية المجتمع المدني في أقطار مجلس التعاون"،المستقبل العربي، العدد (318)، بيروت ، آب 2005، ص ص 100-101.

الأول - قرر له مسائلة الوزراء بشرط أن لا يكون السؤال متعلقاً بالسائل أو بأقاربه حتى الدرجة الرابعة، أما فيما يخص أبداء الرغبات في مناقشة قانون أو تشريع ، فإن المادة (73) من دستور العام 1973، تقرر حق المجلس في التعقيب على بيان الحكومة، إذ تعذر الأخذ برغبات المجلس، في حين لا تجيز المادة (68) من دستور العام 2002، لمجلس النواب حق التعقيب على بيان الحكومة.

وفي مسألة الإستجواب، تقرر المادة (67) من دستور العام 1973، لأي عضو من أعضاء المجلس الوطني - دون إستثناء- حق إستجواب رئيس الوزراء والوزراء، أما في دستور العام 2002، فإنه يقر إستجواب الوزراء فقط، وبناءً على طلب موقع من خمسة نواب على الأقل.[1]

وحول موضوع سحب الثقة من الحكومة الذي يُعّد حق رقابي، فيتطلب دستور العام 1973، غالبية مطلقة (50+1) لسحب الثقة من رئيس الوزراء، في حين يتطلب دستور العام 2002، موافقة ثلثي الأعضاء في مجلس النواب، فوفقاً للمادة (19) من دستور العام 1973، إذا ما تعذر تعاون المجلس التشريعي مع رئيس الوزراء فيمكن بواسطة ثلثي أعضاء المجلس الوطني رفع الأمر للبت فيه بإعفاء رئيس الوزراء ، وتعيين وزارة جديدة ، أو بحل المجلس الوطني، إلا إن دستور العام 2002، لم ينص على هذه الحالة. كما يمكن في ظل دستور العام 2002، مسائلة الوزير، وحجب الثقة عنه حسب المادة (66) في الفقرتين (ب و ج) ، إذ إن مسائلة الوزير ، وحجب الثقة عنه سيكون رادعاً لكثير من أمور الفساد والتجاوزات التي تناقض الدستور، وبالرغم من إتفاق هذه المادة مع دستور العام 1973، إلا إن قضية عدم التعاون هذه - وكما إشتراط دستور العام 2002، أن تكون محل إقرار من المجلس المعين أيضا بثلثي أعضاء المجلس الوطني، وهو ما يُعّد صعب التحقيق في نظر البعض. كما إن هناك حقان رقابيان

---

(1) مجموعة من الباحثين والقانونيين البحرينيين، " الرأي في المسألة الدستورية" ، مجلة الديمقراطي ، 2002/9/9 .www.aldemokrati.com

ألغاها دستور العام 2002، هما حق الإستيضاح ، وحق المناقشة، إذ يقر دستور العام 1973، إنه يحق (بناءً على طلب موقع من خمسة أعضاء على الأقل عرض موضوع عام على المجلس الوطني للمناقشة لإستيضاح سياسية الحكومة في شأنه، وتبادل الرأي بصدده، ولسائر الأعضاء حق الأشتراك في المناقشة) كما ينص على (حق المجلس الوطني في تأليف لجنة خاصة لبحث العرائض والشكاوى التي يبعث بها المواطنون إلى المجلس، وحق تلك اللجنة في إستيضاح الأمر من الجهات المختصة).

وبخصوص الرقابة المالية للمجلس فكان دستور العام 1973، يحدد إرتباط ديوان الرقابة المالية بالمجلس الوطني، في حين أقر دستور العام 2002 تبعية هذا الديوان للملك، فالمادة (97) من دستور العام 1973، تنص على إنه (ينشأ بقانون ديوان للرقابة المالية يكفل القانون إستقلاليته، ويكون ملحقاً بالمجلس الوطني، ويعاون الحكومة والمجلس الوطني في رقابة تحصيل إيرادات الدولة، وإنفاق مصروفاتها) ، أما قانون الرقابة المالية المرقم (16)، والذي صدر في العام 2002، إستناداً إلى الدستور الجديد تنص على (إنشاء جهاز مستقل يتمتع بالشخصية الإعتبارية العامة يسمى (ديوان الرقابة المالية)، ويتبع الملك).[1] وبذلك يمكن القول: إن دستور العام 2002، رغم إنه عُدّ خطوة إصلاحية، وذلك بالسماح بعودة المجلس التشريعي المنتخب الذي توقف العمل به العام 1975، والسماح للمرأة البحرينية المشاركة في الإنتخابات التي أجريت كناخبة ومرشحة، إلا إنه في نفس الوقت عُدّ تراجعا عن دستور العام 1973، وخاصة فيما يتعلق بالسلطة التشريعية، فعن طريق العرض السابق يتضح حجم الإختصاصات الممنوحة للمجلس المعين من قبل الملك (مجلس الشورى) سواء في مسألة إقتراح القوانين وإصدارها، أو إقتراح تعديل الدستور، ومراقبة الحكومة، وفي عدد أعضائه الذي يساوي عدد أعضاء المجلس المنتخب من قبل

([1]) مجموعة من الباحثين والقانونيين البحرينيين، مصدر سبق ذكره، ص3.

(2) عبد النبي العكري، الحركة الجماهيرية في البحرين الآفاق والمحددات، أوراق اللقاء السنوي الخامس

الشعب، فضلاً عن سحب بعض الصلاحيات والاختصاصات التي كان يختص به المجلس التشريعي المنتخب وفقا لدستور العام 1973، لمصلحة السلطة التنفيذية الذي يتولاها (الملك مع مجلس الوزراء).

هذه الأمور مجتمعة دفعت إلى قيام حركة جماهيرية معارضة ورافضة للدستور، والتي تمثلت بالجمعيات الآتية غير الموالية: جمعية العمل الوطني الديمقراطي، وجمعية الوفاق الوطني الإسلامية، وجمعية المنبر التقدمي الديمقراطي، وجمعية الوسط العربي، وجمعية التجمع القومي، التي سارعت إلى تنظيم مؤتمر جماهيري واسع في النادي الأهلي، إذ أعلنت معارضتها للدستور الجديد، والذي عّدته تراجعاً خطيرا عن دستور العام 1973، مما ينذر على حد قولها: بالتحول إلى مملكة تسلطية، وليست دستورية، وإقامة مؤسسات ديمقراطية شكلية، وفي مقدتها المجلس الوطني الجديد المشكل من غرفتين. كما رأت إن هذا الدستور يمثل إنحرافاً للمشروع الإصلاحي، وخروجاً عن العقد الذي تم التوصل إليه بين الحكم والشعب عبر الاستفتاء على ميثاق العمل الوطني[1] وخاصة إن المعارضة كانت قد عرضت أفكاراً بديلة للإصلاح السياسي في وقت سابق (أي قبل الاستفتاء على ميثاق العمل الوطني في يوم 14/ شباط/2001) و التي رأت إن المعالجة الدستورية لا تتم إلا بأحدى هاتين الطريقتين، وهي:

أ. أما دعوة المجلس الوطني (الملغى) للانعقاد، وعرض المواد المزمع تعديلها أو إدخالها، فالمجلس الوطني هو سيد قراراه، ويتخذ من القرارات ما يراه مناسباً.

ب. أو إجراء إنتخابات عامة لإختيار مجلس جديد حسب ما نص عليه الدستور ومن ثم تعرض الحكومة على هذا المجلس ما لديها من تعديلات وإضافات وبعد إقرارها من المجلس يتم رفعها إلى الأمير للتصديق عليها.

عشر لمشروع دراسات الديمقراطية: مستقبل تحركات الشارع العربي من أجل الإصلاح ، التجديد العربي، www.arabrenewal.com,2006/11/4, ص 4-6

وهذا الموقف الذي تبنته المعارضة يكشف عن نقطة جوهرية، وهي ضرورة التمسك بالعودة إلى الشرعية الدستورية، والعمل بالدستور الملغي (دستور العام 1973)، كما إن المعارضة ترى من وجهة نظرها إن العهد الجديد في البلاد يفرض التغييرات الدستورية وفقاً (لإرادة الملك)، وليس وفقاً (لإرادة الشعب) كما ينص الدستور. فبدلاً من إن يتم البدء في مرحلة جديدة يتجاوز فيها المشكلات التي حدثت خلال المدة الماضية ، أي مدة إلغاء الحياة البرلمانية، ويتم البدء بمرحلة أخرى يكرس فيها الحكم الفردي أو العائلي عبر آليات تهمش دور الشعب في المشاركة الحقيقية.[1]

وقد إفترقت مواقف الجمعيات الست ما بين الجمعيات الأربع، والتي عرفت فيما بعد، بجمعيات المقاطعة، وهي (الوفاق، والعمل الديمقراطي، والعمل الإسلامي، والتجمع القومي)، إذ قررت هذه الجمعيات الأربع، وبعد فشل المفاوضات غير المباشرة مع السلطة، مقاطعة الإنتخابات النيابية التي إجريت يوم 22/تشرين الأول/ 2002. أما جمعيتي (المنبر التقدمي ، والوسط) فأنها شاركت في الإنتخابات، وسميت بـ(الجمعيات المشاركة). وتمكن تحالف المقاطعة من تنظيم مؤتمر أطلق عليه: (المؤتمر الدستوري الأول) في 14/ شباط/ 2004، إلا إن الجمعيتين المشاركتين إنسحبتا من هذا المؤتمر. ورغم محاولة السلطة إحباط عقد هذا المؤتمر الذي دعيت إليه كافة الجمعيات السياسية والأهلية، وشخصيات بارزة، فضلا عن وفود عربية وأجنبية من المنظمات والشخصيات التي ناصرت المعارضة في تسعينات القرن العشرين،[2] إلا إن هذا المؤتمر إنعقد وإستطاع الخروج بعدة قرارات، أهمها:

([1]) أنظر: محمود السعيد أدريس، مجلس التعاون الخليجي. 200-2001، مصدر سبق ذكره ص ص219-221.

([2]) إذ أعطيت الأوامر لفندق دبلومات ليغلق قاعة المؤتمر في محاولة من قبل السلطة لإفشال عقده، كما تم منع جميع الضيوف العرب والأجانب بمن فيهم الخليجيين من الكويت وقطر والإمارات من دخول البحرين، والمشاركة في المؤتمر.

1. الإستمرار في العمل من أجل تغيير دستور العام 2002، والعودة إلى دستور العام 1973.
2. شن حملة جماهيرية وإعلامية في داخل البحرين وخارجها لمناهضة دستور العام 2002.
3. تشكيل لجنة متابعة وتنسيق من قبل الجمعيات الأربع، فضلاً عن مجموعتي المحامين الدستوريين ومجموعة الدستوريين، وقد قامت هذه اللجنة بعقد عدة ندوات، وحملات إعلامية داخل البحرين، وبعثت بوفود لحضور عدد من الفعاليات العربية والدولية لمناهضة دستور العام 2002.

كما تم عقد (المؤتمر الدستوري الثاني) في أذار /2005، في مقر (جمعية العمل الوطني) بعد أن جرى التفاهم بين منظمي المؤتمر ووزارة الشؤون الإجتماعية على حضور عدد محدد من الشخصيات من الخارج، وقد أكد المؤتمر مواقف الجمعيات الأربع المعارضة، وشخصيات من المحاميين والسياسيين ، وتمخض عن المؤتمر إنتخاب أمانة عامة ترأستها المحامية (جليلة السيد)، وضمت ممثلين عن الجمعيات الأربع، وشخصيات مستقلة، ووضعت برنامجها للحشد والتعبئة لمناهضة دستور العام 2002، والإستمرار في جمع التواقيع على عريضة تقدم للملك، وقد بلغ عدد التواقيع نحو ثلاثين ألف توقيع، وأرسلت العريضة إلى الديوان الملكي الذي رفض بدوره إستلامها وأعادها إلى المرسلين.[1]

ثانيا ـ الكويت:

في الكويت نجد إن أبرز نقاط الضعف في الدستور الكويتي الصادر في العام 1962، هي المواد الخاصة في العلاقة بين السلطتين التشريعية والتنفيذية إذ منحت الأخيرة وزناً أكبر، فوفقاً لنص المادة (72) من الدستور يحق للأمير الذي يتولى السلطة التنفيذية مع مجلس الوزراء، تعيين رئيس الوزراء وإعفائه

([1]) عبد النبي العكري، مصدر سبق ذكره، ص ص7-8، وكذلك أنظر: مفيد الزيدي، المعارضة السياسية وعلاقتها بالنظم في دول مجلس التعاون، مصدر سبق ذكره، ص 64.

من منصبه بأمر أميري، وله أيضا الحق وفقاً لنص المادة (73) تعيين الوزراء بناءً على ترشيح رئيس الوزراء، وإعفائهم من مناصبهم بموجب أمر أميري أيضا. كما أعطى الدستور لرئيس الدولة حقاً توقيفياً للإعتراض على القوانين كما أعطاه أيضا حقاً مساوياً للمجلس المنتخب في تعديل الدستور، أي إنه لا يمكن إدخال أي تعديل على الدستور من دون موافقة رئيس الدولة.

وإنعكست طريقة تشكيل المجلس النيابي (مجلس الأمة) على طبيعة العلاقة بين السلطتين التشريعية والتنفيذية، إذ يتكون هذا المجلس من أعضاء منتخبين، وأعضاء معينين هم الوزراء بحكم مناصبهم، والذين يشكلون ربع المجلس، مما أعطى الحكومة ثقلاً كبيرا داخل المجلس، هذا إلى جانب إن الحكومة ليست ملزمة بالحصول على ثقة المجلس عند تشكيلها، ويجوز فقط عرض الثقة بها في ما بعد بناءً على إستجواب كل وزير على حدة، كما إن تشكيل الحكومة ليس مرتبطاً بنتائج الإنتخابات، أي إن مبدأ تداول السلطة بين الأحزاب أو الكتل النيابية بناءً على حصولها على أغلبية مقاعد المجلس النيابي غير موجودة في النظام الكويتي. بسبب عدم الإعتراف بوجود الأحزاب السياسية من ناحية، وحق الأمير في اختيار رئيس الوزراء من ناحية أخرى.[1]

ولذلك يعزى السبب الرئيس للتوتر الدائم بين الحكومة والمجلس هو القصور في البنية المؤسسية للعملية السياسية، وتأتي بعدها الأزمات الطارئة وبعض الإعتبارات والمصالح الخاصة، إلى جانب قصور في الإداء لتكون بمثابة عوامل إضافية كالمبالغة والتعسف في إستعمال الحق القانوني من قبل نواب المجلس في مسألة مراقبة الحكومة ومحاسبتها عبر أدوات الرقابة المالية، والتي إنعكست سلباً على العلاقة بين السلطتين التشريعية والتنفيذية، وشهدت لحظات توتر أكثر مما شهدته من لحظات إنسجام وتوازن، فالمجلس في عمومه يخشى أن يتهم بإنّه ألعويه بيد الحكومة فيتشدد ويبالغ في ممارسة دوره الرقابي

([1]) ثناء فؤاد عبد الله، مصدر سبق ذكره، ص 138.

والتشريعي، ويرى إنّ إحراج الحكومة خير له من إتهامه بأنه تابع لها.[1] أما الحكومة رغم إنّها تدرك بأن وجود المجلس النيابي يعني وجود من يشاركها المسؤولية في هذا المجال، وإنّ مناقشة الكثير من القضايا بشكل علني يخفف عن الحكومة الضغط الشعبي لكنها في الوقت نفسه تخشى أن تكون مطالب المجلس مطالب ليبرالية كثيرة، ومن ثم يحد ذلك من سلطاتها وصلاحياتها، فهي وإنّ كانت تلقى تأييداً عاماً من مختلف أطياف المجلس على صعيد سياستها الخارجية، فإنّها ترغب في إنّ يكون لها الدور الأكبر في حسم المسائل الإستراتيجية على الصعيد الداخلي.[2]

وترى دوائر المعارضة الكويتية بصفة خاصة إنّ الحكومة هي صاحبة الكفة الراجحة في تحديد شكل التركيبة النيابية للمجلس، وفي ضبط أدائه سواء بطريقة مباشرة أو غير مباشرة، ويذكر في هذا المجال إنّ الحكومة زورت إنتخابات العام 1967، عندما إتهمت في وقتها بتغيير صناديق الإقتراع، ومنع ممثلي المرشحين من مرافقتها مع رجال الأمن الذين يتولون مهمة نقل تلك الصناديق إلى مقرات لجان الإنتخابات الأصلية تمهيداً لفرز الأصوات، وقد طعن في وقتها ثمانية وثلاثين مرشحاً من بينهم ستة من الذين فازوا بنزاهة هذه الإنتخابات، وإنضمت إليهم بعض الجمعيات المهنية وجمعيات النفع العام، والسبب الذي دفع الحكومة إلى ذلك هو الرغبة في جعل المجلس بدون معارضة خاصة

---

(1) تناولنا هذا الموضوع بشكل تفصيلي خلال الفصل الرابع: المبحث الأول، إذ دفعت مسائلة النواب لبعض الوزراء في المسائل التي تخص وزاراتهم إلى حدوث ازمة إنتهت بحل المجلس كما حدث ذلك في العام 1999 ، بعد إستجواب وزير العدل، والأوقاف والشؤون الإسلامية (أحمد الكليب) حول أخطاء طباعية في القرآن الكريم ، أو مناقشة بعض القضايا من قبل المجلس، وإختلاف وجهات النظر مع الحكومة دفعت إلى حله كما حدث ذلك مؤخرا في العام 2006، حول مسألة الدوائر الإنتخابية.

(2) إبراهيم البيومي غانم، الانتخابات الكويتية بين خصوصية التقاليد وتحديات التحديث، www.aljazeera.net.2004/10/3,p3

بعد أن شهدت تزايد نشاط المعارضة خلال الفصل التشريعي الأول للمجلس عندما تقدمت الحكومة بمشروع إتفاقية تجديد عائدات النفط الذي واجهت معارضة من قبل بعض النواب داخل المجلس من الذين ينتمون إلى حركة القوميين العرب كذلك موافقة المجلس - لإحتوائه أكثرية موالية للحكومة - على مجموعة من الإجراءات التي نظرت إليها المعارضة بأنها غير دستورية، كقانون المطبوعات والنشر، وقانون النوادي الذي رأوا فيها تقييداً للعمل السياسي. ولهذا عندما تذكر دورة المجلس الثانية تذكره بعض المصادر بـ (المجلس المزور).[1]

كما إنّ الحكومة في الكويت تغض النظر عن ظاهرة شراء الأصوات في الإنتخابات التشريعية التي تُعَد واحدة من خصوصيات الإنتخابات في الكويت، بل تلجأ الحكومة إلى هذه الطريقة في بعض الأحيان لضمان نجاح المرشحين الموالين لها، خاصة إذا علمنا إنّ الكويت تتميز ببورصة غالية جداً في عملية شراء الأصوات التي تتراوح بين ألف إلى ثلاثة آلاف دينارٍ لشراء الصوت الواحد (الدينار الكويتي يساوي ثلاثة دولارات أمريكية)، ويمارس هذه الظاهرة بقوة المرشحون المدعومون من الحكومة والذي يطلق عليهم (نواب الخدمات)، فضلاً عن المرشحين المدعومين من طبقة التجار، وتكون مسألة بيع الصوت مسألة مغرية جداً إذا كان البائع يمتلك صوته وصوت أولاده.[2] وقد شن المرشحون الإسلاميون هجوماً إعلامياً ضد هذه الظاهرة، وقدموا الأسانيد الشرعية التي تحرم ذلك كما حدث ذلك في إنتخابات العام 1996، لكن الطرف الأخر الذي يمارس هذه العملية شن هجوماً مضاداً متهماً الإسلاميين، بأن الجمعيات الإسلامية تمول

---

(1) حول هذا الموضوع أنظر: عادل الطبطبائي، مصدر سبق ذكره، ص ص332-333. وكذلك محمد الرميحي، تجربة المشاركة السياسية في الكويت: 1962-1981، مصدر سبق ذكره، ص ص656-657.

(2) كما حدث في إنتخابات العام 1996، عندما باع أحد الناخبين صوته وصوت أبنائه الخمسة بـ ثمانية عشر ألف دينار (54 ألف دولار) حصل عليها في لحظة واحدة.

دعاياتهم الإسلامية، رغم تأكيد الإسلاميين إنّ حملتهم تمول من أموالهم الخاصة ومساعدات ومجاملات أقربائهم.[1]

ومن وسائل تدخل الحكومة الأُخرى في أعمال السلطة التشريعي، هو حق الحكومة في توزير بعض النواب المنتخبين، فضلاً عن إنّ لأعضاء الحكومة حق التصويت على مشاريع القوانين والإقتراحات كحق موازي لحق أعضاء المجلس المنتخبين. كما إنّ الحكومة الحق في ممارسة السلطة التشريعية في ظل غياب المجلس, ويمكن القول: إنّ واحدة من أبرز إشكاليات العمل السياسي في الكويت ما أتسم به من قطع للممارسة التشريعية خلال فترات حل المجلس، إذ سعت الحكومة إلى إصدار قوانين مهمة في أثناء غياب المجلس تخص طريقة الإنتخابات أو غير ذلك من القوانين المهمة، كما هو الحال في قانون الإنتخابات الرقم (99) لسنة 1980 الصادرة في أثناء حل مجلس الأُمة لعام 1976، والذي نص على زيادة عدد الدوائر الإنتخابية من (عشرة) إلى (خمسة وعشرين) دائرة على أساس أن يكون التمثيل النسبي للناخبين حقيقياً، مما أثار ضجة واسعة بين صفوف الناس بين مؤيد ومعارض، إذ رأى البعض إنّ هذا التوزيع للدوائر أجري خارج مجلس الأُمة وفي غيبته، والذي يمكن الحكومة في بداية كل إنتخابات أن ترتب المناطق الإنتخابية وفقاً لما ترتأيه، فضلاً عن ما رآه البعض من إنّ زيادة عدد الدوائر يضمن تحقيق نتائج أفضل لمصلحة الحكومة، وإذ ظل الخلل النسبي للناخبين قائما، وهو إن الصوت الواحد في بعض الدوائر يقابله ثلاثة أصوات في بعضها الأخر، في حين أصبح من السهل التأثير في الإختيار الشعبي مع قلة عدد الناخبين في كل دائرة، كما إن قلة عدد الناخبين في الدائرة الإنتخابية يتيح فرصة كبيرة لدعم النزعات الفئوية ، والقبلية ، ويقلل من فرص نجاح العناصر المتميزة.[2] كما جرت محاولات عدة من قبل الحكومة لتنقيح الدستور في السنوات (1980-1981) لتفريغه من محتواه الديمقراطي، وتحويل المجلس

---

(1) أنظر: "الإنتخابات الكويتية خصوصيات ، ومفاجآت"، مصدر سبق ذكره، ص ص 14-15.

(2) أنظر: محمد جاسم محمد، مصدر سبق ذكره، ص ص 121- 122.

المنتخب إلى مجلس للشورى، إلا إنه تلك المحاولات لم تنجح ، إذ رفضت من قبل أعضاء مجلس الأمة بعد عرضها عليه في أثناء عودة إنتخابه في تلك السنة.[1]

كما نشبت خلافات حادة بين الحكومة وأعضاء المجلس، خاصة بعد الحل الثاني لمجلس الأمة في العام 1986، وقد أشار بعض أعضاء هذا المجلس إلى إن ما سمـي بـ (الإختلاسات الكبرى) ، واللعب بثروات الكويت ومقدراتها كان خلال غياب مجلس الأمة، وغياب الدور الرقابي الذي كان يفرضه ، ومن ذلك الخسارة الكبيرة التي تكبدتها الكويت في إستثماراتها خارج البلاد، كما أصبحت الكثير من مؤسسات الكويت (خلال المدة من سنة 1986-إلى سنة 1990) محدودة القدرة والفاعلية تجاه حالة المركزية التي أضحت تمارسها الدولة نتيجة حل البرلمان.[2] كما أثيرت أيضا مسألة المراسيم التي صدرت في أثناء غياب عمل المجلس بعد حله في العام 1999، قبل أن يستكمل مدته الدستورية، ولحين إجراء إنتخابات ثانية، إذ استغلت الحكومة المادة (71) من الدستور الكويتي، وأصدرت عدداً كبيراً من المراسيم بلغ عددها نحو (60) مرسوماً كان من بينها المرسوم الخاص بمنح المرأة الكويتية حقها في الترشيح والإنتخاب، إذ سعى أمير الكويت الراحل (جابر الأحمد الصباح) في آيار من العام 1999 ، إلى إصدار مرسوم بمنح المرأة الكويتية حقوقها السياسية في مدة غياب مجلس الأمة، إلا إن نواب مجلس الأمة رفضوا هذا المرسوم بعد عودة العمل بالمجلس بأغلبية (41) صوتا مقابل (20) صوتاً مؤيداً، فضلاً عن الخلاف الذي حدث بشأن المرسوم الصادر حول منح الأجانب حقوقاً أكبر في الإستثمار ، والمرسوم الذي يعطي قوات الأمن حق دهم المنازل بحثاً عن السلاح من دون مذكرة قضائية. وقد تعرض هذا الموقف لإنتقادات واسعة من قبل أعضاء مجلس الأمة ، لأن هذه المراسيم تناولت موضوعات لا تتسم بصيغة الإستعجال.[3]

([1]) غانم النجار، مصدر سبق ذكره، ص102.

([2]) عبد الرضا علي أسيري ، مصدر سبق ذكره، ص39.

([3]) أنظر: عزة وهبة، مصدر سبق ذكره، ص 9، وكذلك: صحيفة الشرق الأوسط، 2004/5/17، www.aawsat.com

هذه الأمور مجتمعة دفعت البعض إلى المناداة بالإصلاح على أساس إيجاد آلية دستورية تحكم علاقة أعضاء الحكومة والمجلس من جهة ، وتؤدي إلى تكامل عمل السلطتين بإتجاه حل المشكلات بيسر من جهة أخرى، فضلاً عن ضرورة أن تنتهج الحكومة والمجلس سلوكاً توافقياً بعيداً عن التشنج والحساسية المفرطة، وأن تسمح بمساحة أوسع من الحرية، ودور أكبر للقوى الوطنية كي تقوم بتوعية المجتمع بثقافة الإختلاف حتى تتبلور رؤية شعبية تكون أداة ضغط على مواقف النواب في المجلس، وعلى أداة الحكومة في آن واحد.[1]

ثالثا ـ قطر

في قطر نرى إنه على الرغم من وجود دستور دائم تم الإقرار عليه من قبل الأمير في العام 2004، وأصبح نافذاً في العام 2005، بعد أن عرض على الشعب في أول إستفتاء شعبي تشهده قطر، وذلك في نيسان /2003، وحصل على موافقة 96.6% من المواطنين. إلا إنه يمكن القول: إن هذا الدستور قد تضمن بعض المواد التي عُدّت تراجعاً عن النظام الأساسي المؤقت المعدل الصادر في العام 1972، الذي كانت تعمل به قطر منذُ ذلك التاريخ لحين صدور الدستور الدائم في العام 2005، وخاصة فيما يتعلق بطريقة إختيار أعضاء مجلس الشورى. فالأصل في النظام الأساسي المؤقت المعدل تنص على إن طريقة إختيار أعضاء مجلس الشورى يتم بالإنتخاب العام السري المباشر رغم إن هذه المادة لم توضع موضع التطبيق طيلة مدة العمل بهذا النظام، وإنما مدّ عمل مجلس الشورى كمجلس معين على أساس إن أوضاع قطر الخاصة تستدعي أن يستمر عمل المجلس بطريقة التعيين، لأنها لم تتمرس على النظام الإنتخابي، ولم يطبق بها مسبقاً.[2] لذلك نرى بإنه كان من الأفضل الرجوع إلى هذه المادة ، وتفعيلها كأساس لعملية الإصلاح بدلاً من إن يقر دستور العام 2003، في مادته (السابعة

([1]) إبراهيم البيومي غانم، مصدر سبق ذكره، ص5.

([2]) أنظر: المادة (46) من النظام الأساسي المؤقت المعدل لدولة قطر العام 1972.

والسبعون)، على إن للأمير حق تعيين ثلث أعضاء المجلس، إن يتم إنتخاب الأعضاء الباقين.

ورأى العديد من أبناء الشعب القطري بأن هذا الدستور رغم إحتوائه العديد من الفقرات التي تواكب ما هو مطروح في العالم من ناحية حقوق الإنسان ومنع التعذيب. إلا إنه في نفس الوقت يحتاج إلى إعادة صياغة البعض من مواده وخاصة فيما يتعلق بمسألة تعيين بعض أعضاء مجلس الشورى، وكان يجب أن تكون طريقة تشكل المجلس بالإنتخابات العامة، فضلاً عن ضرورة أن يكون هنالك نص دستوري واضح حول وجود محكمة دستورية تكون مرجعاً للفصل في الخلافات التي قد تقع بين السلطتين التشريعية والتنفيذية، كما إن الدستور لم يسمح بتشكيل أحزاب سياسية أو يلمح بإحتمال السماح بإنشائها في المستقبل. وفي المقابل إشتراط الدستور في مادته (148) مدة عشر سنوات لتعديله، والتي هي مسألة تحتاج للمراجعة، وتُعّد حجراً على حق الشعب في تعديل هذا الدستور وتطويره، مع ضرورة فتح قنوات للحوار الموضوعي مع أفراد الشعب للإستفادة من رأيهم بمواد الدستور.[1]

فالدستور القطري صدر بموجب نظام الإستفتاء على الدساتير الذي يبدو في ظاهرة ممارسة مثالية للديمقراطية بشكل مباشر، إلا إنه لا يعبر عن الديمقراطية بالضرورة إذ لم يتم أعداده من قبل جمعية تأسيسية منتخبة كما هو الحال في الأنظمة الديمقراطية، كما أنه قدم للإستفتاء كوثيقة غير قابلة للتجزئة ولم تقدم مواده بشكل منفصل لأخذ رأي المواطنين فيها، وبما إن الدستور قدم ككل فإن رأي المواطن فيه يكون عبارة عن حاصل موازنة ما بين موقفين، فهو قد يؤيد بعض مواد الدستور فعلاً، ولكنه يرفض غيرها من المواد الأخرى في الدستور ذاته، وبذلك فهو أما أن يوافق، أو لا يوافق بالرضا الناقص. فالاستفتاء على الدستور قد يكون ديمقراطياً بالفعل متى ما أتيح للمواطن التصويت على

([1]) أنظر: الاستطلاع الذي قامت به صحيفة الراية القطرية على مجموع من المواطنين حول الدستور القطري الجديد. بتاريخ 2003/5/25.

الدستور كمواد منفصلة، ويترتب على التصويت إعادة النظر في المواد التي لا تحصل على رضا أغلبية المواطنين.

كما إن محدودية الإجابة (نعم) أو (لا)، في النظام الإستفتائي يجعل منه قليل الأهمية، خاصة في ظل عدم وجود قنوات للحوار مع المواطن لتبادل الأراء والأفكار، فجوهر الديمقراطية هو ما ينتج من نقاش حول الأفكار، إلا إن إدلاء المواطن بصوته بالموافقة أو الرفض دون أن يتاح له تعليل الموافقة أو الرفض لا يؤسس لديمقراطية حقيقية تامة.[1]

ويرى وزير العدل القطري السابق (نجيب النعيمي) إن هذا الدستور ما هو إلا نسخ لما موجود في الدساتير العربية الأخرى، وإعادة الخطأ نفسه مرة أخرى، إلا في بعض المواد الجديدة التي تتعلق بمنع التعذيب، أو التي تخص الملكية. كما يرى ضرورة إعطاء صلاحيات أكبر لمجلس الشورى في هذا الدستور الجديد ليمارس دوره الرقابي والتشريعي بفاعلية أكثر، وإن الصلاحيات التي حددها الدستور لهذا المجلس غير كافية.[2]

وبما إن دستور العام 2003، في قطر الذي أصبح نافذاً في العام 2005 قد نص على وجود مجلس شورى منتخب ثلثيه من قبل الشعب، ويمتلك صلاحيات تشريعية ورقابية، إلا إن هذه الانتخابات لم تجرِ لحد الآن، وقد وعدت الحكومة القطرية بإحتمال إجرائها في العام 2007، ولذلك لا نستطيع أن نحكم على هذه التجربة الإصلاحية الدستورية من حيث العلاقة بين السلطتين التشريعية والتنفيذية، فعمل السلطة التشريعية وأدائها هو الذي يقرر مدى فاعليتها في عملية الإصلاح السياسي، وقدرتها في التأثيرعلى السلطة التنفيذية من حيث مراقبة عملها، وإقتراح ، وإصدار القوانين التي تخدم العملية الإصلاحية بأكملها.

([1]) أنظر: إسماعيل الغزال، الدساتير والمؤسسات السياسية ، مؤسسة عز الدين للطباعة والنشر، بيروت، 1996، ص 137.

([2]) أنظر: اللقاء الذي قامت به قناة العربية مع وزير العدل القطري السابق (نجيب النعيمي) في برنامج إضاءات ، بتاريخ 2005/10/5, .www.alarabiya.net

رابعا ـ الإمارات العربية المتحدة:

أما الإمارات العربية فلم يعرف دستور العام 1971 المؤقت الذي تم تحويله إلى دائم في العام 1996، مبدأ الفصل بين السلطات خاصة السلطتين التنفيذية والتشريعية الذي يُعَد ركن مهم من أركان التنمية السياسية، والتي لا تتحقق بمجرد وجود المؤسسات الرسمية. والتوسع في بنائها، كالمجلس الأعلى للأتحاد ومؤسسة الرئاسة، ومجلس الوزراء الإتحادي، والمجلس الوطني الإتحادي. إلا إنه من المهم أيضا تطبيق مبدأ فصل المؤسسات السياسية عن بعضها البعض، والعمل دون تداخل السلطات التشريعية مع السلطات التنفيذية وتحديد إختصاصات ووظائف كل منهما تحديداً واضحاً، ليتحقق أكبر قدر من الإستقلال للمؤسسة التشريعية عن المؤسسة التنفيذية، وأن لا يخضع أحدهما للأخر، ومن المهم بشكل خاص أن لا تخضع السلطة التشريعية للسلطة التنفيذية وأن لا تكون الأولى مجرد تابعة للأخرى.

ورغم إن مبدأ الفصل بين المؤسسات قائم نظريا في الدستور، إلا إنه لم يتحقق على أرض الواقع، وما حدث في الممارسة العملية هو تداخل السلطات التنفيذية والتشريعية، وقيام السلطة التنفيذية بمهام هي من إختصاص المؤسسات التشريعية التي تبدو ضعيفة كل الضعف في الإمارات ، والسبب في ذلك إن الدستور منح صلاحيات واسعة لكل من المجلس الأعلى للإتحاد ، ومؤسسة الرئاسة ، ومجلس الوزراء، مقابل جعل السلطة التشريعية المتمثلة بالمجلس الوطني الإتحادي مجرد مؤسسة إستشارية لا تمتلك أية صلاحيات تشريعية.(1)

فالمجلس الأعلى للإتحاد هو السلطة العليا في الدولة مستفيد من نص المادة (46) في الدستور التي تقرر بأن ((المجلس الأعلى للإتحاد هو السلطة العليا فيه ...)) ، كما إن طريقة تكوينه إنعكست على مجموعة الإختصاصات الممنوحة له، إذ إنه يتكون - أساساً- من حكام الإمارات السبع الأعضاء في

(1) عبد الخالق عبد اللـه، "تطور النظام الإتحادي في الإمارات "، مصدر سبق ذكره، ص ص32- 33.

الإتحاد، ولذلك فإن وصف الدستور لهذا المجلس بإنه السلطة العليا في الإتحاد يتفق تماماً مع الإختصاصات الممنوحة له، فهو مصدر كل السلطات التنفيذية والتشريعية. [1] ففي ما يتعلق بالاختصاصات التنفيذية التي يختص بها المجلس الأعلى للإتحاد إبتداءاً وإنتهاءً هي: قبول عضو جديد في الإتحاد وإنتخاب الرئيس ونائبه، ورسم السياسة العامة للدولة في جميع المسائل الموكلة للإتحاد بمقتضى الدستور، والرقابة العليا على شؤون الإتحاد. [2] أما الاختصاصات التنفيذية الأخرى التي يختص بها المجلس الأعلى إنتهاءاً ، إذ تأتي الخطوة الأولى من قبل الإمارات أو من قبل رئيس الإتحاد أو من قبل مجلس الوزراء قبل أن يتخذ المجلس الأعلى للإتحاد قراره النهائي، وهو : إذا رأت إمارتان أو أكثر إن تدخل في نوع من الإندماج السياسي أو الإداري، فإن هذا القرار لا يُعّد نهائياً ، إلا إذا وافق عليه المجلس الأعلى للإتحاد، والتدخل لحفظ الأمن والنظام في الإمارة التي تطلب ذلك في حال إذا ما تعرضت للخطر، وقبول أو رفض الإتفاقات الإدارية التي تعقدها الإمارات مع الأقطار المجاورة، والموافقة على تعيين رئيس مجلس الوزراء، وقبول إستقالته وإعفائه من منصبه بناءً على إقتراح رئيس الإتحاد والموافقة على إعلان الحرب الدفاعية بناءً على إقتراح رئيس الإتحاد أيضا وهنالك إختصاصات أخرى، تبدأ في مجلس الوزراء، وتنتهي في المجلس الأعلى للإتحاد، كتعيين رئيس وقضاة المحكمة الإتحادية العليا، وأبرام المعاهدات والإتفاقيات الدولية، والمصادقة على إعلان الأحكام العرفية، ويمكن القول: إن أياً

---

(1) يحيى الجمل، مصدر سبق ذكره، ص ص591- 592.

(2) أن طريقة التصويت داخل المجلس وفقاً للدستور تنص على أن لكل إمارة في المجلس صوت واحد، وتصدر قرارات المجلس الأعلى في المسائل الموضوعية بأغلبية خمس أعضاء، على أن تشمل هذه الأغلبية صوتي إمارتي أبو ظبي و دبي، وتلتزم الأقلية برأي الأغلبية المذكورة، أما قرارات المجلس في المسائل الإجرائية فتصدر بأغلبية الأصوات، وتحدد اللائحة الداخلية للمجلس هذه المسائل. المادة (49) من دستور دولة الإمارات العربية.

كان الجهة صاحبة الإقتراح أو التي بدأت عندها الخطوات الأولى، فإن الإختصاص النهائي، وصاحب القرار في هذه الأمور جميعاً، هو المجلس الأعلى للإتحاد.[1]

ورغم إتساع صلاحيات المجلس الأعلى، إلا إن دوره في الحياة السياسية قد شهد تراجعاً ملحوظاً خلال السنوات الأخيرة، وذلك في ظل عدم إنتظام إجتماعاته، والتنامي المستمر لصلاحيات كل من رئيس الدولة ومجلس الوزراء الإتحادي، إذ توسعت خلال السنوات الأخيرة سلطات رئيس الدولة الذي يقوم بمعظمها إن لم يكن كل إختصاصات المجلس الأعلى على أرض الواقع، ولذلك برز دور الرئيس وبرزت مؤسسة الرئاسة في الإمارات كأهم مؤسسة سياسية إتحادية، ورغم إن رئيس الإتحاد يكون منتخباً في العادة من قبل المجلس الأعلى إلا إن صلاحيات رئيس الإتحاد الدستورية هي من الإتساع، إذ تشمل معظم الصلاحيات التشريعية والتنفيذية للمجلس الأعلى. فوفقاً للمادة (54) من الدستور يمارس رئيس الدولة إختصاصات عدة يأتي في مقدمتها: رئاسة المجلس الأعلى ودعوته للأنعقاد، وإدارة نقاشاته، كما يتولى الرئيس أيضا وبحكم منصبه رئاسة المجلس الأعلى للدفاع، فهو القائد الأعلى للقوات المسلحة، وله حق إعلان حالة الطوارئ، والحرب الدفاعية عند الضرورة، ويتولى الرئيس تمثيل الدولة في الداخل والخارج، وهو الذي يوقع على كافة القوانين والمراسيم والقرارات الإتحادية، والإجرائية، والإدارية، ويشرف على تنفيذها، كما يتولى الرئيس تعيين رئيس مجلس الوزراء، ونائبه، والوزراء، ويتابع عمل مجلس الوزراء، وكيفية تنفيذه للسياسات العامة للدولة، فضلا عن ذلك، فإن الرئيس هو الذي يعيين السفراء والملحقين الدبلوماسيين لدى الدول والهيئات الدولية، وهو الذي يعيين كبار الموظفين والإتحاديين المدنيين والعسكريين، ويمنح الأوسمة والأنواط العسكرية، ويمارس حق العفو أو تخفيف العقوبة، ويصادق على أحكام الإعدام وله أن يستبدل بها عقوبة أخف.[2]

([1]) يحيى الجمل، مصدر سبق ذكره، ص ص93-94.

([2]) دستور دولة الإمارات العربية المتحدة.

أما بخصوص مجلس الوزراء الإتحادي الذي يبدو على الصعيد الدستوري مجرد مؤسسة تابعة لرئيس الإتحاد والمجلس الأعلى، إلا إنه في واقع الحال قد تطور ليصبح المؤسسة التنفيذية والتشريعية الأولى في الإمارات العربية، وذلك عن طريق الإطلاع على حجم الإختصاصات الممنوحة له فوفقاً للدستور، يتول مجلس الوزراء تصريف جميع الشؤون الداخلية والخارجية للإتحاد، فهو مطلق الصلاحيات والإختصاصات، والتي يكون مسؤولاً عن ممارستها مسؤولية تضامنية إزاء رئيس الإتحاد، والمجلس الأعلى للإتحاد، فالمجلس هو الذي يتابع تنفيذ السياسية العامة للإتحاد في الداخل والخارج، ويقترح مشاريع القوانين والمراسيم، ويصدر عنه كل القرارات الإتحادية بما في ذلك إعداد الميزانية السنوية العامة، والحساب الختامي ويضع اللوائح التنفيذية لهذه القوانين، ويشرف على تنفيذها عبر أجهزة الدولة الإتحادية، كما إن أكثر ما يلفت الإنتباه في إختصاصات مجلس الوزراء الإتحادي هو دوره في إقتراح مشروعات القوانين، إذ إن الولادة الأولى للقانون الإتحادي تبدأ من مجلس الوزراء ، وليس من أي مؤسسة إتحادية أخرى.[1]

كما نرى في دستور دولة الإمارات إن الوظيفة الدستورية الواحدة يتشارك في أدائها أكثر من سلطة واحدة، فالسلطة التنفيذية تمارس من قبل ثلاث هيئات مختلفة ومتساوية، هي المجلس الأعلى، والرئاسة ، ومجلس الوزراء، وبذلك تبدو السلطة التنفيذية متجسدة في هذه الهيئات مجتمعة، فعلى الصعيد النظري يبدو المجلس الأعلى هو أعلى سلطة تنفيذية في الإتحاد، ولكن على الصعيد العملي اليومي يبرز مجلس الوزراء كهيأة تنفيذية وحيدة تخضع للمتابعة والرقابة المباشرة من قبل رئيس الإتحاد.

أما بخصوص السلطة التشريعية، فهي تبدو أكثر تعقيداً وتداخلاً من السلطة التنفيذية، إذ إنها موزعة ، وحسب الدستور بين أربع هيئات إتحادية

([1]) عبد الخالق عبد الـلـه، تطور النظام الاتحادي في الإمارات، مصدر سبق ذكره، ص 36.

هي: المجلس الأعلى، والرئاسة، ومجلس الوزراء، والمجلس الوطني الإتحادي فالعملية التشريعية تمر بالمراحل الآتية: أقتراع مشروع القانون من مجلس الوزراء، ولا يجوز لأعضاء المجلس الوطني إقتراح مشروعات القوانين ثم مناقشة المشروع داخل المجلس الوطني: ويعرض المشروع بعد موافقة مجلس الوزراء على رئيس الإتحاد ليقوم بعرضه على المجلس الأعلى للإتحاد، فإذا وافق عليه أصبح قانوناً نافذاً، وبذلك تبدو كل مؤسسة من هذه المؤسسات الإتحادية هي سلطة تشريعية قائمة بذاتها.[1] وفي المقابل نرى إن دور المجلس الوطني الإتحادي في العلمية التشريعية هو دور محدود، فأعضاء المجلس لا يملكون حق اقتراح مشروعات القوانين، وإنما يملك ذلك مجلس الوزراء وينحصر دور المجلس في مناقشة ما يحال إليه من مشاريع القوانين الذي يُعدّها مجلس الوزراء، وإذا إنتهت المناقشة إلى تعديل نص أو عدد من النصوص في مشروع القانون المحال، فإن هذه التعديلات تخضع لموافقة رئيس الإتحاد والمجلس الأعلى للإتحاد، فإذا جرت الموافقة عليها كان بها، وإذا لم تجر الموافقة عليها أعيد المشروع للمجلس الوطني من جديد، فإذا أصر المجلس على ما أدخله من تعديلات، كان للمجلس الأعلى للإتحاد أن يصرف النظر عن هذه التعديلات، وأن يصدره رئيس الإتحاد، بعد موافقة المجلس الأعلى على النحو الذي إقتراحه مجلس الوزراء، وهكذا يبدو دور المجلس الوطني في العملية التشريعية يوشك أن ينحصر في المناقشة ثم الموافقة.

أما عن دور المجلس في رقابة السلطة التنفيذية، فيكاد يكون دوره معدوماً ، وليس لأعضاء المجلس حق توجيه إستجوابات إلى الوزارة كلها أو إلى الوزراء فرادى، وليس من حقه سحب الثقة من الوزارة كلها أو من أحد الوزراء، وينحصر دور المجلس في هذا المجال في توجيه أسئلة إلى الوزراء

([1]) أنظر: عادل الطبطبائي ، مصدر سبق ذكره، ص 364.

رغم إن الفقه الدستوري يجمع على إن توجيه الأسئلة ليست صورة من صور الرقابة على السلطة التنفيذية، وإنما هي من قبيل طلب المعلومات. [1]

كما إن تجربة الإتحاد أثبتت إن السلطات الإتحادية لا سلطان مباشر لها على سكان الدولة جميعاً، أيا كانت الإمارة التي يقيمون فيها، لذا كان من الأفضل إصلاح نقاط الضعف في هذا الدستور والمؤسسات والإتحادية التي بدأت، تعيش حالة من الإحباط ، والترهل، والروتين، وفقدان الرؤية، والحماس الذي ميز أداءها خلال السنوات الأولى من عمر الإتحاد، فقد تميز عقد السبعينات من القرن العشرين بالحماس الوطني الذي أسهم إسهامات ملحوظة في تجاوز التحديات والمخاطر التأسيسية للكيان الإتحادي الوليد، فقد كان الجميع، القيادة ، والقاعدة ، خلال هذه السنوات مندفعاً لتقوية الدولة الإتحادية، وبناء مؤسساتها، وتوحيد مرافقها، وإستكمال تشريعاتها السياسية، والإقتصادية ، والإجتماعية، فإجتماعات المجلس الأعلى كانت مكثفة، ودورية ، ومواكبة مع الاحتياجات والمتطلبات الشعبية، ووزارات وهيئات الدولة تتوسع وتقدم الخدمات بسخاء، والمجلس الوطني كان مليئا بالحيوية، ويشرف على إصدار التشريعات ، والقوانين الإتحادية. إلا إن هذا الوضع لم يستمر، إذ تراجعت المؤسسات السياسية والحيوية، ودخلت الوزارات الإتحادية مرحلة الشلل،والانتظار، وعدم القدرة على تقديم الخدمات الضرورية. [2] فتعدّ مسألة الخلل الدستوري في العلاقة بين الإتحادي والمحلي أحد الأسباب الرئيسة في تعطيل عملية الإصلاح السياسي، وقد بدأ ذلك واضحاً خلال مدة طلب الحكومة الإتحادية من السلطات المحلية أسماء مرشحيها في الهيئات الإنتخابية، إذ بدت الحكومات المحلية غير مكترثة لغياب أو حضور المجلس الوطني، خاصة إن هذا المجلس معطل منذ نحو السنتين قبل إجراء الإنتخابات الأخيرة في كانون الأول/ 2006، وإن مسألة ترشيح قائمة

([1]) أنظر: غانم محمد صالح، الخليج العربي: التطورات السياسية والنظم والسياسات، مصدر سبق ذكره، ص ص 107- 108.

([2]) أنظر: محمد عبيد غباش ، مصدر سبق ذكره، ص ص 636- 367.

بأسماء الإعضاء الذين سينتخبون نصف أعضاء المجلس الوطني الإتحادي هي من إختصاص هذه الحكومات المحلية، ومن دون إنجاز هذه الخطوة لا يمكن مواصلة إجراءات عملية الإنتخابات، وإستكمال الإصلاح السياسي، وفي نفس الوقت ليس هناك وسيلة دستورية تجبر هذه الحكومات على إنجاز هذه المهمة. وقد إستغرقت هذه العملية مدة طويلة قدمت خلالها السلطات الإتحادية ثلاث رسائل، خلال حقبات زمنية مختلفة، إلى الحكومات المحلية تطالب فيها بأسماء مرشحي الحكومات المحلية في الهيئات الإنتخابية، إذ وجهت الرسالة الأولى في شهر ديسمبر/ كانون الأول 2006، وأعطيت كل إمارة مهلة أربعة أشهر لإنجاز هذه المهمة، إلا إن الحكومات المحلية تأخرت عن ذلك التاريخ، ولم تنجز المهمة خلال الموعد المحدد. مما تطلب الأمر توجيه رسالة تذكيرية ثانية من السلطات الإتحادية أعطت للحكومات المحلية مهلة جديدة، وهي شهر ونصف الشهر لتسليم قائمة بالأسماء المطلوبة، وإنتهت هذه المهلة دون وصول قائمة بأسماء المطلوبين إتحاديا، مما أضطر السلطات الإتحادية إلى إرسال خطاب ثالث وعاجل يحمل إنذاراً أخيراً ونهائياً يعطي لكل إمارة مهلة أسبوعين إضافيين تنتهي في 15 مايو/ آيار 2006، وأنتهت المهلة، ولم تبعث سوى إمارة واحدة، من الإمارات السبع بقائمة بأسماء مرشحيها. (1)

هذه الأمور تشير إلى وجود خلل دستوري في العلاقة بين السلطات الإتحادية والسلطات المحلية، وعدم الأكتراث بتوجيهات السلطات الإتحادية بخصوص الإصلاحات السياسية، مما يؤثر سلباً في العملية ذاتها، ويعيق القيام بأي عمل في هذا المجال، لذا كان يجب على الدستور الإتحادي الذي أصبح دائم في العام 1996، أن يواجه كل هذه المعوقات والصعوبات في طبيعة هذه العلاقة لكي تصبح عملية الإصلاح السياسي عملية سلسة، ولا تحتاج إلى كل هذه المعرقلات والتأخيرات ، فضلاً عن وضع أسس دستور يتناسب مع ما شهدته

---

(1) عبد الخالق عبد اللـه، المجلس الوطني المؤجل في دولة الإمارات العربية المتحدة، مصدر سبق ذكره،ص3.

الإمارات المكونة للإتحاد من خبرة سياسية في مجال التشريع والإدارة، فقد أكدت الخبرة العملية رفض الحكومات المحلية التحول إلى وحدات إدارية تابعة للحكومة الإتحادية ، بل إزدادت بعض الإمارات قوة، وبرزت كإمارات قائدة وقادرة على التأثير في الشأن الإتحادي بشكل يزيد على قدرة الإتحاد في التأثير في شؤونها الداخلية، فوظفت بعض هذه الإمارات ، كما هو الحال في إمارة (دبي) ، قدرتها وإمكانياتها التي تفوق قدرات وإمكانيات الإتحاد نفسه من أجل الحصول، على مكانة متقدمة ومكتسبات مضاعفة، خاصة إن الصلاحيات المحددة في الدستور للدولة الإتحادية، رسخت وضع الإمارات كوحدات دستورية ، وليس كوحدات إدارية مهمتها فقط تنفيذ القوانين والقرارات الصادرة عن السلطات الإتحادية، إذ إجاز الدستور في مادته (122) لكل حكومة من الحكومات المحلية الحق في عقد إتفاقيات خارجية محدودة ذات طبيعة إدارية مع الدول، وبما لا يتعارض مع مصالح وقوانين الإتحاد وبشرط إخطار المجلس الأعلى بذلك، بل تعطي هذه المادة لكل إمارة الحق في الاحتفاظ بعضوية مستقلة في منظمة الدول المصدرة للنفط، ومنظمة الدول العربية المصدرة للنفط. كما جاءت المادة (124) لتشير إلى ضرورة أن تقوم الدولة الإتحادية قبل إبرام أية معاهدة أو إتفاقية دولية يمكن أن تمس المركز الخاص لأحدى الإمارات، بإستطلاع رأي هذه الإمارة مسبقاً وذلك من منطلق التأكيد على إحترام الدستور لإستقلالية كل إمارة ، كما أجاز الدستور في مادته الخامسة لكل إمارة الإحتفاظ بعلمها الخاص. [1]

ورغم إن صلاحيات الدولة الإتحادية محدودة بنصوص دستورية، إذ أخذ الدستور بمبدأ حصر إختصاصات الإتحاد في مقابل إطلاق سلطات حكومات

([1]) حول هذا الموضوع أنظر: عبد الخالق عبد الله، دبي: رحلة مدينة عربية من المحلية إلى العالمية، المستقبل العربي، العدد (323)، كانون الثاني/ 2006، ص ص57- 84.

(1)أنظر: أسكندر بشير، دولة الإمارات العربية المتحدة: مسيرة الإتحاد ومستقبله، دار الكتاب العربي، بيروت، 1982، ص 28.

الإمارات، إلا إنه في الواقع العملي قد إزدادت، خاصة إن الصلاحيات والإختصاصات الإتحادية هي من الإتساع بحيث لم تترك سوى القليل من الصلاحيات الفعلية للحكومات المحلية، فالدستور جعل سلطات الدولة الإتحادية تامة إن لم تكن مطلقة، وتصل إلى حد سلطات الدولة الوحدوية في الشؤون الخارجية، فالدولة الإتحادية وحدها المعنية بتدبير الإتصال بالعالم الخارجي ووضع وإتخاذ القرارات المتعلقة بالعلاقات الخارجية، وهي التي تحتكر الصلاحيات الخاصة بالإتفاقيات، والمعاهدات الدولية ، وتعيين السفراء والدبلوماسيين، وإستلام أوراق إعتماد سفراء الدول في الإمارات دون الحاجة إلى الرجوع إلى الإمارات المحلية، كما إنها تمتلك كل الصلاحيات لإعلان الحرب الدفاعية، ويتم هذا كله عبر مؤسسة الرئاسة، لذلك ليس هناك سياسية خارجية خارج سياق السياسة الخارجية للدولة الإتحادية. [1]لذلك يجب إصلاح هذه الأوضاع كلها عن طريق وسيلة المشاركة التي تتيح للحكومات المحلية المشاركة في عملية صنع القرار السياسي، والتي تحقق إصلاح طريقة إختيار أعضاء المجلس الوطني الإتحادي ، ومن ثم زيادة صلاحيات وإختصاصات هذا المجلس في جميع القضايا التي تتناول هذا الجانب، فرغم ما تم خلال المدة الأخيرة باللجوء إلى طريقة إنتخاب نصف أعضاء المجلس الوطني الإتحادي، إلا إن طريقة الإنتخاب شابها الكثير من العيوب، فلم تحدد معايير لطريقة إختيار أعضاء الهيأة الإنتخابية، وإنما ترك ذلك لتقدير سلطات الحكومات المحلية في إختيارها عدد من الأعضاء يساوي عدد نوابها في المجلس الوطني الإتحادي، مما دفع البعض إلى القول: بأنها إنتخابات على طريقة (أهل الإمارات) ومن ثم لم يكن هذا المجلس ممثلاً لشعب الإمارات بشكل متساوي، إذ حرمت قطاعات واسعة من الشعب من المشاركة في هذه الإنتخابات ، وإقتصرت على عدد محدد (6689)

مواطناً فقط من أصل (700.000) مواطنٍ تقريباً هم عدد سكان الإمارات الأصليون.

خامساً ـ السعودية

أما في السعودية فنرى وبموجب النظام الأساسي الصادر في العام 1992، إنه قد تم إعطاء صلاحيات واسعة للملك بحيث أصبح هو المحور الأول والأخير للحياة السياسية، فمواد الأنظمة الثلاثة (النظام الأساسي للحكم، ونظام مجلس الشورى، ونظام المقاطعات) تنص على الدور المطلق، والصلاحيات الواسعة للملك كمرجع للسلطات ، وكرئيس لمجلس الوزراء، وكقائد أعلى للقوات المسلحة، وهو الذي يعيين الوزراء، والأمراء، والنواب ، كما تضمنت هذه الأنظمة على أكثر من عشرين مادة يرجع في تطبيقها إلى المرسوم الملكي. إذ أعطت هذه الأنظمة الثلاثة صلاحيات واسعة للملك باعتباره صاحب السلطة المباشرة ، و ذلك عن طريق:[1]

1. إختيار ولي العهد. (م5).
2. رئاسة السلطات الثلاث التنفيذية ، والتشريعية ، والقضائية. م (44).
3. تنفيذ الأحكام القضائية. م (50).
4. تعيين وإقالة القضاة. م (52).
5. رئاسة مجلس الوزراء ، وتعيين وإقالة الوزراء، وحل وتشكيل الوزارة. م (56، 57).
6. تعيين وعزل ضباط القوات المسلحة، وموظفي الدرجة الممتازة من المدنيين ورؤساء المؤسسات المستقلة. م (60).
7. تعيين وإقالة أعضاء مجلس الشورى، وحل المجلس، وتعيين بديل له. م (68).

([1]) أنظر: النظام الأساسي في السعودية ، ونظام مجلس الشورى، ونظام المناطق.

8. إصدار الأنظمة ، والمعاهدات، والإتفاقيات الدولية، والإمتيازات ، وتعديلها أو إلغائها. م (70).

9. الإنفاق من الأموال العامة خارج المقرر في ميزانية الدولة. م (73).

10. إصدار الميزانية العامة للدولة. م (76).

11. مراقبة إنفاق الأموال العامة ، وأداء الأجهزة الحكومية. م (79،80).

12. تعديل النظام الأساسي. م (83).

13. الفصل في الخلاف بين مجلس الشورى ومجلس الوزراء (م 17- نظام مجلس الشورى).

14. تعيين أمراء المناطق ، ونوابهم ، ومحافظي المحافظات، وأعضاء مجالس المناطق، وعزلهم (المادة 4 ،10، 16، 20) من نظام المناطق.

فوفقا لهذه الصلاحيات الواسعة التي أعطيت للملك، وبموجب (النظام الأساسي، ونظام مجلس الشورى، ونظام المناطق)، جعلت الدولة كلها تقريبا تحت تصرف الملك، وفي المقابل ليس هناك أي نظام لمحاسبة أو مساءلته كما إن مجلس الشورى الذي تم تشكيله وفقاً لنظام مجلس الشورى الصادر في العام 1992 لا يملك أية صلاحيات تشريعية، وحصرت صلاحياته إلى أدنى حد في الصفة الإستشارية لبعض القضايا التي ترفع إليه، ولا يحق له النظر في الموازنة الوطنية ، بل جرد حتى من النظر في ميزانية المجلس ذاته، كما يتم إختيار أعضائه من قبل الملك، من دون إجراء ممارسة ديمقراطية إنتخابية حرة بين المواطنين لإنتخاب وإختيار ممثلين عنهم في المناطق والمقاطعات. كما أن مشاركة عشرة من المواطنين الخبراء المعينين من قبل الملك في مجالس الأقاليم وفقاً لنظام المناطق الصادر في العام 1992 ، جعلت هنالك ثنائية ، وهي: السيطرة على القضايا المالية في المناطق والأقاليم من جهة ، وتعزيز قدرة وزارة الداخلية ومكانتها في هذه المناطق من جهة أخرى. لذلك يمكن القول: إن هذه الأنظمة قد جاءت بعد كل ما سبق من جهود لإدخال الإصلاحات الجذرية على النظام والحكم مخيبة للآمال، فلم تحقق تغييرات جذرية في النظام السياسي

السعودي ، وحصل رفض واضح في المجتمع السعودي تجاه هذه الإصلاحات وخاصة إن العديد من القضايا قد أهملت في هذه الأنظمة، وإن العديد من السعوديين ممن هم معنيون بالأساس بالإصلاحات ، لم يتمتعوا بأي قدر من المشاركة السياسية الأوسع فقد وصف أحد زعماء المعارضة في السعودية (الشيخ حسن الصفار) هذه الأنظمة الثلاثة بأنها لا تنسجم وتطلعات الشعب، إذ إنها تجاهلة، وألغت دوره كلياً في العملية السياسية ، فهو ليس له دور في صياغة هذه الأنظمة ، إذ قامت الحكومة بذلك عبر لجنة سميت بـ(لجنة العشرة) ترأسها وزير الداخلية السعودي، خلافا لما هو متداول في أغلب الدول إذ ينتخب الشعب مجلساً تأسيسياً يمثل كل المناطق، والشرائح، والتوجهات الشعبية، ليقوم بوضع الأنظمة الأساسية للبلاد، كما إن هذه الأنظمة تحكم على المواطنين تجميد عقولهم، ومنعها من التفكير في أي شأن من شؤون حياتهم العامة، إذ لا رأي لهم في إختيار الملك الذي يحكمهم ، والملك الذي سيحكمهم في المستقبل (ولي العهد) ، أو في إنتخاب الأمير الذي يدير منطقتهم ولا نائبه أو إختيار النواب الممثلين للشعب في مجلس الشورى أو مجلس المقاطعة. ولا تعطي للمواطنين حق إبداء الرأي أو تشكيل الأحزاب والمنظمات والنقابات الشعبية، فكل شيء بيد الحكومة، ولا دور أو مجال للمواطنين، بل يرى الشيخ الصفار إن هذه الأنظمة هي تقنين للواقع، وإصباغه الشرعية الدستورية، وإن الملك إعترف بذلك صراحة في خطبته التي أعلن فيها الأنظمة بتاريخ 1992/3/1، إذ قال: ((إن هذه الأنظمة الثلاثة إنما هي توثيق لشرع قائم وصياغة لأمر واقع معمول به)).[1]

كما رأت المعارضة في السعودية وبواسطة العرائض التي تقدمت بها خلال الأعوام (1990-1992) إن النظام الأساسي قد أغفل الإعتراف الصريح

([1]) تصريح الشيخ (حسن موسى الصفار) لجريدة القدس العربية بتاريخ 8/رمضان/ 1412 هـ نقلاً عن: محمد عبد المجيد، السعودية بين الإستبداد والديمقراطية، مؤسسة الرافد للنشر والتوزيع، 1996، ص 83،

بالحقوق الأساسية للمواطنين ، رغم وجود إشارة عامة إلى إحترام حقوق الإنسان، ومن أهم الحقوق التي تم إغفالها، هي حرية الأفراد في العقيدة، وحرية الرأي والتعبير في القضايا بما فيها القضايا السياسية، كما أغفلت الأنظمة الصادرة حرية المواطنين، وحقهم في المشاركة السياسية والنشاط السياسي خارج الإطار الحكومي. كما نص النظام الأساسي على إلحاق وسائل الإعلام المحلية بالدولة، ويفرض عليها سياستها بموجب المادة (39)، وفي ذلك خرق واضح لحرية المواطنين في التعبير عن آرائهم خاصة القضايا التي لا تنسجم مع السياسات الحكومية. كما لم ينص النظام الأساسي، ونظام مجلس الشورى على الحصانة السياسية لأعضاء مجلس الشورى، وأعضاء مجالس المناطق والحصانة القضائية للقضاة، وإلحقهم وظيفيا بنظام الخدمة المدنية، الأمر الذي يسمح بإتخاذ إجراءات إدارية ضدهم، وهو ما يخالف الأنظمة الدستورية المتعارف عليها في العالم. كما لم يتم الإشارة إلى إن النظام الأساسي هو الحاكم على قوانين البلاد الحالية، والتي ستصدر في المستقبل، أو على كون نصوصه حاكمة ومقيدة لصلاحيات الملك وولي العهد، كما إن المادة التي وضعت نظام الحكم أوضحت إنه ملكي، لكنها أغفلت الإشارة إلى إنه دستوري ، الأمر الذي يشير إلى إن النظام الأساسي يقر بالوضع السابق لنظام الحكم بعُده ملكيا مطلقاً.[1] وبذلك تُعَد قضية الإصلاحات والحياة الدستورية من القضايا موضوع الخلاف الدائم بين المعارضة والسلطة في السعودية، إذ حصل رفض واضح في المجتمع السعودي تجاه هذه الإصلاحات ، خاصة إن العديد من السعوديين رأوا بأنهم لم يحصلوا على أي قدر من المشاركة السياسية.[2]

([1]) محمد عبد المجيد، مصدر سبق ذكره،ص ص 74-83 ،وأنظر كذلك: قيس محمد نوري،و مفيد الزيدي، مصدر سبق ذكره، ص ص 64-68.

([2]) راجع الفصل الثاني/ المبحث الأول (المطالب الشعبية).

سادسا ـ سلطنة عُمان

فيما يخص الإصلاحات التي تتعلق بسلطنة عمان في المجال الدستوري نرى إن النظام الأساسي الصادر في العام 1996، لم يقر ممن قبل جمعية تأسيسية، منتخبة بل حتى عندما يتم تصنيف أنظمة دول مجلس التعاون الخليجي من حيث وضعها الدستوري، تُعدّ عمان إلى حد هذا الوقت الحاضر بأنها لا تملك دستور، بل نظام أساسي،[1] وإن تسميته بـ(النظام الأساسي) ، وليس بـ (الدستور) يعكس صفته المؤقتة، وطريقة صدوره ، إذ إنه صدر بشكل منحة من الحاكم، إذ إن الشعب لم يسهم في وضعه سواء بشكل مباشر (جمعية تأسيسية منتخبة) أو بشكل غير مباشر عن طريق إجراء إستفتاء عام حوله. وبذلك أصبح الحاكم هو مصدر السلطات، والمحدد لإطار حريات وحقوق المواطنين، ويترتب على ذلك نتيجة خطيرة، وهي إن الحقوق التي يرد النص عليها في الدستور تظل من إختصاص الحاكم، وله على الشعب سلطة مطلقة لا تخضع لأي قيود.[2] كما إن لهذا النظام مرونة تجعل تعديله لا يتطلب أية إجراءات، فوفقاً للمادة (81) من هذا النظام التي تنص على إنه ((لا يجري تعديل هذا النظام إلا بنفس الطريقة التي تم بها إصداره))، وهذا يعني إن هذا النظام قد أعطى للسلطان وبالإرادة المنفردة حق تنقيحه وتعديله بدون الرجوع إلى أية سلطة أخرى.

كما إن التطور السياسي الذي أجري في البلاد، والمتمثل في إنتخاب أعضاء مجلس الشورى بعد أن كان يتم تسمية أعضائه من قبل السلطان ، فلا يمكن عدّ الإنتخابات التي حدثت هي غاية في حد ذاتها، وإنما وسيلة لأجراء إصلاحات أخرى وهذا لا يحدث إلا بتوسيع صلاحيات مجلس الشورى المنتخب ذاته، وأن لا يقتصر دوره على الدور الإستشاري، إذ ما تزال قرارات المجلس

([1]) أنظر: عبد الخالق عبد الله، البعد السياسي للتنمية البشرية: حالة دول مجلس التعاون الخليجي، مصدر سبق ذكره، ص 102.

([2]) حول طرق إصدار الدساتير (الديمقراطية ، وغير الديمقراطية) أنظر: حسان محمد شفيق العاني، مصدر سبق ذكره، ص ص 184-191.

تمثل توجهات غير ملزمة ترفع إلى السلطان، وذلك لكونه ليس من صلاحياته الإصدار النهائي للقوانين، فكان من الضروري أن يتم توسيع صدور إختصاصات هذا المجلس ليرتقي إلى حق التشريع ، والرقابة، وليس مجرد الدور الإستشاري وأن يشمل إهتمام المجلس القضايا والأنشطة جميعها بما فيها القضايا السياسية والخارجية، والدفاعية، ومثل هكذا تطور يقتضي تطوير الأجهزة الحكومية، وذلك عن طريق الفصل بين السلطات الثلاث التنفيذية ، والتشريعية، والقضائية، وتعيين رئيس للوزراء ووزيرين للخارجية والدفاع من خارج الأسرة الحاكمة كي يمكن مسائلة الوزراء لهذه الوزارات المهمة، وتقديم إستجوابات في القضايا التي يعرضها نواب الشعب، والحق في طرح الثقة في الحكومة أو في أحد وزرائها. [1]

([1]) محمد السعيد أدريس، مجلس التعاون الخليجي 2000-2001، مصدر سبق ذكره، ص217.

المبحث الثاني

العوامل الاجتماعية

والثقافية والاقتصادية

تتأثر التجربة السياسية في أية دولة من الدول بعدة عوامل ترجع في أصولها الى أسباب اجتماعية واقتصادية او سياسية، ولا تخرج التجربة السياسية في دول مجلس التعاون الخليجي عن المعادلة السابقة , فهنالك مجموعة من العوامل المؤثرة في تجربتها الإصلاحية الوليدة , ترجع بعضها إلى النصوص الدستورية ذاتها , والبعض الأخر يعود الى عوامل ثقافية او اجتماعية , او مصالح سياسية ضاغطة لتحقيق طموحات معينة , وبما إننا قد تناولنا خلال المبحث السابق معوقات الإصلاح السياسي في تلك الدول فيما يخص ضعف الإطار القانوني والدستوري فيها . سنخصص الصفحات القادمة لبحث معوقات الإصلاح الأخرى في جانبها الاجتماعي والثقافي والاقتصادي.

أولا :الأسر الحاكمة

إن مسار الإصلاح السياسي في دول المجلس التعاون الخليجي يصطدم بضخامة مصالح الأسر الحاكمة , وعدم وجود الرغبة الحقيقية في الإصلاح وما يترتب على ذلك من ضعف مكانة ومصالح هذه الأسر وما تمتعت به طوال السنوات السابقة من مراكز عليا ورواتب, ومخصصات, وعطايا , وخدمات , وما يتمتع به بعض أفرادها من قدرة على امتلاك الأراضي الشاسعة , فضلاً عن المكانة السياسية التي يتمتعون بها هولاء والتي تعطيهم الأولوية في تولي المناصب والوظائف العامة وفقاً للأولوية الاجتماعية المفروضة بقوة البروتوكول الرسمي (الشيوخ قبل الوزراء) , كما أصبح من المعروف سيطرة أبناء الأسر الحاكمة على وزارات السيادة (كرئاسة الوزراء , والخارجية , والداخلية , والدفاع , والأمن والنفط), أو غيرها من الوزارات التي يمكن عن طريقها

الحصول على المزيد من الثروة والنفوذ والنفط , او وضع أفراد من الأسر الحاكمة في المراكز الأولى في المناطق التي تتمتع بأهمية عسكرية أو أمنية أو مالية[1] وانطلاقا من مكانتها هذه كونها أسر مالكة وحاكمة , فإنها تعد المواطنين رعايا , وان من حقها التاريخي الموروث أن تتصرف كما تراه مناسباً , مما أفرز تطوراً ملحوظاً باتجاه الملكيات المطلقة , والاستبداد السياسي الذي يعاد إنتاجه باستمرار عبر المزيد من هيمنة أفراد الأسر الحاكمة على السلطة , والمال العام والأراضي , وعدم استعدادهم لتطوير الوضع السياسي . بحيث يشترك معهم فئات اجتماعية أخرى[2] وبذلك يبدو إن هنالك معوقاً كبيراً للإصلاح و الديمقراطية مرتبطاً بعناصر من الأسر الحاكمة في هذه الانظمة التي تسودها وتطغي عليها رؤية او عقلية لا تزال متمسكة بالماضي , وهي عقلية ملكية الجميع , بمعنى إن البلد , ومن فيها من مواطنين وأرض , وموارد , ومؤسسات هي ملك خاص لتلك الأسر.

كما إن هنالك معوق آخر , والذي يعد أكثر فاعليةً وتأثيراً ضد الإصلاح من المعوق السابق , والذي يتمثل بالقوى المتنفذة في أجهزة الدولة ومؤسساتها وخاصة في مستوياتها العليا , وحول عدد من العناصر القيادية في الدولة , هذه القوى المتنفذة هي ذات امتدادات مناطقية , وترتبط بعائلات معنية من مدن وقرى محددة , رغم إنها ليست بالضرورة ممثلة لها أو لأهلها هذه القوى أخذت تستحوذ على النفوذ والسياسات , وتوزيع المناصب داخل الهياكل الحكومية, ومن ثم أصبحت هي التي تعد , وترسم وتنفذ سياسات الدولة , وخاصة الداخلية منها كما إن هذه القوى المتنفذة هي التي تنعم بمكتسبات الدولة وخدماتها , فهي تحصل على مرتبات ومخصصات عالية , وتعليم عالي وخاص , وخدمات صحية عالية , كما تحصل في مناطق سكانها على خدمات بلدية لا يمكن إن تكون في أي

---

[1] علي خليفة الكواري، الخليج العربي والديمقراطية: نحو رؤية مستقلة لتعزيز المساعي الديمقراطية، مصدر سبق ذكره، ص97.

[2] عبد الرحمن النعيمي , مصدر سبق ذكره , ص 96 .

من الأحياء الأخرى غير المشغولة بتلك الفئات وعناصرها , لذلك فإن تلك الفئات والعائلات , وقواها المتصلة بها لن تكون مع الإصلاح , بل إنها ستكون العائق الأكبر لربما في هذا الاتجاة[1] خاصة إذا علمنا إن طبيعة حكم الأسر الخليجية الحاكمة يقوم على أساس مبدأ التضامنيات غير الرسمية , والتي تعني : تلك القوى الاجتماعية المتضامنة التي لا تعبر عن نفسها إلا ضمن مؤسسة الحكم بواسطة رءوساء معينين أو محددين تعترف بهم الدولة , كشيوخ القبائل التي تتعامل معهم الحكومات الخليجية على المستوى المحلي , او كبار التجار ورؤساء العائلات التجارية كما تمثلهم عادة غرف التجارة، والصناعة , او قادة الطوائف الدينية كالشيعة، والاباضية , والسنة , والزيدية , او الطبقات الوسطى التي تتعامل معهم الحكومات على أساس عائلي أيضاً . وتختلف أنظمة دول مجلس التعاون في درجة مأسسة التضامنيات القبلية في نظم حكمها , فهي تتخذ الصفة العرفية في الكويت والسعودية , والرسمية في عمان والإمارات , وشبه الرسمية في قطر والبحرين،[2] ففي الكويت لا تزال تمثل البيروقراطية , ومجلس الأمة والعمل الدبلوماسي أحد مصادر التجنيد النخبوي بواسطة الدعم الحكومي الذي تقدمه الحكومة لبعض الفئات الموالية لها في إثناء مدة الترشيح للانتخابات وخاصة ما يطلق عليهم تسمية (نواب الخدمات) في مجلس الأمة أو في الانتخابات التي تمارس في الهيئات الأخرى كالمجالس البلدية , او غرف التجارة والصناعة .. الخ. وفي السعودية يتم التعيين في مجلس الوزراء , ومجلس الشورى , وفي الأجهزة البيروقراطية فيما يخص المراتب العليا , بشكل انتقائي وهذا ما جعل التشكيلة الكبرى في هذه الأجهزة تفد من مناطق وعائلات معينه على حساب مناطق أخرى تكون خارج التمثيل أصلا على الرغم من وجود أهل الاختصاص والقدرة من أهلها , وهذا ما يجعل نمط العلاقة التي تربط الملك ببقية

---

(1) متروك الفالح , المستقبل السياسي للسعودية في ضوء 11 / 9 : الإصلاح في وجه الانهيار والتقسيم , قضايا الخليج ,ص 15 ، www . gulf ssues . net, 2005/12/23

(2) أنظر : د . خلدون حسن النقيب , المجتمع والدولة في الخليج والجزيرة العربية (من منظور مختلف)، مصدر سبق ذكره , ص ص 149 - 150 .

الوزراء , وكبار موظفي الدولة , ومجلس الشورى , وباقي المؤسسات المدنية والعسكرية , تقوم على الاختيار الذي يعتمد الولاء أساسا ثم الكفاءة , والتخصص والخبرة , والمؤهل ثانياً[1] .

وفي الإمارات تشكل روابط القرابة والتحالف معياراً مهماً في عملية التجنيد السياسي للنخب الحاكمة, ويتضح ذلك عن طريق القبائل , والعشائر والأسر التي مثلت مصادر لتجنيد أعضاء النخبة في المجلس الوطني الاتحادي والذي يتم تعيين أعضائه من قبل حكام الإمارات السبع المكونة للاتحاد , والذي ارتبط تمثيلهم بشكل أساسي بمدى ولائهم وتحالفهم مع الأسر الحاكمة , مع تعاظم جماعة التجار كفئة مؤثرة في المجتمع من حيث كونها إحدى المصادر الرئيسية لتجنيد النخبة.[2]

وفي البحرين يتم تجنيد النخبة عن طريق ثلاث آليات , وهي : الوراثة التعيين ,الانتخاب , خاصة بعد أن استحدثت البحرين في تجربتها التشريعية الأخيرة مجلس للشورى (معين) الى جانب مجلس للنواب (منتخب) , والمجلس الأول موازي للمجلس الأخير في عدد أعضائة , وفي صلاحيات التشريعية , لذا تستطيع السلطة وبفضل هذا المجلس المعين أن تستوعب مختلف القوى والعناصر الموالية لها. وفي قطر يتم توظيف عناصر من هذه التضامنيات في مؤسسات الدولة، فهي أما في الحكومة أو مجلس الشورى ، أو المجلس البلدي، كما إنها تمثل المستودع البشري لتوظيف أفراد الجيش والشرطة[3] أما عمان وعن طريق تجربتها في مجال اختيار أعضاء مجلس الشورى , والتي بدأت منذ العام 1992 التي تتم عن طريقة تزكية أفراد المحافظة لعدد من الأعضاء ثم يتم الاختيار من قبل السلطان استطاعت وبفضل هذه الوسيلة في تجنيد عدد من العناصر والفئات التي تنتسب إلى عائلات وقبائل معنية فضلاً عن وجود مجلس الدولة الذي تم

([1]) د . محمد بن صنيتان , مصدر سبق ذكره , ص ص 53 - 95 - 96 .

([2]) أنظر : نفس المصدر , ص ص 49 - 50 .

([3]) د . خلدون حسن النقيب , المجتمع والدولة في الخليج والجزيرة العربية (من منظور مختلف) , مصدر سبق ذكره , ص ص149- 150 .

استحداثه في العام 1996 , وهو مجلس معين بأكملة من قبل السلطان فيتم عن طريق هذا المجلس تعيين الأعضاء المعروفين بالولاء للسلطان أولاً ثم النخب الأخرى من ذوي الكفاءات ثانية.(1)

وبذلك يمكن القول إن تطابق مصالح هذه القوى المتنفذة , والمتعاضدة والمتحالفة مع مصالح الأسر الحاكمة , والرغبة في استمرار الحصول على الامتيازات السياسية , والاقتصادية , والاجتماعية يشكل العامل الحاسم والمحوري في الوقوف بوجه عملية الإصلاح السياسي , وإشراك فئات احتماعية أخرى في العملية السياسية على الرغم من دعوات تلك الأسر, وتأكيدها المستمر على مسألة الإصلاح في أبعاده المختلفة السياسية والاقتصادية , إلاأنها تقف بوجه أية دعوات إصلاحية حقيقية توجه إلها سواء كانت تلك الدعوات من داخل هذه الأسر الحاكمة او خارجها بل تلجأ أحياناً الى وسيلة الاعتقال والمواجهة .

ففي قطر , وبعد الإعلان عن الدستور الجديد لعام 2003 , اعتقلت السلطة الكاتب الإسلامي في جريدة الراية (عبد اللـه العمادي) على أثر كتابته لمقالة بعنوان (لا للدستور) , والذي ركز فيها على سلبيات الدستور , وضرورة الإصلاح(2) كما اصدرت محكمة سعودية حكماً بالسجن في 15/آيار/2005، على ثلاثة من الإصلاحيين طالبوا بإصلاحات دستورية شاملة في المملكة تضمن مشاركة شعبية بواسطة برلمان منتخب يعترف بالحقوق السياسية، والثقافية والإقتصادية، والإجتماعية للمواطنين، والفصل بين السلطات الثلاث، وقد إتهم الرجال الثلاثة بالدعوة إلى قيام ملكية دستورية، وإستعمال مصطلحات غربية في طلبهم لإجراء تغييرات سياسية في المملكة، وكان المتهمون الثلاثة بين مجموعة من (12) شخصاً اوقفوا في 16/آذار/2004، وقد أفرج لاحقاً عن ستة منهم بعد أن تعهدوا بالإمتناع عن إطلاق دعوات علنية للإصلاح، كما أفرج عن ثلاثة

---

(1) أحمد تركي , السلطات والقبيلة يحددان مصير عمان , www . islam on line . com.2000/12/25

(2) صحيفة الراية القطرية 29 / 4 / 2003 .

آخرين في نهاية الشهر نفسه.[1] وقد أنكر وزير الداخلية السعودي (نايف بن عبد العزيز) على وزيرة الخارجية الأمريكية (كوندوليزا رايس) حق التحدث عن هؤلاء الإصلاحيين في محاضرة ألقتها في الجامعة الأمريكية في القاهرة، إذ قالت "إنّ مواطنين شجعان في السعودية يطالبون بحكومة قابلة للمسائلة"، وأضافت :"ان المملكة إتخذت بعض الخطوات الأولى بإتجاه الإنفتاح تمثلت بالإنتخابات البلدية الأخيرة، لكن كثيرين من الناس مازالوا يدفعون ثمناً غير عادل لممارسة حقوقهم الأساسية"، وقد أجاب وزير الداخلية السعودي على هذه التصريحات "أعتقد إنّ هذا شأن داخلي ليس لأحد الحق في أن يتحدث فيه"[2]. أما وزير الخارجية السعودي الأمير (سعود الفيصل) فقد قال في مؤتمره الصحفي المشترك مع (رايس) في الرياض " لا أدري ما هو الخلاف أو الكلام عن الإسراع في عملية الإصلاح، فالخلاف لا معنى له، والتقييم مهم جداً لكل دولة للإصلاح بالنسبة لشعبها بنفسها"[3].

أما في عمان فقد ألقت قوات الأمن على نحو (مئة) شخصاً في كانون الثاني/2005 بينهم أساتذة جامعيون، وزعماء دينيون رداً على تنامي الدعوات للإصلاح السياسي، ورغم الإفراج عن معظم المعتقلين بعد أيام او أسابيع، إلاّ إنّها وجهت تهمة تهديد الأمن القومي إلى (31) شخصاً منهم، وقدموا للمحاكمة أمام محكمة أمن الدولة في آيار/2005، وأدين جميع المتهمين، وصدرت ضدهم أحكام تتراوح بين 1-20 سنة، وتم إطلاق سراحهم في حزيران/2005، بموجب عفو من السلطان.[4]

---

(1) فقد حكمت المحكمة بالسجن تسع سنوات على الدميني، وسبع سنوات على عبد الله الحامد، وست سنوات على متروك الفالح، القدس العربي، 2005/6/3.

(2) شبكة راصد الإخبارية، 2005/6/30.

(3) السعودية ترفض إنتقادات رايس في مجال حقوق الإنسان، صحيفة الوطن، 2006/6/21.

(4) حقوق الإنسان- (عمان) الحكم الرشيد، برنامج إدارة الحكم في الدولة العربية، مصدر سبق ذكره، ص3.

أما فيما يخص دعوات الإصلاح داخل الأسر الحاكمة نفسها، فهي غالباً ما تواجه بالضغط والقوة، كما هو الحال في دعوات الأمير (وليد بن طلال)، أحد أفراد الأسرة المالكة في السعودية، ودعوات والده الأمير (طلال)، والذي تبدو أكثر الأصوات داخل الأسرة إرتفاعاً في إطار التوجه الإصلاحي، فالأمير (طلال بن عبد العزيز) كان ولا يزال في الكثير من مقابلاته وتصريحاته يدعو إلى تطوير وإصلاح المؤسسات السياسية في السعودية. أما الأمير (الوليد بن طلال)، فيؤكد دائماً على ضرورة السماح للناس بالحديث بحرية، وبمشاركة أكبر في العملية السياسية، ويرى إنّه كلما تمت عملية إنتخاب أعضاء مجلس الشورى بسرعة كان أفضل للمملكة، كما إنّه يفضل إلغاء المخصصات الملكية السنوية، والتي قال: إنّها تصل إلى 180.000 دولار أمريكي[1]. إلاّ إنّ حديث الأمير عن الإصلاح والديمقراطية بدأ بالتراجع، وأخذ الأمير يتجنب في مقابلاته التلفزونية الخوض في الشأن الداخلي، ويرى بأنّه هنالك ثلاثة أشخاص (فقط) مسموح لهم بالحديث في هذا الموضوع، وهم: الملك الراحل (فهد) والأمير (عبد الله) الملك الحالي، والأمير(سلطان بن عبد العزيز) ولي العهد الحالي[2]. وبعد أحداث الحادي عشر من سبتمبر/2001، وما أرتبط بذلك بما سمي (بالحملة الأمريكية) على الإرهاب وعلى السعودية، رأى الأمير (وليد بن طلال). "إنّ معالجة الأزمة يجب أن يتم من طرفها الخارجي (الأمريكي تحديداً)، مع ضرورة إستعمال ضغط المجتمع المدني العربي، وعن طريق شركة للعلاقات العامة تؤمن الدخول إلى الساحة الأمريكية". رغم علم الأمير بأن مؤسسات المجتمع المدني هي ليست موجودة في عدد من البلدان العربية، ومنها بالذات السعودية[3]. هذه المواقف المتغيرة تجاه عملية الإصلاح من قبل بعض أمراء الأسرة المالكة في السعودية تدل على وجود ضغط من قبل بعض أفراد هذه الأسرة الذين يرون في فكرة الإصلاح والمشاركة

---

(1) متروك الفالح، المستقبل السياسي للسعودية في ضوء 9/11 ، مصدر سبق ذكره، ص17.

(2) برنامج بلا حدود بتاريخ 2000/12/6، قناة الجزيرة الفضائية، www.aljazeera.com

(3) برنامج بلا حدود بتاريخ 2002/1/23، قناة الجزيرة الفضائية www.aljazeera.com

تهديداً لمصالحهم السياسية والإقتصادية، ويرفضون الحديث عن الموضوع، كبعض مواقف السديريون[1]. والذي يمثل الأمير (نايف بن عبد العزيز) أحد رموزهم، فنرى ردة فعله على حديث الملك الراحل (فهد) في إفتتاح دورة مجلس الشورى في العام 2003، والذي ألقاه بالنيابة عنه الأمير عبد اللـه (الأمير الحالي)، والذي كان فيه لغة جديدة، ووعود بالإصلاح والمشاركة الشعبية، إلاّ إنّ الأمير نايف حذر بعد الخطاب الملكي من إساءة فهم ما جاء في هذا الخطاب الأمر الذي يدل على صعوبة تقبل فكرة الإصلاح السياسي في هذه الأنظمة في ظل إستمرار هذه العقلية الرافضة للتغيير والمشاركة الشعبية[2].

ثانياً: العامل الديني:

كما إن مسار التحول الديمقراطي، والإصلاح في دول المجلس يصطدم بعد مسألة السلطة، بالميراث الضخم الذي قامت عليه هذه الدول منذ عهد مؤسسيها المرتبط بإعتماد الشريعة الإسلامية ومقتضياتها كأساس للحكم، وبما أن الديمقراطية الغربية كمنهج للإصلاح هي ليست الشورى الإسلامية، فواحدة من المفاهيم التي قام عليها الإصلاح في الغرب، هي: العلمانية، أي فصل الدين عن الدولة، لذلك "هنالك جدار صلب من التعارض والتناقض بين المنهجين، على أساس إنّ الديمقراطية تتطلع إلى مصالح الدنيا فقط، فيما الإسلام يتطلع إلى مصالح الأخرة بأفعال دنيوية وفق منطلقاته الذاتية من دون غيرها من المدخلات" ويرى الباحث (فتحي العفيفي)، إنّ محاولة التحايل الأديولوجي للخروج بمفاهيم من قبل القول بـ(ديمقراطية إسلامية) وفق ما نص عليه، أو ما نصت عليه بعض

---

(1) السديريون: هم أبناء (عبد العزيز أل سعود من حصة بنت أحمد السديري)، وتجمعهم يضم (فهد، سلطان، عبد الرحمن، نايف، سلمان، أحمد، تركي)، وقد صعد هذا الجناح إلى السلطة بقوة بعد إزاحة الأمير فيصل للملك سعود في العام 1962، وعين أفراده في أهم المناصب في ذلك الوقت، ويعد هذا الجناح هو المسيطر فعلياً على معظم أجهزة الدولة، وأن عدد السديريين الأشقاء (سبعة) قد أهلهم لتولي هذه المناصب، إذ ليس هنالك جناح واحد من الأشقاءأي من أبناء عبد العزيز ال سعود زاد عن الثلاثة.

(2) سعيد الشهابي، مصدر سبق ذكره، ص3.

الدساتير التي صدرت حديثاً في هذه الدول، [1] يعني دخول السلطة والشعب إلى نفق مظلم من اللاحسم الحضاري والسياسي حول (التراث/ العصرنة) (الدين والسياسة/ العلمانية)، فالفكرة مقبولة إذا كانت تعني: العدل، والمساواة ومرفوضة شعبياً، إذا كانت تعني العلمانية والتغريب، التي ليس من السهل على حكومات هذه الدول زرعها في مجتمع إسلامي تقليدي متدين بالفطرة، لذلك فإن هذه الأنظمة لن تقدم في إتجاه (علمنة الإسلام)، وأن يتحول الإسلام إلى الأنزواء في المساجد، ودور العبادة ، وهي إن فعلت ذلك تكون قد تخلت عن الثوابت والجذور. [2] لذا غالباً ما تواجه هذه الأنظمة معارضة غلاة النهج السلفي، وذلك لإتخاذها أنماط سياسية وأديولوجية غربية لا تتوائم مع طبيعة المجتمعات الخليجية، ويرون أصحاب هذا النهج إن الثوابت الألهية (القرآنية) هي أساس آية علاقة إنسانية، وليس للدولة الحق في إبتداع حقوق جديدة أو مشاريع مبتكرة سواء على مستوى الحريات السياسية أو الأحزاب أو التعددية. [3] فهو تيار معادٍ للدستورية والديمقراطية ، وينظر إليها على أساس إنها بدعة مستوردة ، ويدعو للعودة إلى التراث الذي يستلهم منه تصوره الخاص للدستورية والديمقراطية. إلا إنه في المقابل لا تستطيع هذه الأنظمة أن تتجاوز هذا التيار لما يمارسه من نفوذ إستثنائي في القضاء الشرعي ، وفي محاكم الأحوال الشخصية ، كما يمارس نفوذاً كبيراً وبدرجات متفاوتة في أنظمة دول المجلس على الأجهزة الرقابية في

---

[1] فالدستور القطري الصادر في العام 2003، ينص في مادته الأولى ((قطر دولة عربية ذات سيادة مستقلة ، دينها الإسلام، والشريعة الإسلامية مصدر رئيس للتشريع، ونظامها ديمقراطي)). أو كما جاء في دستور مملكة البحرين لعام 2002، ينص على((نظام الحكم في البحرين ديمقراطي)). م (1) ((الشريعة الإسلامية مصدر رئيس للتشريع)). م. (2) وكذلك في الدستور الكويتي لعام 1962 ، الذي يؤكد إن ((نظام الحكم في الكويت ديمقراطي والسيادة فيه للأمة مصدر السلطات جميعا)).م (6) ،والمادة (2) تؤكد إن ((دين الدولة الإسلام، والشريعة الإسلامية مصدر رئيس للتشريع)).

[2] أنظر: فتحي العفيفي، "الديمقراطية والليبرالية في الممارسة السياسية لدولة قطر"،المستقبل العربي ،العدد(298)،بيروت،كانون الاول2003،ص ص 59 - 60.

[3] ديفيد لونج، التوجه الإسلامي وأمن الخليج في القرن الحادي والعشرين، في: أمن الخليج في القرن الحادي والعشرين، مصدر سبق ذكره، ص 182.

مؤسسات وسائل الإعلام، فضلا عن دوره التوجيهي على الخطباء وأئمة المساجد، كالتيار السلفي في السعودية الذي يمثل إحدى مؤسسات الحكم التي تختص بالقضاء الشرعي، والأفتاء (المؤسسة الدينية الوهابية)، وكذلك بالنسبة (للمؤسسة الدينية الأباضية) في سلطنة عمان.[1]

فأخطر تحدٍ تعرضت له السلطة السعودية يتمثل في سياسية التجديد التي تبنتها هي نفسها، وهو خطر ناجم من إن التجديد قد ينتج عنه في نظر العلماء، والفقهاء إدخال بعض المبادىء والقيم الغربية التي تتنافق مع القيم الإسلامية والشريعة، وموقف التيارات الدينية في هذا المجال هو الموقف الأكثر تصلباً، إلا إن الحكومة السعودية نجحت إلى حد بعيد خاصة منذ مدة سبعينات القرن العشرين في سياستها التجديدية في الميادين الإقتصادية، والإجتماعية في كل البلاد، وأبرزت التجربة السعودية بفضل هذه السياسة التجديدية إن الإسلام لا يتنافق ولا يتضارب مع التجديد، وإنه بالإمكان إدخال التجديد في الحياة الإقتصادية والإجتماعية مع الحفاظ على القيم الروحية والدينية للبلاد، ولقد تمكنت الحكومة السعودية من التوفيق هذا بفضل إسهامات المؤسسة الدينية في وضع هذه السياسة التجديدية ومراقبة إنجازها، إذ إنها تعتمد وبشكل مغالى به حين تدهمها الأزمات المحلية اللجوء إلى تلك المؤسسة ، إذ لم تستطيع الأسرة المالكة في السعودية من صياغة مشروع إصلاحي جديد مستقل عن المؤسسة الدينية، حيث توفر الأخيرة مصدراً للمشروعية، وإستطاعت المؤسسة الدينية في السعودية الإستفادة من تردد رجال الحكم في هذا المجال لتعميق دورها القوي داخل الساحة السعودية، وتثبيت مكانتها كطرف مؤثر في أي عملية إصلاحية منتظرة.[2] وبذلك لا تستطيع الحكومة السعودية أن تتجاوز دور هذه المؤسسة أو أن تضع إطار إصلاحي خارج رؤية وتصور هذه المؤسسة إذ تبني الأخيرة قوتها على أدوات فعالة أهمها: ربطها قضية الفكر والممارسة السياسية بمنهج التدين، والثواب

(1) خلدون حسن النقيب، الخليج..إلى أين؟، مصدر سبق ذكره، ص ص42-43.

(2) أنظر: الصادق بلعيد، مصدر سبق ذكره، ص ص 668- 669.

،والعقاب، وعدّها الموقف السياسي جزءاً من الدين، وكذلك قيامها بنشر الفكر السياسي الخاص بها خارج دائرة الصفوة، مما أعطاها هيبة شعبية فرضت على الجهات السياسية الأخرى التعامل معها بإهتمام. وتتلخص رؤية هذه المؤسسة في مجال الإصلاح بأن الحوار مع التيارات الأخرى من ليبرالية أو غيرها بأنه حوار غير شرعي، إذ في نظرهم كيف يمكن إدارة حوار مع من يقبل بحكم غيرما أنزل الـلـه ، ومع من يرى في الطقوس الدينية المرسومة من السماء غير مناسبة ويجب تطويرها أو تغييبها، فالحوار الذي ترغب به هذه المؤسسة مع الأخر هو حوار من طرف واحد، أي دعوة، وتحذير، وليس حوار بين عقليتين مفتوحتين تأتيان للحوار من اجل الفهم والإطلاع على رؤى أخرى قد تقبلها أو ترفضها، وهذا ما يبدو واضحاً في جميع مجالات الحوار التي تمت بين مختلف التيارات السياسية في المملكة، كجلسات الحوار الوطني التي تمت في الرياض ومكة المكرمة والمدينة المنورة ، والتي كانت تواجه بالرفض من قبل الجماعات الإسلامية تجاه كل من يحاول فتح مجال للحوار حول قضايا حقوقية مهمة، كعمل المرأة، وقيادتها السيارة. فرموز المؤسسة الدينية يرون إن الجلوس أمام مائدة مستديرة تكفل لكل الجالسين حولها الحقوق نفسها في الحوار، أمر غير محبذ، ويمثل تجاوزا على إسلامية البلاد. ويرفض التيار الإسلامي إن يكون التعامل معه دونما محاباة أو تمييز، وأن تساوى مع التيارات السياسية الأخرى، فهو يرى إن بقاء النظام وأستقرار البلاد بشكلها الحالي لن يستمر إذا أقصي التيار الإسلامي عن دوره الرئيس في اللعبة السياسية الوطنية.(1)

وفي سلطنة عمان هنالك بعض الأفراد الذين لا يتفقون مع كل ما تفعله الحكومة العمانية، وبالأخص التوجه الليبرالي لها في بعض الجوانب فقد أقدمت الحكومة العمانية في العام 2005 ، على إعتقال مجموعة من الأشخاص، شملت مثقفين وكوادر أخرى يقدر عددهم بـ(العشرة) معظمهم من الإباضيين ، بعد أن

---

(1)عبد العزيز الخميس، المؤسسة الدينية في السعودية: التيارات ، التفاعلات، الخيارات الإصلاحية، www.alhramain.com ,20004/8/24

أشارت المعلومات على وجود خطة لتعطيل (مهرجان مسقط الثقافي) لذلك العام وهو مهرجان للتسوق ، وإقامة حفلات موسيقية ، ولعب أطفال، وهذا ما يدل على وجود عنصر مؤثر في العملية الإصلاحية والليبرالية في هذه الدولة، إلا وهو وجود المحافظين بين الإباضيين الذين يشتكون من هذا التوجه ويعارضونه، وفي نفس الوقت تتعامل الحكومة مع هذا الموقف بحساسية شديدة.[1]

كما إنّ التغيير يشكل تهديداً لمختلف شرائح السكان في منطقة الخليج العربي، وخاصة أولئك الذين ينتظرون إلى التغيير على إنّهُ يمثل تحدياً لهويتهم الإسلامية، والعربية، والقبلية أو حتى مصالحهم. ففي قطر، وعلى أثر منح الحكومة القطرية وفقاً لقانون المجلس البلدي لعام 1998، الحق للمرأة القطرية التنافس على مقاعد المجلس البالغ عددها (29) مقعداً، قام السيد (عبد الرحمن النعيمي) (الأُستاذ في جامعة قطر)، وهو من الإسلاميين المتشددين، بتسليم عريضة تضم توقيع (18) شخصيةً إلى مجلس الشورى القطري، ترفض إنخراط المرأة في الحياة العامة على النمط الغربي على أساس إنّ هذه السياسة تؤدي إلى إتساع مجالات عمل المرآة، وسطوتها على فرص الرجل، والذي قد يرى نفسه مضطراً للتقاعد فيما زوجته تعمل في المستقبل، وهذا يُعّد بنظرهم إخلالاً بقيم المجتمع القطري وعاداته.[2]
كذلك شهدت الكويت خلافاً إستمر لسنوات عدة داخل مجلس الأُمة بين التيار الإسلامي والقبليين من جهة، والحكومة وبعض النواب الليبرالين من جهة ثانية، إذ عارض التيار الإسلامي المتشدد والقبليين مسألة مشاركة المرأة في الحياة السياسية، وإستمر هذا الخلاف حتى بعد حصول المرأة الكويتية على حقوقها السياسية بتاريخ 16/آيار/2005، وتعيين أول أمرأة كويتية كوزيرة في الحكومة، إذ جمع نائب إسلامي كويتي تواقيع (عشرة) من أعضاء مجلس الأمة

([1]) جي.ايه.بيترسون، موجة العنف الخليجي ستتراجع، www.swissinfo.org,2006/11/9

([2]) أيمن السيد عبد الوهاب، مصدر سبق ذكره، ص 174.، محمد عبد العزيز محمد، مصدر سبق ذكره، ص105.

من الإسلاميين والمحافظين لفتح النقاش داخل المجلس حول تعيين الوزيرة الكويتية (معصومة المبارك)، بهدف أحالة الموضوع، إلى المحكمة الدستورية للفصل في مدى دستورية قرار تعينها، وهي (لا يحق لها الإنتخاب بعد) لأنها لم تسجل كناخبة، وعليها الإنتظار حتى الإنتخابات القادمة التي كان من المقرر أن تتم في شباط/2006 قبل أن يحل الأمير مجلس الأُمة قبل موعد إنتهائه المقرر، إلاّ إنّ الحكومة أكدت دستورية قرار تعينها، وتعالت الأصوات الرافضة من الإسلاميين داخل المجلس بالهتاف والصياح إحتجاجاً على ترديد الوزيرة القسم قبالة أعضاء مجلس الأمة.[1]

ثالثاً : العامل القبلي والإجتماعي:

يُعدّ العامل القبلي من أبرز التحديات التي تواجه عملية الإصلاح السياسي في دول مجلس التعاون الخليجي، فالبنية العشائرية التقليدية لمجتمعات هذه الدول تحول دون الثقافة السياسية المدنية التي تؤدي إلى تكريس الروابط السياسية الحديثة على حساب تلك البنية القائمة على أُسس تقليدية، فالهيكل القيمي لهذا المجتمعات متسق مع الأنظمة السياسية الحاكمة،كون البنية الإجتماعية الإقتصادية لهذا الدول هي بنية تقليدية تعتمد على القبائلية والعشائرية، لذلك فأن فرص إختراقها حضارياً رغم التحولات التي تمت بالفعل لا تزال دون مستوى أحداث التغيير الجذري.[2] فالسلطة الممثلة للدولة والناطقة بإسمها هي في واقع الأمر واحدة من مكونات التركيب الإجتماعي القبلي، ومع الضعف التاريخي لعوامل الإستقرار الحضري أو المدني لم ترى السلطة حاجة إلى بناء أجهزة بيروقراطية أو مؤسسات مركزية محترفة ومنفصلة عن أعراف وتقاليد التكوين الإجتماعي السائد، وكان الحال ولا يزال إلى حد كبير يقوم على أساس تداخل أجزاء هذا التكوين مع مراكز السلطة والإدارة بشكل أفقي لا مركزي، وبقيت هذه الأحوال

---

(1) الحياة ، 2005/6/15.

(2) خلدون حسن النقيب، الخليج... إلى اين؟، مصدر سبق ذكره، ص41.

الإجتماعية السياسية تؤدي دورها في تنظيم علاقة الدولة بالمجتمع، ولم تتأثر بموجه التحديث التي اجتاحت منطقة الخليج بأكملها مع الطفرة النفطية، وظلت هذه الموجه عبارة عن مجرد (قشرة) سطحية، وعجزت عن النفاذ إلى صلب البنى الإجتماعية والثقافية الموروثة، بل إنّ هذه البنى تمكنت من توظيف الكثير من إنجازات التحديث، وأدواته في دعم قوتها، وتثبيت دعائم وجودها، والدلالة على ذلك هو أن كثيرين يرون أن الانتخابات النيابية الدورية، وهي إحدى آليات التحديث السياسي، هي المسؤولة عن تقوية العصبيات القبلية، والفئوية والمذهبية في هذه المنطقة، وذلك بعد أن أخذت كل قبلية تجرى داخلها إنتخابات بطريقة الإقتراع الحر المباشر، والتي تسمى (بالإنتخابات الفرعية) ، وهي إنتخابات غير رسمية للإتفاق على مرشحيها الذين سوف تدعمهم في الانتخابات العامة.[1] خاصة إذا علمنا إن قواعد الإنتخابات الفرعية هي نفسها قواعد الإنتخابات النيابية العامة تقريبا، وهذا ما يؤكد إن التكوينات القبلية التقليدية لديها القدرة على إستيعاب معطيات الحداثة السياسية، وتوظيفها لتكريس إنموذجها القيمي الموروث، وليس بالضرورة يتوافق مع منطق تلك الحداثة السياسية.

وتحظى الإنتخابات الفرعية في هذه الدول بقدر كبير من الجدل السياسي والإجتماعي، والفكري، والآراء بشأنها منقسمة، فهناك من يؤيدها، ويرى فيها بديل جيد يقوم بتوجيه العملية السياسية في ظل غياب الأحزاب، وإنها أداة فاعلة لتوصيل مفاهيم الديمقراطية للتجمعات القبلية، كما إنها تقلل عدد المرشحين، وتسهل الإختيار من بينهم، وتحافظ على الأصوات من التشتت، إلا إن هناك من يرفضها، ويرى في هذا النوع من الإنتخابات ما هو إلا تعزيز للقبلية وتعميق

([1]) الإنتخابات الفرعية: وهي تلك الانتخابات التي تجريها القبائل بين أبنائها الراغبين في الترشيح للإنتخابات، وهي إنتخابات داخلية يجري خلالها التصويت بين ابناء القبيلة لاختيار مرشح أو اثنين ليمثلهم في الإنتخابات البرلمانية، وهدفها إجتماعي بحت، وهو نيل موافقة (الربع) مبدئيا حتى يمكن ضمان أصواتهم عند التصويت، وهذه النوعية من الإنتخابات ما زالت سارية بقوة بين البدو، إلا إنها اختفت في مناطق الحضر.

الإنقسامات بين أفراد المجتمع، فضلا عن عدم دستوريتها. [1] ففي الكويت، وعلى الرغم من وجود برلمان منتخب منذ العام 1963 ، لا تزال للقبائل تأثير غير محدود في أبنائها، وبدلاً من وجود أحزاب سياسية تنشط على الساحة السياسية توجد هنالك قبائل، مثل: قبيلة عجمان، والعتوب، ومطران، هي التي تحتل المشهد السياسي في الكويت بحيث لا تجري الإنتخابات والتصويت على المرشحين للبرلمان على أساس القناعة الفكرية والسياسية ، رغم تأكيد الدستور الكويتي في مادته الثمانون على أن تكون الإنتخابات التشريعية سرية ومباشرة ، وذات مرحلة واحدة ، في حين إن الإنتخابات الفرعية التي تجريها القبائل التي تكاد تختص بها الإنتخابات الكويتية تجري قبل الإنتخابات النيابية مما يؤثر في نتائجها قبل أن تبدأ، بل إن بعض القبائل في الكويت بدأت تتفنن في كيفية توظيف التقنيات العلمية والمعلوماتية المتطورة من أجل التحايل على القانون، وتجنب المسألة ولفت نظر السلطات، وتفادياً لتجمع عدد كبير من أبنائها في أماكن معينة، بدأت باستعمال إسلوب العينة العشوائية (Random sample) إعتماداً على برنامج معلوماتي مصمم على الحاسوب يحتوي كافة البيانات المتعلقة بالناخبين، ليتم عن طريقها الإختيار. [2]

أما في دولة الإمارات العربية المتحدة، فنرى تأثير العامل القبلي بشكل واسع، ولا يقتصر مداه على السلطة التشريعية، وإنما يمتد إلى الكيان الإتحادي ذاته، فالنظام القبلي فيها قوي الجذور، إذ تُعّد القبيلة وحدة سياسية، وإقتصادية وإجتماعية يرتبط أفرادها بروابط القربى والنسب، وقد جرت العادة أن يتم إختيار عدد لا بأس به من زعماء القبائل البارزين لعضوية المجلس الوطني الإتحادي. ويمتد التأثير القبلي في دولة الإمارات ليؤثر في النظام الإتحادي ككل، فهو عامل يعرقل تكوين الشعور بالوحدة الوطنية، إذ يستلزم التقليد القبلي أن يعطي رجال

([1]) إبراهيم البيومي غانم، مصدر سبق ذكره، ص 3.

([2]) حول هذا الموضوع أنظر: الانتخابات النيابية الكويتة خصوصيات، ومفاجأت، مصدر سبق ذكره، ص ص 14-16.

القبيلة ولاءهم إلى الشيخ، ولما كانت الأسر الحاكمة في الإمارات تنتمي أساساً إلى قبيلة معينة تسلمت الحكم في الإمارة، فالولاء لها يصبح ولاء شخصي يعتمد على شخص الحاكم والأسرة التي ينتمي لها، لا إلى الإمارة. كما يؤثر النظام القبلي في الإمارات في عمل السلطة المركزية ذاتها، وذلك برفض الخضوع لها ولقراراتها، إلا تلك النابعة منه، وهذا ما يؤدي بالتالي إلى التقليل من فعالية السلطة الإتحادية وسلطتها على معظم الإمارات.(1) وفي سلطنة عمان وعلى الرغم من إختفاء الدور الحكومي في تعيين أعضاء مجلس الشورى منذ دورته الرابعة لعام 2000، إلا إن الإعتبارات القبلية والعشائرية لا تزال لها الدور الكبير في عملية إختيار المرشحين، وبإعتراف مسؤولين بارزين في السلطنة.(2)

كما تؤدي ظاهرة عدم المساواة بين المواطنين في منطقة دول الخليج العربي دوراً مؤثراً في عرقلة عملية الإصلاح السياسي لا يقل أثره عن العامل القبلي السابق، والتي تشكل المملكة العربية السعودية الحالة الأبرز بين دول المنطقة ، إذ تحرم المرأة من أبسط حقوقها السياسية والإجتماعية ، لوجود مجموعة واسعة من المحرمات المسلطة عليها، ففي المجال العام حظرت الحكومة مشاركة النساء - ترشيحا وتصويتا- في أول إنتخابات تشهدها المملكة، وهي الإنتخابات البلدية التي أجريت في العام 2005، أما في المجال الخاص فلا زالت المملكة تفرض العديد من القيود على حق النساء في السفر وقيادة السيارة.(3) كما إن إستمرار سياسية التمييز الطائفي أو المذهبي في المملكة السعودية، وعدّ الدولة مرتبطة بمذهب محدد من المذاهب الإسلامية من دون غيره، أفرز حالة من عدم المساواة من جهة، وضاعف من تدخل رجال الدين في الشؤون السياسية من جهة أخرى، وقد يدفع إستمرار هذه الظاهرة إلى المطالبة بالإنفصال في بعض المناطق من المملكة، إذ تتمتع جماعة الأمر بالمعروف والنهي عن المنكر

(1) أنظر: عادل الطبطبائي، مصدر سبق ذكره، ص ص382 -385.

(2) أنظر: محمد السعيد أدريس، مجلس التعاون الخليجي 2000-2001 ، مصدر سبق ذكره، ص ص 214- 215.

(3) حقوق الإنسان (السعودية) ، الحكم الرشيد، مصدر سبق ذكره، ص2.

بسلطات كبيرة، وتفرض نظامها وقيمها الأخلاقية الخاصة بها على مجمل البلاد والسكان عدا المجمعات السكنية الأجنبية.[1]

كما إن الإختلافات التنموية بين مناطق المملكة، التدني في مستوياتها في المناطق الجنوبية والشمالية ، يفسر إلى حد ما نزوع بعض الأفراد والجماعات من بعض المناطق إلى العنف أو تجاوز الدولة نتيجة الفقر والإختلالات الإقتصادية، في سياق الربط بين التظلم الإجتماعي أو المناطقي، والنزوع نحو العنف.[2]

وفي الكويت، فعلى الرغم من وجود دستور تعقادي، ومجلس نيابي منتخب، ونقابات عمالية، وتجمعات سياسية، إلا إن التمييز لا يزال ساريا بين المواطنين، إذ تحرم فئات إجتماعية كبيرة من حق المشاركة السياسية، فوفقاً لنظام الجنسية الكويتي الصادر في العام 1959، (بتعديلاته المختلفة) يقسم المواطنين إلى ثلاث فئات: الأولى / فئة أصحاب الجنسية بالتأسيس، ويمثلها أولئك الذين عاشوا في الكويت قبل العام 1920، ويتمتع المنتمون لهذه الفئة بكل حقوق المواطنة بما فيها الحقوق السياسية، والثانية/ فئة أصحاب الجنسية بالتجنس، ويمثلها العرب الذين أقاموا في الكويت لمدة عشر سنوات متصلة وكذلك غير العرب الذين أقاموا فيها لمدة خمس عشرة سنة متصلة، ولا تتمتع هذه الفئة بالحقوق السياسية للمواطنة، فلا يجوز لها الترشيح لعضوية البرلمان مثلاً، ولا إنتخاب أعضائه ، كما إنه لا يحق لها أن تتقلد المناصب الوزارية والثالثة/ فئة أصحاب الجنسية بالتجنس الإستثنائي، وقد إستقرت التعديلات المختلفة على عدّهم أولئك الذين أدوا خدمات جليلة للبلاد من بين العرب، أو الذين ولدوا في الكويت من أمهات كويتيات، وأقاموا في الدولة من دون إنقطاع حتى بلوغهم سن الرشد، وتنطبق على هذه الفئة أحكام الفئة السابقة نفسها، أي إنها لا تتمتع بمباشرة حقوقها

([1]) عبد الرحمن النعيمي، مصدر سبق ذكره، ص100.

([2]) متروك الفالح، المستقبل السياسي للسعودية في ضوء 9/11، مصدر سبق ذكره ، ص ص 16- 17.

السياسية.[1] إلا إن الأخطر من ذلك، هو وجود فئة يطلق عليها إسم (البدون) أي بدون جنسية [2] إذ بدأت هذه المشكلة في العام 1959، عندما صدر قانون الجنسية في الكويت، وبرزت إلى السطح بشكل واضح بعد إستقلال الكويت في العام 1961، إذ لم يعالج القانون أمر من طالب بالجنسية الكويتية بعد هذا التاريخ إلى أن تفاقمت أعداد هذه الفئة ليقدر عددهم ما بين (220) ألفاً إلى (350) ألفا قبل الغزو العراقي للكويت في العام 1990، (وهو رقم يقارب نصف تعداد الكويتيين في ذلك الوقت)، ثم تقلص هذا العدد ليصبح أقل من (120) ألفا حسب الإحصائيات الرسمية الحالية. وبعدما كانت الحكومة في العقود الثلاثة الأولى من بداية هذه المشكلة تتعامل مع هذه الفئة كمواطنين لحاجتها إلى جهودهم في خدمة البلاد، ولم تكن سلطة الدولة قد وصلت إلى درجة من الشدة كالتي وصلت إليها في السنوات اللاحقة، إذ بدأت مع مرور الوقت تتنكر لحقوق هذه الفئة إذ أصبحت محرومة من أبسط الحقوق، فهم بدون هوية تعريف، ولا يسمح لهم بالعمل أو بالتوظيف في القطاع الخاص، فضلا عن القطاع العام، ويعانون الحرمان من حق التعليم، فلا يسمح لأبنائهم بالدراسة في المدارس الحكومية، كما يعانون الحرمان من حق الملكية، والتطبيب، وتوثيق الزواج والطلاق الشرعيين، وغيرها من الحقوق الأساسية الموثقة في الإعلان العالمي لحقوق الإنسان.[3]

([1]) علي الدين هلال، نيفين مسعد، النظم السياسية العربية قضايا الأستمرار والتغيير، مركز دراسات الوحدة العربية، بيروت ، 2000، ص ص145-146.

([2])البدون: وهم مجموعة من السكان يسكنون الكويت، كانوا قد دخلوها بصورة غير شرعية في خمسينيات وستينيات القرن العشرين، أي في مدة ما قبل الترسيم الحدودي للكويت مع جاراتها وتخلوا عن جنسياتهم= =الأصلية، وفي الوقت نفسه لم يحصلوا على الجنسية الكويتية، ويعود معظم أفراد هذه الفئة إلى أصول عراقية، وسورية ، وإيرانية، وأبناء البادية الرحل من قبائل الجزيرة العربية.

([3]) أنظر: جيل كرسيتال، مصدر سبق ذكره، ص3، وكذلك سامر ناصر خليفة الخالدي ، مواطنون بدون هوية .. البدون في الكويت ، الشبكة العربية لمعلومات حقوق الإنسان www.hirinfo.net,2007/4/10

كما إن المرأة الكويتية وعلى الرغم من حصولها على حقوقها السياسية، بفضل إسهامها في العملية السياسية، ومشاركتها كناخبة ومرشحة، وتقلدها مناصب وزارية رفيعة إلا إنه لا يزال هنالك تحيزاً في بعض القوانين الكويتية ضد المرأة في مجال الحقوق السياسية والإجتماعية، كقانون الجنسية، وقانون الرعاية السكنية ، وقانون الخدمة المدنية، فضلا عن تأثير العادات والتقاليد المحافظة التي تعرقل النهوض بواقع عمل وحقوق المرأة الكويتية.[1]

وفي البحرين، وعلى الرغم من التطور الكبير الذي حصل بعد مجيء الملك (حمد بن عيسى آل خليفة) ، وإطلاق حركته الإصلاحية ، كإعطاء المرأة حقوقها السياسية، إذ بدأت تحتل مواقع أفضل من السابق، وألغيت المراتبة في المواطنة، وحصل البدون على حقوقهم في المواطنة، إلا إن التجنيس السياسي إنعكس سلباً، وبدرجة خطرة ، وتفاعل مع التمييز الطائفي والعرقي ، والذي تمثل بعدم السماح لبعض الأفراد بالعمل في المؤسسات الدفاعية والأمنية، مع أصرار السلطة على تغيير التركيبة الديمغرافية للسكان بواسطة تجنيس الكثير من مواطني الدول الأخرى عربا أو أجانب على أساس طائفي، وإعتماد إزدواجية الجنسية مع بعض القبائل العربية الساكنة في المملكة.[2]

وفي الإمارات العربية المتحدة لا تزال إشكالية التمييز بين المواطنين قائمة سواء على مستوى الإمارة أو المتجنسين أو درجات المواطنة فيه المتعددة، ولا تزال تتعرض النساء للتمييز بموجب قوانين الدولة، بما في ذلك قانون الجنسية الذي يحرم المرأة الإماراتية المتزوجة من أجنبي أن تمنح جنسيتها لأطفالها، ونتيجة لذلك يعاني هؤلاء الأطفال من قيود شديدة على حقوقهم في الإقامة ، والتعلم، والعمل، إذ يلتزمون بدفع مصروفات عالية للتعليم العالي، كما يعّدون بمثابة عمال أجانب.[3]

([1])حديث وزيرة التخطيط الكويتية (معصومة المبارك) لصحيفة الحياة في 2005/6/16.

([2])عبد الرحمن النعيمي، مصدر سبق ذكره، ص ص 100-101

([3]) حقوق الإنسان (الإمارات)، الحكم الرشيد ، مصدر سبق ذكره، ص3.

أما في قطر ، فتشهد إستمرار وجود العديد من مظاهر التمييز ضد المرأة على المستويين الإقتصادي والإجتماعي، والمتمثل في عدم المساواة في الأجر والعلاوات الممنوحة لموظفي الدولة، مثل: العلاوة الإجتماعية، وبدل السكن، وعدم مساواتها في حق منح جنسيتها لزوجها الأجنبي وأولادها منه، فضلاً عن قصور الأنظمة الإدارية ، والمواثيق عن حماية المرأة من العنف والتمييز وتفشي التقاليد الإجتماعية المحافظة التي تعرقل حق النساء في المشاركة السياسية، والتي حالت دون إنتخاب أمرأة واحدة من السيدات الست اللاتي رشحن أنفسهن في الإنتخابات البلدية التي أجريت في العام 1999، ونجحت أمرأة واحدة في إنتخابات العام 2003، بالتزكية ، وليس بالانتخابات. [1] وفي سلطنة عُمان ظلت القوانين والممارسات تنطوي على التميز ضد المرأة في عدد من المجالات المهمة من بينها الأحوال الشخصية ، والتوظف والمشاركة في الحياة العامة. [2]

وبذلك يبدو إن الممارسة الشكلية للديمقراطية التي تقام بمعزل عن المشاركة الفعالة لمعظم أفراد المجتمع في عملية إتخاذ القرارات، وتحديد الخيارات، والأستفادة من خيرات البلاد وهي في الحقيقية تظلل وتعيق عملية التحول والإصلاح الديمقراطي في دول مجلس التعاون الخليجي. فمبدأ المواطنة يشكل حجر الزاوية للمذهب الديمقراطي لما يؤدي إلى بناء نظم سياسية فاعلة تحقق قدراً متزايداً من الإندماج الوطني، والمشاركة السياسية الفعالة، وحكم القانون ، والذي إرتبط عبر التاريخ بحق المشاركة في النشاط الاقتصادي والتمتع بثمراته ، وبحق المشاركة في الحياة الاجتماعية، والمشاركة الفعالة في إتخاذ القرارات الجماعية الملزمة، وتولي المناصب العامة، فضلا عن المساواة تجاه القانون، ومن أجل تجسيد المواطنة في الواقع ، على القانون أن يعامل ويعزز معاملة كل الذين يعّدون في الواقع أعضاء في المجتمع على قدم المساواة بصرف النظر عن إنتمائهم القومي أو طبقتهم أو جنسيتهم أو عرقهم أو ثقافتهم، وعلى

([1]) حقوق الإنسان (قطر)، الحكم الرشيد ، مصدر سبق ذكره، ص2.
([2]) حقوق الإنسان (عمان)، الحكم الرشيد ، مصدر سبق ذكره، ص3.

القانون أن يعزز كرامة، وإستقلال ، وإحترام الأفراد، وأن يقدم الضمانات القانونية لمنع أي تعديات على الحقوق المدنية والسياسية، وضمان قيام الشروط الإجتماعية والإقتصادية لتحقيق الإنصاف بين أفراد المجتمع.[1]

رابعا: تدخل الدولة في عمل مؤسسات المجتمع المدني:

يتكون المجتمع المدني عادةً من مؤسسات قد تكون سياسية أو غير سياسية، إنتاجية أو خدمية ومنها على سبيل المثال: الأحزاب السياسية (رغم أن البعض لا يدرج الأحزاب السياسية ضمن مؤسسات المجتمع المدني على أساس أنها تسعى للوصول إلى السلطة)، والنقابات العمالية والمهنية والجمعيات الخيرية والمهنية، والثقافية، والفكرية، والإتحادات ، والروابط والنوادي الثقافية، والأجتماعية ، والمراكز البحثية، وغرف التجارة والصناعة، والهيئات الحرفية، والمؤسسات الدينية التي لا تخضع لسلطة الدولة، وبالتالي فأن قيم ومبادىء، مثل: المبادرة، والحرية، والإرادة والتعددية، والعقلانية تعّد من المقومات المهمة لبناء مؤسسات المجتمع المدني وتتم عملية بناء المجتمع المدني وتدعيمه في المجتمع طبقاً لعملية إصلاحية تدريجية يغلب عليها الطابع السلمي، أي إن إحياء المجتمع المدني، وتنشيط أدواره يتم دون الإطاحة بالنظم السياسية القائمة، وإنما عن طريق العديد من الإصلاحات التي تستهدف تحسين طرق الحكم، وأساليب الإدارة ، وترشيد عملية صنع القرارات والسياسات، وإقامة التوازن بين الدولة والمجتمع بحيث تتحدد واجبات الدولة وحقوقها وواجبات المجتمع وحقوقه.[2]

---

(1) أنظر: علي خليفة الكواري (محرر)، مفهوم المواطنة في الدولة الديمقراطية ، في: المواطنة والديمقراطية في البلدان العربية، مركز دراسات الوحدة العربية، بيروت، 2001، ص ص 30 - 31.

(2) أنظر: ثامر كامل، الدولة في الوطن العربي على أبواب الألفية الثالثة، بيت الحكمة، بغداد 2001، ص406-411.

وتتميز مؤسسات المجتمع المدني بالمرونة وبالدينامية، فهي تولد وتنشأ على أساس العمل الطوعي للأفراد المستند إلى المصالح الخاصة والمشتركة وتنمو وتتطور في سياق نمط من العلاقة مع المجتمع السياسي الذي يشتمل على كل المؤسسات ، والأجهزة، والمنظمات المركزية والمحلية للدولة، إذ تقوم هذه العلاقة على أساس الإستقلالية، لذا فإن مؤسسات المجتمع المدني ترتبط بالدولة بعلاقة عكسية قوامها المحافظة على ذاتيتها الخاصة كونها تنطلق من هدف أساسي هو حماية المواطنين من تعسف الدولة، وهكذا كلما قويت مؤسسات المجتمع المدني وإزدادت فاعليتها ونشاطها ضعفت قدرة الدولة على التعسف إزاء حقوق المواطنين وحرياتهم، وكلما ضعفت مؤسسات المجتمع المدني، وخفت فاعليتها ، وتوقف نشاطها ، إزداد تعسف سلطة الدولة إزاء المواطنين ، وتضخم دور القوة في العلاقة بين المواطنين والدولة على حساب حقوقهم وحرياتهم.(1)

ووفقاً لهذه العلاقة العكسية التي تربط بين فاعلية دور مؤسسات المجتمع المدني بمدى استقلاليتها عن الدولة، نرى إن طبيعة التطور التاريخي للدولة والاقتصاد في دول مجلس التعاون الخليجي قد أعطى لتلك الدول الدور المسيطر على المجتمع المدني ومن ثم أدى إلى عدم فعاليته وقدرته على إتخاذ موقعه المطلوب في عملية الإصلاح، فالإصلاحات السياسية والاقتصادية التي حدثت في تلك الدول هي مشاريع وضعتها الأنظمة بمعزل عن جماهيرها، وقد تم تطبيقها للمحافظة على إستمرار سيطرة هذه الأنظمة على مجتماعتها، وذلك عن طريق تحقيق بعض الأهداف، وأول هذه الأهداف/ مواجهة الأزمة المالية التي إقتضت إشراك القطاع الخاص بسبب تقلص موارد الدولة وتراكم الديون، والهدف الثاني/ يتمثل: في إعادة إحياء الشرعية للحد من المعارضة الداخلية، والهدف الثالث/ يتمثل في إستقطاب جماعات جديدة داخل النظام مما يوسع من قاعدته، ويضمن

---

(1) أنظر: برهان غليون، بناء المجتمع المدني العربي: دور العوامل الداخلية والخارجية ، في: المجتمع المدني في الوطن العربي ودوره في تحقيق الديمقراطية، مصدر سبق ذكره، ص737.

ولاء من خسروا بسبب التعديلات الهيكلية. وهكذا فإن الدولة هي التي قدمت هذه الإصلاحات في غياب تام أو ضعف المجتمع المدني و القطاع الخاص الذي يعول عليه في عملية الإصلاح، وبذلك قادة عملية الإصلاح في دول المجلس إلى ممارسات ديمقراطية شكلية بدون وجود روح ومبادىء الديمقراطية ذاتها.[1] فالقطاع الخاص في كل دول المجلس يعيش حالة من التشرذم ، كون المؤسسات ذات رأس المال الاستثماري الكبير عددها محدود للغاية، فضلاً عن ذلك لا يزال القطاع الخاص في دول المجلس يعتمد أعتمادا كبيراً على الدولة سواء للحصول على صفقات تفضيلية مع القطاع العام أو للحصول على رخص رسمية للاستيراد والتصدير، والإنتاج، وأحيانا للتسعير، كما إن إعتماد الصناعات الخاصة على المنتوجات غير المباشرة من الصناعات، يرسخ مبدأ الإعتماد المتواصل في العلاقة بين الصناعيين والدولة ، وعموماً فإن القطاع الخاص لديه قوة تنظيمية محدودة ، فلا تزال إجراءات إتخاذ القرارات حول السياسات الإقتصادية في دول المجلس لا تأخذ في إعتبارها رجال الأعمال إلا بصفة جزئية ، وتبقى القرارات حول الليبرالية محصورة بيد النظام، وخاصة فيما يتعلق بمجال وتوقيت هذه القرارات، وبذلك تبدو هذه الطبقة من البرجوازية لديها مصلحة في تبني الديمقراطية ، إذ إنها تتأثر سلباً بغياب مسائلة الحكومة، والشفافية في القرارات والصفقات، وسيادة القانون، إلا إنها في نفس الوقت لا تستطيع أن تطالب بالتغيير إلا بقدر محدود، إذ إن الصناعيين يرغبون في الديمقراطية، ولكن تنقصهم قوة المساومة للحصول عليها، والتجار لديهم قوة مساومة أكبر إلا إنهم يرتبطون بعلاقات قوية مع النظم الحاكمة في هذه المنطقة، فلا يرغبون في التغيير الديمقراطي، وبذلك تبقى ضغوط القطاع الخاص من أجل الديمقراطية والإصلاح

([1]) أنظر: أحمد سيف،" دور المنظمات غير الحكومية والقطاع الخاص في دعم الإصلاحات في دول (التعاون) "، مجلة آراء ، العدد(5)، دبي، يناير، 2000، ص28.

في دول المجلس هامشية وضعيفة ما يؤكد إن التحول نحو اقتصاد السوق لن يؤدي مباشرة إلى انفتاح سياسي في دول المجلس.[1]

كما نرى جميع نظم الحكم في دول المجلس تعارض قيام الأحزاب السياسية، بل تحرم قوانين أغلبية تلك دول وجودها ، وحتى ما هو بحكم الأمر الواقع كما هو الحال في الكويت فالجمعيات والتعاضديات تعّد بمثابة أحزاب سياسية من حيث العضوية، وسعيها للوصول إلى السلطة التنفيذية بواسطة الإنتخابات وفق برنامج وطني واضح، رغم إن الدستور الكويتي لا يمنع صراحة قيام تنظيمات سياسية، إلا إن عدم تقنينها يقلل من أهميتها المباشرة في الفعل السياسي، وتضعف من إمكانية التحرك الإجتماعي، وقد تفجرت المطالبة بشرعية العمل الحزبي في الكويت في إطار مطالبة (التنظيم الإسلامي الرئيس في الكويت، والحركة الدستورية الإسلامية) بإشهار الأحزاب، وإعلنت هذا المطلب في فعاليات احتفال الحركة بمرور عشر سنوات على تأسيسها ، وقد أحدثت هذه المطالبة ردود فعل متباينة على المستويين الشعبي والرسمي، إذ أعلنت الحكومة موقفها الرافض لإشهار الأحزاب،[2] وأعلن الشيخ (صباح الأحمد) النائب الأول لرئيس الوزراء (أمير البلاد حالياً) برفض أي إحتمال سواء في الوقت الحاضر أو في المستقبل إقامة أحزاب سياسية في الكويت إعتقادا منه بأنه ليست للكويت حاجة إلى ذلك.[3] إلا أن مجموعة من الإسلاميين أعلنت في 29/أيار/2005 تأسيس أول حزب سياسي في الكويت ودول الخليج العربي، سمي بـ(حزب الأمة)، وأعلن أمين عام الحزب الجديد الدكتور (حكيم المطيري) ، إن الهدف من وراء تأسيس الحزب هو تأكيد حق الشعوب في المشاركة بإختيار حكوماتها وفقاً لمبدأ التعددية وتداول السلطة بالطرق السلمية، وإستكمال تطبيق أحكام الشريعة الإسلامية في كل مجالات الحياة. وكان الحزب قد تقدم بطلب ترخيص من الحكومة، إلا إن

([1]) أحمد سيف، مصدر سبق ذكره ،ص27.

([2]) غانم النجار، مصدر سبق ذكره، ص 98.

([3]) محمد السعيد أدريس، مجلس التعاون الخليجي، 2000-2001، مصدر سبق ذكره، ص211.

الحكومة الكويتية رفضت إعطاء ترخيصاً له ، وأتهمت قادته بتهمة تأسيس حزب يهدف إلى تغيير نظام الحكم. [1]

وفي سلطنة عمان يستعاض عن الأحزاب السياسية بالجولات التي يقوم بها السلطان بصحبة كبار وزرائه سنويا في أنحاء البلاد، والتي يعقد خلالها إجتماعات أو مجالس عامة مع المواطنين، ويستمع إلى مطالبهم الشخصية وتظلماتهم لتحقيق التواصل معهم. [2]

كما نرى إن بعض دول المجلس التي إتجهت إلى إتخاذ خطوات جزئية نحو الإصلاح السياسي، حرصت على إطاحة تلك الخطوات بمجموعة من القيود والضوابط القانونية التي يصعب معها إنجاز إصلاح سياسي حقيقي، فعلى الرغم من كون دساتيرها تتضمن الكثير من المبادىء العامة الجيدة، وخاصة فيما يتعلق بحقوق الإنسان، إلا أن القوانين المنظمة لتطبيق تلك المبادىء وممارستها تتضمن الكثير من القيود والضوابط التي غالبا ما تحرف تلك المبادىء الدستورية عن مضامينها الحقيقية. أي وجود ظاهرة المباعدة بين النصوص الدستورية والواقع العملي، وصياغة نصوص قوانين قابلة لنوع من التكيف مع الأوضاع المتغيرة ، عن طريق إحتفاظ المشرع بهامش من الحركة يسمح بالمناورة والإلتفاف على النصوص عند الحاجة. [3] فدساتير أغلب دول المجلس تنص على إنها تكفل حرية الفكر، والتعبير، والصحافة، والنشر (وفقا للقانون) أو حرية الاجتماع السياسي، وتشكيل الجمعيات السياسية في (الحدود التي ينظمها القانون) إلا إنه في الواقع العملي نشهد خلاف ذلك.

([1]) نشرة الإصلاح العربي، مؤسسة كارنيغي للسلام الدولي، العدد(2)، مصدر سبق ذكره، ص2.
([2]) حقوق الإنسان (عمان)، الحكم الرشيد، مصدر سبق ذكره، ص2.
([3]) أنظر: يحيى الجمل، أنظمة الحكم في الوطن العربي، في: أزمة الديمقراطية في الوطن العربي ، مصدر سبق ذكره، ، ص ص 364- 365. وكذلك حسنين توفيق إبراهيم ، مصدر سبق ذكره، ص 73.

ففي البحرين ، وعلى أثر صدور دستور العام 2002، في 14/شباط/2002 تتالى صدور مجموعة من القوانين المقيدة للحقوق المدنية والحريات العامة والتي سبقت إجتماع مجلس النواب المنتخب، فضلا عن مجلس الشورى المعين، واللذان يشكلان معاً السلطة التشريعية، إذ نص الدستور في المادة 21/ب على صحة ما صدر من قوانين قبل إنعقاد المجلسين، وعدم إمكانية الطعن فيهما. ومن أخطر هذه القوانين تلك المتعلقة بمباشرة الحقوق السياسية والمدنية، وقانون الصحافة والنشر. فضلا عن ذلك صدرت عن السلطة التشريعية ذاتها قوانين تحد من الحريات والحقوق العامة، إذ لا تتناسب أبداً مع المشروع الإصلاحي. [1]

وقد إستثارت هذه التشريعات- سواء مجموعة القوانين الصادرة في ظل غياب السلطة التشريعية أو في وجودها – قوى المعارضة ، ومجموعة كبيرة من الشعب البحريني، والفئة المستهدفة من هذه القوانين، فقانون الصحافة الصادر عن السلطة التنفيذية بمرسوم قانون المرقم (47) لسنة 2002، بشأن تنظيم الصحافة، والطباعة، والنشر لا يزال نافذا، رغم إعلان رئيس الوزراء تجميد العمل به بعد حملة رفض قام بها الصحفيون وناشطو حقوق الإنسان، فهو قانون يقيد حرية الصحافة بشكل كبير، ويحيل الصحفيين على قانون العقوبات المتشدد ومن ناحية أخرى لا يزال الصحافيون في البحرين يسعون لإشهار نقابة خاصة بهم، إذ تستمر محاولة الدمج بين جمعية الصحفيين المحسوبة على الحكومة ونقابة الصحفيين التي لم يعط لها ترخيص لحد الآن، إذ تمثل جمعية الصحفيين إنموذجاً بارزاً لاختراقات الحكومة للجمعيات الأهلية. [2]

كما سحبت الحكومة البحرينية مشروع قانون الإجتماعات العامة والمواكب، والتجمعات، في آذار/2006 وذلك بعد إحتجاج العديد من النشطاء السياسيين الذين وجدوا في القيود المذكورة في مشروع القانون تقييداً لحق

(1) عبد النبي العكري، مصدر سبق ذكره، ص ص9-10.

(2) عبد الهادي الخواجة، تراجع حرية الصحافة والتعبير في البحرين، الشبكة العربية لمعلومات حقوق الإنسان ،
www.hrinfo.org, 2004/5/3,p.2,

التظاهر والتجمع، فالمشروع يحظر تنظيم أي مسيرة أو تظاهرة أو تجمع قبل شروق الشمس أو بعد غروبه، إلا بموافقة خاصة ويقضي بعدم تنظيم تلك الفعاليات قرب المستشفيات أو المطارات أو المجمعات التجارية أو الشوارع الرئيسة أو المقار الدبلوماسية أو الأمنية.[1]

كما أقر المجلس الوطني في البحرين في العام 2005، قانوناً للجمعيات السياسية قدمته الحكومة رغم الاعتراضات الواسعة من قبل جمعيات حقوق الإنسان، والجمعيات السياسية، ومؤسسات المجتمع المدني، والصحافة، إذ يحيط هذا القانون تأسيس هذه الجمعيات بمجموعة من الضوابط والقيود، منها: ضرورة عدم تأسيسها وفقاً لأسس طبقية أو مهنية أو فئوية أو جغرافية أو دينية، ورفض تعاونها مع أي تنظيم أو قوة سياسية، ورفع سن الأعضاء من (18) إلى (21) سنة، وفرض القيود الشديدة على تمويلها في الخارج. وقد أعترضت العديد من الجمعيات السياسية على هذا القانون ورأت فيه معوق كبير لعملية الإصلاح السياسي، ويحد من دور المجتمع المدني في هذه العملية، إذ وفقاً لهذا القانون سيتم تأسيس الجمعيات السياسية تحت سيطرة الحكومة مع تحكم السلطة التنفيذية في النشاط والرقابة ، كما يمنع القانون الإستقطاب الحزبي في صفوف قوات الدفاع، وأجهزة الأمن، في حين المرسوم بقانون المرقم (14) لسنة 2002 بشأن مباشرة الحقوق العامة يعطي للحكومة القرار الحاسم في إمكانية مشاركة هؤلاء الموظفين في الانتخابات، وهي تحتكر بالطبع وسائل التوجيه والضغط عليهم، وبالتالي يؤثر عدد إصواتهم في العملية الإنتخابية بأجمعها. كما إن الجمعيات المعارضة المخالفة لدستور العام 2002، وفقاً لهذا القانون لن يتم تسجيلها، أو سيتم حلها متى ما أرادت الحكومة، إذ تلتزم المادة (27) من القانون المذكور كل جمعية أسست قبل العمل بأحكام هذا القانون، وترغب في أن تمارس نشاطاً سياسياً، إن تكييف أوضاعها وفقاً لاحكام هذا القانون، كما تقيد المادة (3) عمل

(1) أحمد يوسف أحمد، نيفين مسعد، مصدر سبق ذكره، ص42.

الجمعيات السياسية بالدستور وبالتالي، فأن أي تعارض مع الدستور في الخطاب أو النشاط سيكون سبباً لعدم إعادة تسجيل أية جمعية أو حلها في أي وقت تشاء الحكومة، علماً بأن الجمعيات المعارضة التي تمثل قوى المعارضة الأساسية لا تقبل بدستور العام 2002، لأنه من وجهة نظرها ينال من أسس الديمقراطية ويسلب صلاحيات البرلمان.[1]

وفي الكويت، وعلى الرغم من منح الدستور الكويتي ضمانات كافية للحريات العامة، لكن ترك للمشرع تنظيمها بالقانون، وبما إن الحكم في الكويت سعى خلال تاريخه للحد من مبادرات تشريعية تضر بقدرته، فعمل على إستنفار كافة قواه ليضمن أغلبية برلمانية تستعيد ما منحه الدستور من مكتسبات بإسم القانون كالتشريع الذي يعطي الحكومة حق فصل الموظف من وظيفته، وسحب جواز سفره إذا ما عدّته تجاوز حد النقد، فيعدّ هذا التشريع تفريغ لنص دستوري مانح حرية التعبير والنشر. كما أجاز قانون أخر إنشاء مسارح خاصة ومتعددة ولكنه سلبها حرية التعبير، والرأي بفرض رقابة على المصنفات والتي تعكس تعسفاً حكومياً في منع ما تشاء. كما تم تفريغ نص دستوري آخر حول حرية النشر بقانون المطبوعات الذي حصر هذا الأمر بالتخصيص الممنوح من الحكومة، ولما كان تشكيل الحكومة يتم عن طريق السلطة نفسها، فلم يتم منح الترخيص إلاّ لمجموعة من العائلات المعروفة فقط[2].

كما أن حكومة الكويت تتمتع بعدد كبير من جمعيات النفع العام التي تمثل إهتمامات فكرية، وثقافية، ودينية، ومهنية، وجمعيات تعاونية ونقابات، وتنتخب هذه الجمعيات مجالس إدارتها بإقتراع حر ونزيه، غير إنها جميعها خاضعة لسلطة الحكومة التي منحت لنفسها حق حل مجلس إدارة أي جمعية، وتعيين بديل

(1) قانون الجمعيات السياسية يسدل الستار على حلم الإصلاح الديمقراطي في البحرين، الشبكة العربية لمعلومات حقوق الإنسان،2005/7/27، www.hrinfo.org

(2) اسماعيل الشطي، "نحو رؤية مستقبلية لتعزيز المساعي الديمقراطية في أقطار مجلس التعاون لدول الخليج العربية"، المستقبل العربي، بيروت ، العدد (276)، شباط 2002، ص ص145-146.

لها بمن تريد، أو إلغاء ترخيص الجمعية بإكملها متى ما تشاء، ولم يمنح النظام حق تشكيل نقابات إلاّ للتجار (غرفة التجارة والصناعة)، والعمال، وإذا كانت غرفة التجارة تمثل أقوى نقابة في البلاد، فأن نقابة العمال لا تتمتع بدور حقيقي لقلة عمل الكويتيين في الأجهزة غير الحكومة. أما الطلاب فإنّهم إنتزعوا حقهم النقابي بالعرف' إذ إنّ إتحادهم يعمل منذ الستينات دون إشهار رسمي، ورغم الحرية المنقوصة التي منحها النظام لجمعيات النفع العام، إلاّ إنه أوقف (منذ فترة بعيدة) التراخيص لإنشاء أية جمعية جديدة، وذلك لقدرة تلك المؤسسات على تأدية دور لا يستهان به في ظل دستور وبرلمان[1].

وفي السعودية: وفي إطار علاقة الدولة بالمجتمع نرى إنّ هنالك رؤية واحدة في الغالب تمثل الدولة وسياساتها، مع غياب واضح ومتعمد للرأي الأخر فضلاً عن وجود القمع الثقافي، وخاصة على مستوى غياب الندوات والمحاضرات، والمؤتمرات الداخلية، والتضييق على المثقفين في المشاركة في تلك المؤتمرات، بما في ذلك المنع من المشاركة في البرامج الفكرية، والثقافية والسياسية في القنوات الفضائية العربية، وكذلك قلة معارض الكتاب وندرتها وهي تخضع أصلاً لدرجة كبيرة من الرقابة، كما هي حال وسائل المعلومات الحديثة كالانترنيت مثلاً، ومواقعها إذ هنالك منع وحذف للكثير من المواقع، واحياناً قفل ومنع لها، وخاصة إذا كان مصدرها أو اصحابها من المثقفين من أبناء البلد، هذا فضلاً عن غياب مراكز الترفيه، مع تبعية الإعلام للدولة، وعدم إستقلالية في تناول المواضيع العامة. لذا تبدو هذه المنهجية المبرمجة ما هي إلاّ عملية متواصلة للتجهيل تؤدي حتماً إلى انغلاق الرأي، والبصيرة، والحوار[2].

وفي دولة الإمارات العربية لا تزال الصحافة تتلقى الدعم المالي من الحكومة الذي يفقدها الإستقلالية، ويجعلها تمارس الرقابة الذاتية، وتمتنع عن

---

(1)نفس المصدر ، ص145.

(2) أنظر: متروك الفالح، العنف والإصلاح الدستوري في السعودية، مصدر سبق ذكره، ص ص10-11.

تناول الموضوعات السياسية، فضلاً عن إمتلاك الحكومة وسائل الإعلام المرئية والمسموعة، وتراقب المطبوعات الخارجية، وتحجب بعض المواقع الإلكترونية على شبكة الانترنيت مع عدم السماح للنقابات والجمعيات السياسية بالعمل. أما في سلطنة عمان فالصحافة ووسائل الإعلام، وكافة المطبوعات من الداخل والخارج، تخضع لرقابة رسمية وذاتية صارمة، وتمنع الحكومة الدخول إلى بعض المواقع في الانترنيت، فضلاً عن الرقابة الأمنية الشديدة على جميع قوى المجتمع وحرمانها من تشكيل نقاباتها، وأحزابها، وتجمعاتها المهنية. وفي قطر تحرم السلطة بقوة الأمر الواقع، أي تأسيس لمنظمات المجتمع المدني من النقابات أو الأحزاب أو الجمعيات المهنية[1]. وبذلك يبدو المجتمع المدني في دول مجلس التعاون الخليجي غير قادر على أخذ دوره المطلوب في عملية الإصلاح كقنوات وسيطة لتسهيل المشاركة السياسية، فالإصلاح الحقيقي يتوقف مع عوامل أخرى على الدور الحاسم لمؤسسات المجتمع المدني وإستقلالها عن الدولة، وترك المجال الواسع تجاه هذه المؤسسات لتمارس دورها الحيوي لتحقيق المساهمة الجدية للقوى التي تمثلها في إدارة شؤون المجتمع، وتقرير السياسة العامة لضمان حرية الرأي، والعمل، والحركة لها كي تتمكن من صون الممارسة الديمقراطية من محاولات التشويه والتخريب التي تنجم عن تدخل وتعسف الدولة، وهذا يتطلب إصلاحات حقيقية على الصعيد القانوني والسياسي والمؤسسي، فالقوانين يجب أن تحمي هذه الحريات لا أن تقيدها وتنتهكها ومؤسسات الدولة يجب أن تقوم على أساس احترام هذه الحريات وتعزيزها.

خامساً: الخلل السكاني:

إنّ الإختلال الذي تعانيه المنظومة السكانية في دول مجلس التعاون الخليجي بفعل النسبة الكبيرة من الوافدين في العمل على حساب المواطنين، جعل

_____

(1) أنظر: عبد الرحمن النعيمي، مصدر سبق ذكره، ص101، وكذلك أنظر: عبد الخالق عبد الله، "البعد السياسي للتنمية البشرية: حالة دول مجلس التعاون الخليجي"، مصدر سبق ذكره، ص ص110-111.

المواطنون في هذه الدول غير فاعلين في العملية الإنتاجية، ومن ثم تضائل دورهم السياسي. فمن المعروف إنّ التدفق الكبير للعمل الوافد هو إحدى محصلات المشروع التنموي العام الذي تبنته هذه الدول خلال عقد السبعينات من القرن الماضي، أي خلال مدة (الطفرة النفطية)، وقد أثار هذا التدفق السكاني الأجنبي الكثير من المشكلات الإجتماعية والاقتصادية على الصعيد المحلي والاقليمي، كما أثر سلباً في الإستعمال الأمثل للقوة العاملة المحلية،[1] وذلك لان إحدى نتائج تدفق الثروة النفطية هو تحول المواطن الخليجي إلى كائن إستهلاكي بصرف النظر عن أسهاماته في العملية الإنتاجية، وصاحب ذلك إختلال في ميزن القيم الذي نتج عنه التسيب في اجهزة الحكومة من جهة، ومن جهة أخرى جعل النظر إلى النشاط السياسي كوسيلة لتحقيق المطالب والمصالح الفردية[2].

كما إنّ الممارسة السياسية في أغلب دول المجلس تكاد تكون مقتصرة على فئة معينة من المواطنين لا يتجاوز نسبتها ربع أو ثلث السكان وربع قوة العمل العاملة في تلك الدول، إذ تشير الإحصائيات إنّ نسبة قوة العمل المواطنة قد انخفضت في العام 1997، عما كانت عليه في العام 1981، ففي العربية السعودية إنخفضت من 75.1% إلى 35%، وفي عمان من 46% إلى 35% والبحرين من 56% إلى 38%، والكويت من 21% إلى 17%، وقطر من 15% إلى 10%، وفي الإمارات من 13.9% إلى 9.5% [3]. هذا الأمر أدى إلى غياب تيار رئيس وطني فاعل في كل دول المنطقة قادر على المطالبة بحقوق المواطن ومهيأ للقيام بواجباتها، وجعل المواطنين الأصليين هم أقلية من الأقليات التي يتكون منها السكان، وليس بالضرورة أكبر الأقليات وأكثرها قدرة على التنافس الإقتصادي، ولولا الحماية القانونية لمراكز المواطنين، ودعم دخلهم من ريع النفط

(1) حول هذا الموضوع أنظر: محمد فهمي الكردي و(آخرون)، الدوحة: المدنية الدولة، مركز الوثائق والدراسات الإنسانية، جامعة قطر، 1985، ص ص261-263.

(2) ثناء فؤاد عبد اللـه، مصدر سبق ذكره، ص183.

(3) نادر فرجاني، "اسواق العمل في بلدان مجلس التعاون الخليجي: الواقع والمستقبل"، المستقبل العربي، العدد (216)،بيروت، شباط 1997، ص ص61-62.

لما إستطاعوا أن يحتفظوا بمراكزهم الإجتماعية الراهنة التي لا تعبر عن قدرتهم على المنافسة الاقتصادية مع الوافدين، وإنما تعبر عن دعم الدولة لمراكزهم الإجتماعية، وبدأت المجتمعات الوطنية تفقد دورها باعتبارها التيار الرئيس بين السكان، إذ أدى هذا الخلل السكاني إلى تعطيل قدرة مجتمع المواطنين على التعاون والتعاضد، وتحولت علاقات السكان في أغلب دول المنطقة، اقرب أن تكون علاقات معسكر عمل من علاقات مجتمع بالمعنى العلمي للمجتمع، فلا يشكل المواطنون في دول المنطقة، ولا سيما الصغيرة منها، كل المجتمع أو أغلبيته، في الوقت نفسه لا يشكل كل السكان مجتمعاً ترتبط مصائر أفراده وجماعاته ببعضها أكثر مما ترتبط بأي مجتمع خارج حدوده، فوضع إجتماعي كهذا لا يتمتع ببنية إجتماعية قوية، وإندماج وطني، ولا يتمتع بشعور وحدة المصير، بالتأكيد غير قادر على تأكيد حقه في المشاركة في إتخاذ القرارات الجماعية الملزمة عن طريق حركة سياسية تستطيع أن تدعم طلباً فعالاً على الديمقراطية،[1] في ظل وجود حقيقة مهمة، هي: إنّ الحد من إنشار العمل الأجنبي في بعض أقطار دول المجلس لا يبدو أنه يقارب الواقع في مجتمعات هذه الدول الذي يمثل فيها الأجانب 40.5% من سكانه، و72% وربما أكثر من قواه العاملة، فوفقاً لتقديرات العام 2005، يقارب مواطنوا دولة الإمارات عددهم (882) ألف مقابل (2.632) مليون مهاجر، وفي البحرين يشكل المواطنون (494) ألف مقابل (348) ألف مهاجر، وفي الكويت يبلغ عدد السكان (967) ألف مقابل (1.429) مليون مهاجر، والسعودية عدد مواطنيها (19.680) مليون مقابل (9.282) مليون مهاجر، وفي عمان (2.258) مليون مواطن مقابل (2.223) مليون مهاجر وفي قطر يشكل المواطنون (280) ألف مقابل (765) ألف مهاجر[2].

_____

(1) علي خليفة الكواري، الخليج العربي والديمقراطية: نحو رؤية مستقبلية لتعزيز المساعي الديمقراطية، مصدر سبق ذكره، ص ص69-70.

(2) باقر سلمان النجار، حلم الهجرة للثروة: الهجرة والعمالة المهاجرة في الخليج العربي، مركز دراسات الوحدة العربية، بيروت، 2001، ص200.

هذه الأعداد تجعل الحديث عن تحقيق التوازن السكاني، وتقليل نسبة الوافدين بالنسبة إلى عدد السكان هو من الأمور غير الواقعية والمنطقية على الاقل خلال الوقت الراهن، وذلك لجملة من الأسباب:

1. المغانم الإقتصادية الكبيرة والوفيرة لأصحاب العمل، وأصحاب القوة الإجتماعية والإقتصادية التي يحصلون عليها من بقاء قطاعات العمل الأجنبي، وخير مثال على ذلك تعليق رئيس المنطقة الحرة في منطقة (جبل علي) في دولة الإمارات على إجراءات وزارة العمل والشؤون الإجتماعية لطرق الإستخدام هو "من الصعب أن تقوم حركة تجارية حرة ناجحة في الإمارات في ظل قرارات تحد من حريتها، ونحن إخترنا سياسة السوق الإقتصادي الحرة، ونفذناها ووصلنا إلى منتصف الطريق ثم نأتي اليوم، ونقول: لابد من تنظيم إستخدام وتشغيل العمالة الآسيوية والأجنبية.... هذا غير ممكن، فرجل الأعمال يبحث عن الأرخص ولسوء الحظ، فالعمالة الأجنبية هي الأرخص"[1].

وفي الكويت يرى وزير التخطيط بعد خروج العراق من الكويت في العام 1991، إنّ خفض السكان بنسبة لا تجعل الكويتيين أقلية يبدو أمراً مستحيلاً. كما يرى مدير صندوق الإنماء الإجتماعي والإقتصادي الكويتي: إنّه من الأفضل إبقاء السكان عند رقم مليونين، بعد إن وصل عدد سكان الكويت قبل دخول العراق إلى الكويت (2.2) مليون نسمة، تضاءلت نسبة الكويتيين فيهم إلى 28% [2].

2. إنّ محاولات تعزيز أداء النظام التعليمي والتدريب، والتحول من الاعمال ذات الكثافة العمالية العالية إلى الأعمال ذات الكثافة التقنية العالية، كذلك محاولات زيادة عمالة المرأة الخليجية، لم تحرز على المدى القريب أي ثمار تذكر لأسباب متعلقة بطبيعة المجتمع وذاته، وأنظمته الإجتماعية بما فيها النظام التعليمي، فدول مجلس التعاون الخليجي لا تزال بعيدة عن

---

(1) نقلاً عن نفس المصدر، ص 201.

(2) نقلاً عن محمد عبد السلام، مصدر سبق ذكره، مصدر سبق ذكره، ص117.

ولوج مرحلة الإنطلاق التعليمي، والتي يمكن قياسها عن طريق العلاقة الثلاثية بين الثروة التعليمية، والإستثمار الجاري في التعليم من جانب والناتج الإقتصادي من جانب آخر، والتي تعني تضافر الثروة التعليمية للوصول إلى مرحلة التقدم، والتي يحصل فيها كل فرد على تعليم لا يقل عن إتمام التعليم الأساسي (تسعة صفوف) مقابل خمسة ألاف دولار للفرد في سن التعليم، إلاّ إنّ التعليم في دول المجلس انتشر بين الاجيال الصغيرة السن من المواطنين من دون أن يقوم جهد مماثل بين الكبار، فظل التحصيل التعليمي منخفضاً بوجه عام بين السكان البالغين، فلا يتعدى متوسط سنوات التعليم أربعة صفوف، فضلاً عن تدني متوسط سنوات التعليم للإناث مقارنة بالذكور مع وجود القيود الإجتماعية التي تحد من عمل المرأة، إذ إنّ نسبة مشاركة المواطنات في سوق العمل في منطقة الشرق الأوسط بصفة عامة، ومنطقة الخليج بصفة خاصة تعد من أقل النسب بين مختلق مناطق العالم، الأمر الذي يدل على غلبة القيم التقليدية المحافظة في المجتمعات الخليجية التي تجعل دور المرأة مقتصراً على البيت والأسرة[1].

3. هنالك أسباب ودواعي هيكلية ضاربة بجذورها في بنية المجتمع، وشبكة علاقاته المعقدة قد تقضي على محاولات الإصلاح والترشيد ،كوجود العديد من الجماعات المهاجرة التي إستطاعت عبر سنوات بقائها في دول الاستقبال أن تراكم الكثير من عناصر القوة بواسطة إرتباطها برموز القوة، والثروة في المجتمع المحلي: سياسية كانت هذه الرموز أم

(1) مايكل بوتاين، النمو السكاني وسوق العمل وتأثيرهما في أمن الخليج، في: أمن الخليج في القرن الحادي والعشرين، مصدر سبق ذكره، ص ص351-363، وينظر كذلك: نادر فرجاني، " أسواق العمل في بلدان مجلس التعاون الخليجي: الواقع والمستقبل"، مصدر سبق ذكره، ص ص59-61.

إجتماعية، أو بواسطة أحداثها تراكماً سريعاً في الثروة عمت فوائده على بعض مصادر القوة والسطوة في المجتمع المحلي[1].

4. إنّ العمل الأجنبي، والجاليات الوافدة باقية في ظل بقاء أسباب وجودها فالعمل الأجنبي هو أحد أهم مدخلات عملية التنمية النفطية، ودعوات تغيير هذه العمالة، وإستبدالها بعمالة محلية أو عربية لم تؤدِ إلى نتائج واضحة خلال عقدي الثمانينات والتسعينات على الرغم من نصوص التفضيل لها في القوانين المحلية والإتفاقيات العربية[2]. فنرى تراجع عدد الوافدين من العمالة العربية التي تراوحت نسبتهم من 75% من مجموع اليد العاملة الأجنبية في العام 1975، إلى 31% في العام 1996، وغلب العنصر الآسيوي على العنصر العربي في منطقة الخليج العربي منذ تسعينات القرن العشرين، وحتى الوقت الحاضر، إذ تمخضت عن سلسلة الاحداث التي بدأت بغزو العراق الكويت في العام 1990، أثار ضخمة في سوق العمل في البلدان العربية الخليجية، وتغيرت تفضيلات البلدان الخليجية تجاه تقليص حجم السكان الكلي، مع زيادة نصيب غير العرب من قوة العمل الوافدة، وإستبعاد البلدان التي لم تنضم إلى التحالف الذي قاده الغرب في حرب الخليج[3]. ولا يزال العمل الأجنبي متمسكاً بالنشاط الاقتصادي بفعل سيطرته على سوق العمل، إذ تقدر إسهامات العمل الأجنبي في سوق العمل الخليجي ما نسبته 72%، في حين لا يسهم العمل المحلي إلاّ بنسبة 28% من الإجمالي العام لقوة العمل، فضلاً عن سيطرة العمل الأجنبي على القطاع الخاص (الفاعل الجديد في العملية

---

(1) باقر سلمان النجار، حلم الهجرة للثروة:الهجرة والعمالة المهاجرة في الخليج العربي،مصدر سبق ذكره، ص203.
(2) نفس المصدر ، ص210.
(3) نادر فرجاني،" اسواق العمل في بلدان مجلس التعاون الخليجي :الواقع والمستقبل"،مصدر سبق ذكره،ص57.

السياسية)، فالعمل الأجنبي في عموم المنطقة مثل ما نسبته 90% من قوة العمل في القطاع الخاص حسب تقديرات السنوات الأولى من القرن الواحد والعشرين، فالمرحلة الاقتصادية الصعبة التي مرت بها هذه المنطقة خلال نهاية تسعينات القرن العشرين، وبداية القرن الواحد والعشرين نتيجة إنخفاض أسعار النفط، وظهور مشكلة البطالة في أوساط السكان الوطنيين، لم يدفع تلك الدول باتجاه تقليص حجم العمل الأجنبي في السكان والقوة العاملة، وحتى الكويت التي كانت حالتها مع مطلع تسعينات القرن العشرين مهيأة لتحقيق قدر من التوازن في السكان والقوة العاملة، إلاّ إنّها لم تصمد كثيراً تجاه تدفق العمل الأجنبي، والحاجة إليه، إذ شكل العمل الأجنبي ما نسبته 65% من السكان، و83% من القوى العاملة حسب تقديرات العام 1999[1].

وبذلك نرى الخلل السكاني الذي تعانيه دول مجلس التعاون الخليجي يمكن أن ينشئ أوضاعاً قانونية فعلية، يكون فيها الكثير من التعدي على الوافدين ويصبح المواطنين مجرد أقلية صغيرة وضعيفة في أوطانهم، الأمر الذي يؤدي إلى فشل التجارب السياسية الراهنة في دول هذه المنطقة بشكل عام مع الفارق الزمني، والكمي، والشكلي، نتيجة التفريط في حقوق المواطنين، وتعريض حاضرهم للإستلاب، ومستقبلهم للضياع بسبب تحولهم إلى أقليات في بلدانهم. كما إن غياب حقوق الإنسان بالنسبة إلى الوافدين قد تكون أخطر على المواطنين أنفسهم، خاصة إن حقوق الإنسان في المنطقة فيما يخص الوافدين لا تتفق مع معايير الإعلان العالمي لحقوق الإنسان وحقوق العاملين، وما يتعلق بها من مواثيق دولية، إذ من الظواهر السلبية لحقوق هذه العمالة وجود نظام الكفيل المفروض على العمال الأجانب، الذي ينتهك حقوقهم الأساسية، وعدم شمول الضمانات القانونية المذكورة في قانون العمل لعاملات الخدمة المنزلية، وعمال

([1]) باقر سلمان النجار، حلم الهجرة للثروة.....،مصدر سبق ذكره، ص ص 196-200.

الزراعة، هذه الأمور تنذر بعواقب وخيمة على مستقبل حقوق المواطنين، عندما يحصل فجأة بعض الوافدين، أو عدد كبير منهم على حق التجنيس أو لم الشمل أو العمل خارج سيطرة الكفيل، والتي لم يأخذ المواطنون أحتمالاتها في الحسبان، إذ أعتادوا على منافع العمالة الوافدة، وخاصة أن أغلبية الوافدين هم من غير الناطقين بالعربية، فهذه الأمور تؤدي إلى إختلال هوية المنطقة، وضياع مستقبل مواطنيها الأصليين، مثلما لجأت بعض الأنظمة مؤخراً (البحرين) إلى سياسة التجنيس العشوائية، والسماح بالمتجنسين حديثاً بالمشاركة في الإنتخابات النيابية الذي تسبب في إستياء مجموعة كبيرة من المواطنين الأصليين الذين رأوا في هذا العمل ضياع لحقوقهم السياسية، وتغيير لخارطة المنطقة.[1]

كما لا تخلو هذه القضية من أثر كبير على عملية الإصلاح السياسي عندما يكون السكان الأصليون أقلية في بلدانهم، وينعدم دورهم الإنتاجي ، ومن ثم دورهم في عملية إتخاذ القرار السياسي، فوفقا للأرقام التي تم ذكرها نرى إن قوة عمل الأجنبي في هذه المنطقة تشكل ما نسبته 95% من قوة العمل في القطاع الخاص، ونحن قد ذكرنا في المباحث الأولى من هذه الدراسة إن أحد أسباب ودوافع الإصلاح السياسي في دول مجلس التعاون خلال العقد الأخير من القرن الماضي، وبداية القرن الحالي هو ما أخذ يشهده هذا القطاع من دور كبير في العملية السياسية نتيجة سياسات التقشف الحكومي التي أخذت تتبعها تلك الدول وما أخذت تشهده من بيع مؤسسات القطاع العام إلى القطاع الخاص، وما ترتب على ذلك من مطالبات وحقوق من قبل القطاع الخاص على الدولة، لأنه سيصبح في هذه الحالة شريكا لها في إمتصاص ضغوط مواطنيها على العمل، فضلا عن تغيير الوعي الإجتماعي لأفراد هذه المجموعة كمطالبتهم بمراقبة ومتابعة الأداء الحكومي للدولة كونهم أصبحوا يسهمون في ميزانيتها. إلا إنه عندما تكون نسبة مساهمة العمل المحلي الخليجي بنسبة 28% من قوة العمل الإجمالي يجعلنا تجاه

---

(1) علي خليفة الكواري، الخليج العربي والديمقراطية... ، مصدر سبق ذكره، ص ص53-54.

حقيقية مهمة إن دور المواطن الخليجي هو دور ضعيف في العملية الإنتاجية، إذ لا يزال السكان الأصليون يحتكرون المواقع الحكومية، وما تتيح لهم من امتيازات، ودعم حكومي تجعلهم دائما في وضع مريح إقتصاديا، ومن ثم سياسيا، وذلك

لأستمرار وجود العلاقة التعاقدية بين الدولة والمواطن القائمة على أساس إستمرار تقديم الدعم الحكومي مقابل الولاء السياسي، وبذلك يصبح دور القطاع الخاص المحلي ضعيف وقليل وغير قادر على إتخاذ موقف واضح من عملية المشاركة والإصلاح السياسي.

المبحث الثالث
مستقبل الإصلاح السياسي

على الرغم من محدودية عمليه الإصلاح السياسي في دول مجلس التعاون الخليجي والمعوقات التي تواجهها , إلاّ إنهّ ممكن القول إنّ هناك عدة عوامل داخليه وخارجه دفعت هذه الدول الى طريق الإصلاح والتغيير , ومن المؤكد إنّ معادلة التفاعل بين العوامل المحفزة للإصلاح السياسي , والعوامل المعيقة لها هي التي ستتحد مسار مستقبل عملية الإصلاح في هذه الدول , في ظل وجود عدة متغيرات خارجية تؤثر في العملية الإصلاحية بأكملها في هذه المنطقة , إذ تتأثر بها تلك الدول وتؤثر فيها ولا يمكن رسم صورة واضحة لمستقبل الإصلاح السياسي في منطقة الخليج من دون معرفة أهم تلك المتغيرات , والتي تأتي في مقدمتها :

أولاً: مدى مصداقية الولايات المتحدة في دعمها للإصلاح في دول مجلس التعاون .

هنالك شكوك حقيقية في مصداقية التوجه الأمريكي , بضرورة دعم التحول الديمقراطي , والإصلاح الإقتصادي في منطقة الخليج العربي , وذلك في ضوء عدة إعنبارات منها : موقع قضية الديمقراطية ضمن اولويات السياسية الخارجية الأمريكية تجاه الوطن العربي في مرحلة ما قبل أحداث سبتمر / أيلول 2001 , إذ لم يثبت إنّ هذه القضية كانت من ضمن اولوياتها , وهنالك مؤشرات عدة تؤكد ذلك , أبرزها إنّ لواشنطن تاريخاً طويلاً في دعم النظم التسلطية والإستبدادية في المنطقة العربية عامة , ومنطقة الخليج خاصة, طالما كانت تلك الانظمة تتفق مع مصالحها على نحو ما سبق ذكره .[1]
وتتمحور إحدى القضايا

([1]) راجع الفصل الثاني، المبحث الثاني.

المهمة بهذا الخصوص حول مدى إستعداد الولايات المتحدة الأمريكية للقبول بديمقراطية تؤدي إلى وصول حركات وتيارات إسلامية الى السلطة او تسمح لها بالمشاركة الفعلية فيها خاصة بعد أن أظهرت نتائج الإنتخابات في البعض من دول المجلس , التي إتخذت طريق الإنتخابات البلدية والتشريعية مؤخراً كآلية للإصلاح السياسي , وفوز التيارات الإسلامية على غيرها من التيارات الأخرى , كما هو الحال في السعودية التي أجرت فيها الإنتخابات البلدية لأول مرة في تاريخ البلاد في العام 2005 , وحققت الجماعات الإسلامية فيها نصراً كاسحاً على التيارات الأخرى كافة [1] . او كما هو الحال في الكويت التي بدأت تشهد حصول المعارضة والتي تتمثل أغلبها في التيارات الإسلامية (إخوان , وسلف , وشيعة ومستقلون , إسلاميون) على اغلب مقاعد مجلس الأمة , فضلاً عما يتمتع به هؤلاء الإسلاميون في الكويت من شعبية قوية بفضل المؤسسات الإجتماعية والخيرية والدعويه التي يستندون إليها , والتي بدأت تحقق نتائج طيبة, وتلقى قبول الجماهير وتجاوبهم, وخاصة تلك البرامج واللجان التي تكرس نشاطها لحل المشكلات الإجتماعية والأسرية.كما بدأ المجتمع الكويتي يقف في صف الإسلاميين خلال معاركه الفكرية مع العلمانيين خاصة إذا كان الأمر يتعلق بالعقيدة الإسلامية أو الأخلاق , وكانت هنالك عدة قضايا مثار للسجال والخلاف بين الإسلاميين والعلمانيين حول أفكار عدة. [2]

وفي البحرين إستطاعت جمعية (الوفاق الوطني الإسلامية) من الحصول على سبعة عشر مقعد من مقاعد مجلس النواب الاربعين لتصبح اكبر كتلة في البرلمان خلال الإنتخابات البرلمانية التي شهدتها البحرين في تشرين الثاني /

---

[1] راجع الفصل الرابع , المبحث الأول .

[2] كالخلاف الذي حدث عندما صرح أستاذ العلوم السياسية في جامعة الكويت الدكتور (احمد البغدادي) ,في نشرة الشعلة التي يصدرها طلاب المنبر الديمقراطي (اليسار) ((وان الرسول (صلى الله عليه وسلم) قد فشل في إقامة دولة في مكة)) , او قيام الدكتورة (عالية محمد شعيب) أستاذة الفلسفة وعلم الاخلاق في جامعه الكويت بإعرابها عن تاييدها وعلى صفحات مجلة (الحدث) الكويتيه , للعلاقات المثلية بين فتيات الجامعة . أنظر : حدث دائم على الساحة الكويتية – معركة العلمانيين والاسلاميين , مصدر سبق ذكره , ص ص 14 - 15

2006 , تلتها كتلة تحالف جمعية (المنبر الوطني القريبة) من الإخوان وجمعية (الأصالة الإسلامية) بأثنى عشر مقعداً , فيما حصل المستقلون على عشرة مقاعد فقط .[1] يضاف الى ذلك مدى إستعداد الولايات المتحدة للقبول بوجود نظم ديمقراطية في الخليج تلتزم بآليات وإجراءات قانونية ومؤسسية في الشفافية والمسألة والمراقبة, ويصبح للبرلمانات , وأجهزة الإعلام, والرأي العام فيها دور فاعل ومؤثر في عملية صنع القرار , بما يتضمن ذلك من تغيير في النمط الذي إعتادت أن تتعامل به واشنطن مع الأنظمة الموالية لها , وخاصة فيما يتعلق بتمرير القرارات ذات الصلة بالمصالح الأمريكية (كالنفط , والتسهيلات العسكرية , وصفقات التطبيع مع إسرائيل),[2] وما يؤكد ذلك هو إنّه أصبح من بين أولويات واشنطن في مرحلة ما بعد أحداث 11سبتمبر / ايلول 2001 العمل مع النظم التي تدور في فلكها بشان محاربة الإرهاب, والتمييز بين نظام وأخر ليست وفقاً لإعتباراتها الديمقراطية التي تروج لها , بل بمدى إلتزام تلك الانظمة بمسألة محاربة الإرهاب , إذ أخذت الولايات المتحدة تتحدث عن دول معتدلة ودول متطرفة في المنطقة , وليست عن دول ديمقراطية ، ودول غير ديمقراطية وهذا ما نراهُ بوضوح عندما سقط الإنموذج القطري كإنموذج للإصلاح والديمقراطية في منطقة الشرق الأوسط لحساب إنموذج آخر إلاّ وهو الانموذج البحريني , عندما أخذت الولايات المتحدة تردد مقولة إنّ الحكومة القطرية كانت اقل إلتزاماً بسياسة مكافحة الإرهاب, والتطرف الإسلامي على أساس إستمرار وجود رموز مرتبطة بما يسمى بـ(تنظيم القاعدة) في هذه الدولة , وإستمرار تدفقّ الأموال من جماعات قطرية الى الجماعات المتطرفة , فضلاً عن تحول قطر الى اكبر مركز تجمع لتنظيم (الأخوان المسلمين) عبر أستضافة رموز الجماعة الإسلامية من كل الجنسيات , وتوفير الإقامة لهم , وحمايتهم , والسماح لهم بممارسة نشاطهم بحرية , على الرغم من إنّ الإدارة الأمريكية كانت قد حذرت

([1]) راجع الفصل الرابع , المبحث الثاني.

([2]) أنظر : مارتن انديك , مصدر سبق ذكره , ص ص14- 15 .

قطر بالوقوف تجاه هذه الجماعات , وإخراجها من البلاد , ومنع رموز السلطة والعائلة الحاكمة من تضييفهم .

كما إنّ خطر (قناة الجزيرة) الفضائية القطرية , وما يبث فيها من فتاوى بعض كبار رجال الدين من العرب التي تحلل قتل الأمريكيين في العراق مثل فتاوى الشيخ (د. يوسف القرضاوي) , وغيرها , والتسامح القطري مع الجماعات الإسلامية في البلاد , وما يشكلونه من خطر على حياة القوات الأمريكية في قطر دفعت هذه الأمور كلها الولايات المتحدة الى اتهام قطر بضعف الإجراءات الأمنية والقانونية التي تتخذها قطر في إطار مكافحة الإرهاب[1], وبالتالي سقط الإنموذج القطري الذي اختارته الولايات المتحدة لسنوات عدة لتسويق الديمقراطية والإنتخابات والتعددية في منطقة الشرق الاوسط خاصة بعد أن تسلم الشيخ (حمد بن خليفة أل ثاني) الحكم في العام 1995 وإعلانه برنامجه الإصلاحي, الذي وضع فيه المطالب الأمريكية بشأن مكافحة الإرهاب في صلب تلك الإصلاحات التي أدعت قطر إنها كانت السباقة في إنتهاجها[2]. كاصدارها القانون المرقم (17) لسنة 2002 , بشأن حماية المجتمع التي خولت بموجبه موظفي إنقاذ القانون سلطات واسعة في القبض , والتحفظ لمدد طويلة دون التقييد بقانون الإجراءات الجنائية المرقم (23) لسنة 2004 , كما أصدرت القانون رقم (3) لسنة 2004 بشان (مكافحة الإرهاب) الذي وسع من مفهوم الجريمة الإرهابية , وزاد في عقوبتها الى الإعدام في عدة حالات , كما جاء بتدابير عقابية تتعارض مع مبادئ حقوق الإنسان , فضلاً عن القانون المرقم (28) لسنة 2002 , الذي أثر على سرية الحسابات[3] . كما رفعت قطر شعار عدم الربط مابين السلام والإصلاحات الداخلية , وبدأت بتوسيع دائرة علاقاتها مع (إسرائيل), والخروج عما هو مألوف

---

(1) هكذا سقط إنموذج الديمقراطية القطري لحساب البحرين, مجلة الوطن العربي, العدد (1452), 31 /12/ 2004 , ص ص 10 -14 .

(2) أنظر : باسكال يونيفاس , قطر : إنموذج للخليج , www.mondiploar.com,mondediplomatique,2003

(3) صحيفة الحياة , 17 / 2 / 2004 .

من سياسة خارجية لدى دول المجلس , واخذت توصف بـ (بلد المفاجأت) , إلا انه نتيجة للأوضاع المذكورة انفاً والتي تحولت فيما بعد الى مصدر أزمة مابين الطرفين , أي مابين قطر والولايات المتحدة دفع الأخيرة إلى الإعتماد على الإنموذج البحريني بدلاً من القطري على أساس إن قطر لم تأخذ بالتعددية الحقيقية , والإصلاحات المطلوبة. وأخذت الولايات المتحدة تواجه إنموذجها السابق في الديمقراطية والإصلاح بعدة وسائل كان أخرها ما كشفت عنه صحيفة (ديلي ميرور) البريطانية مستندة الى تقارير سرية للغاية تم تسريبها من (داونينج سترتيت) مقر رئيس الوزراء البريطاني (توني بلير) عن حقيقة إن الرئيس الأمريكي (جورج بوش) خطط لضرب قناة الجزيرة الفضائية القطرية وذكرت الصحيفة إن نسخة عدد صفحاتها خمس صفحات تتضمن تفاصيل محادثة بين (بوش) , ورئيس الوزراء البريطاني (توني بلير) يحاول بلير إقناع (بوش) بالعدول عن شن ضربة عسكرية تستهدف محطة الجزيرة , وإن هذه المحادثة أجريت في 16 / ابريل / 2004 في أثناء زيارة قام بها (بلير) الى واشنطن بعد أن علم عزم الأمريكيين على مهاجمة مقر الجزيرة وإن (بلير) خشي من إن مثل هذه الضربة ستثير هجمات إنتقامية , وتفقد الولايات المتحدة حليفاً رئيساً لها في المنطقة إلا وهو دولة قطر[1] .

وفي المقابلة أخذ الرئيس (بوش) يمتدح الإنموذج الجديد للديمقراطية والإصلاح إلا وهو البحرين , كما حدث ذلك في خطابه حول الديمقراطية في العراق والشرق الأوسط قبالة الوقف الوطني للديمقراطية يوم 6 / تشرين الثاني / 2003 , مرحباً بعودة إنتخابات أعضاء المجلس الوطني التشريعي في البحرين لأول مرة منذ ثلاثة عقود بعد أن كانت قد توقفت منذ العام 1975[2]. كما إن تضييف البحرين الدورة الثانية لمنتدى المستقبل في 11- 12/ تشرين الثاني /

([1]) ديلي ميرور : بوش خطط لقصف مقر قناة الجزيرة الفضائية في قطر , نداء القدس ، , www . qudsway.com . . 200 5/ 11 / 22

president Bush Discusses freedom in Iraq and middle cast , www . white house gov , 2003 . ([2])

2005 , لمتابعة الإصلاحات السياسية في المنطقة على هامش إجتماع الدول الثماني الكبرى في قمتها في (سي ايلاند) في حزيران 2004 , يعده البعض ما هو إلا تقييم أمير كي وعالمي للبحرين كإنموذج للإصلاحات , والتحول الديمقراطي , إذ يرى رئيس جمعية الوفاق الوطني الإسلامية في البحرين الشيخ (علي سلمان) , " إن إختيار البحرين لإحتضان المنتدى أمر طبيعي حسب التقييم الأمريكي والعالمي لتجربة الإصلاح في البحرين".[1]

وبذلك يبدو العرض الأمريكي بشأن دعم الديمقراطية في الوطن العربي عموماً ومنطقة الخليج خصوصاً أقرب الى الشعارات , ولغة العلاقات العامة منه الى منطق الإلتزام الجاد , والمسؤول بخصوص هذا الملف خاصة إذا كانت الديمقراطية الحقيقة في هذه المنطقة يمكن أن تكون على حساب المصالح الأمريكية فيها بدرجة أو بأخرى , كل ذلك يؤكد إن توجهات واشنطن بشأن الديمقراطية في منطقة الخليج العربي تعاني معضلة المصداقية , وخبرة واشنطن في التعامل مع الملف الديمقراطي في الوطن العربي عموماً , جسدت حالة واضحة من التناقض بين المبادئ والمصالح , فهي غالباً ما تضحي بالمبادئ من أجل المصالح , او توظف المبادئ في خدمة مصالحها[2] . كما إن أحداث 11سبتمبر/ ايلول (2001) دفعت الولايات المتحدة الى الإستمرار في تجاهل قضية الديمقراطية في العالم العربي بشكل عام , ودول المجلس بشكل خاص , بل ربما تقديم المزيد من الدعم للنظم التسلطية طالما تتفق ومصالحها على الأقل خلال الأجلين القصير والمتوسط , وما يؤكد ذلك إن الولايات المتحدة قامت بإتخاذ إجراءات قانونية وأمنية أدت الى تقييد حقوق المواطنين الأمريكيين أنفسهم ,

---

([1]) لماذا تم إختيار البحرين لإحتضان منتدى المستقبل ؟ , www . middle east online . com

([2]) أنظر: د .عامر حسن فياض , "الديمقراطية الليبرالية في مركبات وتوجهات السياسة الخارجية الأمريكية إزاء الوطن العربي" , المستقبل العربي , العدد (261), بيروت , تشرين الثاني 2000,ص ص 158-159.

وأضعفت دور المعارضة في النظام السياسي , فمن غير المتوقع أن تكون الولايات المتحدة حريصة على الديمقراطية في الدول الأخرى , وخاصة في منطقة الشرق الأوسط , إذ إن الأولوية الأن للولايات المتحدة قد أصبحت للأمن , وليس للديمقراطية لذلك فإنها ستواصل سياسة غض الطرف عن أية ممارسة غير ديمقراطية للنظم الموالية والمتعاونة معها في حربها ضد الإرهاب[1] . و يؤكد تقرير المنظمة العربية لحقوق الإنسان لعام 2002 , إن الحملة الدولية لمكافحة الإرهاب قد عمقت مأزق حقوق الإنسان في المنطقة العربية , إذ سارعت معظم الحكومات العربية الى تشديد تشريعاتها وإجراءاتها التي تنتهك الحقوق الأساسية والحريات العامة , بعد أن غلبت إعتبارات الأمن على سيادة القانون[2] .

ولعل أبرز القوانين المثيرة للجدل والقلق هو قانون (مكافحة الإرهاب) في البحرين , والمعروف بإسم قانون (حماية المجتمع من الأعمال الإرهابية) بعد أن قدمته الحكومة الى مجلس النواب والشورى , واللذان صوتا لتمريره في تموز/ 2006 , وتم تفعيله بعد شهر من هذا التاريخ , على الرغم من إبداء منظمات المجتمع المدني البحريني والدولي قلقهم وإستهجانهم للقانون المذكور مع غموض تعريف الإرهاب فيه , إذ أكد كل من مركز البحرين لحقوق الإنسان ومنظمة العفو الدولية التي تعمل من أجل احترام حقوق الإنسان , ورصد حالات الإنتهاكات , والإعتداءات الحكومية على حريات الأفراد على إن القانون قد فشل في تحديد وتعريف المنظمات الإرهابية , وما نص عليه من إن (أي جماعة تناهض , وتخالف الدستور تعد جماعة أرهابية) مما يثير القلق من إحتمال إستعمال هذا القانون ضد المعارضين السياسيين والنشطاء الحقوقيين, كما يعتبر هذا القانون إنتهاكاً صارخاً لحرية التعبير بما في ذلك حرية التجمع والتظاهر إذ يجرم القانون (الترويج للأعمال الإرهابية او حيازة ملفات ذات طابع ترويجي لها) مما قد يشكل عاملاً جديداً لتكبيل حرية الرأي , والتعبير , والحق في تناول

([1]) د . حسنين توفيق إبراهيم , مصدر سبق ذكره , ص ص333 - 334 .

([2]) نقلاً عن:نفس المصدر, ص 131.

وتبادل كافة أشكال المعلومات , فبعد أيام من التصديق على هذا القانون كشف نشطاء وصحفيين في البحرين عن قرار حكومي ألزم مقدمي خدمة الإنترنيت في البلاد على حجب بعض المواقع الأكترونية (غوغل ايرث , غوغل فديو , غوغل مابس) , وقد أكدت منظمات المجتمع المدني في البحرين إن خطر هذه المواقع على السلطة يعود لإستعمالها في نشر معلومات , وصور , وافلام ناقدة ومعارضة للحكومة البحرينية نفسها في الوقت الذي يتزايد فيه إعتماد المعارضة , والمجتمع المدني على الإنترنيت , وترى جماعات المجتمع المدني إن إنتهاك السلطة في البحرين لحرية الرأي , والتعبير , والتجمع والتظاهر هو إنتهاكاً (للعهد الدولي للحقوق المدنية والسياسية) الذي صادقت عليه البحرين في نفس الوقت الذي صادقت على قانون مكافحة الإرهاب السابق ذكره[1] .

كما يشير تقرير منظمة العفو الدولية لعام 2002 , على إتساع نطاق إنتهاكات حقوق الإنسان في البعض من دول المجلس , بما في ذلك حالات إعتقالات , وتقييد للحريات السياسية والمدنية في المجتمع , كما تم وقف عدد كبير من الأفراد في ضوء أحداث 11 سبتمبر/ ايلول في جمع دول المجلس وربما تم تسليم بعضهم الى السلطات الأمريكية إذ أفاد تقرير المنظمة ذاتها لعام 2006 , إنه تم إطلاق سراح (6) من بين (12) كويتياً, كانوا محتجزين في المعتقل الأمريكي (غوانتنامو) , وإعيدوا الى الكويت إذ اعتقلوا من هناك. وفي الإمارات العربية وفي أعقاب هجمات 11/ أيلول قبض على عشرات الأفراد من مواطني هذه الدولة ومن شتى أنحاء البلاد ويشير تقرير المنظمة لعام 2002 من إحتمال وجود محتجزين آخرين معرضين لإنتهاكات حقوق الإنسان بما في ذلك التعذيب, والمعاملة السيئة.[2]

([1]) قانون مكافحة الإرهاب الجديد بشكل قيداً جديداً على الحقوق المدنية والسياسية في البحرين،
www , hrinfo , net , 2006/9/1 .

([2]) أنظر : تقرير منظمة العفو الدولية لعام 2002 , والعام 2006 , على موقع المنظمة في شبكة الانترنيت
www . amnesty . org .

كما إنه من المتوقع أن تصطدم الحلول السياسية التي قدمتها الولايات المتحدة لتحقيق الإصلاح في منطقة الشرق الاوسط بتحديات حقيقية على أرض الواقع فكيف يمكن للقوى الخارجية إقناع الشارع العربي بشرعيتها في الضلوع بدور مباشر ومركزي في عملية الإصلاحات السياسية، إذ إن تدخل القوى الخارجية في عملية الإصلاحات المنشودة سيعقد الوضع السياسي الحالي , خاصة بعد أن خسرت الولايات المتحدة معركتها الأخلاقية في كسب الرأي العام العربي لتأييدها المطلق للسياسة القمعية الإسرائيلية ضد الفلسطينيين وإحتلالها العراق وسوء معاملتها للمعتقلين السياسيين في سجن (ابو غريب) وتدل الأحداث التي تلازم مرحلة الإصلاحات السياسية في العراق على مدى الصعوبات التي تواجه القوى الغربية في جهودها للوصول الى مبتغاها السياسي, فمجرد الإيماء بأن الولايات المتحدة هي التي تملي على العراق أجندته السياسية , وتحدد صلاحيات حكومته يعني الإنتقاص من قدرات الولايات المتحدة تجاه شعوب المنطقة في تشكيل نظام سياسي تعددي ليبرالي ناجح وفاعل , ولهذا يمكن القول إن منطقة الشرق الأوسط عموما تمر أحياناً بحالات خاصة , وأوضاع سياسية معينة لا يجوز عن طريقها أن تؤدي الولايات المتحدة أي دور مباشر لدعم عملية الإصلاح السياسي لتجنب (إلحاق الأذى) بعملية الإصلاح ذاتها.[1] فقد أثبت العديد من مجريات الأحداث إن ممارسة الولايات المتحدة الضغوط في أوقات حرجة سياسياً غالباً ما تكون غير مجدية او تؤدي الى نتائج عكسية مثل ما حدث في إيران، إذ كثيراً ما كان النظام الإيراني يرى في محاولات الولايات المتحدة دعم الديمقراطية في إيران كأنها محاولات لتقويض نظام الحكم الإسلامي القائم في الوقت الذي أصاب الولايات المتحدة اليأس من محاولات الإصلاحيين الفاشلة لتغيير نظام الحكم الإيراني في العام 2002 , وحتى قبله , وخسرت الولايات المتحدة جميع

([1]) دانيال نيب , معضلة الديمقراطية في الشرق الاوسط (الإستراتيجية المقبلة للحرية), في : الأطر البديلة لأمن الخليج , تحرير (رياض قهوجي , مايكل كريغ) , ترجمة عبد العظيم محمد عبد الرحيم , مؤسسة الشرق الادنى والخليج للتحليل العسكري , دبي , 2004 ,ص ص 80 -81 .

مكاسبها السابقة التي حققتها في دعمها التيار الإيراني المعتدل , ولهذا آلت سياستها الى نتائج عكسية غير تلك التي كانت تطمح لها خصوصاً عندما إستغل المتشددون الدعم الأمريكي المعلن للإصلاحيين والمعتدلين لأضعافهم. [1]

كما أن الإعتماد على المجتمع المدني من قبل الولايات المتحدة من أجل تسريع عملية الإصلاحات السياسية يطرح مجموعة من القضايا البراغماتية والنظرية , خاصة إن البعض قد أبدى قلقة حول إختيار الولايات المتحدة تلك المنظمات غير الحكومية في دعم عملية الإصلاح , إذ إن هذا التدخل تهدف من ورائه واشنطن إختراق المجتمعات العربية عبر السيطرة على العقول المؤثرة في صياغة السياسات , وصناعة وتوجيه الرأي العام , حتى تستطيع في النهاية التحكم في المؤسسات الفاعلة , وتتحول تلك المؤسسات عبر هذا الإختراق الى أدوات لصناعة السياسات التي ترغب واشنطن في نشرها , أو أن تصبح أدوات تمارس الضغط على الأنظمة الحاكمة لإصلاحها وتغييرها , وخاصة الأنظمة التي ترغب الإدارة الأمريكية في الإبقاء عليها الى حين مدة معينة وصولاً الى إعداد بدائل للأنظمة التي تخطط لإسقاطها [2] . وواقع المجتمع المدني في دول المجلس ليس ببعيد عن ذلك التدخل , فعوامل تحوله ودوافعه غير نابعة من المجتمع ذاته بل بفعل ضغط خارجي , وهذا ما يؤثر سلباً في عملية الإصلاح , خاصة إذا تم تشكيل مجرد مجموعة من منظمات المجتمع المدني الصورية التي لن تقوم لها قائمة , إلا بالمنح المالية التي تقدمها الدول الغربية , والتي عادة ما تدار تلك المؤسسات بما يعرف بـ (خبراء المجتمع المدني) الذي إتخذ البعض منهم العمل في هذا المجال طريقاً للربح , والكسب المالي , وخاصة تلك المؤسسات التي تعمل في مجال حقوق الإنسان , والبحث العلمي , هذا على عكس المجتمع المدني الغربي الذي أفرزته التطورات السياسية الداخلية , ولم تؤثر عليه سلباً

---

(1) نفس المصدر, ص 81 .

(2) علاء عبد الوهاب , خطة لغزو المنطقة العربية بالديمقراطية ,
www. Albayan .co.ae. , 2005/7/6

العوامل الخارجية , وجاء ليعطي هامش من العمل السياسي للإفراد حتى يمنحهم فرصة حقيقية لتحقيق مصالحهم الخاصة التي يسعون الى تحقيقها , إلا إنه في هذه المرحلة الحرجة التي تمر بها الولايات المتحدة اخذت تعطي المجتمع المدني في الدول العربية عموماً، ومنها الدول الخليجية دوراً كبيراً من أجل التسريع في عملية التغيير والإصلاح السياسي, فهو بنظرها المحرك الأساسي لمشروع الإصلاحات المنشودة وتجد من وجهة نظرها, أن المجتمعات التي تسمح بإنشاء المؤسسات المدنية الفاعلة كالاحزاب السياسة , والنقابات العمالية , والصحف المستقلة , والمؤسسات الإعلامية ... الخ تدفع تلك المؤسسات بدورها بإتجاه خصخصة الإقتصاد وتأمين الملكية الفردية للإفراد , وتمنع إنتشار الفساد الحكومي , وتستثمر الأموال لرفع المستوى الصحي والتعليمي لأفراد المجتمع و بناء على ذلك قدمت الولايات المتحدة المنح والمساعدات المالية لمبادرات ومشاريع المجتمع المدني[1]. إذ بموجب الدراسات التي قامت بها مراكز الأبحاث الأمريكية بعد هجمات الحادي عشر من سبتمبر التي تناولت بالبحث والدراسة عن أهم الأسباب, والعوامل التي إدت إلى وقوع هذه الإعتداءات, وتقديم توصيات محددة للإدارة الأمريكية حتى لا يتكرر ما حدث مجدداً سواء في المستقبل القريب او البعيد , وقد توصلت الدراسة الى نتيجة , مفادها : إن على أمريكا أن تنتصر في الحرب ضد الإرهاب , وأن تبدأ حملة لتغيير العقول والقلوب في العالم الإسلامي , ذلك لأن المشاعر المناهضة للولايات المتحدة تحدث حالة من عدم الاستقرار في الدول الحليفة لها في العالم العربي , وعلى أساس هذه الدراسات إستقى وزير الخارجية الأمريكي السابق(كولن باول) مبادرته الإصلاحية (مبادرة الشراكة الأمريكية الشرق أوسطية) لعام 2002 [2], والتي على أثرها عمل برنامج الشراكة الأمريكية الشرق أوسطية على استلام وتمويل الطلبات من

([1]) دانيال نيب , مصدر سبق ذكره , ص ص80 - 81 .

([2]) خالد سيد أحمد , إدارة بوش تطلق (حرب أفكار) ضد العرب،مصدر سبق ذكره،ص2

المنظمات الإقليمية المحلية غير الحكومية , وتقديم المنح المالية لها, ولم تكن مؤسسات المجتمع المدني في منطقة دول مجلس التعاون بعيدة عن هذا المشروع إذ طالبت بعض تلك المؤسسات بمنح مالية لدعمها , ووضع برنامجها موضع التطبيق , ومن تلك المؤسسات: (جمعية البحرين للشفافية) التي تهدف الى تأسيس قواعد السلوك المهني في إدارة العمليات الانتخابية في البحرين مع التركيز على الانتخابات البلدية والتشريعية التي تم إجراءها في العام 2006 وتطوير نظام لجمع البيانات وكذلك مراقبة وتقييم العمليات الانتخابية سواء المحلية او التي تجري في مجتمعات أخرى. وكذلك (أكاديمية الخليج) في البحرين التي تهدف الى تأسيس مجتمع فكري خليجي يسعى لتشجيع الإصلاحات السياسية والاقتصادية إذ يتضمن نشاطها ورشات , ومناظرات , ومحاضرات لمناقشة المسائل الرئيسية للإصلاح والديمقراطية , وإنشاء بنك معلومات حول الأفراد والمنظمات بهدف دعم أهداف الإصلاح , مع تطوير موقع على شبكة الانترنيت حول الإصلاح والديمقراطية في الخليج , وإصدار جريدة الكترونية حول ذات الموضوع.[1] وقد خصصت مبادرة الشراكة الأمريكية الشرق أوسطية مبلغ 100.000 ألف دولار لكل (15) بعثة أمريكية من أجل تمويل أعضاء المجتمع المدني المحليين, بما في ذلك المنظمات غير الحكومية والجامعات لكي يقوموا بمشاريع إصلاحية , إذ تراوحت بين 10.000, و 25.000 الف دولار المنح الصغيرة التي تعطى للمنظمات المحلية غير الحكومية التي أبدت وفي إطار هذه المبادرة تعمل جامعة البحرين على إنشاء أول محطة إذاعية تقع في الحرم الجامعي من أجل إعداد الراغبين في وظائف في مجال البث والعمل الإعلامي . كما نظمت جامعة زايد في دولة الإمارات العربية المتحدة (10) ورش عمل حول الإبداع , وحل المشكلات وأدت الى توقيع إتفاقية بين حكومة رأس الخيمة , وجامعه شمال كنتاكي في الولايات المتحدة تهدف الى التعاون الأكاديمي , وإقامة

([1]) أنظر : موقع برنامج مبادرة الشراكة الأمريكية الشرق أوسطية
www.mepi.state.gov

شراكة تعليمة شاملة. وفي السعودية تحضر معلمات المدارس الرسمية سلسلة من ورش العمل والندوات التي أعدتها جمعية مدرسي اللغة الإنكليزية الأمريكية من أجل تحسين الممارسات التعليمية , ومنهجيات التعليم . وفي سلطنة عمان يتعلم مجلس الطلاب في الكلية الحديثة للأعمال , والعلوم , والمهارات القيادية للمشاركة في صنع القرارات الجامعية , وإدارة الجامعة عن طريق حلقات عمل وبرامج تبادل مع مجالس طلابية في الولايات المتحدة . وفي الكويت ومن أحل دعم الإدعاءات بأن عدم مشاركة النساء في السياسة يؤدي إلى تفاوت اقتصادي ملموس بين الجنسين , يقوم مركز (الدراسة الكويتية للميزانية المخصصة للجنسين) بتحليل الموارد الحكومية الموزعة على النساء, ووضع أهم الحلول التي تتناول هذا الجانب. وفي قطر تم دعم مشروع لإنتاج فلم فديو حول قضايا المنظمات غير الحكومية , وبث روح المسؤولية المدنية لدى تلامذة المدارس وذلك عن طريق قصة شعبية قطرية معروفة.[1]

هذا كله يجعلنا إزاء قضية مهمة وخطيرة , وهي إن مؤسسات المجتمع المدني كلما كان إعتمادها أكبر على الخارج كان أثرها أضعف في المجتمع عموماً وذلك لكونها ليس لها قاعدة عريضة يمكن أن تعمل من أجلها , إذ إن وجودها مرتبط بوجود الدعم الغربي لها, وتزول بزواله, مما يفقد العملية الإصلاحية فاعلاً رئيساً ومهماً إلا وهو مؤسسات المجتمع المدني .

وفي الختام يمكننا القول إن الولايات المتحدة هي التي تحكم في النهاية الموقف تجاه الإصلاحات في هذه المنطقة سلباً أم إيجابياً , فإذا كانت الإصلاحات تعني إحداث تغييرات في الانظمة القائمة في تلك الدول مستقبلاً فإنها ستفضل إستبعاد تلك الإصلاحات لغرض الإبقاء على هذه الانظمة, وذلك رغبة منها في ضمان الإستقرار, إذ إن الولايات المتحدة لاتقبل بالديمقراطية في صيغتها المعروفة في البلدان الأوربية الغربية , بل إن ما تقبله هو نوع من الديمقراطية

([1]) موقع برنامج المبادرة الشراكة الامريكية الشرق اوسطية : MEPI, مصدر سبق ذكره .

ألا وهو الديمقراطية الأمريكية, أي إن الولايات المتحدة تتعامل إيجابياً مع الإصلاحات الموجودة في دول المجلس في حدود إعتبارين : الأول / هو إعتبار المصالح, فهي تتجاوب مع الإصلاحات التي تخدم مصالحها , وخاصة مصالحها الاقتصادية , أي وجود إقتصاد رأسمالي قائم على أساس السوق الحر , والثاني / إنها سوف تتجاوب مع الإصلاحات إذ كانت تتطابق مع إنموذجها الخاص بالديمقراطية , وتستبعد وجودها , إذ كانت تشكل خطراً على مصالحها تلك .

ثانياً : إنعكاسات التجربة العراقية

إن الترويج لمقولة : إن تأسيس نظام ديمقراطي في العراق في مرحلة ما بعد (صدام حسين) سوف يكون إنموذجاً يقتدى به في المنطقة , ويؤثر فيها حسب نظرية (الدومينو) يراها بعض الباحثين كالدكتور حسنين توفيق ابراهيم "إنها فكرة تبسط الأمور, وتتجاهل الكثير من المعطيات المهمة ذات الصلة بهذا الموضوع , فهي مهمة صعبة ومعقدة , ولها متطلباتها , وشروطها , ومعطياتها الداخلية التي تستغرق عملية إيجادها وإنضاجها مدة من الزمن , وهي لا يمكن أن تتحقق بقرار خارجي , إذ ترتبط هذه المهمة بالدرجة الأولى بإعتبارات وتوازنات داخلية , كما إن إستمرار السياسة الأمريكية الحالية تجاه العراق قد يؤدي الى خلق أوضاع تؤدي الى تفكك الدولة العراقية ذاتها , بحيث تصبح بؤرة للتطرف والارهاب , وعدم الاستقرار في المنطقة , وليست إنموذجاً للديمقراطية".[1]

كما إن المعادلة التي تحكم بناء الدولة العراقية الجديدة لا يمكن تجاهل تداعيتها على منطقة دول المجلس, إذ أخذ التغيير في العراق يشكل مصدر خطر وتهديد لدول المجلس, وتخشى تلك الدول من تداعيات إنتقال تجربة العراق السياسي لها في المستقبل, خاصة بعد أن بدأ العراق يعيش حالة من السيولة السياسية. ومن وجهة نظرها تجد تلك الدول إنه تم إستبدال المعادلة القديمة التي

---

(1) د . حسنين توفيق إبراهيم , مصدر سبق ذكره , ص 144 .

قامت خلال السنوات السابقة في العراق على إساس إعتبار السُنة هم محور إرتكاز النظام العراقي بالمعادلة الجديدة التي ترتكز بالأساس على التحالف الشيعي - الكردي،لذا أخذت الحكومات الخليجية تخشى تداعيات هذه التجربة، وخاصة الدول التي تحظى تركيبتها السكانية بوجود شيعي مؤثر، وتحديداً في البحرين وشرق السعودية، الأمر الذي يعني إن المكاسب السياسية التي حصل عليها الشيعة مؤخراً في العراق، وحسب ما جاء في الإنتخابات التشريعية التي أجريت في 15/كانون الأول/2005، إذ حصلت لائحة الإئتلاف العراقي الموحدة الشيعية على المرتبة الأولى بين القوائم المشاركة الأخرى بنسبة (128) من مقاعد المجلس تشكل عامل قلق للبعض من دول المجلس، إذ ترى الدول المعنية بهذا الموضوع إنه يمكن تحت تأثير العدوى قد تدفع هذه التجربة في العراق الأقليات الشيعية الموجودة فيها إلى المطالبة بالحصول على مكاسب مماثلة.[1]

فالإنفتاح السياسي الموجود في العراق شكل عامل إزعاج وقلق حقيقي لدى المملكة العربية السعودية خشية إنتقال (عدوى) هذا الإنفتاح لها خاصة بعد إنتعاش دور الحوزة العلمية، والمرجعية الدينية الشيعية في النجف الأشرف اذ شكل عامل قلق حقيقي للمملكة العربية السعودية، ذلك لوجود الأقلية الشيعية في المنطقة الشرقية (الإحساء) التي تُعد منطقة إحتياطي نفطي، وتخشى المملكة من إحتمال تحول هذه المرجعية إلى قطب مؤثر، وحقيقي في تلك الأقلية.[2]

لذا يمكن القول: إن التجربة الديمقراطية الوليدة في العراق تثير هواجس من نوع جديد لدى بعض دول المجلس، لكونها تتضمن بداية القبول بمتطلبات المشاركة السياسية الحقيقية لمختلف ألوان الإنتماءات السياسية التي غيبت لمدة طويلة من المشاركة، مع إمكانية بروز مطالب شعبية تطالب بالإصلاح سواء على صعيد شكل النظام السياسي أو تكريس الإنتخابات، وفي هذه الحالة ستبقى

([1]) أشرف العيسوي، مصدر سبق ذكره، ص ص84-85.

([2]) عبد الوهاب عبد الستار القصاب، "العراق والسعودية" ، مجلة آراء، العدد (7)، دبي ، آذار2005، ص ص22-23.

إستجابة هذه الدول لمطالب الإصلاح القادمة بطيئة، وتتحصن بالقدر المحدود بالإصلاحات السياسية التي أجريت خوفا من تكرار تجربة العراق على دول المجلس. [1]

كما إن عدم إستقرار الوضع السياسي في العراق له أثره الكبير على العملية الإصلاحية بأكملها في دول المجلس، إذ إن نضوب الساحة الإقليمية من أي نماذج مشرقة ومستمرة في الممارسة الديمقراطية، يجعل الأنظمة التقليدية في منطقة الخليج في وضع مريح سياسياً، بل يدفعها بلا تردد إلى أن تكون في وضع هجومي على الديمقراطية ذاتها، كما حدث ذلك في الكويت في العام 1976، إذ إن أحد الأسباب التي دفعت إلى حل مجلس الأمة في ذلك العام هو الخوف من تكرار التجربة اللبنانية في حربها الأهلية الدامية في ذلك الوقت [2] إذ أن وجود دولة تؤدي دور (الإنموذج) للإصلاح والتقدم يُعد ضرورة مهمة، فإذا توفرت في إقليم معين قوى وحوافز للإصلاح قد تدعم بعضها بعضاً أكثر مما تتأثر في الضغوط من خارج الإقليم، فتدفع الرغبة في التفوق والمنافسة على الدولة الإنموذج داخل بلدان الأقليم نفسه أكثر من البلدان التي هي خارج الإقليم. [3]

وعلى الرغم من إن دول مجلس التعاون الخليجي قد سبقت العراق في سلم الديمقراطية والإصلاحات بإجراءات إنتخابية، وتعديلات دستورية، إلا إن نتائج التجربة العراقية سيكون لها الأثر الأكبر في مستقبل العملية الإصلاحية في دول المجلس، خاصة إذا كانت هذه التجربة في نظر دول هذه المنطقة هي تجربة ناجحة، والإنتخابات التي أجريت هي إنتخابات نزيهة ونتائجها مرضية لها، وعلى العكس من ذلك سيكون أثر العمل السياسي في العراق له أثره السلبي في العمل

---

(1) أنظر: فؤاد نهر، عوامل وأسباب الغزو الأمريكي للعراق، مجلة آراء، العدد (7)، دبي آذار 2005، ص 75.

(2) غانم النجار، مصدر سبق ذكره، ص93.

(3) اسامة الغزالي حرب، "الإصلاح من الداخل"، السياسية الدولية، العدد (156)، القاهرة أبريل 2004، ص7.

الإصلاحي في دول المجلس، إذا وجدت تلك الدول إن العمل الديمقراطي في العراق قد يقود إلى مزيد من العنف، وتقسيم البلاد.

بذلك يمكن القول: إن مستقبل الإصلاح السياسي في دول المجلس سوف يتأثر ضمن عناصر أخرى بطبيعة التحولات العالمية والأقليمية في هذا الاتجاه وفي نفس الوقت، فإن بنية السلطة وتمركزها في أنظمة دول هذه المنطقة وفقاً لما تم ذكره في المبحث الثاني من هذا الفصل ، سوف تسهم إلى حدٍ في إبطاء وربما إنكفاء تلك الإصلاحات بحثاً عن صيغة خاصة تحافظ على السلطة من جانب، وتعطي شيئاً من الإنفتاح الشكلي من جانب آخر، وهي معادلة صعبة بالتأكيد. إلا إن الإنتظار مطولاً عند فكرة الإصلاح أو التردد تجاهها قد يكلف هذه الأنظمة ثمنا باهضا قد يصل إلى درجة فنائها في المستقبل، و بالتالي يجب عدم الإنتظار حتى تفرض الأمور من الخارج، فمن الأجدى والأكثر كرامة أن تأتي الإصلاحات من وعي، وقدرة ، وجرأة النخبة الحاكمة، كما إن الأمل يظل معقود على عناصر من النخب المسؤولة من لديهم بالفعل العقلانية، والحكمة، والرشاد ما يؤسس لمثل هذه التوجهات الإصلاحية.

ثالثا: الحلول الممكنة لتحقيق الإصلاح:

نرى إن هنالك مجموعة من الحلول الممكنة التي يمكن أن تضع العمل الإصلاحي في دول مجلس التعاون على الطريق الصحيح، والوصول إلى نتائج أفضل وأضمن في المستقبل،وهي:

1. هناك حاجة ماسة لتطوير قوى ومكونات المجتمع المدني في كافة الفضاءات والمجالات الإجتماعية ، وإن لا ترتبط بتشكيلات رسمية أو قيود، أي إنهاء الوصاية الفوقية على تلك التكوينات (الجمعيات) الإجتماعية ، بحيث يمكنها القيام بمهامها وأدوارها بشكل فاعل في كافة المجالات التنموية، والمعنوية، والمادية للأفراد ، خاصة مع تراجع قدرات الدولة في تقديم تلك الخدمات.أن ذلك التطوير والتفعيل لمكونات المجتمع

المدني يقصد به بدرجة جوهرية تفعيل جمعيات مدنية مستقلة في مجال حقوق الإنسان، والحريات العامة ، وكذلك البيئة والصحة ...الخ. تعمل جنباً إلى جنب مع الجمعيات الرسمية أو الحكومية.

2. أن يكون لأجهزة الإعلام، والصحافة، والجامعات، والمعاهد العلمية العليا في مجتمعات هذه الدول دوراً أساسياً في خلق وتطوير الوعي السياسي لدى المواطن الخليجي والأخذ بيده تدريجياً على طريق الممارسة الديمقراطية ليس في الحياة السياسية فقط، بل وفي جميع أوجه الحياة الأخرى، ذلك إن المسيرة الديمقراطية هي مسيرة متكاملة في السياسية، والاقتصاد، والتعليم، ودوائر صنع الرأي العام، والوعي السياسي لا يمكن أن يكون بمعزل عن الوعي بمعناه الشامل، والممارسة الديمقراطية السلمية في العمل السياسي ليست سوى التعبير الأرفع عن مستوى الوعي العام لدى الأفراد، ومن ثم لدى المجتمع، فعمليه الإستفتاء أو الإنتخاب أو الترشيح كلها عمليات ليست تقنية بحتة، بل تعتمد إلى حد كبير على مدى حالة الوعي، أي الثقافة لدى المواطن كي تؤتي ثمارها المنشودة في عملية الإصلاح السياسي، لذلك لا يصح أن تبقى الدول في منطقة الخليج بمعزل عن إدارة وتوجيه مؤسسات خلق الوعي، والرأي العام الرسمية منها والشعبية لبلوغ تلك الغاية، فلا يصح مثلاً أن يقتصر دور وسائل الإعلام الرسمية من إذاعة وتلفزة، وصحافة لتكون مجرد أدوات تعكس صورة الواقع السياسي الرسمي أو أن يقتصر دورها على مجرد بث برامج التسلية والترفيه فتصبح وسائل الإعلام إستهلاكية تحاكي صورة المجتمع الإستهلاكي وتكرسها ، كذلك الأمر بالنسبة إلى الجامعات والمعاهد العليا التي تعّد موضوعيا (عقل المجتمع)، إذ يجب أن لا يقتصر دورها على تخريج أفواج حملة الشهادات ، لأن الغاية من العملية التعليمية ليست مجرد التحصيل العلمي الذي هو ليس غاية في حد ذاته بل خلق الكوادر العلمية الواعية بدورها في بناء صرح الدولة الحديثة

دولة المؤسسات السياسية والدستورية التي ينتخبها الشعب، وبناء مجتمع متقدم، بإعتبار أن المثقفين والمتعلمين هم حملة لواء التحديث.[1]

3. ضرورة التأكيد على مراقبة حقيقية لإوضاع ، ودور المرأة في العملية التنموية بكافة أبعادها، وكذلك في الأبعاد الأخرى ذات الصلة بالعملية الإصلاحية.

4. تأسيس نظم رسمية ضد البطالة، وضمان حق التعليم والعلاج لجميع أفراد المجتمع، إذ إن معالجة البطالة، والتوظيف،و الديون، وتطوير إدارة موارد الدولة يجب أن تحظى بأولوية قصوى لدى حكومة الإصلاح.

5. خلق الوعي بالمواطنة وحقوقها وواجباتها، إذ تعّد المحطة الأولى في مسيرة عملية الإصلاح السياسي.

6. إصلاح الخلل السكاني، والإنتاجي، والتعامل مع قضية التنمية الإقتصادية وإبعادها كافة بما يحقق العدالة الإجتماعية، والرفاهية، والتقدم ، والكرامة للجميع أفراداً ، وجماعات ، ومناطق، وهذا يتطلب إعادة صياغة أولويات التنمية في دول هذه المنطقة والخدمات المتصلة بها (تعليمياً، وإجتماعياً،وصحياً،ومائياً،وزراعياً...الخ) بحيث يكون هنالك توزيع عادل ومتوازن للموارد، وأن تتاح الفرصة التامة والمتساوية لأبناء البلد، ومناطقها للحصول على تلك الخدمات والحاجات عن طريق:

أ. توزيعها على المناطق ، وليس حصرها في مناطق أو مدن بعينها، والتي تؤدي إلى حدوث المزيد من التشوهات الإقتصادية والإجتماعية مما يزيد من الهجرات من مدن ومناطق بعينها، ويراكم من مشكلات ومتطلبات لا تستطيع معها تلك المدن، ولا أجهزتها سواء الخدماتية أو الأمنية من السيطرة عليها.

([1]) أنظر: عمر إبراهيم الخطيب، مصدر سبق ذكره، ص ص 19-23.

ب. إشراك المواطن على مستوى الدولة المركزية، وعلى مستوى المناطق والمحافظات، والمركز في عملية صياغة السياسات التنموية، ومخرجاتها وتمويلها.[1]

7. تصحيح العلاقة بين السلطة والمجتمع، وذلك عن طريق توسيع صلاحيات المجالس التشريعية بحيث تصبح تلك المجالس تمتلك فعلياً لا شكلياً حق ممارسة كافة الصلاحيات التشريعية المخولة للمجالس التمثيلية في البلدان الديمقراطية، وإلا فستبقى صلاحيات هذه المجالس هي صلاحيات صورية، فالسلطة التشريعية تعُد أهم السلطات الثلاث، والأكثر تعبيراً عن الإرادة الشعبية، فأما تكون سلطة حقيقية تامة الإختصاصات والصلاحيات ، وإما أن لا تكون هنالك أصلاً، ويجب عدم التذرع بكون أعضاء المجالس التمثيلية أو الشورى قد تم تعينهم بواسطة الحكام، أي السلطة التنفيذية أو ممثليها كي يتم التقليل من شأن هذه المؤسسة التشريعية، فأياً كانت الطريقة التي يتم بها تشكيل عضوية تلك المجالس سواء عن طريق التعيين أو الإنتخاب يتوجب عدم الإنتقاص من الحقوق والصلاحيات الدستورية التي يجب أن يمارسها هؤلاء الأعضاء.

8. الحاجة إلى تأسيس نظام سياسي قائم على أساس قاعدة ديمقراطية وتعاقد مجتمعي متجدد، والمتمثل في وجود دستور ديمقراطي تتوفر له مقومات وضمانات التطبيق على أرض الواقع، عن طريق إجراء إصلاحات دستورية تدخل المواطن إلى دائرة السلطة، فيحد من الإستبداد، ويقضي أي هذا الإصلاح على الإختلافات في كافة المجالات، ويؤكد الحقوق والحريات العامة، ويصونها ، وذلك بتأكيد مبدأ فصل السلطات، ووجود سلطة نيابية منتخبة لها سلطات رقابية ومحاسبية، تتيح للمواطن الحق في المشاركة في القرارات ووضع السياسات، على إن تكون السلطة

---

(1) أنظر: متروك الفالح، المستقبل السياسي للسعودية في ضوء 9/11: الإصلاح في وجه الإنهيار والتقسيم، مصدر سبق ذكره، ص ص 16-17.

القضائية مستلقة، وهذا الإصلاح الدستوري سيولد بيئة جديدة يمكن عن طريقها إمتصاص الإختلافات في كافة المجالات، وإعادة الإعتبار للمواطن عن طريق إقامة العدل، وضمان الحقوق، والحريات، والحق في المشاركة والتعبير.

9. ضرورة نمو حركة إصلاحية في كل دولة من دول هذه المنطقة ، ولا بد من أن يكون للأفراد والجماعات الذين ينشدون التغيير من إطار جامع له قواسمه المشتركة، وهناك من يمثله ويتحدث عنه، وحتى يتحول الإصلاح من مجرد رغبة إلى مطلب لا بد من أن يكون للإصلاح (حزبه) ، وأجندته ومن يمثله الذي يتحاور مع الحكومات من أجل تحقيق هذا الإصلاح تدريجياً، ولا بد أيضا من التعبير عن إتفاق التيارات والقوى التي تنشد التغيير عن طريق تبني منظومة من الوثائق المعبرة عن المطالب الديمقراطية، ولكي يتم ذلك يجب إجراء حوار وطني بين المفكرين والممارسين للعمل الأهلي من أجل ترجمة مفهوم الديمقراطية المنشود ومضامينها المتفق عليها، أي نصوص دستورية، وقانونية، ووثائق شرف تعبر عن توافق أصحاب المصلحة في الديمقراطية ، وتعرض مطالبهم بشكل محدد وواضح، لذلك على الإصلاحيين في كل دولة من دول هذه المنطقة بلوغ مستوى الكتلة التاريخية اللازمة لتحمل أعباء حركة إصلاحية فاعلة ومستدامة،وعلى الأفراد الذين ينشدون التغيير أن يرتقون بخطاباتهم وتنقيته من التجريح، والأبتعاد به من توجهات الإلغاء، والإقصاء وتطهيره من تهم التخوين، والتكفير، والتجهيل التي تتهم بها بعض الجماعات احياناً بعضها الأخر.[1]

10. هنالك أهمية لتنمية منظومة إقليمية من الجمعيات الأهلية تلتقي عن طريقها جهود المنظمات غير الحكومية الوطنية المستقلة والجادة حيث

([1]) أنظر: علي خليفة الكواري، "متطلبات تحقيق أجندة إصلاح جذري من الداخل في دول مجلس التعاون"، المستقبل العربي، العدد (32)، بيروت، كانون الأول2005، ص ص 56-57.

وجدت في واحدة من دول هذه المنطقة مع جهود الأفراد غير المنضمين إلى الجمعيات الوطنية، فضلاً عن الأفراد الذين لا يتاح لهم في بلدهم تكوين جمعيات اهلية، فمن الملتقيات الإقليمية التي يوجد هناك فرص لتأسيس بعضها تبرز الملتقيات المعنية بحقوق المواطن، وحقوق الإنسان عامة وكذلك جمعيات أنصار الديمقراطية، ومراصد الشفافية، والملتقيات الثقافية في كل مجال من مجالات الأدب والفن، والتربية، والإعلام، والإجتماع والإقتصاد... الخ، والملتقيات القطاعية المرأة والشباب والعمال ...الخ وهذا فضلاً عن الحاجة إلى تكوين ملتقيات مهنية للمحامين، والصحافيين والمهندسين، والأطباء...الخ، ومجتمعات أصحاب الأعمال من الصناعيين والمقاولين ، والتجار ،والزراعيين...الخ، ولعل بناء مجتمع مدني إقليمي متكامل مكمل وفاعل مع المجتمعات المدنية الوطنية في دول المنطقة يتطلب وجود قانون وجهة رسمية ، مثل مجلس التعاون أو منطقة حرة لتسجيل وأشهار المنظمات غير الحكومية الإقليمية ، إذ إن الغرض من وجود المنظومة من الجمعيات، والمنظمات غير الحكومية الإقليمية ، يتمثل في إستكمال نواقص المجتمع المدني على المستوى المحلي من حيث النوع والحكم، وتوفير قنوات تعبير وتنظيم قد لا تتوفر بشكل كافي على المستوى المحلي، وفي هذا المجال ربما سيكون القيام بإجتماعات ، وعقد تجمعات شرعية موازية للعمل الرسمي الإقليمي فرصة للتعبير الأهلي، كأن يعقد إجتماع أهلي في الوقت نفسه الذي يعقد فيه المجلس الأعلى لمجلس التعاون إجتماعاته، فمثل هذا الإجتماع الموازي مفيد من حيث لفت النظر إلى أجندة إصلاح جذري من الداخل، أو تقديم عريضة إلى المجلس الأعلى لمجلس التعاون تعبيراً عن تبني هذا اللقاء أجندة للإصلاح ، ومؤشراً على إتساع تبنيه وتأييده بين كافة أبناء هذه المنطقة.[1]

---

(1) نفس المصدر، ص ص57-58.

11. البحث بشكل دائم ومنظم عن قواسم مشتركة بين حكومات المنطقة وشعوبها بشكل عام، وبين الأفراد والجماعات التي تنشد التغيير بشكل خاص، وبين التيار الوطني والتيار الديني بكافة أطياف كل منهما على وجه الخصوص وسبيل ذلك هو الحوار الموضوعي المسؤول على المستويات كافة وبين جميع الأطراف من أجل زيادة مساحة الفهم المشترك الأفضل بين أبناء المنطقة ، مع التأكيد على إن الإسلام في جوهره ليس ضد الديمقراطية، بل إنه معها للحكمة المستفادة منها، وما يتحقق عن طريقها من إصلاح في أبعاده السياسية ، والإقتصادية والإجتماعية، والإدارية ، والثقافية. وإن ثقافة الإستبداد تسعى تحت مظلة الدين والقبيلة إلى رفض الديمقراطية لتطويع المجتمع وجعله قابلاً لشخصنة القرار، وزعامة الفرد أو زعيم القبيلة. وهنالك الكثير من الإسلامين المتنورين من هم مع الديمقراطية رغم إنهم إستمروا في عدائهم للغرب بسبب تأريخه الإستعماري، ودعمه للإستعمار الصهيوني في فلسطين، وكذلك إستهدافه المنطقة العربية واستنزاف ثرواتها، إلا إنه ليس هناك عاقلاً من بينهم يرفض الديمقراطية في الحقبة الحالية بسبب نهجها الغربي.

12. على دول هذه المنطقة تركيز العمل من أجل تكوين كتلة سياسية وإقتصادية في شكل أنواع من الإتحادات المتدرجة لتصل في النهاية إلى إتحاد فدرالي بين أقطارها وفقاً لما جاء في النظام الأساسي لمجلس التعاون، فإقامة إتحاد فدرالي بين دول المنطقة تتنازل فيه الدول إبتداءً عن جزء من سيادتها في مجال الدفاع، والسياسية الخارجية، وسياسة التنمية. وأن إقامة سلطة تشريعية وتنفيذية إتحادية ، ونظام قضائي إتحادي يكرس حكم القانون، لا يمكن أن يتم إلا بإجراء تغييرات هيكلية في داخل الأقطار الأعضاء، وفي مؤسسات المجلس نفسه، فكلما سعت الأقطار الأعضاء للإقتراب من بناء مؤسسات ديمقراطية في داخلها، أصبح بالإمكان التنازل عن السيادة الوطنية لمصلحة السيادة المشتركة، وكلما أعطيت مؤسسات

المجلس صلاحيات قانونية وإدارية تعلو على المؤسسات الوطنية ، كما هو الحال مثلا بالنسبة للإتحاد الأوربي ، أصبح بالإمكان بناء تلك الكتلة على أسس دائمة لا تتأثر في الأهواء، والمصالح الآنية، فضلا عن ذلك ، فإن تجسيد كيان إتحادي سوف يسمح بفرص حقيقية للتنمية، ويفتح أفاقا لتحقيق أمن أقليمي قومي، وهذان المكسبان هما السبيل لتحقيق بنود الإصلاح الأخرى إلا وهي علاج البطالة، وتأسيس شبكة أمان ضدها وضمان حق التعليم والعلاج، وإصلاح الخلل السكاني، والخلل الإنتاجي والأمني إلى جانب تصحيح العلاقة بين الحاكم والمحكوم ، وتعزيز مطلب الديمقراطية ، وحقوق الإنسان.

أن قيام هذه الكتلة الوحدوية لن يخلق توازنا إقليميا فقط، وإنما سيقلص ايضاً، وإلى حد كبير الإعتماد الحالي الخطر على الوجود الأجنبي المتمثل في شكل معاهدات وإتفاقيات أمنية ثنائية، كما تقلل من حجم الإنفاق العسكري، وفي بناء مزيد من الشفافية الإدارية والمالية، وأخيراً يقوي إلتصاق البلدان العربية في الخليج لمحيطها العربي القومي، وهذا لن يأتي إلا عندما تكون هناك حركة للإصلاح فاعلة، وعاقلة على أرض الواقع، تكسب إلى جانبها رأياً عاماً إقليمياً ودولياً، أهليا ورسمياً بقدر الأمكان، بعد أن أمتزج في عالم اليوم الداخل مع الخارج، وأصبح الخارج فاعلاً ربما أكثر أحياناً من الداخل في أوضاع مثل أوضاع هذه المنطقة، ولا بد لحركة الإصلاح من الداخل من أن تقدم نفسها وتؤكد مصداقيتها، وتراعي المصالح المشروعة للشعوب والدول في إطار المصالح الوطنية، وثواب مجتمعاتها.[1]

وفي النهاية نرى إن خيار الإصلاح هو أفضل خيار قبالة المواطن العربي بصورة عامة والمواطن الخليجي (موضوع دراستنا) بصورة خاصة، وبغض النظر عن كون الإصلاحات التي حدثت أو التي ستحدث هي إصلاحات محدودة أو تفرض من

([1]) أنظر: علي محمد فخرو،" واقع ومستقبل العلاقات الخليجية – الخليجية"، المستقبل العربي، العدد (268)، بيروت ، حزيران 2001، ص ص135-138.

الخارج أو من رأس السلطة، ولا تعبر عن حاجة إجتماعية كبيرة. إلا إنه لم يبق قبالة المواطن الخليجي سوى طريق الإصلاح، وإستعمال اسلوب الضغط على الحكومات، والنخب الحاكمة للتغيير بالإعتماد على مؤسسات المجتمع المدني والنخب الفاعلة، إذ إنّ تغيير الحكومات في دول هذه المنطقة عن طريق الإنقلابات العسكرية باتت فرص قيامها معدومة، والثورات الشعبية أصبحت احتمالات تفجرها محدودة للغاية أيضاً، وإستعمال الخيار الأخير، والمتمثل بالإستعانة بالغرب للتغيير يعني تكرار المأساة التي حدثت في العراق مجدداً. إلا أنه في المقابل نرى، وكما هو ثابت ويقين إن التهديد الذي يواجه أصحاب السلطة في دول هذه المنطقة هو تهديد خارجي بالدرجة الأولى، وهذا يتطلب منهم إعتماد سياسة دفاع ذاتية بالأساس عن طريق الإحتماء بالقوى الوطنية الفاعلة لتحقيق المنعة، وحماية الذات، وذلك بتجسير الفجوة مع تلك القوى، والتوصل معهم إلى قواسم مشتركة تحمي الجميع للوقوف بوجه تلك التهديدات والتغييرات التي تفرض من الخارج، والتي قد لا تتناسب مع طبيعة وثقافة مجتمعات دول المجلس، وإن تصبح المعتقدات والثقافة هي الإطار العام الحاكم لحركة الإصلاح المنشود، بحيث لا يحدث تخط لهذا الترتيب المهم، وهذا لا يعني التحجر قبالة ثقافة التغيير بقدر ما يعني تطويع الثقافة السائدة بحيث تصبح أكثر موائمة لما هو مطلوب إحداثه في سبيل الإصلاح، لأنه لم تفلح أمة تركت ثوابتها وثقافتها في إصلاح أحوالها وتحديثها.

الخاتمة:

تركز موضوع الدراسة حول "الإصلاح السياسي في دول مجلس التعاون الخليجي بين المحفزات والمعوقات" على تناول أسباب، ودوافع، وآليات، ونمط الإصلاح الذي شهدته هذه الدول خلال المدة الممتدة منذ العام 1990- إلى حد الوقت الحاضر، وتقييم أداء هذه الدول في تجربتها الإصلاحية تلك عن طريق دراسه أهم المعوقات التي تعترض المسيرة الإصلاحية فيها سواء على مستوى تنظيم عمل السلطات، وخاصة الضوابط التي تحكم العلاقة بين السلطتين التنفيذية والتشريعية أو عن طريق القوانين المنظمة للعملية الإصلاحية ذاتها.

وقد تطلبت الدراسة في أوضاع معينة دراسة كل من الدول الست المكونة لمجلس التعاون بشكل منفرد: (السعودية، والكويت، وعمان، وقطر، والبحرين والإمارات العربية المتحدة)، وذلك لدراسة أوضاع خاصة إحاطت بالعملية الإصلاحية في كل واحدة منها، والتي قد تختلف من دولة إلى أخرى سواء في دوافع تلك الإصلاحات أو طبيعتها أو مدى نجاحها أو فشلها خاصة إنّ هذا التقسيم قد أعطى مجالاً أوسع لمقارنة، وقياس الإصلاح السياسي الذي حدث في هذه الدول، ومعرفة إنّ كان الإصلاح فيها متشابهاً أو يتفاوت من دولة إلى أخرى. ففي حين تحظى الكويت بحياة سياسية نشطة في مجملها، لم يبتعد النظام السياسي السعودي كثيراً عن أيام الملك (عبد العزيز) مطلع القرن الماضي، في حين تسارع كل من قطر والبحرين إلى الإحتماء من أية قلاقل محتملة لنظام الحكم وذلك بإنشاء هياكل وتنظيمات سياسية تسمح بقدر من حرية التعبير للمواطنين، في حين عُمان، والإمارات لا ترى في الإصلاح والإنفتاح السياسي ضرورة ملحة في الوقت الحاضر بسبب عوامل خاصة بها.

إلاّ إنّ دول مجلس التعاون الخليجي تكاد تشترك في الأسباب التي قادتها إلى إتخاذ نهج التغيير والإصلاح مع مطلع تسعينيات القرن العشرين، والمدة اللاحقة لها مما تطلب دراستها بشكل مشترك، ومن أهم الأسباب:

- التطورات الإقتصادية والإجتماعية التي شهدتها دول الخليج خلال عقدي السبعينات والثمانينات من القرن العشرين بفضل الثروة النفطية التي كونت طبقة من المثقفين لها مطالبها في الإصلاح السياسي، والمشاركة السياسية، وأسهمت في أحداث نقلة في الوعي السياسي للمواطنين.
- آثار أزمة الخليج الثانية في (العام 1990)، وحرب الكويت في (العام 1991) اللتان آثارتا العديد من التساؤلات حول حالة التطور السياسي في دول المجلس أذ أظهرت كلتا الواقعتين حالة الإنكشاف الأمني لهذه الدول، وضعف قدراتها العسكرية بالرغم من المبالغ الهائلة التي أنفقت على التسليح، وتعزيز الأنظمة الدفاعية، وهذا ما أعاد المواطن الخليجي إلى قلب العملية السياسية التي كانت محتكرة في الماضي من قبل فئات معينة بدت سياستها، في نظر هذا المواطن، غير كفوءة في ضوء ما حدث.
- تراجع إنموذج دولة الرفاه في منطقة الخليج العربي الذي كانت تعتمد عليه الدول الخليجية لتبرير الإحتكار السياسي، الأمر الذي دفع النظم السياسية إلى البحث عن مصدر آخر للشرعية عبر الإتجاه لفتح قنوات المشاركة السياسية.

وكانت دول المجلس قد تعرضت منذ نهاية عقد سبعينيات القرن العشرين لتهديدات وتحديات كبيرة راكمت الضغوط على النظم السياسية فيها للإتجاه نحو ضرورة أحداث نوع من الإنفتاح، فقد برزت في وجه هذه الدول تحديات كبيرة من الدولتين الكبيرتين في النظام الإقليمي الخليجي، هما إيران التي تعد من أكبر الدول الخليجية مساحة وسكاناً، والعراق وتعاظم قوته العسكرية التي مثلتا هاجساً لدول الخليج الأخرى، فضلاً عن ذلك تصاعد الإهتمام الدولي لمنطقة الخليج بفعل غناها النفطي، وهو ما خلق شبكة مصالح أجنبية ضخمة بها، كل ذلك دفع دول مجلس التعاون الخليجي إلى محاولة تمتين وضعها داخلياً وخارجياً عن طريق عملية (الإصلاح السياسي).

أما المرحلة الإصلاحية التي شهدتها دول المجلس في نهاية عقد التسعينات، ومطلع القرن الحالي، فكان سببها، فضلاً عن إستمرار ضغوط العوامل السابقة إلى عدة إعتبارات أهمها:

- قصور مرحلة الإصلاح الأولى عن تحقيق المطالب الشعبية، ونشير هنا على سبيل المثال إلى حالة البحرين، فتشكيل مجلس للشورى بالتعيين بها في العام 1992، لم يلب المطالب الخاصة بعودة المجلس الوطني المنحل في العام 1975، والذي كان قد إنبثق من خلال عملية الإقتراع العام.
- تصاعد الضغوط الدولية المطالبة بالإصلاح السياسي، وهي الضغوط التي تكثفت بعد أحداث 11 سبتمبر/ أيلول لعام 2001، في الولايات المتحدة.
- الإدراك الخليجي المتزايد لأهمية الإصلاح، بعده حصانة لتفادي إنفجار الأوضاع السياسية، والعنف، كما حدث في أعمال العنف الواسعة النطاق التي شهدتها البحرين في منتصف التسعينات، وخلال العام 2005.

وبالرغم من إنّ عملية الإصلاح السياسي التي شهدتها دول مجلس التعاون خلال السنوات الأخيرة قد وضعت النظم السياسية لهذه الدول على أعتاب مرحلة جديدة، وبالرغم من تفاوت ما تم تحقيقة من دولة إلى أخرى، فإنّ هذه العملية بقي حصادها في نهاية المطاف محدوداً، ولا يمكن المراهنة عليه لخلق نظم ديمقراطية حقيقية في تلك المنطقة، وذلك لوجود عدة محددات ومعوقات، أهمها:

- عدم ملائمة الإطار الدستوري والقانوني لمقتضيات تفعيل عملية الإصلاح السياسي، وذلك بسبب غياب التوازن بين السلطتين التشريعية والتنفيذية وغلبة الثانية على الأولى.
- ضعف دور ومكانة السلطة التشريعية في النظام السياسي، بسبب ميل موازين القوى لمصلحة السلطة التنفيذية من ناحية، وبسبب طبيعة آليات التشريع والرقابة على الحكومة من ناحية أخرى.

- إستمرار حرمان التيارات السياسية من حقها في تشكيل الأحزاب السياسية الخاصة بها، وهذه سمة مشتركة للحياة السياسية الخليجية بشكل عام وعلى الرغم من إنّ بعض الدول فيها جمعيات أو تيارات تمارس دوراً سياسياً واضحاً، فإنّ تلك التيارات والجمعيات غير معترف بها كقوى سياسية مشروعة، كما هو الحال في الكويت والبحرين، فضلاً عن إستمرار حالة التأزم في طبيعة العلاقة بين الدولة وتيارات أساسية في المجتمع.
- جمود النخبة الحاكمة، ويعود ذلك إلى التغلغل الشديد للأسر الحاكمة في مؤسسات الدولة، وهو ما يجعل من عملية تجديد النخبة أمراً صعباً، على الرغم من أهميته لخلق نخب جديدة قادرة على التعاطي بجرأة مع ما تفرضه عملية (الإصلاح السياسي).
- البنية العشائرية التقليدية للمجتمعات الخليجية بشكل عام، وهو ما يحول دون نفاذ الثقافة السياسية المدنية إلى المجتمع، والذي ينجم عنه غياب الروابط السياسية الحديثة لمصلحة تلك البنية القائمة على أسس تقليدية يصعب فيها الإنفتاح السياسي.
- غياب الأحزاب السياسية التي تعارض وجودها جميع نظم الحكم في المنطقة، وما موجود منها بحكم الأمر الواقع (كما في الكويت والبحرين) يحمل أسم جمعيات، وليس أحزاب سياسية حقيقية هدفها الوصول إلى السلطة.
- سيطرة الحكومة المطلقة على الأجهزة السياسية في هذه الدول في ظل الغياب التام تقريباً للمجتمع المدني، والمستقبل بخصوصيته، جعل من مجموعات المعارضة السياسية مجرد قوى غير قادرة حتى الآن عن القيام بأي دور حاسم في تشكيل البيئة السياسية، والإجتماعية، والإقتصادية ولعل ذلك قد يستمر في المستقبل القريب أيضاً.

- على الرغم من وجود هامش من حرية التعبير في وسائل الإعلام، والذي يتباين من دولة إلى أخرى، إلاّ إنّ الدولة في هذه المنطقة في جميع الأحوال ما زالت تحتكر وسائل الإعلام بأنواعها، أو القسم الأعظم منها.
- تؤدي المصالح الأجنبية الضخمة في منطقة الخليج دوراً معيقاً لتفعيل عملية (الإصلاح السياسي)، وتكريس توجهات ديمقراطية صلبة وحقيقية إذ إنّ الوصول إلى مرحلة أعلى من التوجه الديمقراطي يحمل خطراً على هذه المصالح، في ضوء الرفض الشعبي للوجود الأجنبي عامة والأمريكي خاصة في هذه المنطقة.
- الإختلال الذي تعانيه المنظومة السكانية بفعل النسبة الكبيرة من الوافدين للعمل على حساب المواطنين، وهو ما يجعل من المواطنين غير فاعلين في العملية الإنتاجية، ومن ثم يتضاءل دورهم في العملية السياسية.

أما مستقبل الإصلاح السياسي في دول مجلس التعاون فسيتحدد في ضوء التغيرات التي تطول إتجاهات الإنفراج لدى الأسر الحاكمة نفسها، إذ يتضح إنّ مجمل إجراءات الإصلاح السياسي التي تمت في هذه الدول جاءت في مجملها من القمة (أي من رأس السلطة)، فضلاً عن تلكأ قيام نخبة سياسية جديدة، ومجتمع مدني ناهض، كما أن ضغوط وتأثير التحولات العالمية، وعلى الأخص الموقف الغربي، ودور النفط في الدخل القومي، ودرجة شعور الدولة بالتهديد الخارجي أياً كان نوعه أو درجته كلها عوامل تجعل من مستقبل الإصلاح السياسي في هذه الدول قضية يصعب التكهن بها بشكل واضح، ذلك إن حدوث التفعيل المطلوب لعملية (الإصلاح السياسي) في دول مجلس التعاون الخليجية يتطلب الكثير من المستلزمات والشروط ، والتي تتمحور حول مرتكزين أساسين:

الأول: إعادة هيكلية الإطار الدستوري والقانوني بما يتوافق مع تفعيل عملية (الإصلاح السياسي)، وذلك بتكريس عملية الفصل بين السلطات وتعزيز دور البرلمان، والذي يجب أن يكون منتخباً ، وشرعنة وضع

القوى السياسية بعدّها أحزاباً، فضلا عن منح المرأة كل حقوقها السياسية في دول المجلس التي لم تمنحها بعد هذه الحقوق كالسعودية كما يدخل في هذا السياق أيضا قضية تجديد النخبة الحاكمة، وإطلاق مؤسسات المجتمع المدني.

الثاني: يتمثل في وضع الإطار القيمي لعملية (الإصلاح السياسي) من نشر ثقافة سياسية دافعة إلى تدعيم ذلك الإصلاح ، وبلورة العملية السياسية بوصفها آلية لتداول السلطة والتنافس السلمي بين القوى السياسية ، وليست مجرد عملية تزويق للأنظمة السياسية القائمة.

المصادر

أولا: الوثائق

1. دستور دولة الإمارات العربية المتحدة.

2. دستور دولة البحرين لعام 1973

3. المذكرة التفسيرية لدستور مملكة البحرين المعدل الصادر في سنة 2002.

4. دستور مملكة البحرين المعدل الصادر في 14 فبراير 2002.

ثانيا: الكتب العربية والمترجمة

1. إبراهيم خلف العبيدي، الحركة الوطنية في البحرين 1914-1971، مطبعة الأندلس، بغداد، 1976.

2. أحمد يوسف أحمد، نيفين مسعد، حالة الأمة العربية لعام 2005 النظام العربي: تحدي البقاء والتغيير، مركز دراسات الوحدة العربية، بيروت، 2006

3. الدساتير العربية ودراسة مقارنة لمعايير الحقوق الدستورية الدولية، المعهد الدولي لقانون حقوق الإنسان، نيويورك، 2005.

4. الديمقراطية والحريات العامة، المعهد الدولي لحقوق الإنسان، كلية الحقوق بجامعة دي بول، 2005.

5. أسكندر بشير، دولة الإمارات العربية المتحدة:مسيرة الاتحاد ومستقبله، دار الكتاب العربي، بيروت، 1982.

6. إسماعيل الغزال، الدساتير والمؤسسات السياسية، مؤسسة عز الدين للطباعة والنشر، بيروت، 1996.

7. السيد يسين، الإصلاح العربي بين الواقع السلطوي والسراب الديمقراطي، دار ميريت ، القاهرة، 2005.

8. أندريه هوريو، القانون الدستوري والمؤسسات السياسية، ج1، ط2 ، الأهلية للنشر والتوزيع، بيروت 1977

397

9. أميل نخلة، أميركا والسعودية: الأبعاد الاقتصادية والسياسية والاستراتيجية، دار الكلمة للنشر، بيروت، 1980.

10. باقر سلمان النجار، حلم الهجرة للثروة: الهجرة والعمالة المهاجرة في الخليج العربي، مركز دراسات الوحدة العربية، بيروت، 2001.

11. بشارة خضر، أوربا وبلدان الخليج العربية، الشركاء الأباعد، ط2، مركز دراسات الوحدة العربية، بيروت، 1997.

12. ثامر كامل، الدولة في الوطن العربي على أبواب الألفية الثالثة، بيت الحكمة، بغداد، 2001

13. ثناء فؤاد عبد الله، آليات التحول الديمقراطي في الوطن العربي، مركز دراسات الوحدة العربية، بيروت ، 1997

14. جمال زكريا قاسم، الخليج العربي: دراسة لتاريخ الإمارات العربية 1914-1945، مكتبة الأنجلو مصرية، القاهرة، 1971.

15. محمد الرميحي، قضايا التغيير السياسي والاجتماعي في البحرين 1920-1970، مؤسسة الوحدة للنشر والتوزيع ، الكويت، 1979.

16. محمد عابد الجابري، في نقد الحاجة إلى الإصلاح ، مركز دراسات الوحدة العربية، بيروت، 2005.

17. عبد الرزاق الفهد، تاريخ الخليج العربي الحديث والمعاصر، دار النشر بلا، بغداد ، 2004.

18. محمد جواد رضا، صراع الدولة والقبيلة في الخليج العربي: أزمات التنمية وتنمية الأزمات، ط2، مركز دراسات الوحدة العربية، بيروت ، 1997.

19. سيد نوفل، الأوضاع السياسية لإمارات الخليج وجنوب الجزيرة، ط2، المنظمة العربية للتربية والثقافة والعلوم، القاهرة، 1972.

20. حسنين توفيق إبراهيم،النظم السياسية العربية: الاتجاهات الحدثية في دراستها، مركز دراسات الوحدة العربية، بيروت، 2005.

21. علي محافظة و (أخرون)، العرب وجوارهم... إلى أين؟، مركز دراسات الوحدة العربية، بيروت، 2000.

22. فهد القحطاني، صراع الأجنحة في العائلة السعودية: دراسة في النظام السياسي وتأسيس الدولة، الصفا للنشر والتوزيع، لندن، 1988.

23. سعد الدين إبراهيم، النظام الاجتماعي العربي الجديد: دراسة عن الآثار الاجتماعية للثروة النفطية، مركز دراسات الوحدة العربية، بيروت، 1982.
24. محمد السعيد أدريس، النظام الإقليمي للخليج العربي، مركز دراسات الوحدة العربية، بيروت، 2000.
25. ياسين سويد، الوجود العسكري الأجنبي في الخليج واقع وخيارات: دعوة إلى أمن عربي إسلامي في الخليج، مركز دراسات الوحدة العربيه، بيروت، 2004.
26. غانم محمد صالح ، الخليج العربي: التطورات السياسية والنظم والسياسات، دار الحكمة ، بغداد، 1991.
27. قيس محمد نوري، مفيد الزيدي، المجتمع والدولة في السعودية: مسيرة نصف قرن، بيت الحكمة، بغداد، 2001.
28. محمد جاسم محمد، النظم السياسية والدستورية في منظمة الخليج العربي والجزيرة العربية، مركز دراسات الخليج والجزيرة العربية، جامعة البصرة، 1984.
29. ديفيد لونج، (المحرر)، أمن الخليج في القرن الحادي والعشرين، مركز الإمارات للدراسات والبحوث الاستراتيجية، أبو ظبي، 1998.
30. حسين أبو رمان و(آخرون)، المجتمع والدولة في الوطن العربي في ظل السياسية الرأسمالية الجديدة، مكتبة مدبولي، القاهرة، 1997.
31. نصرة عبد الـلـه السبتكي، أمن الخليج من غزو الكويت إلى غزو العراق: دراسة للأداء الأمني لمجلس التعاون الخليجي (1981-2000)، المؤسسة العربية للدراسات والنشر، بيروت، 2003.
32. نايف علي عبيد، مجلس التعاون لدول الخليج العربية: من التعاون إلى التكامل، مركز دراسات الوحدة العربية، بيروت، 1996.
33. هالة سعودي (محرر)، الوطن العربي والولايات المتحدة الأمريكية، معهد البحوث والدراسات العربية، جامعة الدول العربية، 1996.
34. محمد غانم الرميحي، الجذور الاجتماعية للديمقراطية في مجتمعات الخليج العربي المعاصرة، شركة كاظمة للنشر والتوزيع، الكويت، 1984.
35. جوزيف أ. كيشيشيان، الخلافة في العربية السعودية، دار الساقي للطباعة والنشر، بيروت ، 2002.
36. حسان شفيق العاني، الأنظمة السياسية والدستورية المقارنة، مطبعة جامعة بغداد، بغداد، 1986.

37. رجا بهلول ، مبادىء أساسية في صياغة الدستور والحكم الدستوري، مؤسسة فريد ريتس ناومان، عمان، 2005.

38. منير بعلبكي، قاموس المورد، ط 11 ، دار العلم للملايين، بيروت، 1977.

39. محمد غانم الرميحي، الخليج ليس نفطاً (دراسة في إشكالية التنمية والوحدة)، شركة كاظة للنشر والتوزيع، الكويت، 1983.

40. جيفيري روبرتس، والستر ادوردز، المعجم الحديث للتحليل الحديث، ترجمة: سمير عبد الرحيم الجلبي، الدار العربية للموسوعات ، بيروت، 1999.

41. صلاح العقاد، التيارات السياسية في الخليج العربي، مكتبة الانجلو مصرية، القاهرة، 1983.

42. مفيد الزيدي، التيارات الفكرية في الخليج العربي 1938-1971، مركز دراسات الوحدة العربية، بيروت ، 2000

43. يوسف محمد عبيدان، المؤسسات السياسية في دولة قطر، وزارة الإعلام بقطر، بيروت، 1979.

44. محمد بن صنيتان، النخب السعودية: دراسة في التحولات والاخفاقات، مركز دراسات الوحدة العربية، بيروت، 2004.

45. ستيفين ديلو، التفكير السياسي والنظرية السياسية والمجتمع المدني، ترجمة: ربيع وهبة، المجلس الأعلى للثقافة، القاهرة، 2003.

46. سوزات – روز اكرمان، الفساد والحكم: الأسباب – العواقب- الإصلاح، ترجمة: فؤاد سرجوي، الأهلية للنشر والتوزيع، عمان،2003.

47. ريتشارد بريس، أمريكا والسعودية: تكامل الحاضر وتنافر المستقبل، ترجمة: سعد هجرس، سينا للنشر، القاهرة، 1992.

48. حسين جميل، حقوق الإنسان في الوطن العربي، مركز دراسات الوحدة العربية، بيروت، 1986.

49. صلاح العقاد، معالم التغيير في دول الخليج العربي، معهد البحوث والدراسات العربية، القاهرة، 1972..

50. خلدون حسن النقيب، المجتمع والدولة في الخليج والجزيرة العربية (من منظور مختلف)،ط2، مركز دراسات الوحدة العربية، بيروت، 1989.

51. محمد عبد المجيد، السعودية بين الاستبداد والديمقراطية، مؤسسة الرافد للنشر والتوزيع، 1996.

400

52. علي الدين هلال، ونيفين مسعد، النظم السياسية العربية: قضايا الاستمرار والتغيير، مركز دراسات الوحدة العربية، بيروت، 2000.

53. عادل الطبطبائي، السلطة التشريعية في دول الخليج العربي: نشأتها وتطورها والعوامل المؤثرة فيها، منشورات مجلة دراسات الخليج والجزيرة العربية، الكويت، 1985.

54. محمود فهمي الكردي و (آخرون)، الدوحة: المدينة الدولة، مركز الوثائق والدراسات الإنسانية، جامعة قطر، 1985.

55. حسين محمد البحارنة، دول الخليج العربي: علاقاتها الدولية وتطور الأوضاع القانونية والدستورية فيها، شركة التنمية والتطوير، بيروت ، 1973.

56. رياض قهوجي، مايكل كريغ (تحرير)،الأطر البديلة لأمن الخليج : ترجمة: عبد العظيم محمد عبد الرحيم، مؤسسة الشرق الأدنى والخليج للتحليل العسكري، دبي، 2004.

57. مجموعة باحثين، امتطاء النمر: تحديات الشرق الأوسط بعد الحرب الباردة، ترجمة: عبد الله جمعة الحاج، مركز الإمارات للدراسات والبحوث الاستراتيجية، أبو ظبي، 1996.

58. مجموعة باحثين، مداخل الانتقال إلى الديمقراطية في البلدان العربية، مركز دراسات الوحدة العربية، بيروت، 2003.

59. طاهر حمدي كنعان (محرر) ، هموم اقتصادية عربية (التنمية - النفط، العولمة)، مركز دراسات الوحدة العربية، بيروت، 2001.

60. مجموعة باحثين، الوطن العربي في السياسية الأمريكية، مركز دراسات الوحدة العربية، بيروت، 2000.

61. مجموعة باحثين، صناعة الكراهية في العلاقات العربية – الأمريكية، مركز دراسات الوحدة العربية، بيروت، 2003.

62. جهاد تقي صادق، الفكر السياسي العربي الإسلامي (دراسة في أبرز الاتجاهات الفكرية)، دار الكتب للطباعة والنشر، بغداد ، 1973

63. علي خليفة الكواري (محرر)، المواطنة والديمقراطية في البلدان العربية ، مركز دراسات الوحدة العربية، بيروت، 2001.

ثالثا: الرسائل الجامعية

1. عماد صلاح عبد الرزاق الشيخ داود، الفساد والإصلاح السياسي، رسالة ماجستير غير منشورة، جامعة بغداد، كلية العلوم السياسية، 2001.
2. عاصم محمد عمران، التحديث والأستقرار السياسي في دول مجلس التعاون الخليجي في ظل الحقبة النفطية، رسالة دكتوراه غير منشورة، كلية العلوم السياسية، جامعة بغداد، 2000.
3. همسة قحطان خلف، التطور السياسي لدولة قطر منذ الاستقلال، رسالة ماجستير غير منشورة، كلية العلوم السياسية، جامعة بغداد، 2001.
4. عبد الرحمن حسين محمد، المشاركة السياسية في دول مجلس التعاون لدول الخليج العربية، رسالة ماجستير غير منشورة، كلية العلوم السياسية، جامعة بغداد، 2007.
5. يوسف حسن داود التميمي، الكويت: دراسة في تجربة المشاركة السياسية (1961-1988)، رسالة ماجستير غير منشورة، كلية العلوم السياسية، جامعة بغداد، 1989.
6. أحمد شحاذة الكبيسي، أشكالية المجتمع المدني في دول الخليج العربي، رسالة ماجستير غير منشورة، كلية العلوم السياسية ، جامعة بغداد، 2002.

رابعا: البحوث والدراسات

1. عبد الآله بلقزيز، " الإصلاح السياسي في الوطن العربي"، المستقبل العربي، العدد (304)، بيروت، حزيران 2004.
2. معتز بالله عبد الفتاح، " الديمقراطية العربية بين محددات الداخل و مشاريع الخارج"، المستقبل العربي، العدد (326)، بيروت، نيسان 2005.
3. مهيوب غالب أحمد، " الإصلاح الديمقراطي العربي بين برامج الداخل ومشاريع الخارج"، المستقبل العربي، العدد (314)، بيروت، نيسان 2005.
4. مصطفى كمال السيد، " المجتمع المدني: الفاعل الجديد على المسرح السياسي"، السياسة الدولية ، العدد (161)، القاهرة، يوليو 2005.
5. طيب تيزيني، " أسئلة الإصلاح الوطني الديمقراطي العربي" سوريا نموذجا"، المستقبل العربي، العدد (318)، بيروت، آب 2005.
6. قضايا الإصلاح في الوطن العربي، مؤتمر الأسكندرية (12-14 مارس 2004)، السياسة الدولية، العدد (156)، القاهرة، ابريل 2004.

7. حسين علوان البيج، " الديمقراطية وأشكالية التعاقب على السلطة"، المستقبل العربي، العدد (236) ، بيروت، تشرين الأول، 1998.

8. عبد الآله بلقزيز، " نحن والنظام الديمقراطي"، المستقبل العربي، العدد (236) ، بيروت ، تشرين الأول 1998.

9. نادر فرجاني، الحكم الصالح: رفعة العرب في صلاح الحكم في البلدان العربية، المستقبل العربي، العدد (256) حزيران 2000.

10. خليل العناني، " أشكالية التغيير في الوطن العربي"، المستقبل العربي، العدد (296)، بيروت، تشرين الأول 2003.

11. طارق البشري، " حول الأوضاع الدستورية والسياسية في الوطن العربي"، المستقبل العربي، العدد (311)، بيروت، كانون الثاني، 2005.

12. رياض نجيب الريس، " الخليج العربي ورياح التغيير: مستقبل القومية العربية والوحدة والديمقراطية"، المستقبل العربي، العدد (98)، بيروت ، نيسان 1987.

13. تركي الحمد، " توحيد الجزيرة العربية: دولر الاديولوجية والتنظيم في تحطيم البنى الاجتماعية – الاقتصادية المعيقة للوحدة"، المستقبل العربي، العدد (93)، بيروت، تشرين الثاني 1986.

14. سيف الوادي الرميحي، " النظام القبلي والتحديث في شرق الجزيرة العربية"، ترجمة: وديع ميخائيل حنا، الخليج العربي، العدد (1)، جامعة البصرة ، 1981.

15. أحمد الربعي، " مشكلات حول الثقافة النفطية"، المستقبل العربي، العدد (144)، بيروت، شباط 1991.

16. محمد جواد رضا،" الخليج العربي: المخاض الطويل من القبيلة إلى الدولة"، المستقبل العربي، العدد (154)، كانون الأول 1991.

17. محمد الرميحي،" واقع الثقافة ومستقبلها في أقطار الخليج العربي"، المستقبل العربي، العدد (49)، بيروت، آذار 1983.

18. عبد المالك خلف التميمي،" بعض قضايا الحركة الوطنية في الخليج العربي"، المستقبل العربي، العدد (61)، بيروت، آذار، 1986.

19. أحمد البغدادي، فلاح المديرس، " دراسة تحليلية لاتجاهات الرأي العام الكويتي حول مختلف القضايا السياسية المحلية"، السياسة الدولية، العدد (169)، القاهرة، مارس 1993.

20. محمد غانم الرميحي، " حركة 1938 الإصلاحية في الكويت والبحرين ودبي"، مجلة دراسات الخليج والجزيرة العربية، العدد (4)، الكويت، تشرين الأول 1975.

21. ابتسام سهيل الكتبي، " التحولات الديمقراطية في منطقة دول مجلس التعاون الخليجي"، المستقبل العربي، العدد (257)، بيروت، تموز 2000.

22. إبراهيم عبد الله غلوم، " الثقافة بوصفها خطابا ديمقراطيا : نموذج الثقافة في مجتمعات الخليج العربي"، المستقبل العربي، العدد (156)، بيروت، شباط 1992.

23. خلدون حسن النقيب، " واقع ومستقبل الأوضاع الاجتماعية في دول الخليج العربي مع إشارة خاصة إلى العولمة"، المستقبل العربي، العدد (268)، بيروت، حزيران 2001.

24. غانم النجار، " واقع ومستقبل الأوضاع السياسية في دول الخليج"، المستقبل العربي، العدد (268)، بيروت، حزيران 2001.

25. جودت بهجت، حسن جوهر، " عوامل السلام والاستقرار في منطقة الخليج في التسعينات: ارهاصات الداخل وضغوط الخارج"، المستقبل العربي ، العدد (211)، بيروت، أيلول 1996.

26. هدى ميتكس ،" مجلس التعاون الخليجي ومابعد الأزمة: الواقع والتحديات والأفاق"، المستقبل العربي، العدد (168)، بيروت، شباط 1993.

27. المعارضة الداخلية لنظام الحكم السعودي: الحلقة (1)، قضايا دولية ، العدد (274)، أسلام أباد، 3 نيسان 1995.

28. المعارضة الداخلية لنظام الحكم السعودي: الحلقة (2) ، قضايا دولية، العدد (327)، أسلام أباد، 4-8 نيسان 1996.

29. مفيد الزيدي،" المعارضة السياسية وعلاقتها بالنظم في دول مجلس التعاون"، المستقبل العربي، العدد (320)، بيروت، تشرين الأول 2005.

30. فلاح عبد الله المديرس، " الشيعة في البحرين والاحتجاج السياسي"، السياسة الدولية، العدد (130)، القاهرة ، أكتوبر 1997.

31. عبد الله جناجي، " العقلية الريعية وتعارضها مع مقومات الدولة الديمقراطية"، المستقبل العربي، العدد (288)، بيروت، شباط 2003.

32. عبد الخالق عبد الله، " النظام الإقليمي الخليجي"، السياسة الدولية، العدد (114)، القاهرة ، أكتوبر 1997.

33. عبد الرزاق فارس الفارس،" العولمة ودولة الرعايا في أقطار مجلس التعاون"، المستقبل العربي، العدد (302)، بيروت ، نيسان 2004.

34. عمر إبراهيم الخطيب،" التنمية والمشاركة في أقطار الخليج العربي"، المستقبل العربي، العدد (40)، بيروت ، حزيران 1982.

35. شمه محمد خالد آل نهيان، " تداعيات حرب الخليج الثانية على قضايا الأمن السياسي والاجتماعي داخل دول مجلس التعاون الخليجي"، المستقبل العربي، العدد (246)، بيروت، آب 1998.

36. حسن عبد الله أحمد جوهر، عبد الله يوسف سهر محمد، " الخليج ومحاولات الهيمنة العالمية على منابع النفط"، السياسة الدولية ، العدد (133)، القاهرة، يوليو 1998.

37. صلاح سالم زرنوقة، " مجلس التعاون الخليجي والمسألة العراقية"، السياسة الدولية، العدد (136)، القاهرة، نيسان 1999.

38. حسن أبو طالب، " الإصلاح والسياسة الخارجية السعودية"، السياسة الدولية، العدد (156)، القاهرة، نيسان 2004.

39. علاء جمعة محمد، " مكافحة تمويل الأرهاب: آليات المواجهة"، السياسة الدولية، العدد (154)، القاهرة ، أكتوبر 2003.

40. أشرف محمد كشك، " تداعيات الوجود الأمريكي في العراق على دول مجلس التعاون الخليجي"، السياسة الدولية ، العدد (154)، القاهرة، أكتوبر 2003.

41. متروك الفالح، " العنف والإصلاح الدستوري في السعودية"، المستقبل العربي، العدد (308)، تشرين الأول 2004.

42. عبد الخالق عبد الله، " البعد السياسي للتنمية البشرية: حالة دول مجلس التعاون الخليجي"، المستقبل العربي، العدد (290)، بيروت ، نيسان 2003.

43. غانم محمد صالح، " انعكاسات احتلال العراق على الأمن في الخليج"، مجلة آراء، العدد (1) ، دبي ، مارس 2000.

44. مغاوري شلبي علي، " المبادرة الأمريكية لتحرير التجارة مع الشرق الأوسط بين الاقتصاد والسياسة"، السياسة الدولية، العدد (154)، القاهرة، أكتوبر 2003.

45. ان جانا ردان، أميلي روتليدج، " الآتفاقية البحرينية - الأمريكية تكشف عن تصدعات في علاقات دول التعاون"، مجلة آراء، العدد (5)، دبي ، يناير 2005.

46. نص (مشروع الشرق الأوسط الكبير) المقدم من واشنطن في قمة الدول الثماني، السياسة الدولية، العدد (156)، القاهرة ، أبريل 2004.

47. أحمد سليم البرصان، " مبادرة الشرق الأوسط الكبير: الأبعاد السياسية والاستراتيجية"، السياسة الدولية، العدد (158)، القاهرة، أكتوبر 2000.

48. يوسف البنخليل، " تداعيات مجلس التعاون الخليجي بعد (قمة زايد)"، مجلة آراء ، العدد (5)، دبي، يناير 2005.

49. أشرف العيسوي،" العراق الجديد في الرؤية الخليجية"، السياسة الدولية، العدد (162)، القاهرة، اكتوبر2005.

50. أشرف محمد كشك،" أمن الخليج في السياسة الأمريكية"، السياسية الدولية، العدد (164)، القاهرة، أبريل 2006.

51. أحمد عبد الملك، " التحديات الجديدة التي تواجه دول مجلس التعاون"، مجلة آراء، العدد (5) ، دبي ، يناير 2005.

52. خالد عبد العظيم، " التداعيات الإقليمية للوجود الأمريكي في العراق"، السياسة الدولية، العدد (154)، القاهرة ، أكتوبر 2003.

53. صلاح سالم زرنوقة، " الخليج العربي ضغوط من كل أتجاه"، السياسة الدولية، العدد (148)، القاهرة، أبريل 2002.

54. محمد سعد أبو عامود، " الحرب الأمريكية على العراق والنظام العربي"، السياسة الدوللية، العدد (153)، القاهرة، يوليو 2003.

55. جاسم خالد السعدون، " أحداث أيلول / سبتمبر انعكاساتها على منطقة الخليج"، المستقبل العربي، العدد (258)، بيروت، تشرين الثاني 2002.

56. هدى راغب عوض، العلاقات الأمريكية - السعودية في ضوء أزمة النفط: (عرض كتاب)، السياسة الدولية، العدد (164)، القاهرة، أبريل 2004.

57. عبد الخالق عبد الله ،" الولايات المتحدة ومعضلة الأمن في الخليج"، المستقبل العربي، العدد (296)، بيروت، كانون الثاني 2004.

58. فاتح سليم عزام ، " الحقوق المدنية والسياسية في الدساتير العربية"، المستقبل العربي، العدد (377)، بيروت، آذار 2002.

59. خلدون حسن النقيب، محنة الدستور في الوطن العربي: العلمانية والأصولية وأزمة الحرية"، المستقبل العربي، العدد (184)، بيروت، حزيران 1994.

60. مفيد الزيدي، " مؤشرات التحول الديمقراطي في البحرين: من الإمارة إلى الملكية الدستورية"، المستقبل العربي، العدد (270)، بيروت، آب 2001.

61. أيمن السيد عبد الوهاب، " الانتخابات القطرية خطوة على طريق الديمقراطية"، السياسة الدولية، العدد (136)، القاهرة، 1999.

62. وحيد رأفت، " أنهيار الاتحاد التساعي للإمارات العربية في الخليج وقيام اتحاد سباعي بديل"، المجلة المصرية للقانون الدولي، المجلد (28)، القاهرة، 1972.

63. عبد الخالق عبد الله،" تطور النظام الاتحادي في الإمارات"، المستقبل العربي، العدد (311)، بيروت ، كانون الثاني 2005.

64. محمد عبد السلام، "مستقبل الكويت بعد التحرير"، الساسة الدولية، العدد (105)، القاهرة، 1991.

65. محمد عبد العزيز محمد، " انتخاب المجلس البلدي القطري"، مجلة شؤون الأوسط، العدد (83)، بيروت، آيار 1998.

66. قطر: سنة أولى ديمقراطية من دون نساء، مجلة زهرة الخليج (استطلاع)، العدد (1042)، أبو ظبي، آذار 1999.

67. حدث دائم على الساحة الكويتية: معركة العلمانيين والإسلاميين، قضايا دولية، العدد (365)، أسلام أباد، 1996.

68. عبد الرضا علي أسيري، " التحول الديمقراطي في دول مجلس التعاون الخليجي"، السياسة الدولية، العدد (167)، القاهرة، كانون الثاني، 2007.

69. ميثاء سالم الشامي،" المرأة الخليجية ... إلى أين"، المستقبل العربي، العدد (273)، بيروت، تشرين الثاني، 2001.

70. الانتخابات النيابية الكويتية خصوصيات... ومفاجأت"، قضايا دولية، العدد (356)، أسلام أباد، 28 أكتوبر 1996.

71. عبد الخالق عبد الله، " دبي: رحلة مدينة عربية من المحلية إلى العالمية"، المستقبل العربي، العدد (323)، بيروت، كانون الثاني 2006.

72. أحمد سيف، " دور المنظمات غير الحكومية والقطاع الخاص في دعم الإصلاحات في دول (التعاون)"، مجلة آراء، العدد (5)، دبي، يناير 2005.

73. إسماعيل الشطي، " نحو رؤية مستقبلية لتعزيز المساعي الديمقراطية في أقطار مجلس التعاون لدول الخليج العربية"، المستقبل العربي، العدد (276)، بيروت، شباط، 2002.

74. علي خليفة الكواري، " عودة إلى أسباب الخلل السكاني: حالة قطر"، المستقبل العربي، العدد (199)، بيروت، أيلول 1995.

75. نادر فرجاني، " اسواق العمل في بلدان مجلس التعاون الخليجي: الواقع والمستقبل"، المستقبل العربي، العدد (216)، بيروت، شباط، 1997.

76. هكذا سقط نموذج الديمقراطية القطري لحساب البحرين ، الوطن العربي ، العدد (1452)، 2004/12/31.
77. عامر حسن فياض، " الديمقراطية الليبرالية في مركبات وتوجهات السياسة الخارجية الأمريكية أزاء الوطن العربي"، المستقبل العربي، العدد (261)، بيروت، تشرين الثاني 2001.
78. عبد الوهاب عبد الستار القصاب، " العراق والسعودية"، مجلة آراء، العدد (17)، دبي، آذار 2005.
79. فؤاد نهرو، " عوامل وأسباب الغزو الأمريكي للعراق"، مجلة آراء، العدد (7)، دبي، آذار 2005.
80. أسامة الغزالي حرب، " الإصلاح من الداخل"، السياسة الدولية، العدد (156)، القاهرة، أبريل 2004.
81. علي خليفة الكواري، " متطلبات تحقيق أجندة إصلاح جذري من الداخل في دول مجلس التعاون"، المستقبل العربي، العدد (321)، بيروت، كانون الثاني 2005.
82. علي محمد فخرو، " واقع ومستقبل العلاقات الخليجية - الخليجية"، المستقبل العربي، العدد (268)، بيروت، حزيران 2001.
83. تقرير خاص لـ" معهد واشنطن لسياسات الشرق الأدنى (3)": " السعودية وعملية الاستخلاف"، قضايا دولية، العدد (317)، أسلام اباد، يناير 1996.
84. عبد الرحمن النعيمي، " الديمقراطية وحقوق الإنسان وتنمية المجتمع المدني في اقطار مجلس التعاون"، المستقبل العربي، العدد (318)، بيروت، آب 2005.
85. فتحي العفيفي،" الديمقراطية والليبرالية في الممارسة السياسية لدولة قطر"، المستقبل العربي، العدد (298)، بيروت، كانون الأول، 2003.
86. الصادق سفيان، " الحقوق السياسية للإنسان في الدساتير العربية"، المستقبل العربي، العدد (106)، بيروت، كانون الأول 1987.
87. موجز يوميات الوحدة العربية، المستقبل العربي، العدد (290)، بيروت، أيلول 2003.
88. عبد الله صالح،" اجتماعات الدوحة ومستقبل اعلان دمشق"، السياسة الدولية، العدد (135)، القاهرة، يناير 1999.

خامسا: الندوات

1. أزمة الديمقراطية في الوطن العربي: بحوث ومناقشات الندوة الفكرية التي نظمها مركز دراسات الوحدة العربية،ط2، بيروت، 1987.

2. المجتمع المدني في الوطن العربي ودوره في تحقيق الديمقراطية: بحوث ومناقشات الندوة الفكرية التي نضمها مركز دراسات الوحدة العربية، بيروت، 1992.

3. الأمة والدولة والاندماج في الوطن العربي، تحرير غسان سلامة و(آخرون)، ج2، مركز دراسات الوحدة العربية ، بيروت، 1989.

4. احتلال العراق وتداعياته عربيا وإقليميا ودوليا: بحوث ومناقشات الندوة الفكرية التي نضمها مركز دراسات الوحدة العربية، بيروت، 2004.

5. التجارب الوحدوية العربية، (تجربة دولة الإمارات العربية المتحدة): بحوث ومناقشات الندوة الفكرية التي نضمها مركز دراسات الوحدة العربية، بيروت، 1999.

6. أزمة الخليج وتداعياتها على الوطن العربي: بحوث ومناقشات الندوة الفكرية التي نضمها مركز دراسات الوحدة العربية، ط2، بيروت، 1997.

سادسا: النشرات والتقارير

1. التعديلات الأخيرة في النظام الأساسي المؤقت المعدل، إدارة المعلومات والبحوث- وزارة الخارجية، دولة قطر، 2000.

2. تقديرات ستراتيجية، الدار العربية للدراسات والنشر والترجمة، العدد (7)، القاهرة، تموز – 1997.

3. التقرير الاقتصادي العربي الموحد، ايلول، 2004.

4. حقوق الإنسان في الوطن العربي، المنظمة العربية لحقوق الإنسان: التقرير السنوي لعام 1997، القاهرة، 1997.

5. حقوق الإنسان في الوطن العربي، المنظمة العربية لحقوق الإنسان: التقرير السنوي لعام 1999، القاهرة، 1999.

6. ستار الدليمي، تجربة الإصلاح السياسي في الوطن العربي، الملف السياسي، العدد (9)، مركز الدراسات الدولية – جامعة بغدد، 2005.

7. عبد الوهاب القصاب، " مبررات الإصلاح السياسي في الوطن العربي: السعودية مثلاً"، الملف السياسي، العدد (9) ، مركز الدراسات الدولية – جامعة بغدد، 2005.

8. مجموعة باحثين، التقرير الاستراتيجي الخليجي 1999-2000، وحدة الدراسات- جريرة الخليج، أبو ظبي، 2000.
9. مجموعة باحثين، التقرير الاستراتيجي الخليجي والسنة الاستثنائية 2000-2001، وحدة الدراسات - دار الخليج للصحافة والطباعة والنشر، أبو ظبي، 2001.

سابعا: الصحف

1. الشرق الأوسط، آذار/2005.
2. الدستور، الأردن، 1999/1/14.
3. الاتحاد، أبو ظبي، 1999/3/15.
4. الشرق، قطر، 2000/10/17.
5. الشرق الأوسط، 2003/10/20.
6. الشرق الأوسط، 2004/2/20.
7. الحياة ، لندن ، 2004/2/25
8. أخبار الخليج، البحرين، 2005/1/7.
9. الوسط، البحرين، 2005/1/11.
10. الحياة، لندن، 2005/1/14.
11. أخبار الخليج، البحرين، 2005/2/28.
12. الخليج، البحرين، 2005/2/8.
13. وكالة أنباء الشرق الأوسط، 2005/4/25.
14. الوسط، البحرين، 2005/4/28.
15. الحياة، لندن، 2005/6/2.
16. القدس العربي، 2005/6/3.
17. الوسط، البحرين، 10-2006/2/11.
18. الوسط، البحرين، 10-2005/9/16.
19. الحياة، لندن، 2005/10/22.
20. الوسط، البحرين، 2006/2/15.
21. الحياة، لندن، 2006/2/16.
22. الوسط، البحرين، 2006/2/23.

23. الوسط، البحرين، 2006/3/5.
24. الحياة، لندن، 2006/3/7.
25. الوسط، البحرين، 2006/3/27.
26. الحياة، لندن، 2006/5/22.
27. الحياه، لندن، 2006/6/27.
28. الشرق الأوسط، 2006/10/28.

ثامنا: الانترنيت

1. Arabic CNN.com.2005/12/3
2. .www.white house.gov.2003President Bush Discusses freedom in Iraq and middle east,
3. www.alarabiya.net. 2006/11/6
4. www.aljazeera.net. 2006/5/11
5. www.CNNarabic.com
6. www.ctic.orgsa/com clude.doc
7. www.middleeast.online. 2005/6/20
8. ابتسام الكتبي، الانتخابات على طريقة أهل الإمارات، مركز الإمارات للدراسات والإعلام، www.emasc.com
9. أحمد السيد تركي، انتخاب (الشورى) العماني: التغيير بإرادة الموطنين، 2006/10/15 .www.islamonline.net
10. أحمد السيد تركي، انتخابات الشورى العمانية: استيعاب جديد للنخب الجديدة، www.islamonline.net
11. أحمد تركي، السلطان والقبيلة يحددان مصير عمان، 2000/12/25، www.islamonline.com
12. لماذا تم اختيار البحرين لاحتضان منتدى المستقبل www.middleeast.online.com
13. استبعاد النساء من أول انتخابات بلدية، www.raya.com
14. أسلاميو البحرين يرفعون مقاعدهم إلى (30) ، مجلة المجتمع الإسلامي، 2006/12/9 .www.Naseag.com
15. افتتاح منتدى المستقبل في البحرين، www.abawaba.com

16. الإمارات تستعد لأول انتخابات نيابية تشهدها، الشبكة العربية لمراقبة الانتخابات، 2006/11/5، www.intekhabat.org

17. الإمارات تستعد للانتخابات ، 2006/11/15. www.intekhabat.org

18. الإمارات تضع خطوطاً عريضة لديمقراطية ناقصة، وكالة أنباء الإمارات، 2006/2/19 ، www.annabaa.org.

19. انتخابات البحرين 2006، arabic.CNN.com

20. انتخابات البحرين 2006، بدء الانتخابات البحرينية وسط اتهامات متبادلة بالتزوير، www.CNNarabic.com

21. الانتخابات البحرينية: قراءة في أجندة القوى السياسية، www.aljazeera.net

22. أول ممارسة ديمقراطية في السعودية، 2002/2/10.BBCArabic.com

23. أول وزيرة كويتية تصبح أول عضو نسائي في البرلمان، 2005/6/20 .www.middleeast.online.com.

24. باسكال بوتيفاس، قطر : نموذج للخليج، monde diplomatique، 2003 .www.monddiploar.com.

25. بحرينية يهودية بين أعضاء مجلس الشورى الجديد، 2006/12/4 .www.middleeast.online.com.

26. برنامج بلا حدود بتاريخ 2002/1/23، قناة الجزيرة الفضائية، www.aljazeera.net

27. برنامج بلا حدود بتاريخ 2000/12/6، قناة الجزيرة الفضائية، www.aljazeera.net

28. برونوكالي دوسالي، تحول بطيء نحو الديمقراطية في عمان، 2004/1/10 .www.monddiplomatique.

29. التجمعات السياسية في الكويت، http//:arbicCNN.com.2005/7/6

30. التقارير السنوية لبرنامج إدارة الحكم في الدول العربية، www.pogar.org

31. تقرير منظمة العفو الدولية لعام 2002 وعام 2006، www.omnesty.org

32. جي. ايه. بيترسون، موجة العنف الخليجي ستتراجع 2006/1/19، www.swissinfo.org

33. حركة نشطة للتجمعات السياسية في البحرين، Bahrain Brief ، العدد (4)، ابريل 2002، www.bahrain.brief

34. حسن عبد ربه المصري، انتخابات المجالس البلدية الجديدة بشكل ديمقراطي،Bahrain Brief، العدد (5) مايو 2002، www.bahrainbrief.com.bh

35. خالد سيد أحمد، إدارة بوش تطلق (حرب أفكار) ضد العرب، www.albayan.co.ae.
36. دايفيد هرست، الاختراق الديمقراطي في البحرين، monde diplomatique ، www.monddiploar.com. 2005/7/27
37. دايفيد هرست، الاختراق الديمقراطي في البحرين،monde diplomatique ، www.monddiploar.com.2////2005
38. دستور دولة الكويت، بوابة الكويت الألكترونية، www.kt.com.kw
39. ديلي ميرور، بوش خطط لقصف مقر قناة الجزيرة الفضائية في قطر، نداء القدس ، 2005/11/22، www.qudsway.com
40. رمضان عويس، أزدهار المجتمع المدني... هل يدعم الديمقراطية الخليجية؟ 2000/11/12، www.aslamonline.com
41. سامر خليفة الخالدي، مواطنون بدون هوية ... البدون في الكويت، الشبكة العربية لمعلومات حقوق الإنسان، 2007/4/10، www.hirinfo.net
42. سعيد الشهابي، الحكم السعودي بين استحقاقات التغيير والخشية من النتائج، منتديات البحرين، www.ba7rain.net
43. السنوسي بسيكري، مبادرة الشرق الوسط الكبير: الإصلاح على الطريقة الأمريكية، www.almanara.org www
44. شبكة راصد الأخبارية 2005/6/30.
45. شفيق شقير، خارطة القوى السياسية البحرينية، www.aljazeera.net
46. صلاح الدين الجورشي، الكويت: الديمقراطية والإصلاح في ميزان الانتخابات، 2003/7/4 .www.swissinfo.org
47. عبد الحميد بدرالدين، خريطة التجمعات السياسية في الكويت، www.aljazeera.net
48. عبد الخالق عبد الـلـه، القائمة المختارة من شعب الإمارات، مركز الإمارات للدراسات والإعلام، www.emasc.com
49. عبد الخالق عبد الـلـه، المجلس الوطني المؤجل في دولة الإمارات العربية المتحدة، www.emasc.com. 2006/11/5
50. عبد العزيز الخميس، المؤسسة الدينية في السعودية: التيارات ، التفاعلات، الخيارات الإصلاحية، 2006/8/24، www.alhramain.com
51. عبد النبي العكري، الحركة الجماهيرية في البحرين الأفاق والمحددات، أوراق اللقاء السنوي الخامس عشر لمشروع دراسات ديمقراطية: مستقبل تحركات الشارع العربي

من أجل الإصلاح، التجديد العربي، 4/ تشرين الثاني /2006. www.arabrenewal.com

52. عبد الهادي الخواجة، تراجع حرية الصحافة والتعبير في البحرين، الشبكة العربية لمعلومات حقوق الإنسان، 2004/5/3، www.hirinfo.net

53. عزة وهبة، الأداء التشريعي للمجالس التشريعية العربية (دراسة مقارنة) الحالة الكويتية، www.undp.pogar.org

54. عصام سليمان، القرار 1373 في منطلقاته وأبعاده 2002 www.aljazeera.net

55. علاء عبد الوهاب، خطة لغزو المنطقة العربية 0 بالديمقراطية 2005/7/6 www.albayah.com

56. فوز أول أمرأة في أول انتخابات تشريعية بالإمارات، 2006/12/19.www.w/um/.org

57. قانون الجمعيات السياسية يسدل الستار على حلم الإصلاح الديمقراطي في البحرين، الشبكة العربية لمعلومات حقوق الإنسان، 2005/5/27، www.hirinfo.net

58. قانون تنظيم الانتخابات الذي أصدره الملك (حمد بن عيسى آل خليفة) رقم (14) لسنة 2002، بشأن مباشرة الحقوق السياسية، 2006/5/7.www.aljazeera.net

59. قانون مكافحة الأرهاب يشكل قيدا جديدا على الحقوق المدنية والسياسية في البحرين، .www.hrinfo.net 2006/9/1

60. الكويتيون ينتخبون أخر مجلس بلدي دون مشاركة النساء، 2005/6/2 .www.middleeast.online.com

61. اللجنة الوطنية للانتخابات في الإمارات العربية المتحدة، www.uaehec.ae

62. اللقاء الذي قامت به قناة العربية مع وزير العدل القطري السابق نجيب النعيمي في برنامج إضاءات،2005/10/5 ، www.alarabiya.net

63. متروك الفالح، المستقبل السياسي للسعودية في ضوء 9/11: الإصلاح في وجه الأنهيار والتقسيم ، قضايا الخليج 2005/12/23، www.gulfissues.net

64. المجلس البلدي المركزي، موقع وزارة الخارجية القطرية، www.mofa.gov.ga

65. مجلس الدولة، وزارة الإعلام - سلطنة عمان ، www.omanet.om

66. مجلس الشورى، وزارة الإعلام - سلطنة عمان، www.omanet.om

67. مجموعة من الباحثين والقانونيين البحرينيين، " الرأي في المسألة الدستورية"، مجلة الديمقراطي، 2002/9/9، www.aldemokrati.com

68. محمد إبراهيم الحلوة، الانتخابات البلدية والتحديث السياسي في المملكة العربية السعودية، www.shura.gov.sa

.69 المرأة السعودية في مجلس الشورى، 2006/1/4، www.lahaonline.com

.70 المرصد العربي للانتخابات، 2006/6/11 .www.intekhabat.org

.71 المعارضة البحرينية تتصدر نتائج الانتخابات النيابية والبلدية،2006/11/26 www.aljazeera.net

.72 منصوري الجمري، العمل البلدي في البحرين ، حركة احرار البحرين، 1999/12/26 .www.vob.org

.73 موقع "الجمعية الوطنية لحقوق الإنسان" في السعودية، www. nshr.sa.org

.74 موقع لجنة الدفاع عن حقوق الإنسان في شبه الجزيرة العربية، www.cdhrop.net

.75 موقغ برنامج الشراكة الأمريكية الشرق أوسطية، (MEPI): المنح،.www.mepi.state.gov

.76 نشرة الإصلاح العربي، مؤسسة كارنيغي للسلام الدولي، ترجمة: دار الوطن للصحافة والنشر، العدد (2)، آذار 2005، www.alwatan.com

.77 نشرة الإصلاح العربي، مؤسسة كارنيغي للسلام الدولي، ترجمة: دار الوطن للصحافة والنشر، العدد (4)، آيار www.alwatan.com.2006

.78 نص عريضة " معا على طريق الإصلاح"، التجديد العربي، 4/نوفمبر/2006، www.arabrenewal

.79 نظام مجلس الشورى في المملكة العربية السعودية، موقع وزارة الخارجية، المملكة العربية السعودية، www.mofa.gov.sa

المصادر الإنكليزية

I-Books

1. Ashornby, Oxford advanced Learner's Dictionary of current English, Oxford University Press, Eight Impression, London, 1978
2. Frik Peterson, The Gulf cooperation council: search for unity in Dynamic region, Westview special studies on the Middle East (Boulder, Colo: west View Press), 1988.
3. Malcom Waters, Globalization: Key Ideas (London New York: Routledge), 1995.
4. No. of Researchers, Beyond coercion: the Durability of the Arab State, Edited by Adeed Dawisha and I. Wiliam Zartaman (London, New York: CroomHelm),1988.
5. No. of researchers, Studies in the economic history of the Middle East: from the rise of Islam to the present day, Edited by M.A.Cook (London, New York: Oxford University Press), 1970.

6.   Roger owen, state – Power and political in the making of the modran Middle East, canda and New York-USA, 2004.

7.   The New Encyclopaedia Britannica, Volume 15, The University of Chicago, Chicago, 1979.

II- Articles and Reports

1.   Farid mohamady, Oil -Gaz and the future of Arab Gulf Countries, Middle East Report, July –Sep. 2000.

2.   Martin Indyk, "Back to the Bazare", Foreign Affairs, January-February, 2002.

3.   The American Foreign Office, Yearly Report about the situations of human rights, 1996.

Abstract

The trend to change has overrun the Arabian states in the region during last few years, and the rate of its influence varied from one to another.

The Arabian Gulf States delt with the global inclination towards democracy, and political freedom in terms of liberalism in a posative, and flexable manner better than many Arabian States more ancient in being tuch with democratic evolution in its significance.

The member of Arabian Gulf States Cooperation Council witnessed two waves of political reforms during last decade, the first one took place in the nineties decade last centry, and the second started at the end of that decade, and it is still on process. Both waves put political systems of Gulf States on modernization threshold after long time of stagnancy.

The features of the first wave resemble in two aspects in countries never knew before the existance of institutions, and legislations that control political life, and the process of contribution in it.

The first aspect was the establishment of the state consultative courts by assignment in Saudi Arabia, and Bahrain in 1992.

The second aspect was the legislations, and principles issued in Saudi Arabia in 1992, and in Oman in 1996.

The second wave witnessed Qatars initiative in issuing its permanent constitution in April 2003 in conjunction with adopting the mechanism of general election to form the state consultative courts instead of assignment.

The United Arabs Emerates adopted a system combined between assignment, and election , while Oman canceled governmental role in selection, and assignment of the courts members, with enlargement of the base of contribution in political process.

There were reasons behind Gulf States pursue to adopt political reforms since the decade of nineties last centry and they are:

- Economic, and social evolutions in these states during seventies, and eighties decades last century due to petrol revenue increases, which led to emergence of aducated section of society claimed political reforms, and participation in political process.

This section played a role in making a specific change in political awarence among the citizens.

- The variables followed the invation of Kuwait, and the war in 1991 has risen questions about the nature of political systems, and the expected political evolution in Arabian Gulf States after the clarity of weakness, security disclosure, and debility of military power in those states dispite their huge defence expenditures.

These variables inspired people to pay attention to political process, and they looked forward to take share in it, and not to let it quitrent to a particular section of society, practical reality prove its defects in facing crisis.

- The trend of Gulf States to achieve legitimacy through enlargement of base of political partnership and resorting to elections instead of achieving it through fulfillment, because of the following:

a. The increase of international pressure demanding democratic change especially after September 9.11[th] 2001.

b. The recognition of increasing importance of political reform in Gulf states as an immune method to reduce possibilities of violence like what happened in Bahrain at large scale in 2005.

The present study comprises an introduction, a preliminary section, five chapters, and a conclusion.

The preliminary section is about the concept of political reform. The first chapter deals with the first reform endeavor in Gulf States. The second chapter investigates elements of political reform in Gulf States, the first section studies internal elements, while the second section examine external elements.

The third chapter devoted to constitutional reforms in three sections. In the first one we study the constitutional amendment in Kuwait, and in Bahrain. The second section is devoted to study legislation, and principles issued in Saudi Arabia, and Oman, while the third section examines the permanent constitution in Qatar, and in the United Arabs Emiretes.

The fourth chapter deals with political reform through investigations of elections, and contribution in political process, human rights, civil society, and the right of expression.

The fifth chapter deals with political reform deterrent through studying regulations, and constitutional frame work feebleness with in the members of the Arabian Gulf States cooperation council, besides investigates social, economic, and cultural elements taking into consideration the future of political reform in these countries.

The conclusion of the thesis includes a summary of the results reached to through the present study.

الفهرست

Printed in the United States
By Bookmasters